U0789628

金陵全書
丙編·檔案類

南京城墻檔案

水關涵閘的管理與增修

南京市檔案館 編

南京出版社
南京出版傳媒集團

圖書在版編目（CIP）數據

南京城墻檔案. 水關涵閘的管理與增修 / 南京市檔案館編. -- 南京 : 南京出版社, 2023.8

（金陵全書）

ISBN 978-7-5533-4299-3

Ⅰ. ①南… Ⅱ. ①南… Ⅲ. ①城墻 - 水利工程 - 文化遺址 - 修繕加固 - 南京 Ⅳ. ①K928.77

中國國家版本館CIP數據核字（2023）第128962號

書　　名　**【金陵全書】（丙編・檔案類）**
南京城墻檔案・水關涵閘的管理與增修
編　　者　南京市檔案館
出版發行　南京出版傳媒集團
南　京　出　版　社

社址：南京市太平門街53號　　郵編：210016
網址：http://www.njcbs.cn　　電子信箱：njcbs1988@163.com
聯系電話：025-83283893、83283864（營銷）　025-83112257（編務）

出 版 人　項曉寧
出 品 人　盧海鳴
策　　劃　盧海鳴　朱天樂
責任編輯　徐　智
裝幀設計　王　俊
責任印製　楊福彬

製　　版　南京新華豐製版有限公司
印　　刷　南京新世紀聯盟印務有限公司
開　　本　889毫米×1194毫米　1/16
印　　張　28.5
版　　次　2023年8月第1版
印　　次　2023年8月第1次印刷
書　　號　ISBN 978-7-5533-4299-3
定　　價　1000.00元

用微信或京東APP掃碼購書

用淘寶APP掃碼購書

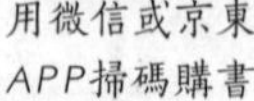

目録

壹 水關水閘的接管與修建

南京特別市工務局接管西水關的消息（摘自《首都市政公報》）（一九二九年八月三十一日）……〇〇三
南京市政府爲據呈報修理西水關水閘工程工竣，本府業已派員驗收無誤致市工務局的指令
（附件：原呈）（摘自《首都市政公報》）（一九三一年七月七日）……〇〇四
南京市政府爲據呈擬具東、西水關加建閘門計劃圖算，尚無不合，仰趕速興工事致市工務局的指令
（附件：原呈）（摘自《南京市政府公報》）（一九三三年一月二十四日）……〇〇六
修築西水關水閘圖（一九三五年四月）……〇〇八
僞南京特別市工務局卸任朱局長與新任陳局長關于移交接收管理秦淮河東、西水閘各一座的往來文件
（一）僞南京特別市工務局卸任朱局長致新任陳局長的咨（一九四三年三月）……〇〇九
（二）僞南京特別市工務局新任陳局長致卸任朱局長的咨（一九四三年三月十六日）……〇一二
南京市工務局下水道工程處關于東、西水關水閘修理工程的一組文件
（一）南京市工務局下水道工程處致市工務局的簽呈（一九四七年二月七日）……〇一三
（二）南京市工務局下水道工程處致市工務局的簽呈（附件：工事預算書）（一九四七年二月十三日）……〇一八
（三）南京市工務局下水道工程處致市工務局的簽呈（附件：工事預算書）（一九四七年二月二十一日）……〇二三
（四）鈕永記水木作編制的南京市下水道工程處東、西水關水閘修理工程詳細賬目單（一九四七年三月一日）……〇二六
（五）南京市工務局下水道工程處致市工務局的報告及附件（一九四七年三月二十一日）……〇二九
（六）南京市工務局下水道工程處致市工務局的簽呈（一九四七年四月三日）……〇三四

審計部、南京市工務局下水道工程處、協成建築事務所等關于拆毀東水關舊閘閘基與清理秦淮河積淤工程事的一組文件

（一）南京市工務局下水道工程處致市工務局轉市政府的報告（一九四七年三月十日）……○三六
（二）南京市工務局下水道工程處爲請派員監標致市工務局轉市政府的簽呈（一九四七年三月十三日）……○三七
（三）南京市工務局下水道工程處爲請派員監標致審計部的公函（一九四七年三月十四日）……○三八
（四）審計部致南京市工務局下水道工程處的公函（一九四七年三月二十四日）……○四○
（五）南京市下水道工程處工程合同副本及附件（一九四七年三月二十二日）……○四二
（六）拆毀東水關舊閘閘基工程驗收合格證明書（附件：工事決算書）（一九四七年四月十一日）……○五七
（七）協成建築事務所繼續清理秦淮河積淤工程承攬書（一九四七年五月十二日）……○六○

南京市工務局與下水道工程處關于修整鐵窗欞、銅心管、半山寺等處秦淮河涵閘工程的一組文件

（一）南京市工務局下水道工程處致市工務局的簽呈及附件（一九四七年五月十日）……○六二
（二）南京市工務局致下水道工程處的指令（一九四七年五月二十六日）……○七五

南京市工務局與下水道工程處關于查勘東、西水關城墻下水閘現狀的一組文件

（一）南京市工務局致下水道工程處的訓令（一九四八年五月四日）……○七八
（二）南京市工務局下水道工程處職員丁振舉致課長轉呈處長的簽呈（一九四八年五月六日）……○八一
（三）南京市工務局下水道工程處致市工務局的簽呈（附件：西水關附近地形圖）（一九四八年五月八日）……○八三

南京市工務局與莫愁區工務管理處關于查勘修理西水關木閘工程的一組文件
（一）南京市工務局致莫愁區工務管理處的訓令（一九四八年五月二十五日）……〇八五
（二）莫愁區工務管理處提交的工程請示單（附件：水西門西水關木制水閘圖）（一九四八年七月三日）……〇八七
（三）莫愁區工務管理處再次提交的工程請示單（一九四九年二月十四日）……〇九〇
南京市工務局職員尹恭發爲報東、西水關等各閘涵均待整修致局長的簽呈（一九四九年三月十七日）……〇九二
南京市工務局職員馬警寰爲上報武廟閘城内外兩閘口及水流情形并請從速添設閘外設備致市工務局的簽呈（一九四九年四月二十日）……〇九三

貳　抽水站的修建與管理

南京市政府與市工務局關于建築東水關抽水站的一組文件
（一）南京市工務局致市政府的呈文及附件（一九三五年三月十四日）……〇九七
（二）南京市政府致市工務局的指令（一九三五年三月二十日）……一〇五
（三）南京市工務局爲定期開標請派員莅臨監視致市政府的呈文（一九三五年三月二十二日）……一〇八
（四）南京市工務局致各報館的招標通告及致市政府的呈文（一九三五年十月一日）……一一一
（五）南京市工務局致市政府的呈文（附件：修建東水關抽水站等工程開標結果與原預算比較表）（一九三五年十一月二十二日）……一一五

（六）南京市政府致市工務局的指令（一九三五年十二月三日）……一二二
（七）南京市工務局爲送工程合同暨説明書等致市政府的呈文（一九三五年十二月二十三日）……一二四
（八）東水關抽水機站圖（一九三五年四月）……一二七

南京市政府與市工務局、管理中和庚款水利經費董事會等關于購置東水關抽水機的一組文件

（一）南京市工務局致市政府的呈文（附件：支付預算書）（一九三五年九月十二日）……一二八
（二）南京市政府致市工務局的指令及致管理中和庚款水利經費董事會的公函（一九三五年九月十八日）……一三三
（三）管理中和庚款水利經費董事會致行政院的呈文及致南京市政府的公函（一九三五年十月二十五日）……一三七
（四）南京市工務局爲擬增購東水關抽水機一架并請令知此項費用如何辦理致市政府的呈文（一九三六年二月二十六日）……一四一
（五）南京市政府致市工務局的指令（一九三六年三月二十六日）……一四六
（六）南京市政府致管理中和庚款水利經費董事會的公函及附件（一九三六年二月二十九日）……一四八
（七）管理中和庚款水利經費董事會致行政院的呈文及致南京市政府的公函（一九三六年三月十七日）……一五五
（八）行政院致管理中和庚款水利經費董事會的指令（一九三六年三月二十五日）……一五九

僞南京特别市工務局關于接通東水關抽水機電火以利防汛工作的一組文件

（一）僞南京特别市工務局致華中水電公司的公函（一九四五年七月三日）……一六二
（二）僞南京特别市工務局職員趙玉書致科長轉呈局長的報告（一九四五年七月十一日）……一六三
（三）僞南京特别市工務局致華中水電公司的箋函及致聯絡官的箋函（一九四五年七月十三日）……一六五

南京市工務局下水道工程處與首都電廠關于調换東水關抽水站變壓器的一組文件

（一）南京市工務局下水道工程處致首都電廠的公函（一九四七年六月二十七日）…………………………一六七
（二）南京市工務局下水道工程處致市工務局的報告（一九四七年六月二十七日）…………………………一七〇
（三）首都電廠致南京市工務局下水道工程處的公函（一九四七年六月三十日）…………………………一七二
（四）南京市工務局下水道工程處職員尹恭發致處長的簽呈（一九四七年七月二日）…………………………一七四
（五）南京市工務局下水道工程處致首都電廠的公函（一九四七年七月二日）…………………………一七五

南京市工務局下水道工程處、新泰昌機器廠關于東水關抽水站添加保護進出水管鉛絲網罩及鏈鎖等工程的一組文件

（一）南京市工務局下水道工程處將工程交由新泰昌機器廠的箋條（一九四七年七月三十日）…………………………一七八
（二）南京市工務局下水道工程處職員朱人傑爲請辦理對保事宜致處長等的簽呈（一九四七年八月十五日）…………………………一七九
（三）新泰昌機器廠工程承攬正本（一九四七年八月十八日）…………………………一八〇
（四）南京市工務局下水道工程處職員尹恭發爲承包商請領第一期工程款致處長等的簽呈（一九四七年八月十八日）…………………………一八七
（五）新泰昌機器廠爲請領第二期工程款致南京市工務局下水道工程處的報告（一九四七年九月十五日）…………………………一八八
（六）南京市工務局下水道工程處職員鄒聲植爲驗收工程尚無不合致課長、處長的簽呈（一九四七年十月二日）…………………………一九一
（七）新泰昌機器廠爲請領第三期工程款致南京市工務局下水道工程處的報告（附件：保證書）（一九四七年十月三日）…………………………一九三
（八）南京市工務局下水道工程處爲送工程估價單等致市工務局的簽呈（附件：估價單）（一九四七年十月十七日）…………………………一九七
（九）南京市工務局下水道工程處爲定期驗收工程致新泰昌機器廠的通知（一九四七年十月二十五日）…………………………二〇四
（十）南京市工務局下水道工程處爲請派員監驗工程致市工務局的簽呈（一九四七年十月二十五日）…………………………二〇六
（十一）驗收合格證明書（一九四七年十月三十一日）…………………………二〇八

南京市工務局下水道工程處爲東水關抽水站電壓不足不能兩機并用事致市工務局的簽呈
（一九四七年九月六日）……二〇九
南京市工務局下水道工程處爲送東、西兩水關抽水工作記載表致市工務局的簽呈
（附件：東、西兩水關抽水工作記載表）（一九四七年九月十五日）……二一一
南京市工務局下水道工程處與首都電廠關于將兩百千伏安變壓器調回東水關抽水站的一組文件
（一）南京市工務局下水道工程處致首都電廠的公函（一九四八年五月二十七日）……二三二
（二）首都電廠致南京市工務局下水道工程處的復函（一九四八年五月三十一日）……二三四
（三）首都電廠致南京市工務局下水道工程處的公函（一九四八年六月九日）……二三六
（四）南京市工務局下水道工程處職員朱人傑致課長轉處長的簽呈（一九四八年六月十七日）……二三八
南京市工務局下水道工程處與首都電廠關于東水關抽水站須晝夜供電不能中斷的一組文件
（一）南京市工務局下水道工程處致首都電廠的公函（一九四八年七月三日）……二四〇
（二）首都電廠致南京市工務局下水道工程處的復函（一九四八年七月六日）……二四二
（三）南京市工務局下水道工程處致市工務局的簽呈（一九四八年七月九日）……二四五
南京市工務局第一工程處爲報西水關抽水機辦理情形致市工務局的報告（一九四八年八月十一日）……二四七
首都電廠、南京市工務局、下水道工程處關于將東水關抽水站兩百千伏安變壓器拆換爲一百千伏安變壓器應用的
一組文件
（一）首都電廠致南京市工務局下水道工程處的公函（一九四八年十月二十一日）……二四八

（二）南京市工務局下水道工程處致首都電廠的復函（一九四八年十月二十七日）……二五〇
（三）南京市工務局下水道工程處致市工務局的呈文（一九四八年十月二十七日）……二五二
（四）南京市工務局致下水道工程處的指令（一九四八年十一月一日）……二五四
南京市工務局下水道工程處爲東水關抽水站不得入内參觀的布告（一九四九年二月二十八日）……二五七
南京市工務局下水道工程處爲東水關抽水站常有過往部隊駐扎請布告禁止以利工作事致市工務局的簽呈（一九四九年三月一日）……二五九

叁　水閘的排水及關啓

朝天宫及西水關排水情形（摘自《南京市政府公報》）（一九三一年九月十五日）……二六三
僞南京市自治委員會救濟課、僞督辦南京市政公署衛生處關于開啓秦淮河西水關水閘檢查尸體及武器等事的一組文件
（一）僞南京市自治委員會救濟課等擬具的實施方案（一九三八年四月八日）……二六四
（二）僞南京市自治委員會救濟課致秘書處的計劃書（一九三八年四月九日）……二六六
（三）僞督辦南京市政公署衛生處致督辦的簽呈（一九三八年五月六日）……二六九
僞督辦南京市政公署工務處爲抽換秦淮河污水及派工看管東、西水關閘門等事致僞財政處的公函（附件：原簽呈及機匠等姓名、原任職務、月支薪額表）（一九三八年五月十六日）……二七二

秦淮船業聯誼會爲秦淮河水濁有礙衛生請求同時開放東、西關水閘以换清水致僞南京特別市工務局的呈文（一九四二年七月三十一日）……二七八
南京市社會局、南京市工務局與南京市樹木竹商業同業公會關于開放水西門西水關以便竹木運入城内事的一組文件
（一）南京市樹木竹商業同業公會致市社會局的呈文（一九四六年六月十五日）……二八二
（二）南京市社會局職員黄以鏞奉派調查事宜致局長的簽報（一九四六年六月二十一日）……二八七
（三）南京市社會局致市樹木竹商業同業公會的指令（一九四六年七月十九日）……二八九
（四）南京市社會局致市工務局的公函（一九四六年七月十九日）……二九一
（五）南京市工務局致市社會局的公函（一九四六年九月三日）……二九三
（六）南京市社會局致市樹木竹商業同業公會的訓令（一九四六年九月十六日）……二九五
南京市衛生局清潔總隊、南京市工務局關于開放東、西水關水閘抽换秦淮河污水的一組文件
（一）南京市衛生局清潔總隊致市衛生局轉市政府的簽呈（一九四六年九月二十六日）……二九七
（二）南京市工務局的簽批（一九四六年十月十四日）……三〇〇
（三）南京市工務局職員程邦德致局長的簽呈（一九四六年十月十七日）……三〇一
（四）南京市工務局致下水道工程處的箋函（一九四六年十一月十二日）……三〇二
南京市工務局下水道工程處爲報曹榮林等請求速關西水關水閘以資儲水防備火災等致市工務局轉市政府的報告（一九四七年三月二十五日）……三〇三

南京市工務局下水道工程處爲秦淮河船户請求堵塞東關閘事致市工務局的呈文（一九四七年五月二十四日）…… 三〇四
南京市工務局下水道工程處爲遵諭擬定東、西水關同時閉閘抽水時間致市工務局的簽呈
（一九四七年八月二十二日）…… 三〇六
南京市工務局下水道工程處爲報東、西水關同時閉閘抽水情形檢送工作記載表致市工務局的簽呈
（附件：東、西水關抽水站工作記載表）（一九四七年八月三十日）…… 三〇八
南京市工務局下水道工程處關于請准許開放東、西兩水閘以泄秦淮河污水的兩份簽呈
（一）南京市工務局下水道工程處致市工務局的簽呈（一九四七年十一月二十二日）…… 三一五
（二）南京市工務局下水道工程處致市工務局的簽呈（一九四七年十一月二十八日）…… 三一七
聯合勤務總司令部兵工署第六十工廠、南京市工務局下水道工程處關于開啓東、西水關水閘疏放秦淮河污水的
一組文件
（一）聯合勤務總司令部兵工署第六十工廠致南京市工務局的公函（一九四七年十二月十三日）…… 三一九
（二）南京市工務局下水道工程處致東水關路工的訓令（一九四七年十二月二十日）…… 三二二
（三）南京市工務局下水道工程處致市工務局的簽呈（一九四七年十二月二十五日）…… 三二三
（四）聯合勤務總司令部兵工署第六十工廠致南京市工務局的公函（一九四八年三月二十三日）…… 三二六
（五）南京市工務局下水道工程處致市工務局的簽呈（一九四八年三月三十日）…… 三二九
南京市參議會、南京市工務局下水道工程處關于區民代表要求開放西水關以利運輸等的一組文件
（一）南京市參議會致市政府的公函（附件：區民代表等原呈）（一九四八年四月五日）…… 三三二

（二）南京市工務局下水道工程處職員丁振舉致課長轉處長的簽呈（一九四八年四月十五日）……三三八
（三）南京市工務局下水道工程處致市工務局的簽呈（一九四八年四月十七日）……三三九
南京市工務局下水道工程處關于東水關可否整日開閘放水以利疏浚的一組文件
（一）南京市工務局下水道工程處職員陳孔步致處長的報告（一九四八年五月五日）……三四一
（二）南京市工務局下水道工程處職員尹恭發致處長的簽呈（一九四八年五月七日）……三四三
（三）南京市工務局下水道工程處致市工務局的簽呈（一九四八年五月七日）……三四四
南京市工務局與下水道工程處關于首都警察廳電囑派工負責啓閉西水關洋橋水閘事的往來文件
（一）南京市工務局致下水道工程處的訓令（一九四八年五月六日）……三四六
（二）南京市工務局下水道工程處致市工務局的簽呈（一九四八年五月八日）……三四九
南京市工務局成賢區工務管理處爲請暫封玄武湖武廟閘致市園林管理處的箋函（一九四八年七月十二日）……三五一
南京市工務局下水道工程處與南京市糞便處理所關于將西水關水閘關閉一月以便糞便運出的往來公函
（一）南京市糞便處理所致市工務局下水道工程處的公函（一九四八年十月二十五日）……三五三
（二）南京市工務局下水道工程處致市糞便處理所的復函（一九四八年十月二十七日）……三五五
（三）南京市糞便處理所致市工務局下水道工程處的公函（一九四八年十一月五日）……三五七
市民劉建宗爲請關閉秦淮河水閘事致南京市工務局的呈文（一九四八年十一月十六日）……三五九

肆　水位觀測

本市城内城外逐日水位比較表及西水關内外水位漲落圖（摘自《南京市政府公報》）
（一九三一年九月三十日）……三六五
水利部爲批准恢復設置東水關水位站觀測秦淮河水位致南京市政府的代電（一九四七年八月十日）……三七一
長江水利工程總局堵口復堤工程總處與南京市工務局下水道工程處關于抄送東水關外河水尺讀數的往來公函
（一）長江水利工程總局堵口復堤工程總處致南京市工務局下水道工程處的公函（一九四七年十一月十一日）……三七三
（二）南京市工務局下水道工程處致長江水利工程總局堵口復堤工程總處的復函
（附件：一九四七年十一月上旬東水關外河水位記載表）（一九四七年十一月十四日）……三七六
一組西水關水位記載表
（一）一九四六年十一月水位記載表（一九四六年十一月）……三八二
（二）一九四七年十一月水位記載表（一九四七年十一月）……三九六
（三）一九四八年五月水位記載表（一九四八年五月）……四一一
（四）一九四九年四月水位記載表（一九四九年四月）……四二七

南京城墻檔案

水關涵閘的管理與增修

壹
水關水閘的接管與修建

南京特別市工務局接管西水關的消息（摘自《首都市政公報》）（一九二九年八月三十一日）

力，最近復制定各種規則，並關於查勘取締各種手令，及收辦文件對照日報表等，以便公作云。

製發出勤証章

工務局以出勤人員，僅有出勤手令，恐尚不足，以資識別，特於局務會議議决，製就藍底白字磁質橫長形證章，頒發各出勤人員佩帶，一俟公畢，即行繳還，定於八月十二日起實行云。

接管西水關

本市造幣廠後面西水關原名雲台閘，向由該廠管理啓閉，調節水量，工務局現以東水關已修理完善，東西兩關管理事權，未便兩歧，特呈准本府並函知造幣廠收回管理權，以昭劃一，已派公用科技士黎智長，前往接收管理云。

城垣內附近不准搭蓋草房

本市工務局奉令佈告禁止市民在城垣內附近搭蓋草棚木屋，遵即布告如後，爲布告事案奉市政府訓令第一五六九號內開，查本京城垣以內附近市民就地搭蓋蘆棚，建築

木屋，積習相沿，妨礙殊多，嗣後幷有前項情事，自應嚴行禁止，除分行公安局外合行令仰該局長即便遵照辦理，幷布告週知此令，等因奉此，自應遵照辦理，除飭科取締合行示仰全市民衆，一體知悉，自示以後，所有本京靠近城牆內各處市民絕對不准搭蓋蘆棚，木屋，其餘城內任何地方及下關區內各地址，應仍遵照本局取締市內搭蓋棚房章程辦理，其夫子廟臨時市場之木棚，則係專案核准，應俟另行計劃，仰各遵照，特此布告。

教育消息

市立第一圖書館概況

市立第一圖書館，自去年周蘭蓀女士接辦以來，修葺房屋，添置圖書，力求設備完全，而對於圖書之分類，係依照劉國鈞君所編之中國圖書分類法，圖書編目目錄卡片等，均在積極辦理，黨義書籍及各種雜誌搜羅宏富，徵求公報及縣志刊物等，已徵得四十餘種，並將以前各種雜誌公報，其不完全者，設法補足整理清楚，分部裝訂，既易收藏，尤便流覽，因此種種，民衆每日至該館閱覽書報者

南京市政府爲據呈報修理西水關水閘工程工竣，本府業已派員驗收無誤致市工務局的指令（附件：原呈）（摘自《首都市政公報》）（一九三一年七月七日）

二路線車輛仍照原線行駛祈鑒核備案由
呈悉准予備案並候轉函
首都衛戍司令部查照仰即知照此令
原呈見府字第六七四六號公函

■（一四）建築光華門至飛機場及通濟門至通閘營房等處馬路案

▲指令工務局爲呈送建築光華門至飛機場及通濟門至通閘營房等處馬路工程預算合同及路線表請備案案由
指令府字第六八一二號　二十年七月七日
呈一件呈送建築光華門至飛機場及通濟門至通閘營房等處馬路工程預算合同及路線表請備案由
呈件均悉准予備案附件存查此令

附原呈

爲呈送事竊查建築光華門至飛機場及通濟門至通闡營房等處馬路工程前奉
鈞府交下
軍政部咨文暨本局核准
軍政部軍需署營造司函同前由即經指派技正厲寬前往接洽決定建築費用由軍需署工程處負責領撥過局至召工承辦則由局方代爲負責訂立合同當經擬送預算共需銀七萬三千八百九十四元八角一面幷爲召定裕慶建築公司以六千四百六十八元六角承包中和橋至太平庵一段土方及石片路面工程時利和營造廠以一萬零三十元三角承包太平庵至飛機場一段土方及石片路面工程管萬興營造廠以八千八百零七元四角承包光華門至中和橋一段放寬土方及彈石路面工程其餘工款留備建築通濟門至通閘光閘道路俟上列三路築成後即行接辦除將預算合同各檢一份函送
軍政部軍需署工程處存轉暨俟領到款項再行轉賬外理合將本案遵辦情形幷檢同預算路線圖及合同一併具文呈送仰祈
鑒核備查實爲公便謹呈
市長魏
計呈送預算一份合同三份路線圖一份
工務局局長趙志游
二十年六月十八日

■（一五）修理西水關水閘工竣案

▲指令工務局爲呈報修理西水關水閘工程工竣檢同決算等件請驗收案由　指令府字第六八二〇號　二十年七月七日
呈一件爲呈報修理西水關水閘工程工竣檢同決算等件請驗收由

呈件均悉業經本府派員驗收無誤仰即知照附件存查此令

附原呈

為呈報事案查本局前以西水關水閘年久失修原有閘木朽壞甚多當將舊有閘木可用者加以修整外擬另行添製閘板二十塊俾資應用經即估計工料費等需洋二百八十五元四角造具預算於十九年九月十日呈奉

鈞府環字第八九六號指令准予撥款興修並將該款咨領在案查此項工程業於本年二月間召由包工于芝記按照原定計劃修配完竣復經派員查勘無誤理合檢同竣工決算及竣工報告具文呈報仰祈

鑒核俯賜派員驗收以資結案實為公便謹呈

市長魏

附呈竣工決算及竣工報告各一份

工務局局長趙志游

五月十九日

◼(一六)建築戊種住宅工竣案

▲指令工務局為呈報新民門外市民村戊種住宅二百七十一間已全部完工請驗收案由　指令府字第六八六二號

二十年七月八日

呈一件呈報新民門外市民村戊種住宅二百七十一間已全部完工請驗收由

呈悉業經本府派員前往驗收據稱所做工程尚稱妥實惟屋內隔牆未做應於包價內將工料費擬除又屋內地面應做水泥屋外街道并應整理等情着即按照所指各節分別切實辦理一面補具竣工報告等件呈送備查并將遵辦情形具報查考此令

附原呈

為呈報事竊查新民門外市民村戊種住宅工程前因限於地面經本局改建二百七十一間飭由應美記營造廠照標承造於四月一日興工限於七月十五日完工嗣以該項住宅已完成二百四十九間尚有二十二間因業主不允拆讓曾於本月十八日呈請鈞府核示在案現查未建之二十二間復經一再勸導業已如數覩成於本月二十七日全部完工除竣工報告及決算書等另文呈送外理合具文呈報仰祈鑒核俯賜派員於本月二十九日前往驗收實為公便謹呈

市長魏

工務局局長趙志游

二十年六月二十七日

◼(一七)修築丁家橋至鐵路馬路案

▲指令工務局為呈送丁家橋至鐵路馬路修築合同請備案案由　指令府字第六八七〇號　廿年七月八日

南京市政府爲據呈擬具東、西水關加建閘門計劃圖算，尚無不合，仰趕速興工事致市工務局的指令（附件：原呈）（摘自《南京市政府公報》）（一九三三年一月二十四日）

今中華路尚未完竣，聞將繼續開闢建康路，商民奔走相告，惶恐萬分，幾於寢食俱廢，回溯自被水災以後，即爲國難期間，商業凋零，一落千丈，即勉强支持，亦屬外强中乾，今若强制實施，限期拆讓，民力已竭，實不啻置之死地而冀復生，破巢之下，寧望幸存，公會爲商民團體機關，似不能坐視不救，應請轉呈當道，迅予維持，以延喘息等語前來，查路綫一經開闢，該路商民即應拆屋讓路，於是拆屋需款，建築需款，築路又須攤費，種種需要，甚屬不貲，而所有市房，類皆租賃，東客即因以滋生無限糾紛，調停結果，仍不外由房客墊資重建，縱有資本，銷耗已多，經濟遂日形枯竭，週轉不靈，加以金融界之不獲流通，尤予商業以莫大之打擊，故在中華路一帶之商店，能以籌措鉅資，重建高大房屋，恢復原狀者，僅十之一二，其次則因陋就簡，勉力支撑，復行營業，然亦不過十之五六，而其餘則經掘俱窮，無力建造，毁家失業者，至少尚有十之一二，值此國難方殷，商業衰敗，極端不景氣聲中，欲於中華路工竣，復繼續開闢建康路，竊恐在中華路尚半載不能完工、失業已有多數，而建康路即展至一年，亦未必能復原狀，失業之多，更不堪設想矣，鈞府雖爲繁榮設計，其如商民之無此經濟力何，而且舊有之馬路，雖不能比新闢馬路之寬敞，然亦無碍交通，即以黑廊街而論，商店櫛比，甚屬整齊，往來雖有汽車，並非要道，似無妨碍可言，職會等迭據請求，灼知情狀，僉以建康路即欲興修，亦應遲以數年，俟元氣稍稍回復，目前似未便亟亟以圖，除分呈國民政府行政院外，因是不避冒瀆，據情上呈，環懇鈞府俯鑒商情困苦，准予展緩三年，再行開築建康路，以示體恤。』等情；據此，除批示准予暫緩開闢，以示體恤外，合行令仰知照。此令。

市長石瑛

加建東西水關閘門案

▲指令工務局：爲據呈擬具東西水關加建閘門計劃圖算，尚無不合，仰趕速興工由。　指令府急字第六〇六號　二十二年一月二十四日

呈一件：爲擬具東西水關加建閘門計劃，檢同圖算，呈祈核示由。

呈件均悉。察核所呈圖算，大致尚無不合，仰即趁此冬令水淺之時，趕速興工。件存。此令。

市長石　瑛

附原呈

為呈請事：竊查東水關原有閘門，因年久未修，已失效用，前歲洪水為災，該處閘門，即以不能關閉，致水向城內灌入，泛濫市內，茲為防止水患，及調節秦淮河起見，擬於該處加建閘門一道，下設混凝土閘基，基頂高為五一·五公尺，兼作阻水壩之用，即遇冬季水涸時，內河水量，亦不致流出城外，又西水關閘門，因位於木橋橋孔間，較前年洪水位為低，似應於木橋內外口，亦各建閘門一道，外閘門高五四·七公尺，內閘門高五一·五公尺，一防水入，一遏水出，估計所需工料費用，共洋三千九百六十九元六角四分，除西關木橋兩旁河岸，築堤加高工事，俟本案奉准後，再擬計劃呈核外，理合檢同預算二份，計二紙，圖樣二份，計三紙，具文呈請

鑒核示遵。謹呈

市長石

計呈送預算二份，圖三紙。

工務局局長余籍傳

二十二年一月十日

埋設成賢街至北極閣一段自來水管案

▲指令工務局：為據呈裝埋成賢街鐵路交叉處之一百公厘水管，接長至北極閣情形，准予照辦由。　指令府急字第七二二號　二十二年一月二十八日

呈一件：為呈報裝埋成賢街鐵路交叉處之一百公厘水管，接長至北極閣情形由。

呈件均悉。准予如呈辦理。所需工料費，仰即編造支付預算，呈候核撥。件存。此令。

市長石　瑛

修築西水關水閘圖（一九三五年四月）

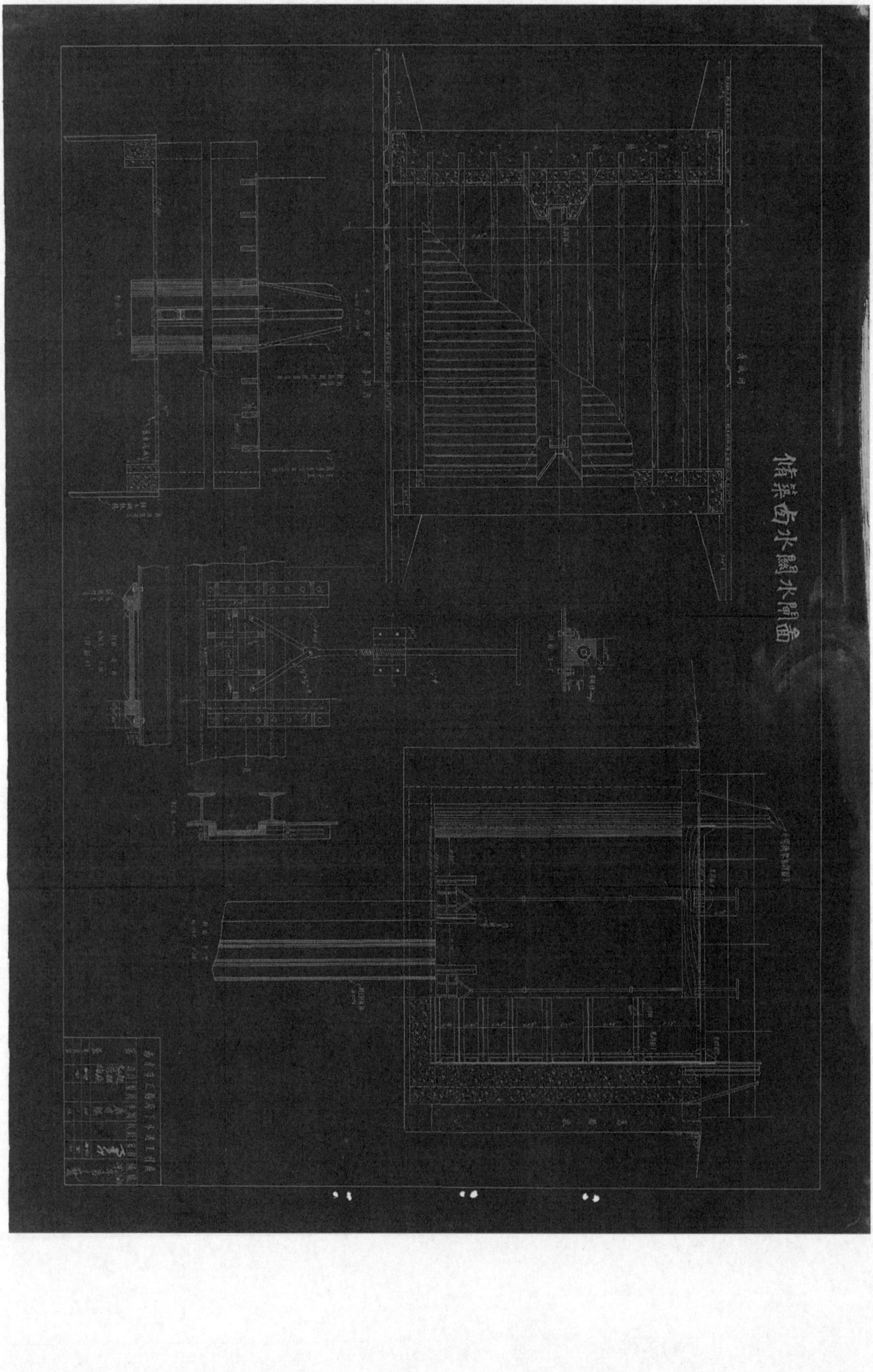

僞南京特別市工務局卸任朱局長與新任陳局長關于移交接收管理秦淮河東、西水閘各一座的往來文件

（一）僞南京特別市工務局卸任朱局長致新任陳局長的咨（一九四三年三月）

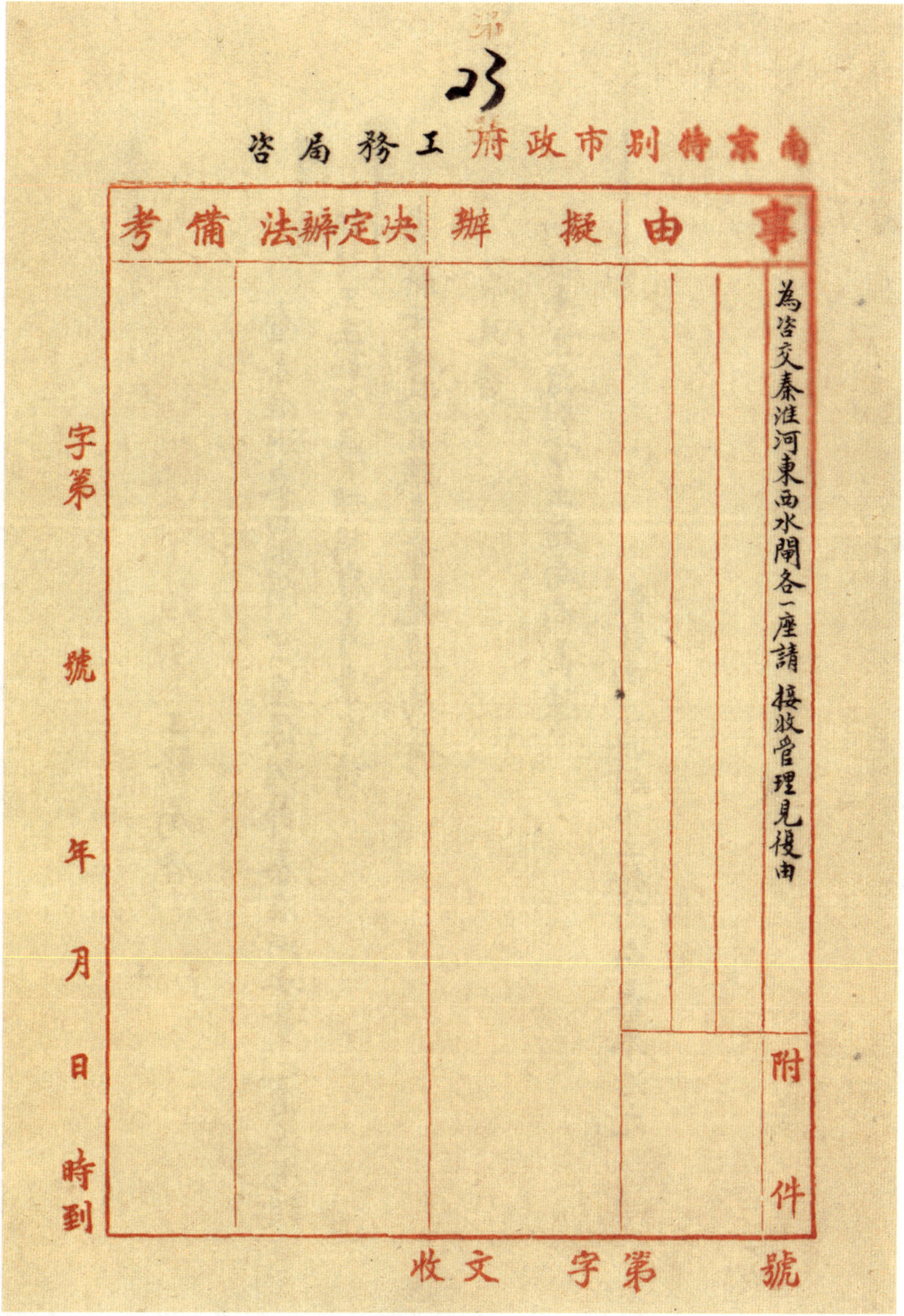
25

南京特別市政府工務局咨

事由	擬辦	決定辦法	備考
為咨交秦淮河東西水閘各一座請接收管理見復由			
附件			

字第　號

年　月　日　時到

收文　字第　號

南京特别市政府工務局咨

工字第　號

查秦淮河東西水閘各一座係調節秦淮河水量之用派有胡振祥王玉和等管理相應專案咨請

貴新任接收管理並希見復爲荷

此咨

新任南京特别市工務局局長陳

卸任南京特别市工務局局長朱浩元

中華民國三十二年三月　日

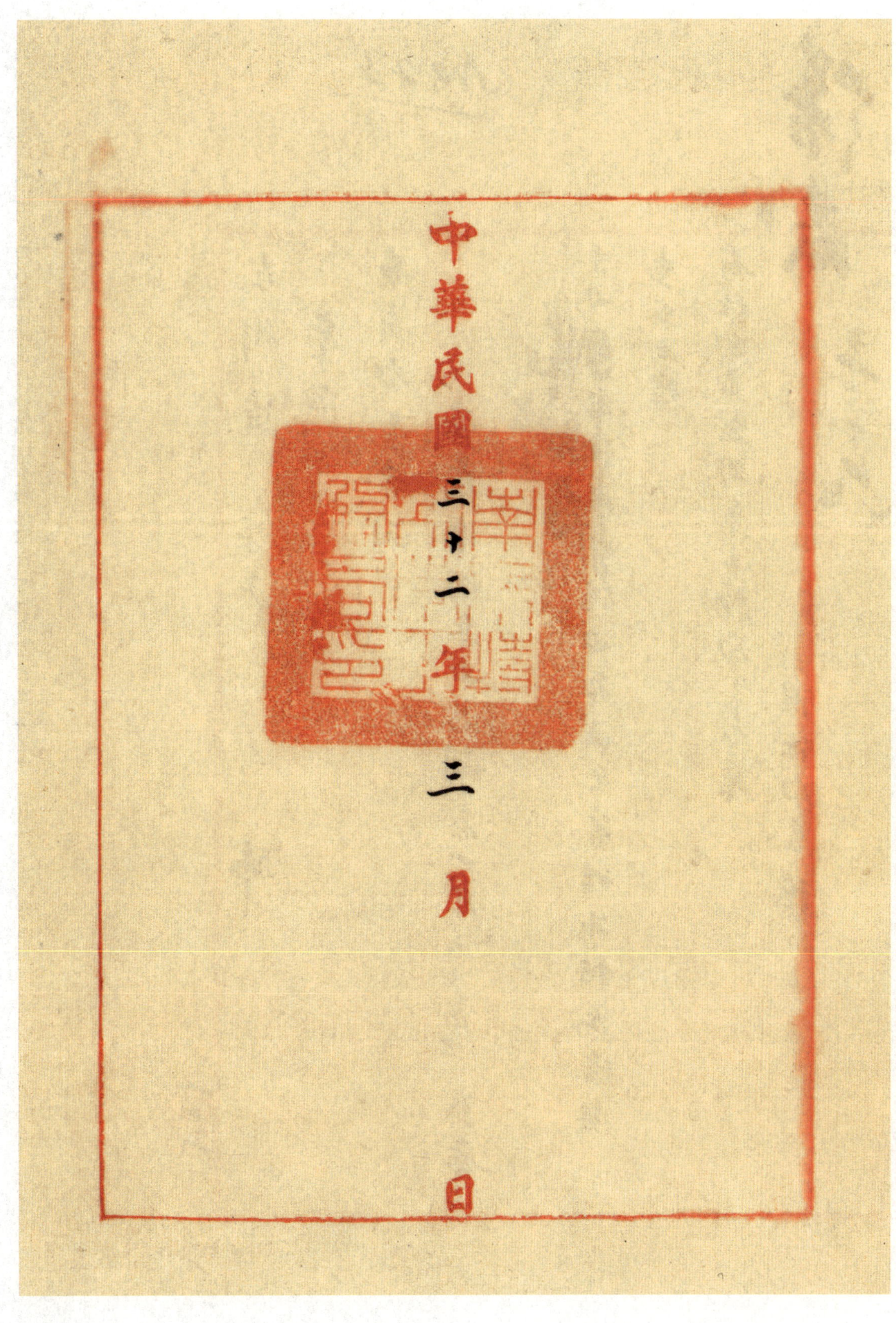

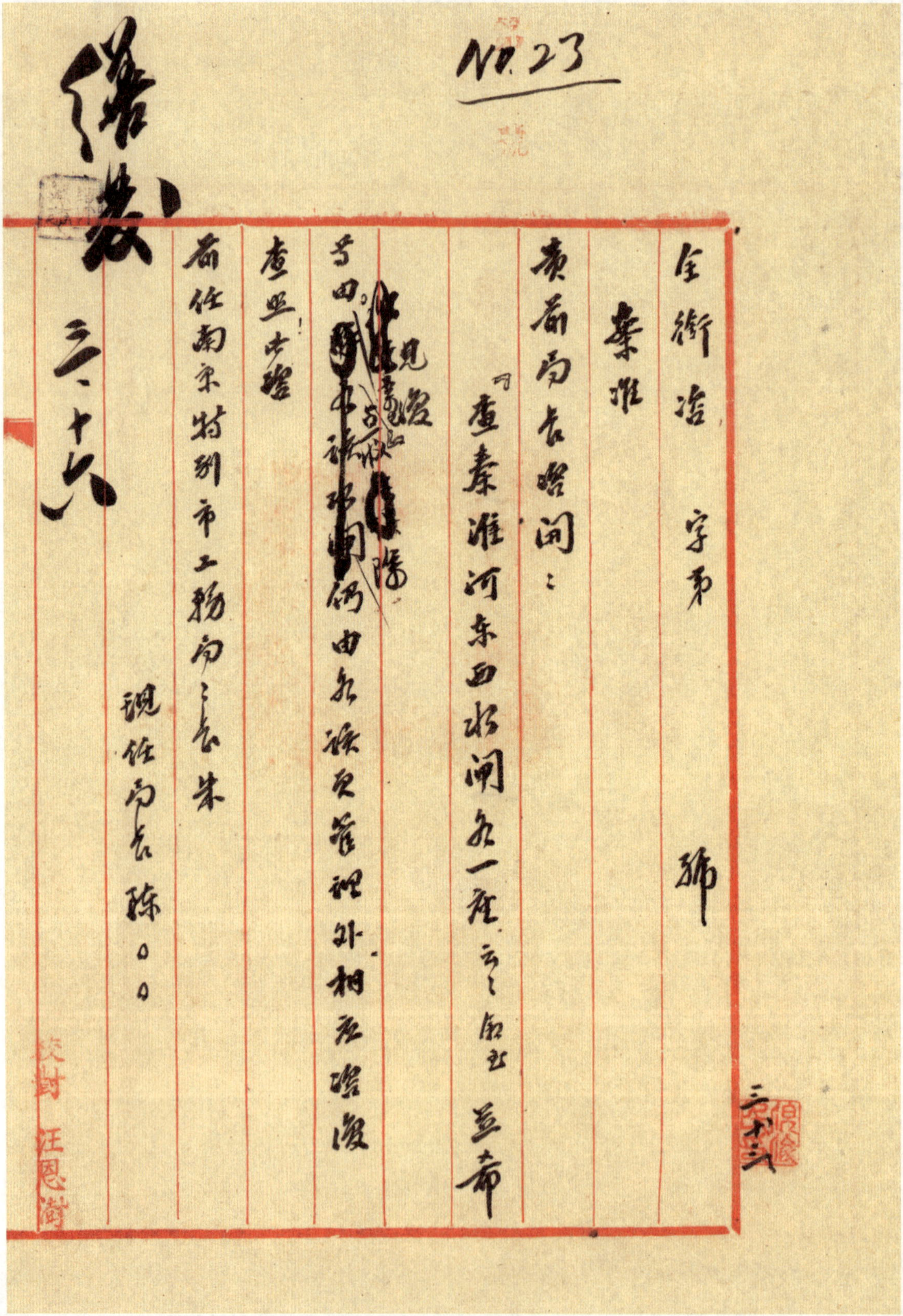
繕發

NO. 23

全銜咨　字第　號

案准

貴前局長咨開：

查秦淮河東西水閘各一座，云云敘至並希

等由。……除由本局接受管理外，相應咨復

查照！

前任南京特別市工務局局長朱

現任局長陳〇〇

三、十六

校對　汪恩澍

南京市工務局下水道工程處關于東、西水關水閘修理工程的一組文件

（一）南京市工務局下水道工程處致市工務局的簽呈（一九四七年二月七日）

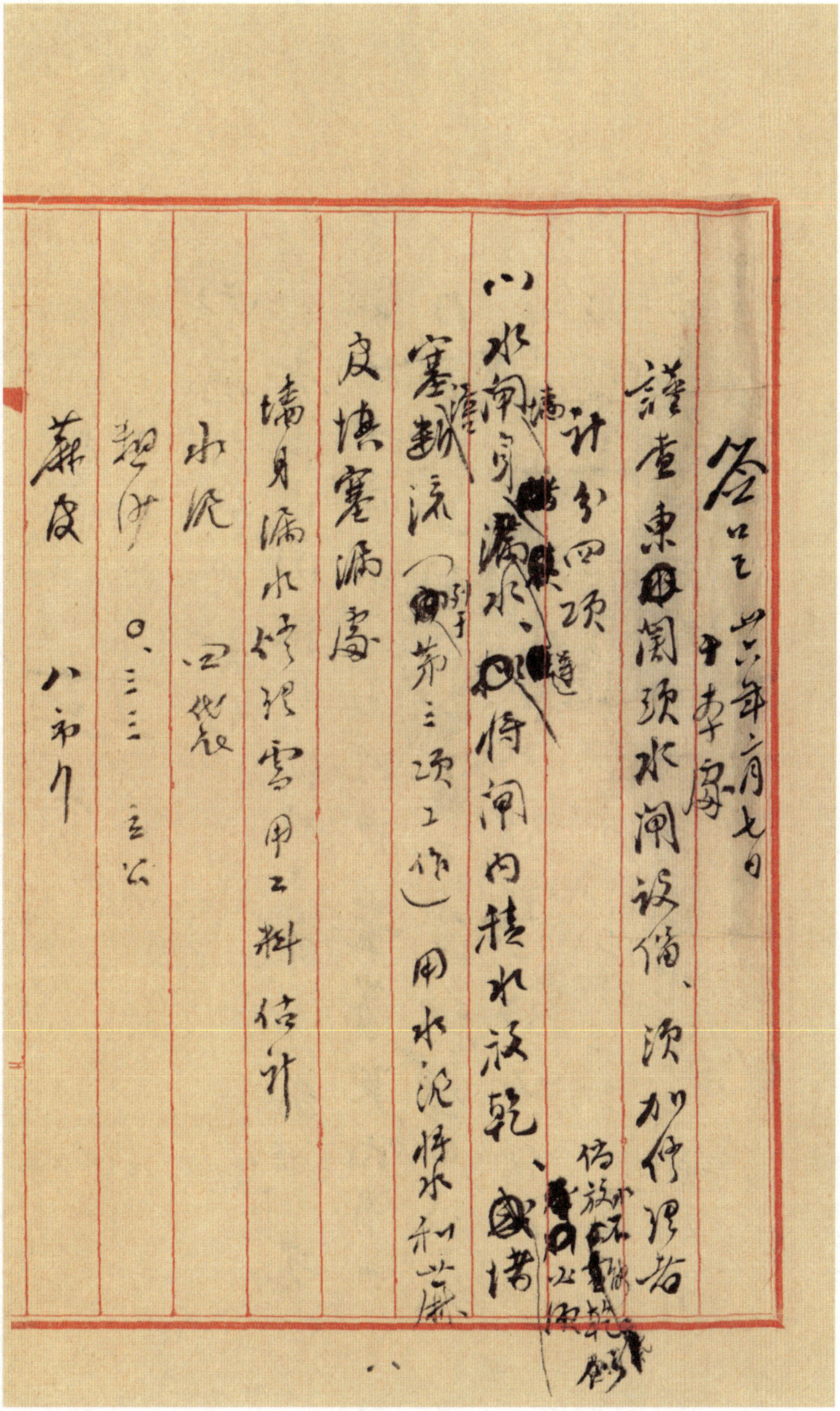
簽呈 卅六年二月七日 於本處
謹查東關頭水閘設備、須加修理若
計分四項
一、水閘頁滲漏水、待閘內積水放乾、堵
塞斷流（即第三項工作）用水泥將水和麻
皮填塞漏處
墻身漏水修理需用工料估計
水泥 四袋
麻皮 八市斤

樁乙　十三个

小乙　一二个

（二）閘門修理部份

查東水關閘門係於上年遷都時，當交振興成營造廠包修理，發現內有一門漏水且閘門不靈，擬該廠負責修理，此項修理之工作須俟河水稍乾或堵塞涵口斷流即三項之工作施行之

（三）堵塞城內涵口斷流需用之料估計

黃土　一百立公

南京修鳳儀印刷文具紙號承印

蒲包　二〇〇个

小工　一五个

遵于本月十日將東西水關兩涵洞啟放

後如城內秦淮河水位日漸減少乃至

斷流則此項工料可以省用

(四)修理一萬零五百馬力馬達一座、

查此項馬達每開動歷時二十分鐘左右

則停頓近蒙　遵即燃斷往返國首都

貴廠三十五年十二月十三日第七八一〇號函

實查經派員前往檢驗將該馬達無庸

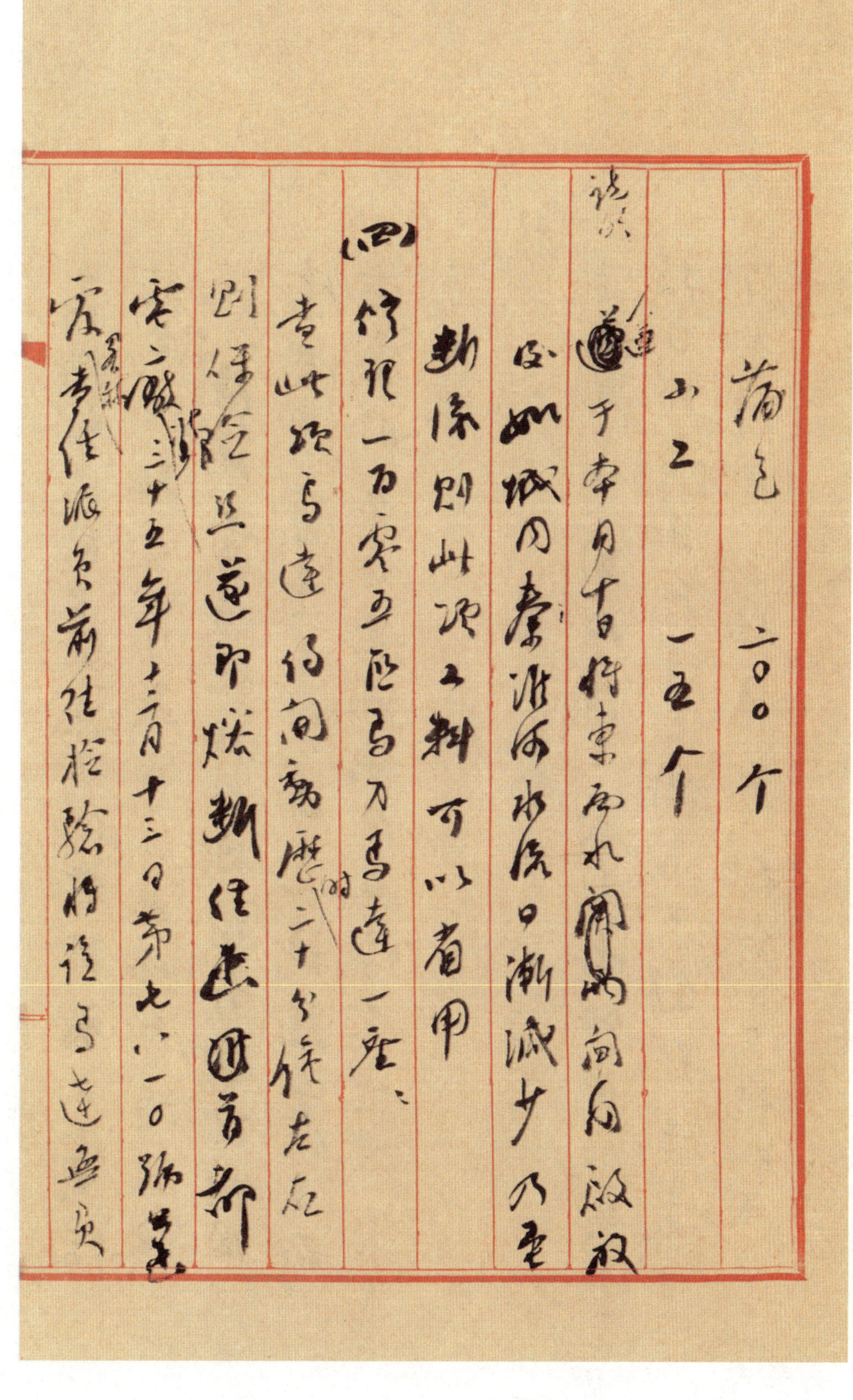

前聞動拔所呂姚來函稱轉動不靈，係
陸生培新台節感系之件水栽內積垢阻
滯（柳蔭等由）商請將該錶水栽拆卸修理，惟因
屢屢試驗審查太小，未克試驗一便，著都
安徽將來屢試驗網擬請再將試驗結果
分別報
核。
再者西水園開口除去茶素費時實數敢
數日外，此未開過大開，此中難說損壞
殊別係理未被損壞，相信十日報此以

再將實際情形呈報。又查城內秦淮河各段、
因淤壤淤塞不能暢通之處甚多，擬請轉請
衛生局設法疏濬此項穢物，俾得放水不致
妨礙。
以上所擬是否有當，理合呈請
鑒核示遵。謹呈
市長馬

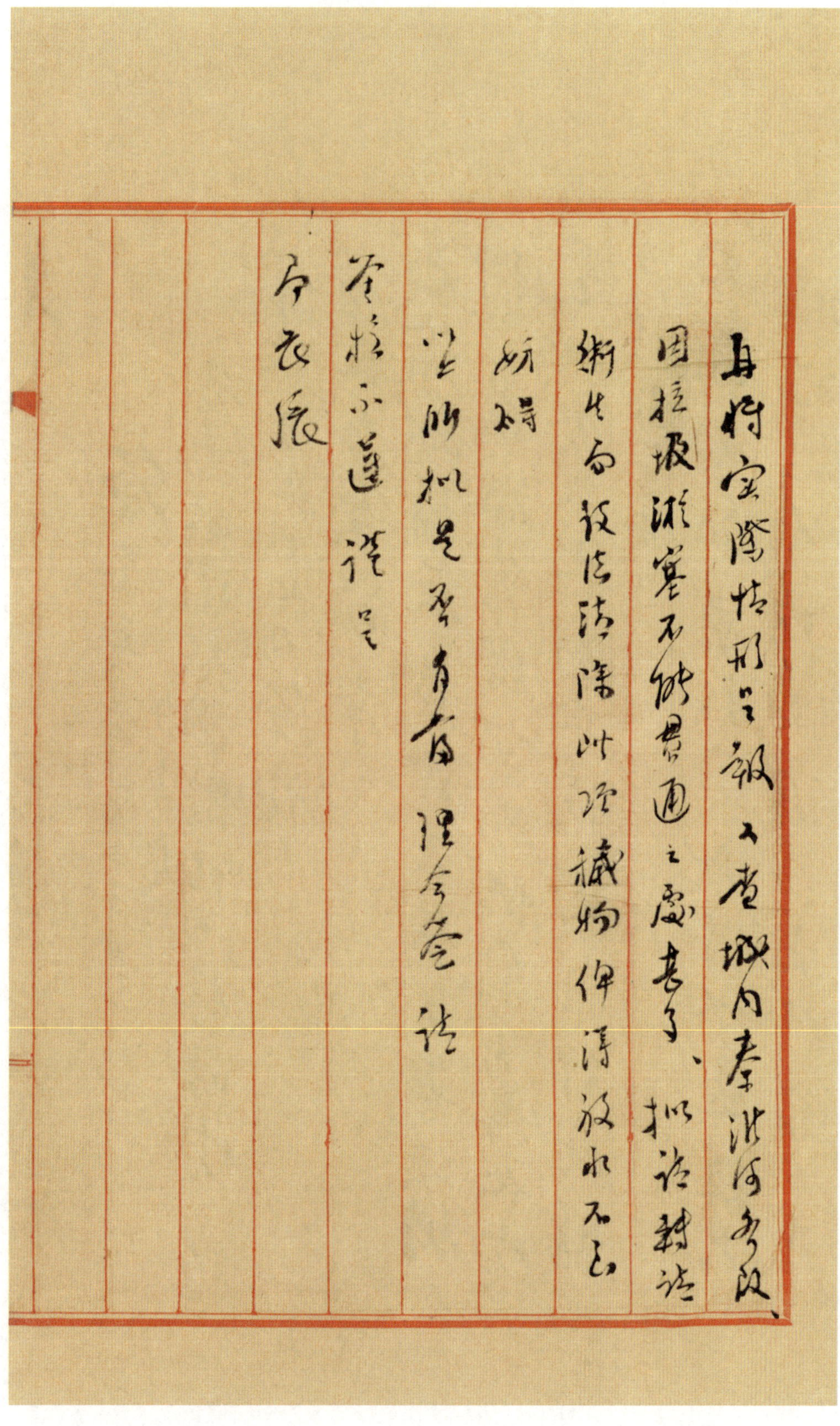

簽呈 卅六年二月十三日

查東水關水閘修理工程所需工料
業經于二月七日簽請
鑒核在案，嗣奉
面諭如洋灰、黃沙及黃土等材
料，可由市府發給實物供用，至其他零
星材料及人工，則由該處自行比照
辦理，並奉
面諭□知東水關城墻水道洞共
有一十三個，現由通流者僅有一個

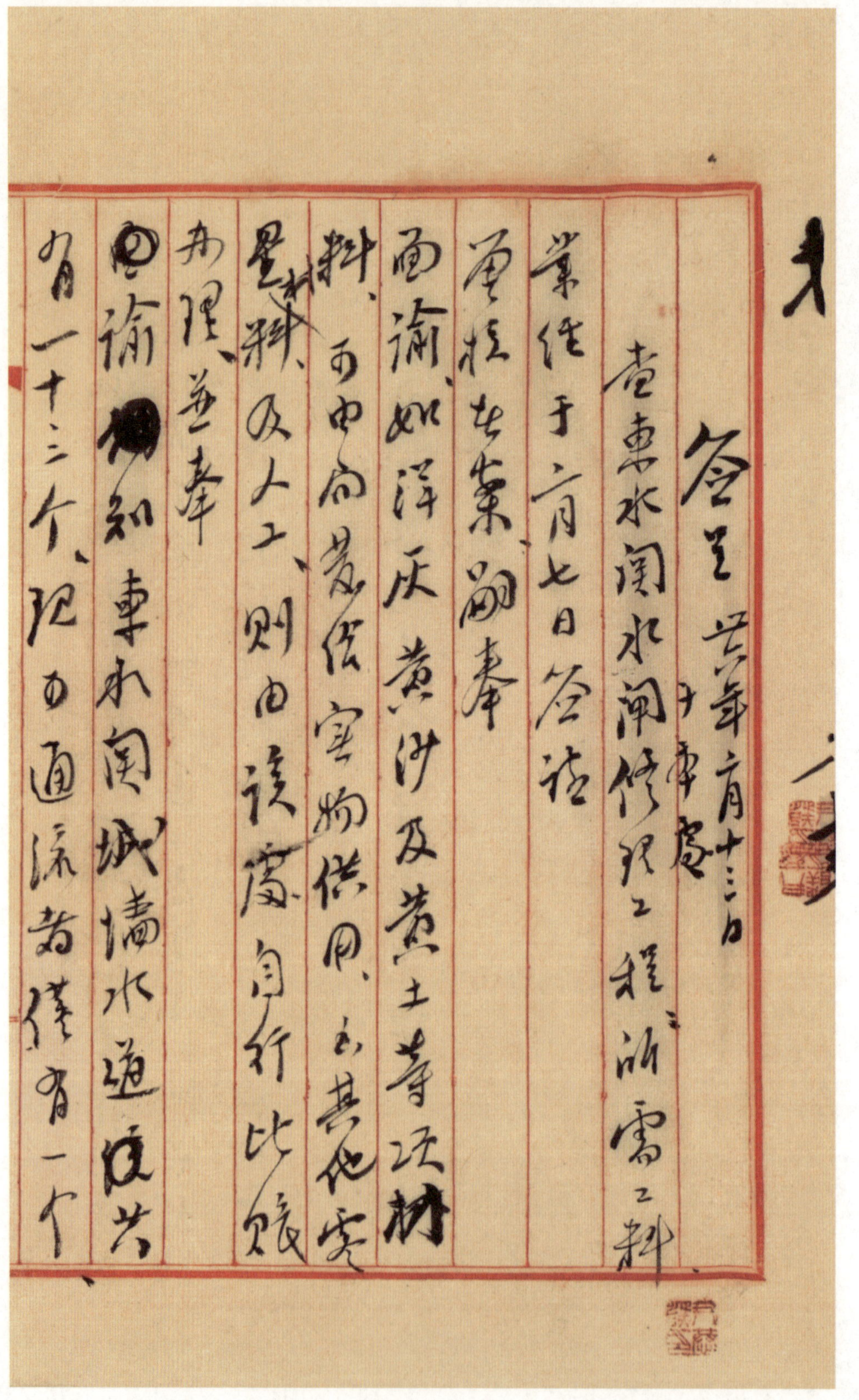

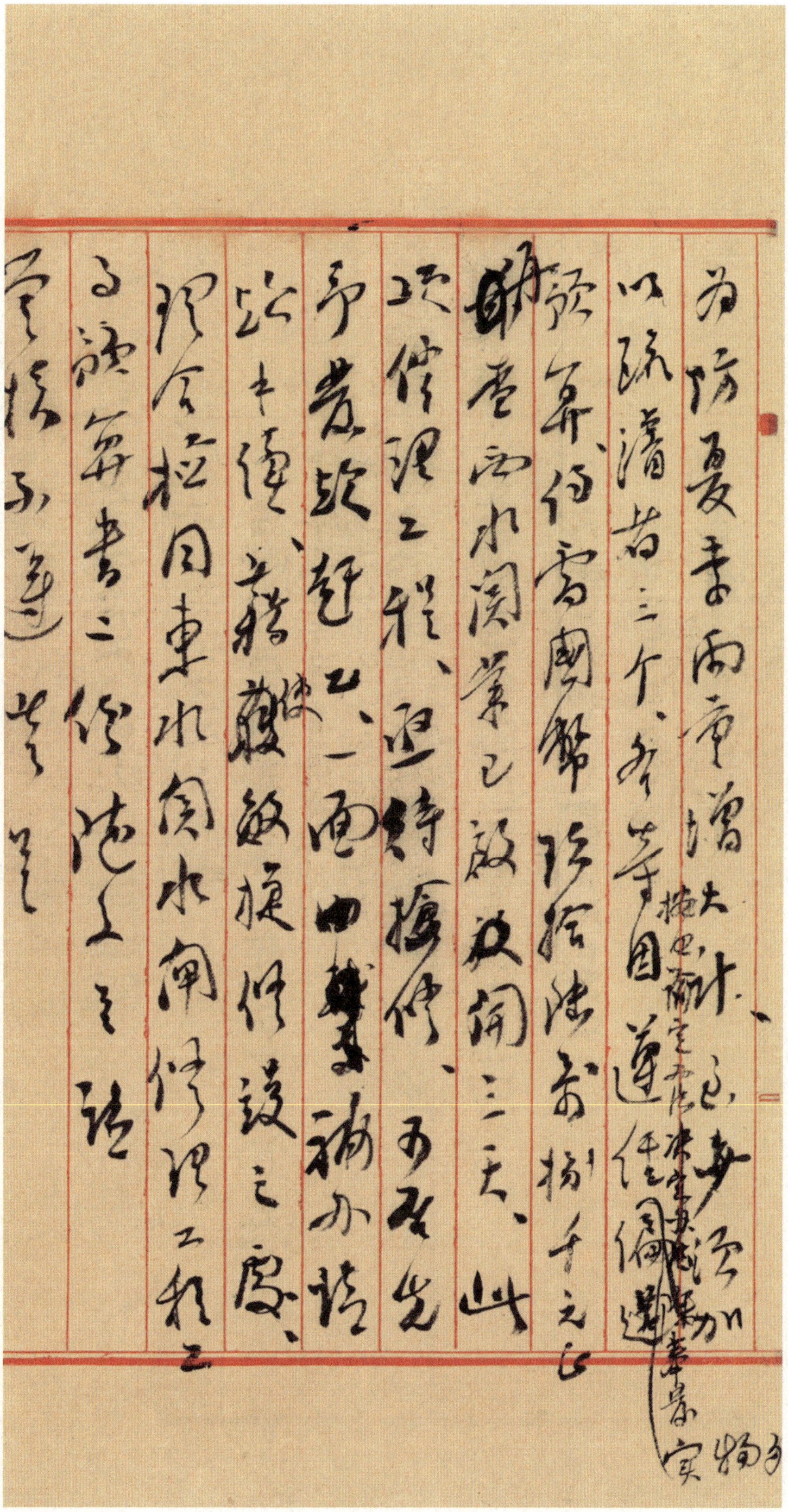

為防夏季雨量增大計，已妥為加
以疏濬若干，並等因遵經估價編
預算，估需國幣玖拾陸萬捌千元正。
查西水關業已啟開三天，此
項修理工程，正待搶修，可否先
予發款趕辦，一面由處補辦請
款手續、藉救緩急修護之處，
理合檢同東水關水閘修理工程二
份預算書二份，備文呈請
鑒核示遵。謹呈

南京市下水道工程

东水关水闸修理工程工事預算書

字第　號　　　　　　　　　　年　月　日，第　頁

地　点	通济门外东水关吸水闸
工作摘要	1. 阻塞城内东关头溢口，以抽乾东水关月池内积水 ~~2. 修理东水关水闸闸门~~ 2. 修补东水关水闸墙身漏水 3. 疏濬东水关出城墙（水道）淤塞之口（疏濬）
總　價	平均單價
起案原委	东水关水闸墙身年久滲漏頗多亟待修补
及 施工方法	1. 以蒲包装黄土堆积溢口使之断流 2. 以水泥（粗砂）及麻皮（混合）填塞漏口 3. 城墙（水道）淤塞以小工疏濬
附　件	

預算詳細表

種類	形況	單位	數量	單價（元）	總價（元）	備考
水泥		袋	4			由工務局撥發給實物不列預算
粗砂		立公	0.33			〃
~~麻皮~~		~~市斤~~	~~8~~	~~[illegible]~~	~~[illegible]~~	
黄土		立公	10			〃
麻皮		市斤	8	1,500.-	12,000.-	
蒲包	工程所需	只	200	1,000.-	20,000.-	
椿木	(4)項	〃	12	15,000.-	180,000.-	
小〃	(1)(2)項	〃	27	8,000.-	216,000.-	
小〃	(3)項	〃	45	8,000.-	360,000.-	
					$968,000.-	
					~~628,000.-~~	

計算　校對　審核

（三二）南京市工務局下水道工程處致市工務局的簽呈（附件：工事預算書）（一九四七年二月二十一日）

測量隊
會計室

南京市工務局下水道工程處收文

中華民國　年　月　日收　測收字第19號

東九閱

事由	擬辦	批示
爲東西水關水閘修理工程編報預算書及廠商比賬單呈請鑒核　叢奉照發由	秘備馬前任移交檔案存查　三、一	送秘存　三、一

中華民國卅七年

中華民國卅七年

№551

№561

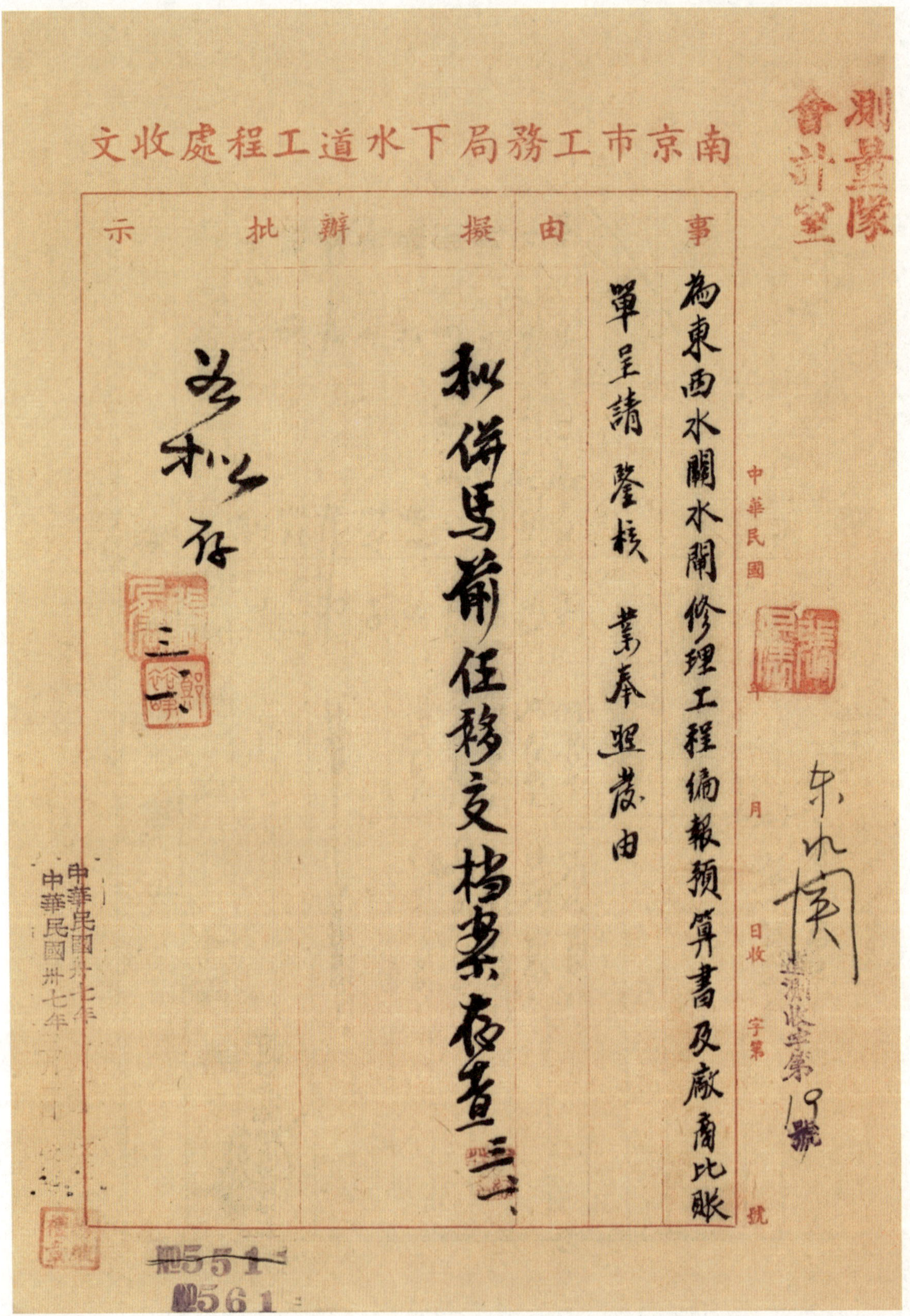

南京市工務局報告書

民國三十六年八月二十八日
發文　字第　號

事由：為東西水關水閘修理工程編擬預算書及廠商比賬單呈請　鑒核由。

查東水關水閘修理工程所需材料及工款等項，經以本月十三日簽呈奉
鈞座批示「照擬」，茲業經准采科長面稱，黃土一項以局庫無存，可由本處自行購買等因，
又蒲包、蔴皮二項原擬交商承辦，現據
鈞局改發實物。又東西水關水閘蓋板或腐爛或不全，亟宜添補，所需工款增減相抵。理合
另行編造預算，共需國幣玖拾叁萬陸仟元正，經招商比賬，計張永記開列肆佰陸拾萬元，瑞
龍營造廠開列貳佰陸拾柒萬伍仟元正，鈕永記開列貳佰貳拾貳萬捌仟元正，可否交由開
賬最低之鈕永記承包之處，理合檢同工事預算書二份暨比賬單三份一併簽請
鑒核示遵。謹呈
局長　張

附東水關水閘修理工程工事預算二份暨比賬單三份

下水道工程處處長　馬育騏

馬育騏印

核　簽　批示

中華民國卅七年二月
發款通知單　二字　號

科三 349號

2月22日收文　工　字第2335號　月　日　字第　號　迴批

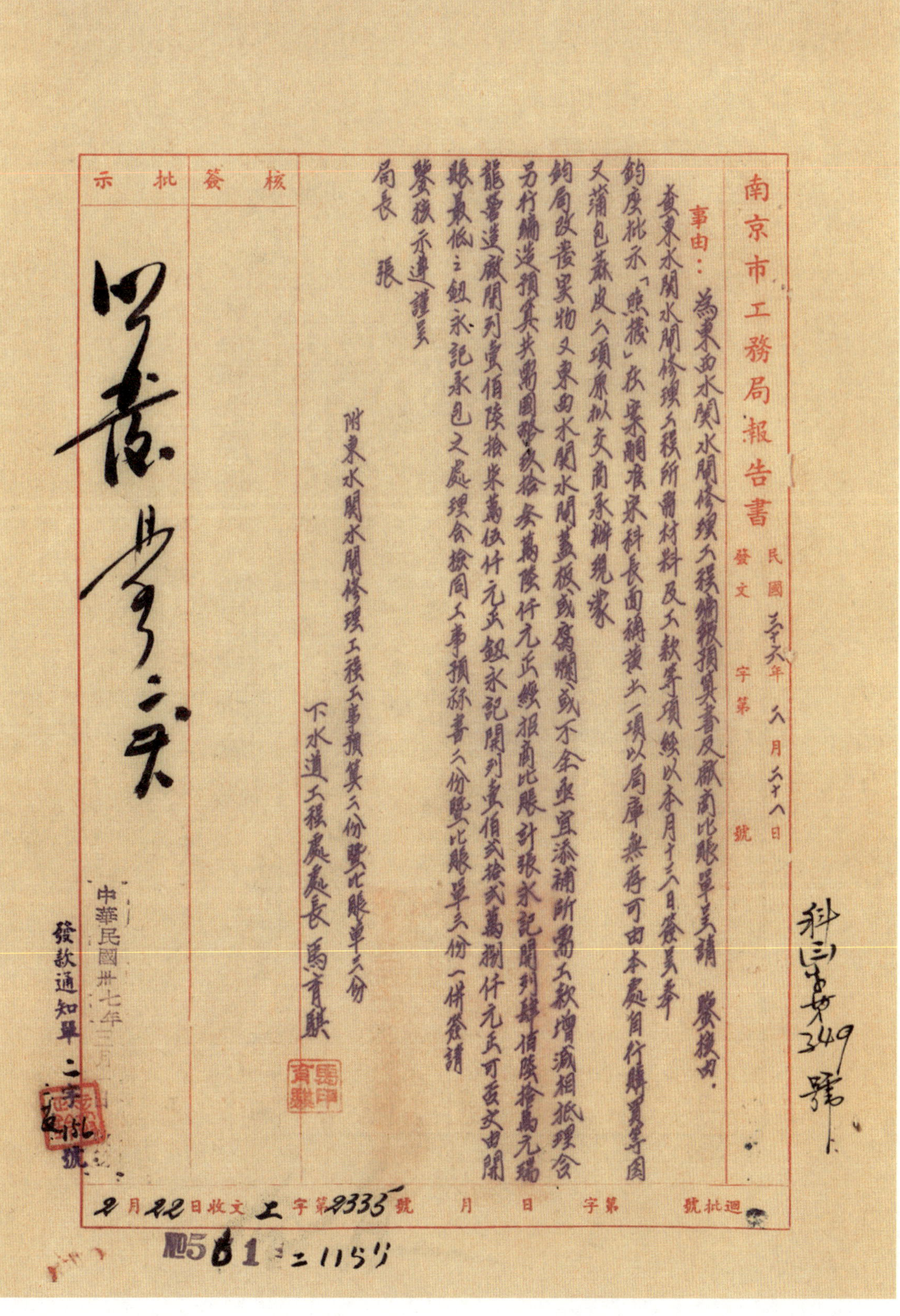

南京市下水道工程處

東水關水閘修理工程工事預算書

字第　號　　　　36年2月19日，第全頁

存件

地　點	通濟門外東水關吸水閘		
工作撮要	1. 阻塞城内東关頭涵口，以抽乾東水関月池内積水. 2. 修補東水関水閘牆身漏水. 3. 東水関城牆水道淤塞，加以疏濬. 4. 東水関城内外水閘蓋板，及西水関橋面板之修理.		
總　價	$936,000.—	平均單價	
起案原委及施工方法	東水関水閘年久失修，損壞頗多，亟待修整. 1. 以蒲包裝黄土堆積涵口，使之斷流. 2. 以水泥粗沙及蔴皮混合填塞漏口. 3. 城牆水道淤塞，以小工疏濬. 4. 以洋松蓋覆.		
附　件			

預算詳細表

種類	形況	單位	數量	單(元)價	總(元)價	備考
水泥		袋	4			由工務局撥給各項物料，不列預算
粗沙		立公	0.33			〃 〃
麻皮		市斤	8			〃 〃
蒲包	2'寬，4'長	只	200			〃 〃
洋松	2"厚	方呎	30	8,000.—	240,000.—	
黃土		立公	10			以小工於適當地點取土，不列預算。
技工	(4)項	工	12	12,000.—	144,000.—	
小工	(1)項	工	20	6,000.—	120,000.—	工具自備，於適當地點取運。
小工	(1)(2)項	工	27	6,000.—	162,000.—	工具自備
小工	(3)項	工	45	6,000.—	270,000.—	工具自備
					$936,000.—	

計算

今承攬得南京市下水道工程處東西水閘水閘修理工程計總價圓玖拾柒萬壹仟元整各項工程如有增減等項概以細單為準按實做增減之除另附細單外特此立據

鈕永記水木作
地址：北平路七十九號

三、一。

南京市下水道工程處東西水関水閘修理工程詳細賬目單

工程種類	材料項目	單位	數量	單價	總價	附註
堵塞城内東関缺溢口	黄土	立公	一〇			東工就地取土
	蒲包	只	二〇〇			由業主供給
疏濬東水関城墻水道	小工	工	二〇	七,〇〇〇	一四〇,〇〇〇	工具自備
修整東水関水閘蓋板及橋面板	小工	工	四五	七,〇〇〇	三一五,〇〇〇	同上
	洋松	方呎	五三〇（六〇）	四,五〇〇（五,〇〇〇）	二,三八五,〇〇〇（三〇〇,〇〇〇）	
	木工	工	六	一二,〇〇〇	七二,〇〇〇	
修補東水関水閘墻身漏水	水泥	市斤	四〇〇			由業主供給
	粗沙	立公	〇.五			仝上

麻皮 市斤 八 仝上

泥工 工 七 三、〇〇〇 八四、〇〇〇

小工 工 一〇 六、〇〇〇 六〇、〇〇〇

總計 九七一六〇〇〇

鈕永記水木作

地址：北平路七十九號

鈕永貴章

三、十、

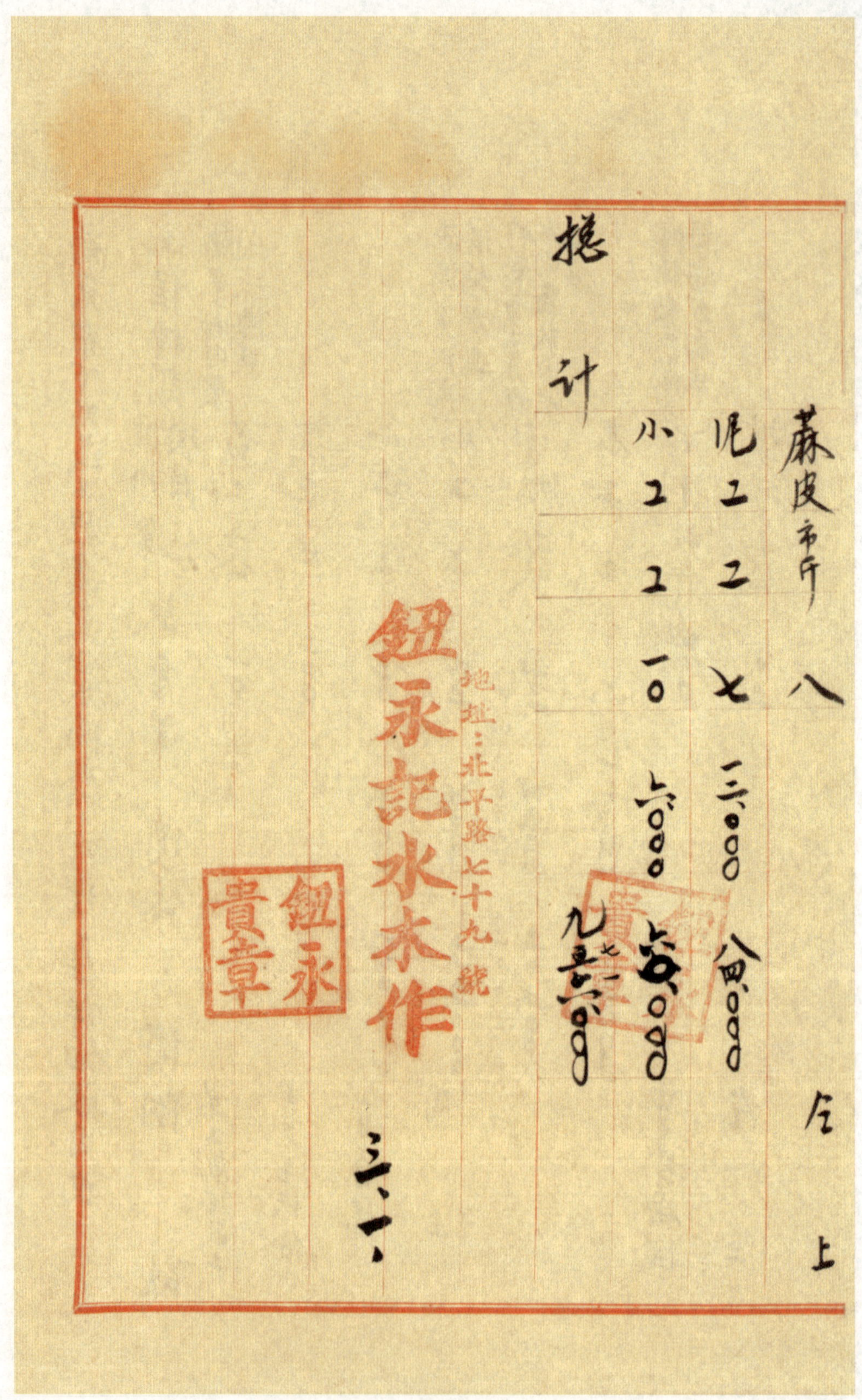

（五）南京市工務局下水道工程處致市工務局的報告及附件（一九四七年三月二十一日）

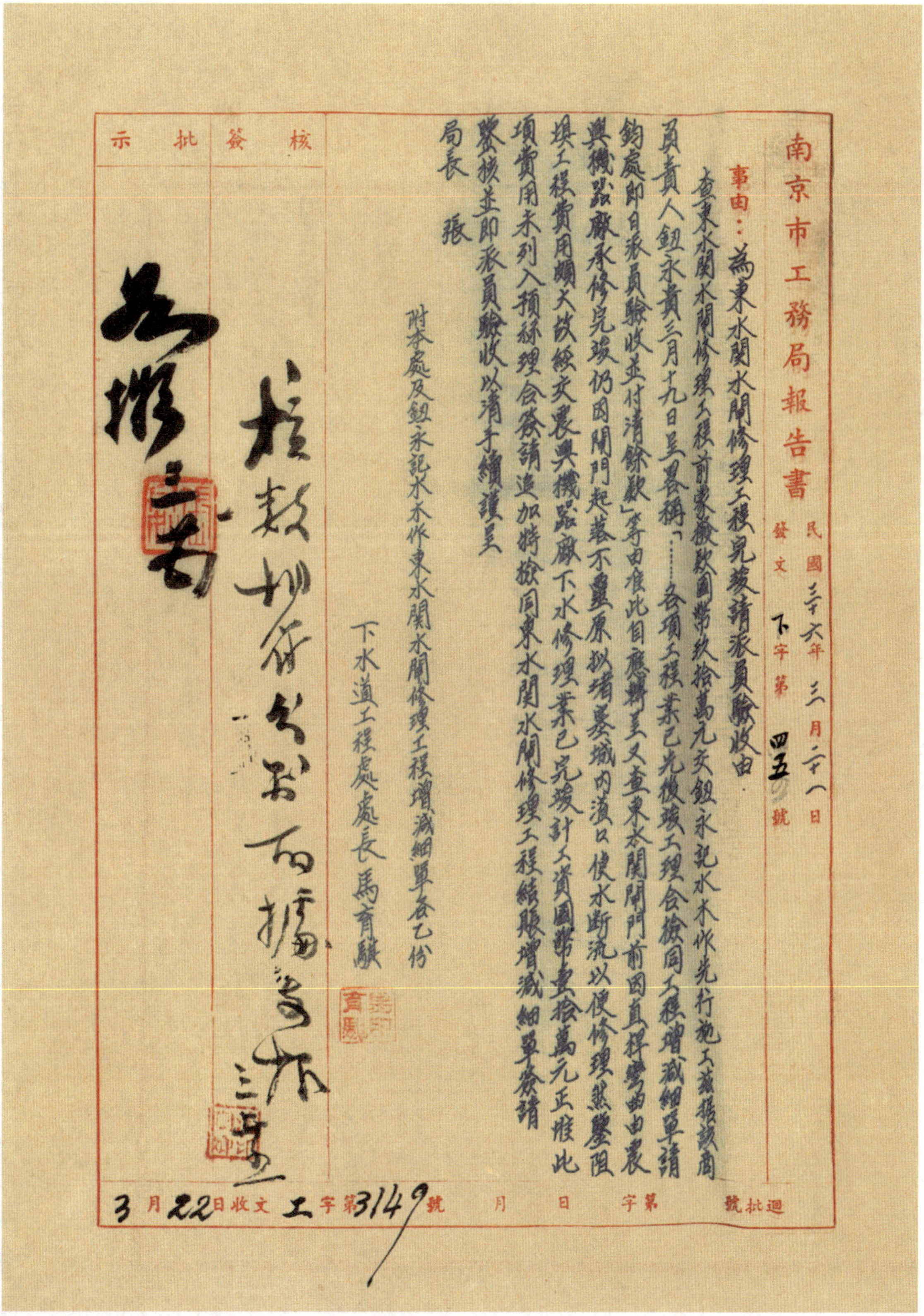

南京市工務局報告書

民國三十六年三月二十一日 發文 下字第四五號

核 簽 批 示

事由：為東水關水閘修理工程完竣請派員驗收由

查東水關水閘修理工程前業撥款國幣玖拾萬元交鈕永記水木作先行施工兹據該商負責人鈕永貴三月十九日呈稱「……各項工程業已先後竣工理合檢同工程增減細單請鈞處即日派員驗收並付清餘款」等由准此自應轉呈又查東水閘閘門前因直桿彎曲由農興機器廠承修完竣仍因閘門起落不靈原擬堵塞城內濱口使水斷流以便修理然鑒阻填工程費用頗大故經交農興機器廠下水修理業已完竣計工資國幣壹拾萬元正准此項費用未列入預算理合簽請追加特檢同東水關水閘修理工程結賬增減細單簽請鑒核並即派員驗收以清手續謹呈

局長 張

附本處及鈕永記水木作東水關水閘修理工程增減細單各乙份

下水道工程處處長 馬育騏

3月22日收文 工字第3149號 月 日 字第 號 迴批號

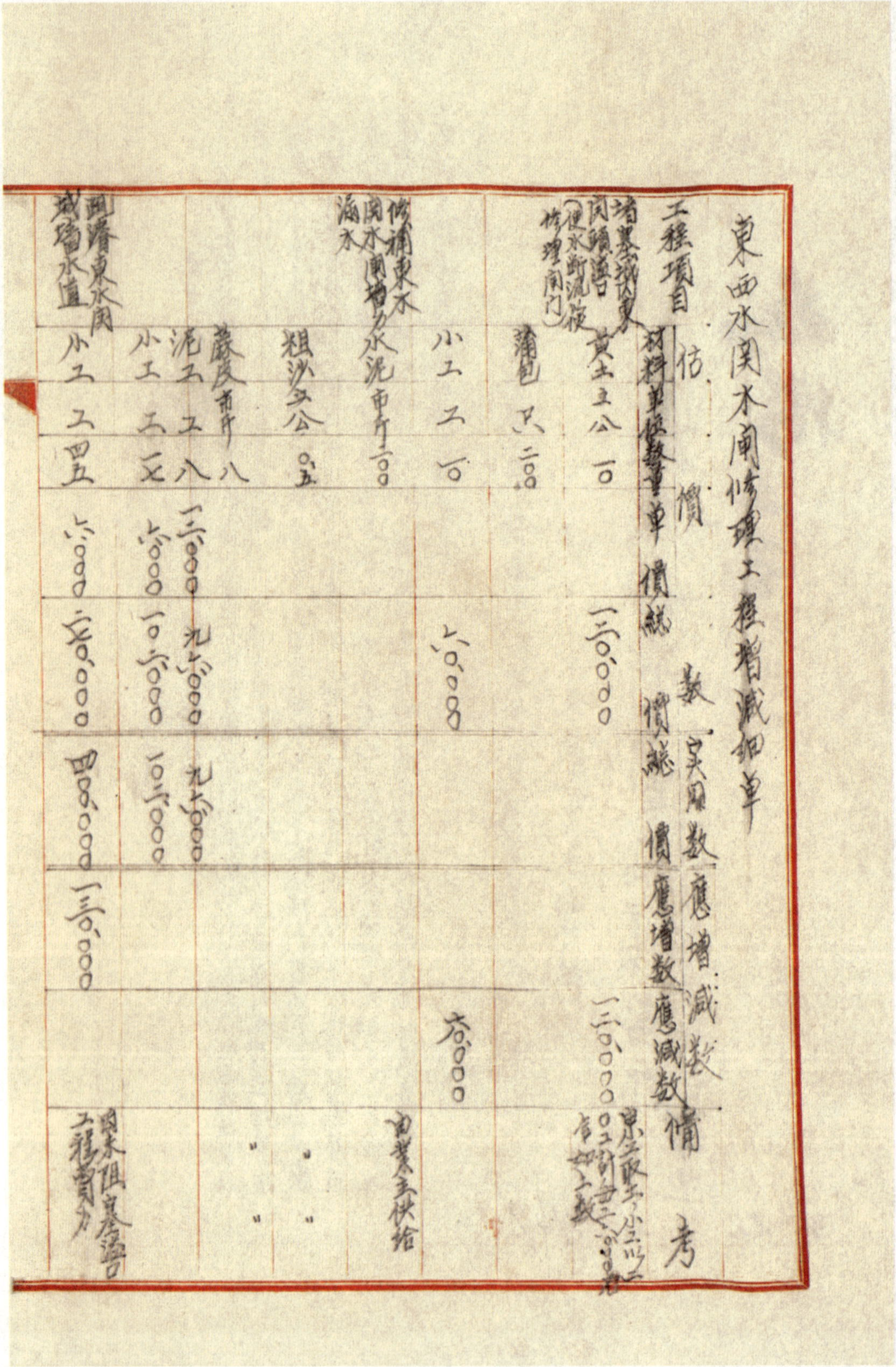
東西水閘木閘修理工程增減細單

修整東西水関水閘盖板及拆面板	洋松方坎	六○	四○○○	二四○,○○○	二四○,○○○	
	木工	工	四	一二,○○○	四八,○○○	四八,○○○
總計				九三六,○○○	八八六,○○○	一三○,○○○
						一八○,○○○
[illegible]						淨減回伍萬元正

鈕永記水木作

地址：北平路七十九號

鈕永賣章

[illegible]

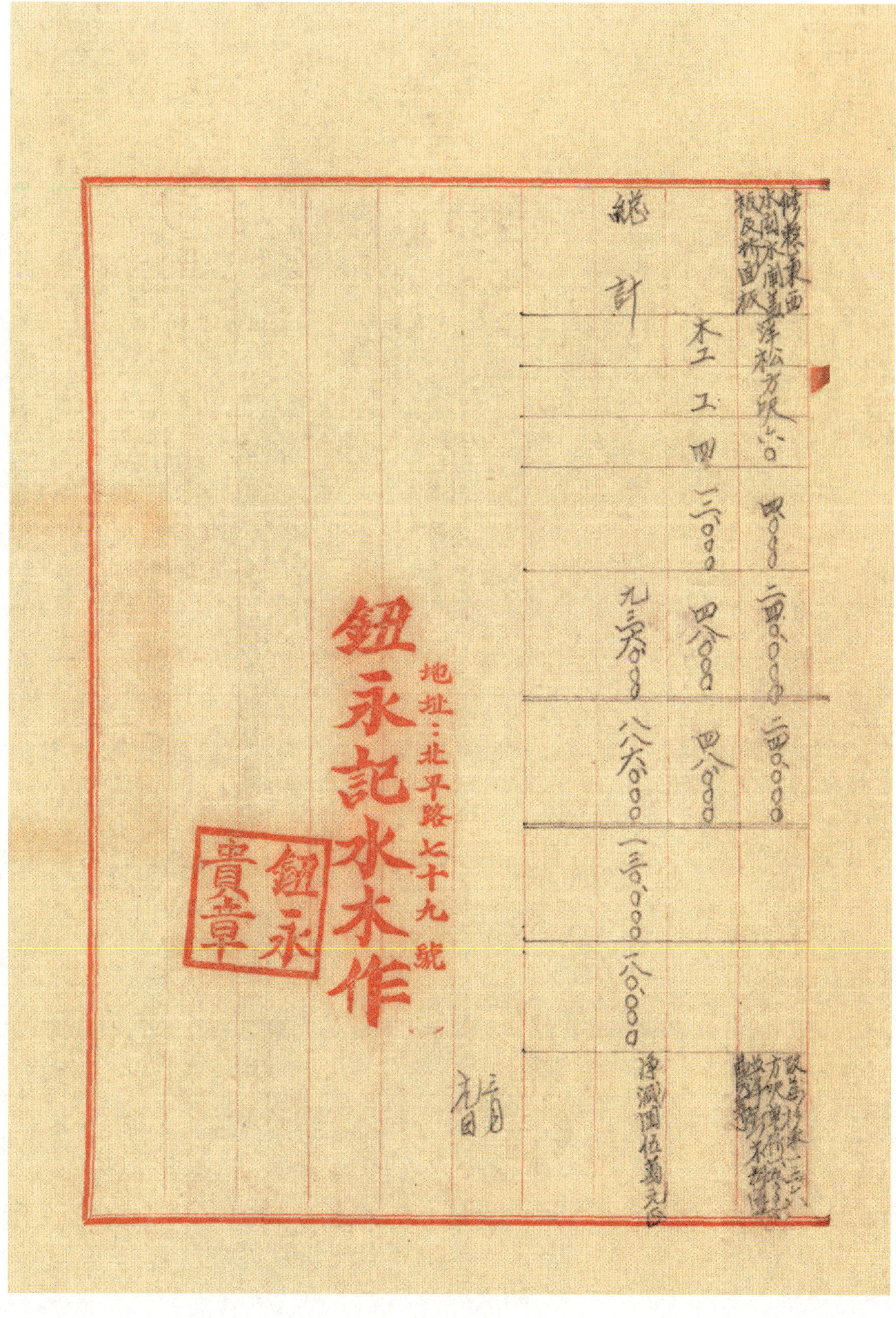

南京市下水道工程處東水關水閘修理工程結賬增減細單

工程項目	預算數 材料	單位	數量	單價	總價	決算數 材料	單位	數量	單價	總價	增減數 增加數	減少數	附註
增築裏城內東閘頭溢口	黃土	立公	一〇		一三〇,〇〇〇							一三〇,〇〇〇	由小工取土以小工方土計
（使水斷流以便修理閘門。）	蒲包	只	一〇〇										
	小工	工	一〇	六,〇〇〇	六〇,〇〇〇							六〇,〇〇〇	
修補東水關水閘牆身漏水	水泥	市斤	一〇〇										由工務局撥予
	粗沙	立公	五										仝右
	麻皮	市斤	八										仝右
	泥工	工	八	一二,〇〇〇	九六,〇〇〇					九六,〇〇〇			
	小工	工	一七	六,〇〇〇	一〇二,〇〇〇					一〇二,〇〇〇			
疏濬東水關城灣水道	小工	工	四五	六,〇〇〇	二七〇,〇〇〇					四〇〇,〇〇〇	一三〇,〇〇〇		因未阻塞溢口致工程費力。

修整東水關水閘蓋板	洋松	哀	六0	四,000	二四0,000	杉木			二四0,000		
	木工	工	四	三,000	四八,000				四八,000		
修理東水關閘門									一00,000	一00,000	由農興織麻廠承修
總計					九三六,000				九八六,000	二三0,000	一八0,000
											淨增國幣伍萬元正

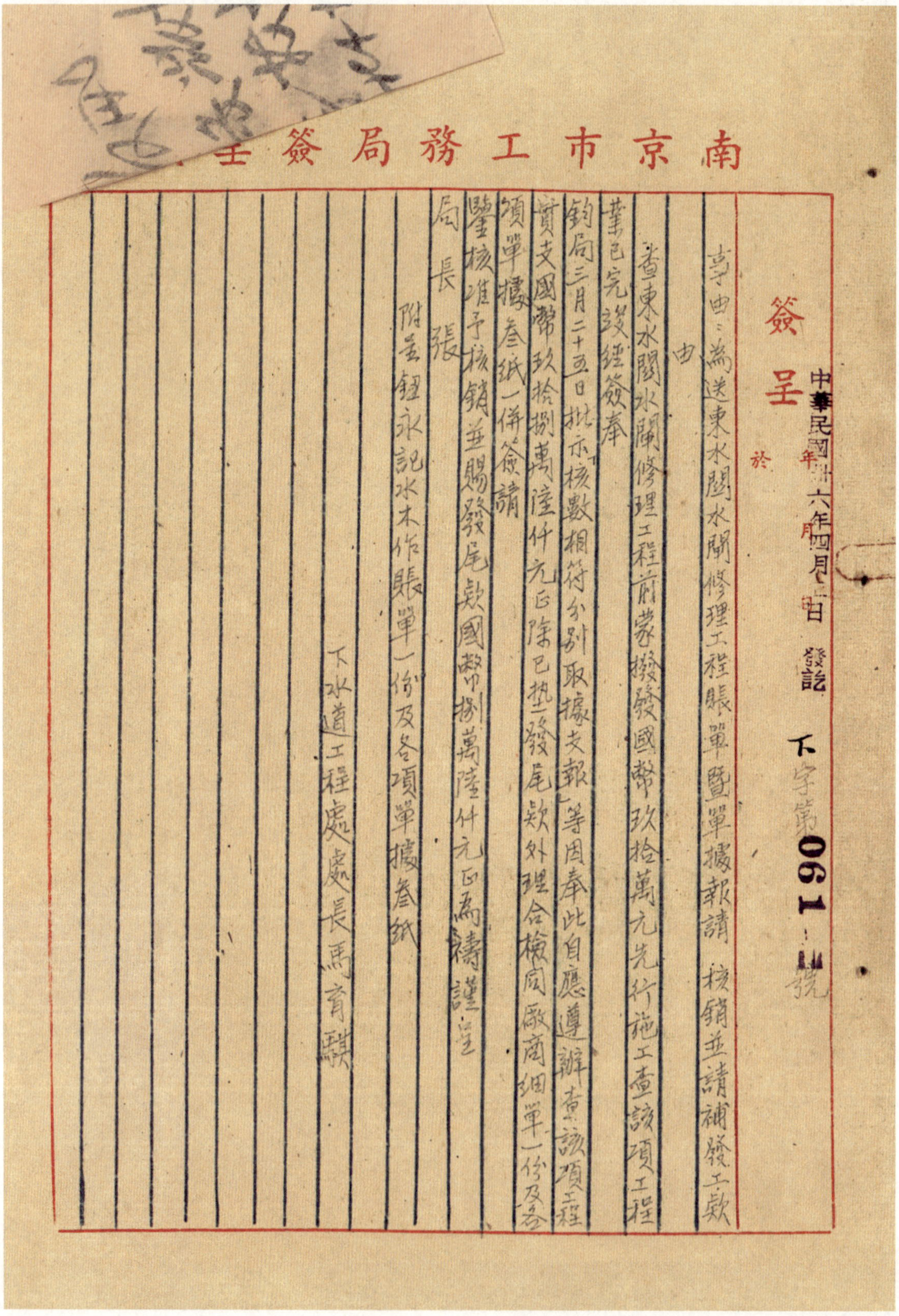

南京市工務局簽呈

簽呈 於中華民國卅六年四月三日發 下字第061號

事由：為送東水閘水閘修理工程賬單暨單據報請 核銷並請補發工款 由

查東水閘水閘修理工程前蒙撥發國幣玖拾萬元先行施工查該項工程業已完竣經簽奉

鈞局三月二十五日批示核數相符分別取據支報等因奉此自應遵辦查該項工程實支國幣玖拾捌萬陸仟元正除已墊發尾款外理合檢同廠商細單一份及各項單據黏存紙一併簽請

鑒核准予核銷並賜發尾款國幣捌萬陸仟元正為禱謹呈

局長張

附呈鈕永記水木作賬單一份及各項單據黏存紙

下水道工程處處長馬育騏

（六）南京市工務局下水道工程處致市工務局的簽呈（一九四七年四月三日）

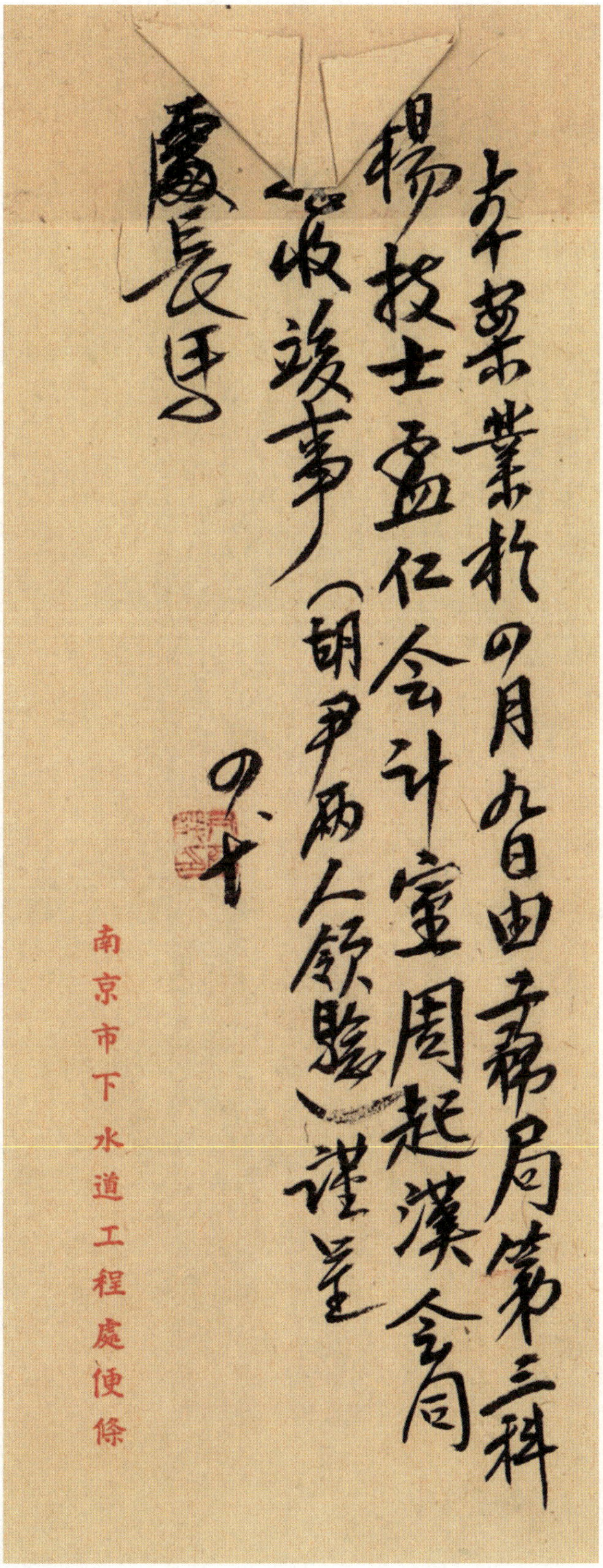
本案業於四月九日由工務局第三科
楊技士孟仁会计室周起漢会同
驗收竣事（胡尹兩人領驗）謹呈
處長閱
四、十

南京市下水道工程處便條

審計部、南京市工務局下水道工程處、協成建築事務所等關于拆毀東水關舊閘閘基與清理秦淮河積淤工程事的一組文件

（一）南京市工務局下水道工程處致市工務局轉市政府的報告（一九四七年三月十日）

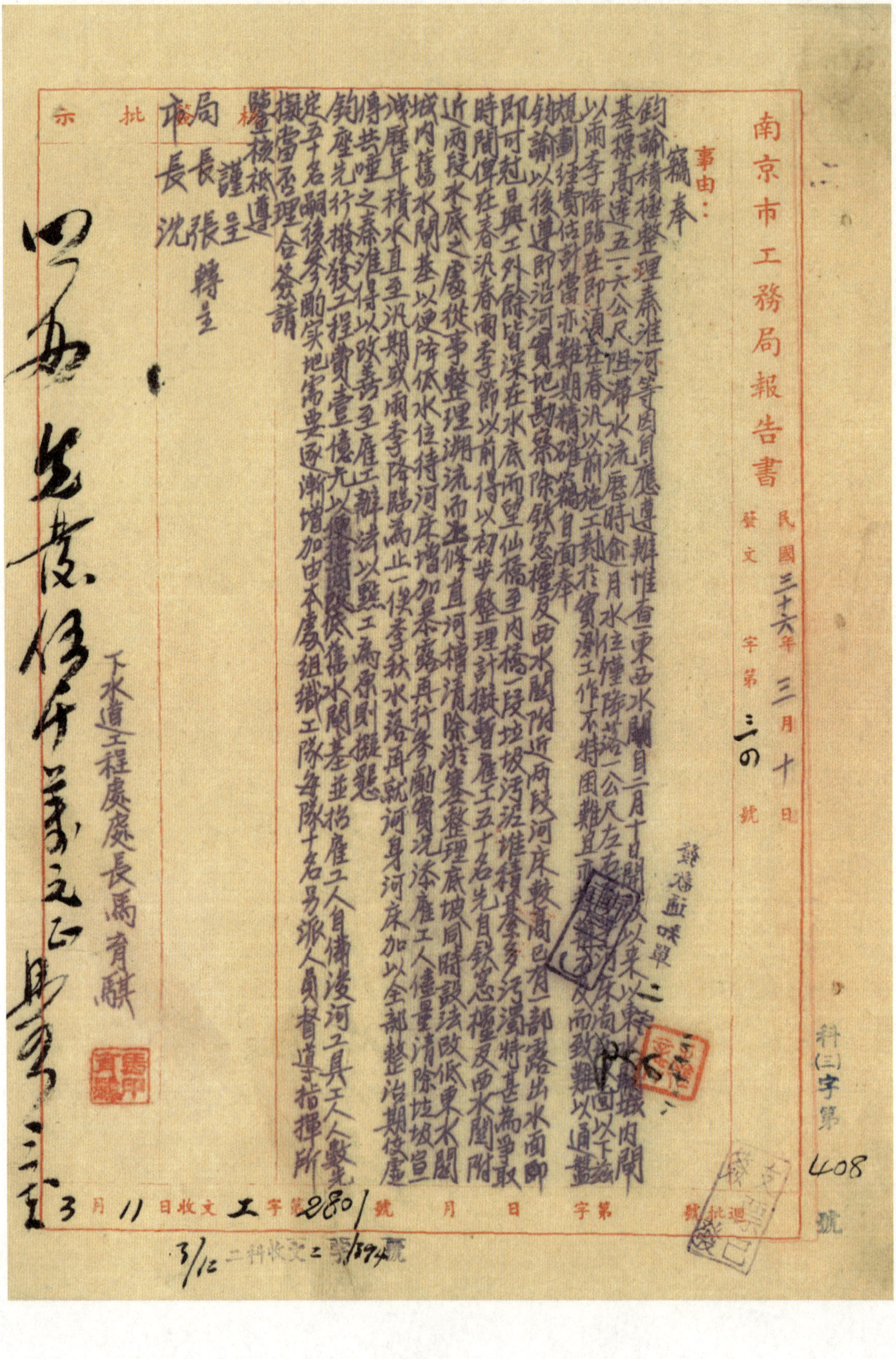

南京市工務局報告書

民國三十六年三月十日

發文 字第 三〇 號

事由：

竊奉

鈞諭積極整理秦淮河等因自應遵辦惟查東西水關自二月十日開放以來以東水關城內閘
基標高達五一·六公尺阻滯水流曆時逾月水位僅降落一公尺左右[illegible]以下
以雨季降臨在即須在春汛以前施工勢在[illegible]實測工作不特困難且亦[illegible]而致難以通盤
規劃經費估計當亦難期精確爰於自面奉
鈞諭以後遵即沿河實地勘察除鈔庫街及西水關附近兩段河床較高已有一部露出水面即
即可剋日興工外餘皆深在水底而望仙橋至內橋一段垃圾污泥堆積甚多污濁特甚為爭取
時間俾在春汛春雨季節以前得以初步整理計擬暫雇工五十名先自鈔庫街及西水關附
近兩段水底之處從事整理淤流而上修直河槽清除淤塞整理底坡同時設法改低東水閘
城內舊水閘基以便降低水位待河床增加暴露再行參酌實況添雇工人儘量清除垃圾宜
使歷年積水直至汛期或雨季降臨為止一俟秋季水落再就河身河床加以全部整治期使處
處共嘆之秦淮得以改善至雇工辦法以點工為原則擬懇
鈞座先行撥發工程費壹億元以便[illegible]舊水閘基並招雇工人自備浚河工具工人人數先
定五十名嗣後參酌實地需要逐漸增加由本處組織工隊每隊十名另派人員督導指揮所
擬當否理合簽請
鑒核祇遵

謹呈

局長張 轉呈

市長沈

下水道工程處處長馬育麒

批示

3月11日收文工字第2801號

科(三)字第408號

3/12 二科收文二號/894號

（二一）南京市工務局下水道工程處爲請派員監標致市工務局轉市政府的簽呈（一九四七年三月十三日）

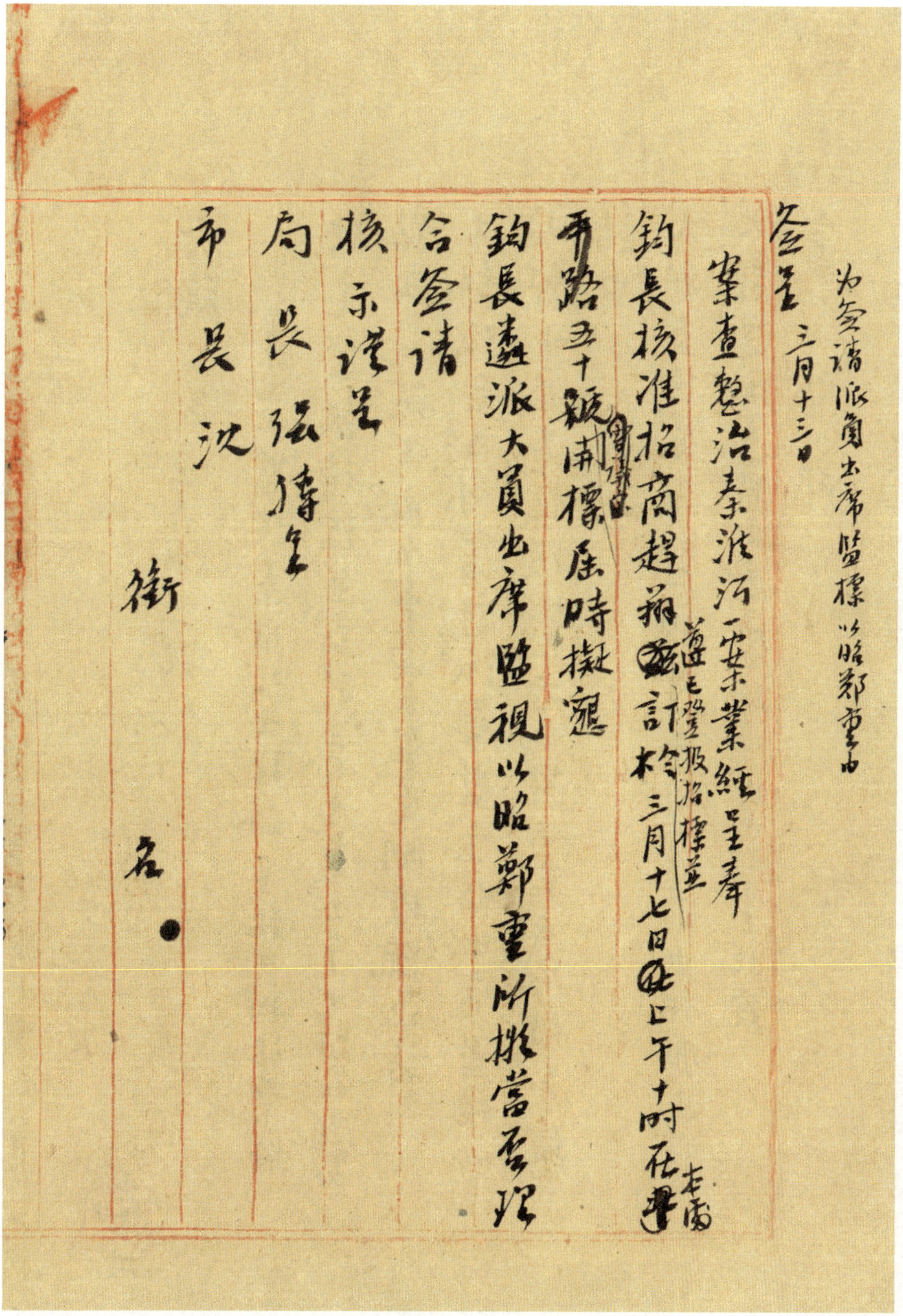

爲簽請派員出席監標以昭鄭重由

簽呈　三月十三日

案查整治秦淮河一案業經呈奉
鈞長核准招商趕辦茲已登報招標並訂於三月十七日上午十時在本局會議室開標屆時擬懇
鈞長遴派大員出席監視以昭鄭重所擬當否理合簽請
核示謹呈
局長張
市長沈

衔名

府稿公函　字第　號

案查整治秦淮河工程初步施工辦法業經決定登報招標並訂於三月十七日上午十時在湖南路五〇七號本處開標經函請

大部派駐市政府審計室派員監屆時出席監視以昭鄭重在卷旋據復以開標地點不在市政府禮堂應請由

大部直接派員監視等由准復前由相應函請

大部遴派大員出席監標以昭鄭重此致

審計部

市集號日

收路局長

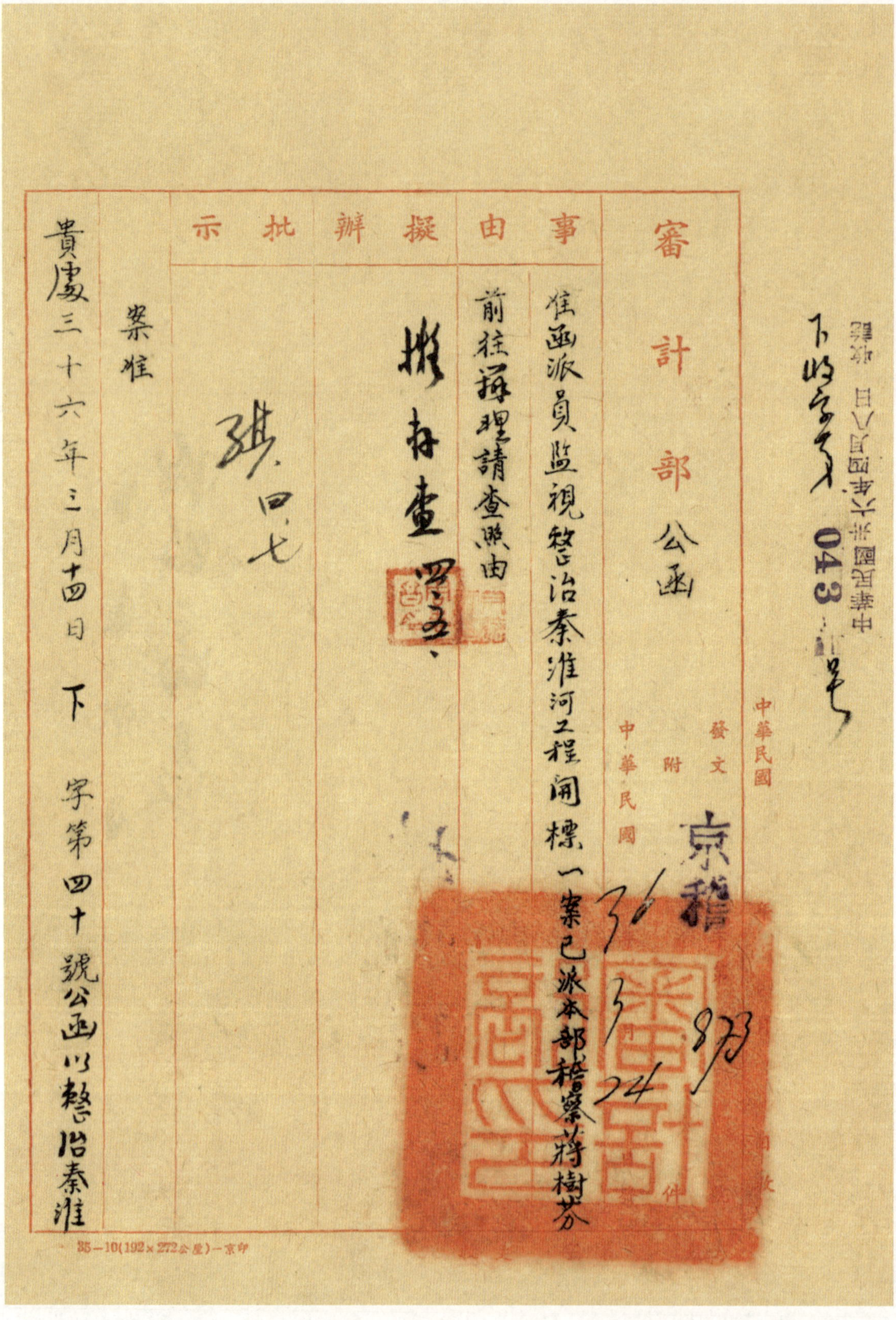

審計部公函

中華民國　年　月　日　收

發文　京稽字第873號

中華民國36年3月24日

附件

事由：准函派員監視整治秦淮河工程開標一案已派本部稽察蔣樹芬前往蒞理請查照由

擬辦：擬存查

批示：張　四、七

案准

貴處三十六年三月十四日下字第四十號公函以整治秦淮

35—10(192×272公釐)—京印

（四）審計部致南京市工務局下水道工程處的公函（一九四七年三月二十四日）

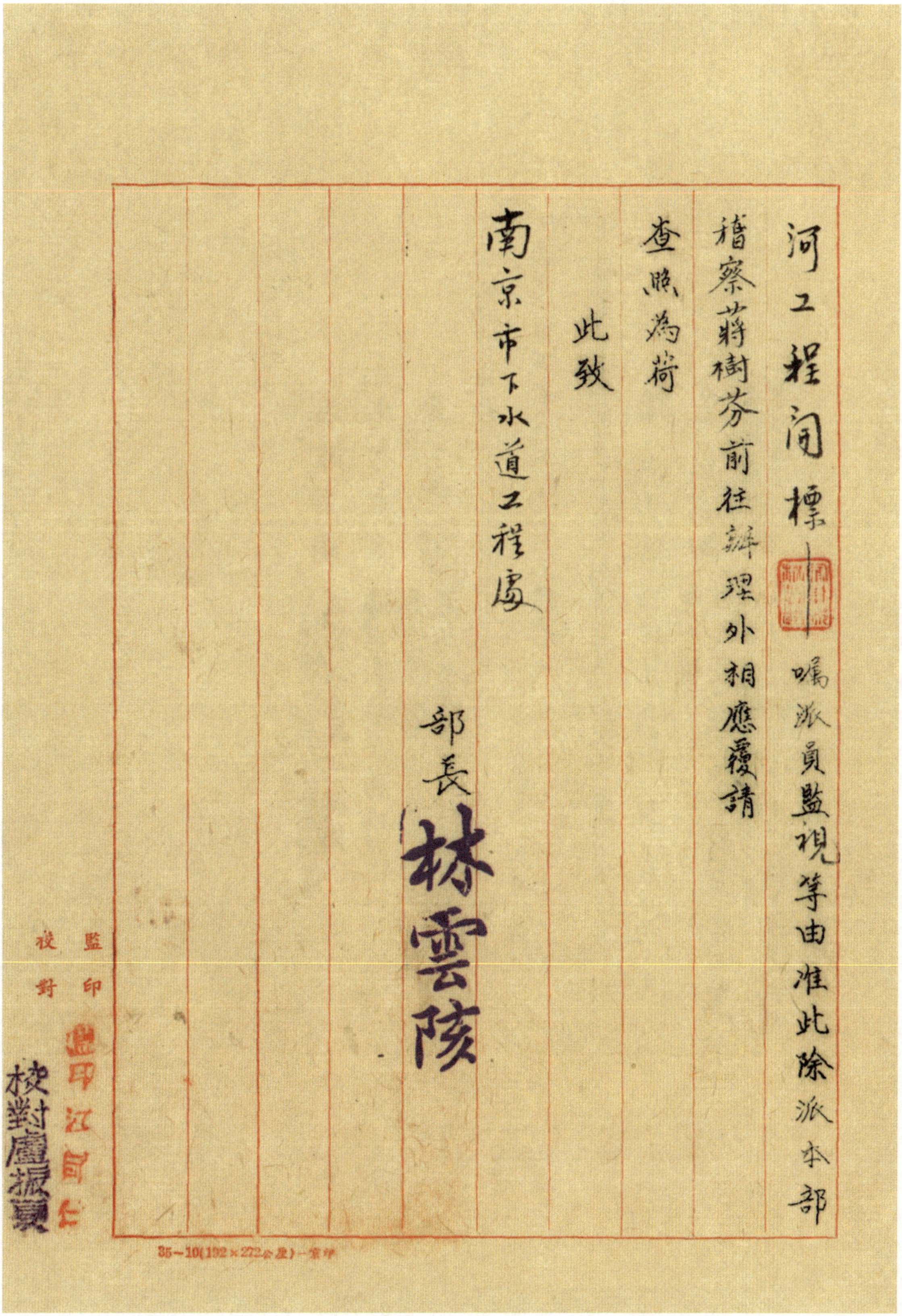

河工程司標囑派員監視等由准此除派本部
稽察蔣樹芬前往辦理外相應覆請
查照為荷
此致
南京市下水道工程處

部長林雲陔

監印 江日仁
校對 盧振寰

35—10(192×272公厘)一萬印

副本

（五）

南京市下水道工程處工程合同

下水字第壹號

工程名稱　一、挖掘雙東閘舊涵洞暨　二、清理秦淮河積淤

承包廠商　協成建築事務所

承包價　一、總價玖佰捌拾萬元正　二、每人每日工資陸仟玖百元正

開工日期　民國三十六年三月廿五日

完工天數　一、十晴天　二、自開工日起至春季內即或春汛來臨爲止

逾期賞
點工扶人
罰款　一、每日罰款貳拾萬元正　二、依施工說明書第十二條之規定辦理

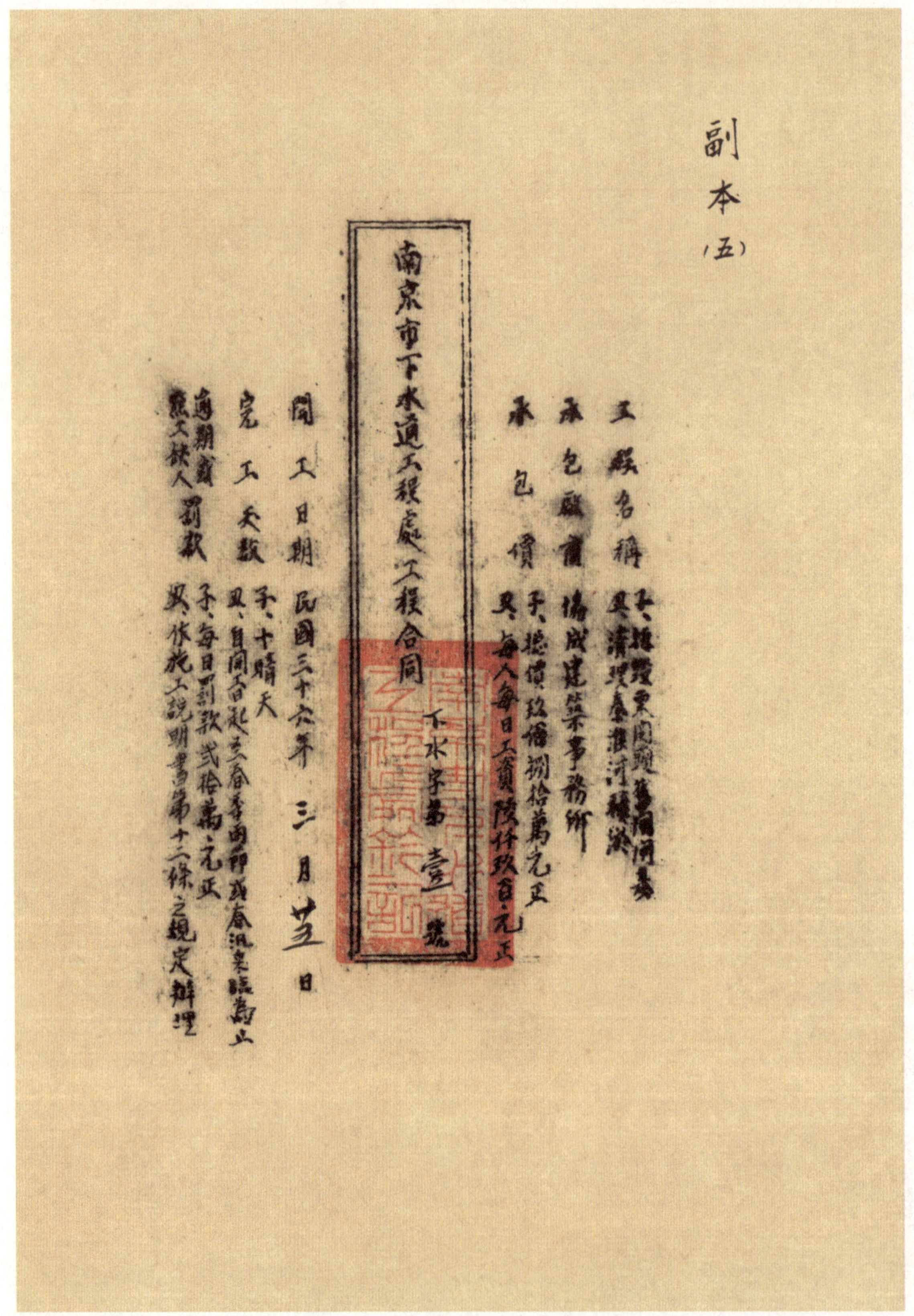

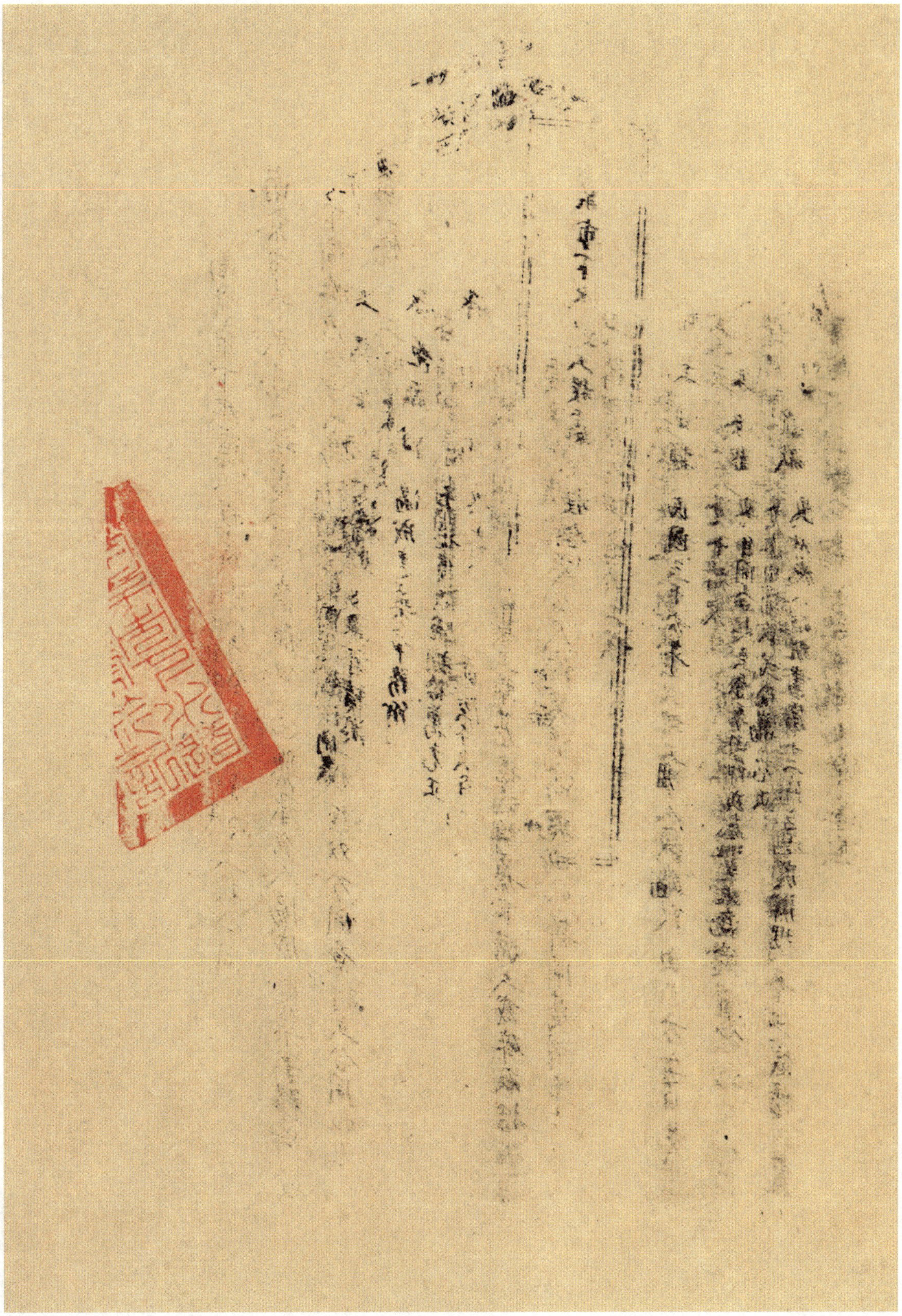

南京市下水道工程處拆毀東關頭舊閘閘基清理秦淮河積淤工程合同

南京市下水道工程處（以下簡稱甲方）與承包人協成建築事務所（以下簡稱乙方）茲為拆毀東關頭舊閘閘基清理秦淮河積淤工程經双方同意訂立合同如左

第一條　工程範圍

子、拆毀東關頭舊閘閘基

拆毀舊閘鋼筋混凝土閘基挖低閘基下泥土或碎石挖掘深度連閘基約三公尺使其標高與城外新閘基相等

丑、清理秦淮河積淤工程

1.本工程係採點工制以在工地工作人數為限　由乙方每日先供給工人五十名並備一切應用工具及各項附屬設備前往指定地段聽由甲方監工人員指揮清理秦淮河積淤剷平河底積土並兼理底坝修整河槽　必要時得抽積存水

2.將來倘秦淮河水位降低時 甲方得參酌實況於先二日通知乙方增多工人工作

3.點工辦法 由甲方派駐工地監工員每日點計工作人數填具點工單經乙方駐工地人員蓋章後呈報甲方核算工資 審計部市政府暨工務局得隨時會同甲方派駐工地監工員抽點人數

4.陰雨及因其他事故事實上不能工作時不計工資

5.工人工作時間規定每晨八時開工十二時休息下午一時開工五時半收工

第二條 乙方於簽訂合同時須向甲方繳納工程保証金壹佰萬元領取收據俟本合同所規定之工程全部完成經 審計部 市政府驗收合格發給驗証後 乙方得憑收據向甲方將該項保証金領回

第三條 本工程之施工說明書係屬本合同之一部份乙方均已了解清

於並無疑問不明之處均願切實遵照辦理絕不藉端推諉請求加賬

第四條　本工程進行期中所需一應工具器材及一切設備等均由乙方無償供給

第五條　乙方不得以本工程之任何部份轉包他人

第六條　承拆毀舊閘閘基工程自簽訂合同之日起乙方即須將應用工具器材運往工次自通知開工之日起限十晴天內完工不得逾限如逾限期乙方願按日罰國幣貳拾萬元甲方得由應付工款及工程保証金內扣除之但遇風雨冰雪天災地變事實上不能工作之日經甲方核准展期者不在此限

又清理蘇張河工程自簽訂合同之日起乙方即須準備工具器材及一切附屬設備自通知開工之日起每日先供給工人五十名如工程進展工人必須增減時甲方得視事實需要於先一日通知乙方應即遵

照甲方之通知如數供給不得藉故推諉

第七條　本工程按照下列辦法分期付款

乙、拆毀舊閘閘基工程總價玖佰捌拾萬元正其分期付款辦法規定如下

1、第一期：簽訂合同時付工款總數百分之六十即國幣伍百捌拾捌萬元正

2、第二期：閘基拆毀後付工款總數百分之二十即國幣壹百玖拾陸萬元正

3、第三期：經審計部市政府會同驗收發給驗訖後付清尾款即國幣壹佰玖拾陸萬元正

丙、清理秦淮河積淤工程

1、第一期：簽訂合同時先付國幣肆百萬元正五日後清算工資、冲除結算餘款在閘工第十一日付第三期工款時冲除扣清

2.第二期：開工後第六日預付五日工資即國幣壹佰柒拾貳萬五千元正
3.第三期：開工後第十一日沖除第一期餘款共預付五日工資即連
第一期餘款共付國幣壹佰柒拾貳萬五千元正
4.第四期：以後每五日清算一次沖除結清後再預付次五日工資至甲
方通知停工日結清後為止
第八條 每次領款乙方應備具正式領條或借條載明係預付第幾期款或具
領第幾期款持向甲方領取之
第九條 本工程進行期間乙方因故停工或不能履行合同時經甲方通知後三
日内仍不遵照工作者甲方除一面通知保證人一方另行僱工完成之
所有場内之工具器材及一切附屬設備均應歸甲方使用所有甲方另
行僱工完成工作費用及因延期之損失仍歸乙方負責担負甲方於
工款撥償及保證金内扣除之不足之數應由保證人賠償
第十條 乙方遇有意外事故力不足以完工時本合同之責任應由保證人

擔負所有甲方另行僱工完成本工程所需費用及一切損失均由保證人負責賠償保證人自願放棄抗告權

第十一條　本合同附件計開　施工說明書二份計二張

工程價目表二份計二張

第十二條　本合同暨附件繕具一式五份以一份呈送　市政府一份呈送　工務局一份送　審計部備案一份交乙方收執其餘由甲方收執為憑

南京市下水道工程處

承包廠商　協成建築事務所

經理　曹春保

廠址　中華路啟巷八號

保證人店號　南京祥和食品公司

負責人　朱叔雲

店址　中華路二二五號

營業執照北字第六六〇〇號
資本額貳仟萬元

保証人　大昌鋼鐵廠　店號　大昌鋼鐵廠

杜榮林

資本金弍仟萬元　負責人

執照未曾有声請收条一紙存拡

南京市同業公會會員証四九一〇號

南京新街口漢中路絲綫港一之七號

對保人

審計部代表蔣樹聲

市政府代表趙絅章

中華民國三十六年三月二十二日

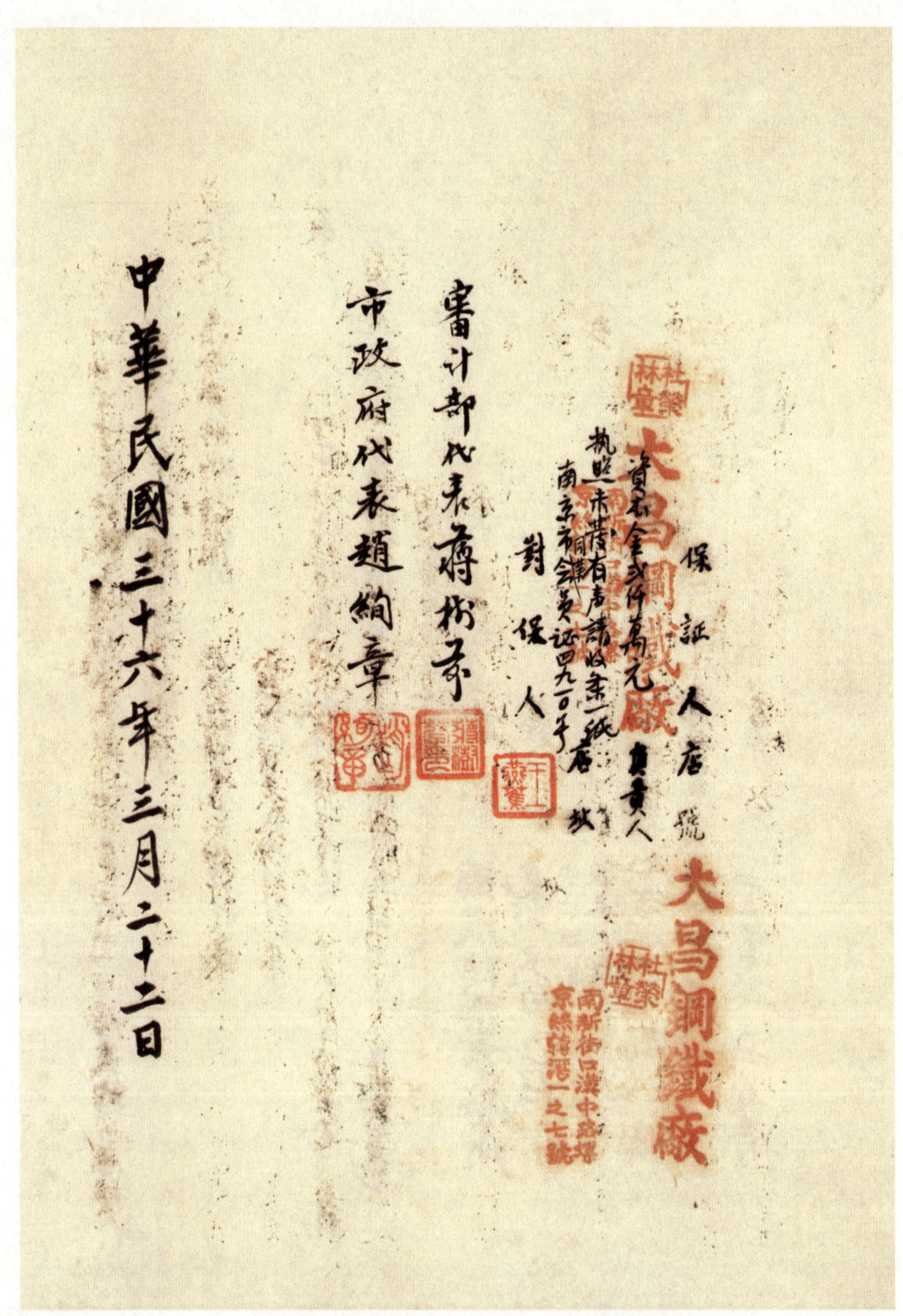

協成建築事務所

估價單

中華民國 36 年 3 月 日

業主 南京市下水道工程處　　南京市工務局登記 甲 等第 58 號

工程 疏導秦淮河工程　　南京市營造工業同業公會登記 第 號

地址 西水關及鐵窗欞

上開工程按照圖樣及說明書估計價格如下：　　字第 號

名稱	數量	單位	單價	總價	備註
疏導秦淮河人工	每工		6,900		每日僱工50名包括一切工資工具及附屬設備等并照說明書辦理
			6900元		

每個工國幣陸仟玖百元正

協成建築事務所

本頁共計金額

此估價單自 月 日起至 月 日止有效

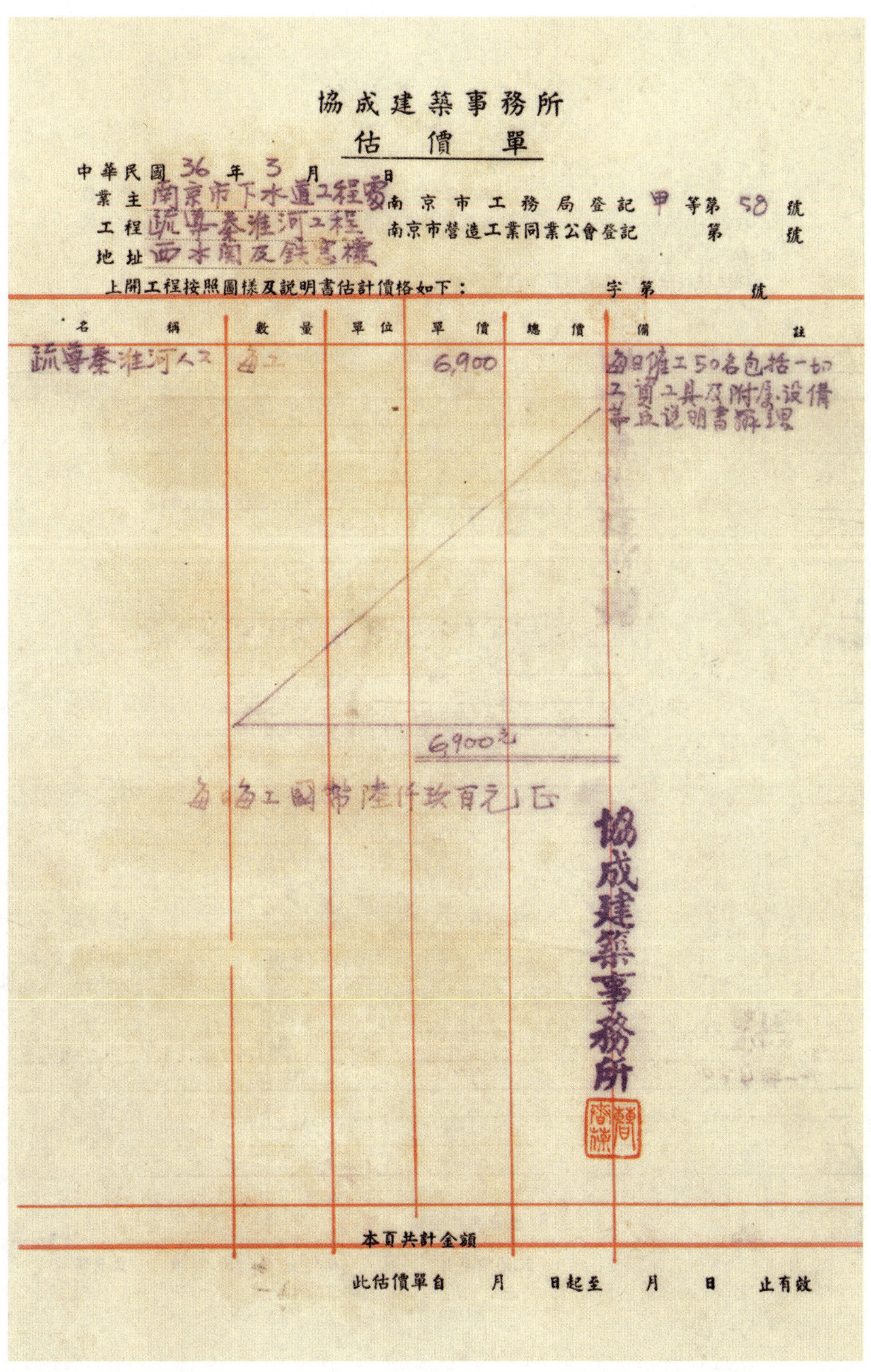

協成建築事務所

估價單

中華民國 36 年 3 月 日

業主 南京市下水道工程處　　南京市工務局登記 甲 等第 48 號

工程 拆毁東水關舊閘基工程　　南京市營造工業同業公會登記 第 號

地址 東水關

上開工程按照圖樣及説明書估計價格如下：　　字第 號

名稱	數量	單位	單價	總價	備註
拆毁東水關舊閘基	1	座	9,800,000	9,800,000	採用人工鑿鑽上游加土埂一道連拆埸築埂車水及一切人工損失等費
				9,800,000	

國幣玖百捌拾萬元正

協成建築事務所

（印）

本頁共計金額					

此估價單自 月 日起至 月 日止有效

清理秦淮河積淤施工説明書

一、工作地點：秦淮河 先自鐵窗欞及西水關附近着手

二、工作範圍：清除垃圾鏟除積土挖掘淤泥修整河槽整理底坡必要時得抽槽導水或戽水

三、工作期限：自開工日起至春雨季節或春汛來臨為止

四、開工日期：簽訂合同後三日內開工過期每日罰款肆拾萬元

五、工人規定：每日先以五十名工作為標準將來工作進展時本處得先二日通知依照需要增減之

六、應用工具：一切浚河所需工具如洋鎬洋鍬水瓢布兜竹箕扁擔等及其附屬設備如木板木排等統由承包人自備應用

七、估價標準：投標人在估算標價時以每日每人工資單價為標準但需包括應用工具及其附屬設備折舊損耗等費在內將來不得藉口要求加價

八、工人管理：本處參酌實況得將工人分組若干工隊派員督導指揮之如本處督工人員認為工人內有體格孱弱或工作不力等情者須通知承包人後承包人即須隨時更換

九、簽訂合同：得標人應於接獲通知後兩日內來處簽訂合同過期即以候

補得標人遞補並沒收其押標金

十. 合同保證：得標人於簽訂合同時除須覓具殷實舖保保證外並須繳納現金壹佰萬元充作合同保證金俟完工後沖除罰款有餘發還不足補繳

廿一. 付款辦法：見合同第七條之規定

廿二. 罰款規定：承包人如不能按照每日規定人數到工工作除事先經本處核准者外依照下列規定處罰之

甲、日缺一人至五人時　除扣發所缺人數之工資外並按照所扣工資總數處罰之

乙. 日缺五人以上時　除扣發所缺人數之工資外並按照所扣工資總數加倍處罰之

丙. 連續三日以上缺人時　除扣發所缺人數(累計缺工人數)工資外並按照所扣工資總數加兩倍處罰之

廿三. 附則：本說明書為簽訂合同之附件承包人應切實遵守之

拆毀東水閘城內舊閘基施工說明書

一、工作地點：東關頭

二、工作範圍：炸毀或鑿毀舊閘閘基挖低閘基下泥土或碎石達閘基約三公尺深使其標高與城外新閘基相等

三、炸毀或鑿毀閘基混凝土體積：舊閘閘基約分二層上為鋼筋混凝土襯約厚三十公分下為水泥混凝土襯再厚約三十公分前後有重牆厚約三十公分自基面至地面高約二·二公尺閘基總長度為五·八公尺總寬度為四·六公尺其體積約為一四立公惟此項尺寸係檢卷所得當不十分精確僅供參考投標人應親赴工地實地勘測精密估計妥慎核算實用列入標單作為標準將來不得藉故要求加價

四、估價標準：本工程以總標價為標準投標人於標單內僅須開列總價詳明施工方法如炸毀或鑿毀等即依標單所列總價為付款根據將來不得藉故要求加價

五、連帶責任：承包人如用爆藥炸毀閘基倘將兩旁護土牆或橋面等其他建築物炸毀應負修復之責護土牆可用磚砌橋面可用木板搭架惟其工料等費應由承包人負担本處不另給價或津貼

六、工作期限：十天　過期每日罰款貳拾萬元

七、開工日期：簽訂合同後三日内開工過期每日罰款弍拾萬元

八、簽訂合同：得標人應於接獲通知後兩日内來處簽訂合同過期即以候補得標人遞補並没收其押標金

九、合同保証：得標人於簽訂合同時除須覓具殷实舖保保證外並須清理秦淮河積淤工程共繳納現金壹佰萬元充作合同保證金俟完工後冲除罰款有餘發還不足補繳

十、付款辦法：見合同第七條

十一、附則：本說明書為合同之附件承包人應切实遵守之

（六）拆毁東水關舊閘閘基工程驗收合格證明書（附件：工事決算書）（一九四七年四月十一日）

驗收合格證明書

一	工程名稱	拆毀東水關舊閘閘基工程
二	施工地點	東水關
三	工作概況	拆毀鋼筋混凝土閘基挖掘塊石挖至標高四八·五公尺（約挖深三公尺）
四	承包廠商	協成建築事務所
五	承包總價	玖佰捌拾萬元
六	開工日期	三十六年三月二十五日
七	完工日期	三十六年三月二十八日
八	工作限期	十晴天
九	過期罰款	無
十	附件	決算表一件

十二	驗收日期	三十六年四月七日
十三	驗收意見	本工程標高經工程處測驗符合 所挖深度驗收尚無不合

審計部驗收委員 [illegible]

市政府工務局驗收委員 [illegible]

經辦機關主管人 下水道工程處處長馬育騏

中華民國三十六年四月十一日

南京市下水道工程處

拆毀東水關舊閘閘基工事決算書

下工字第 一 號 中華民國三十六年三月二十八日 第 一 頁

地點	東水關
工程撮要	查舊閘閘基基面係鋼筋混凝土製厚三十公分下為塊石亦厚三十公分再下為混凝土厚十公分再下仍為三十公分厚塊石以下一層十公分厚混凝土一層三十公分厚塊石今已分別炸毀及鑿毀至標高四八·五公尺以下
總價	$9,800,000.00
起案原委及施工方法	
附件	

決算詳細表

承包總價	工程增減	決算總價	工賞增減
$9,800,000.00	無	$9,800,000.00	無
總計		$9,800,000.00	

處長 正工程師 副工程師 校對 製表

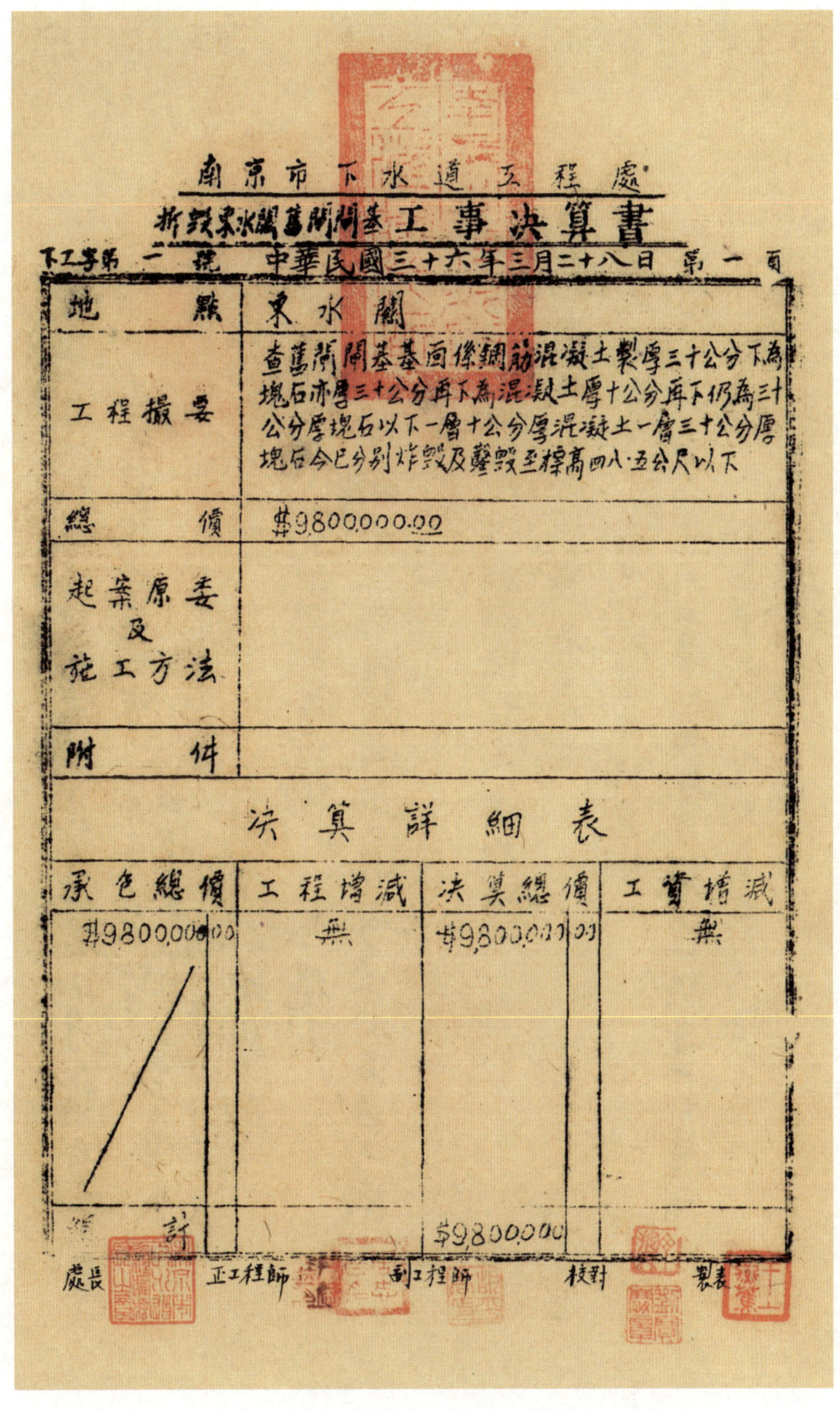

謹查第一次疏浚秦淮河奉　局令字第3600号批准存查在案
第二次疏浚秦淮河奉　局令字第4100号
科四字第861号　准予備查在案

承攬

南京市下水道工程處

立承攬人協成建築事務所　今攬到

南京市下水道工程處繼續清理秦淮河積淤工程每日貳拾名每工國
幣壹萬元

茲願按照左列之各條訂定承攬如下

一、每工單價　國幣壹萬元

二、工作人數　每日貳拾名不得增減

三、應用工具　應用工具如竹挑洋鍬籮筐等一切應用
工具皆由承攬人無償供給

四、領款辦法　分三期付款

第一期　承攬簽訂付拾五日工資總計國幣叁佰萬元

第二期　工作第十六日付拾日工資總計國幣貳佰萬元

第三期　工作第廿六日付伍日工資總計國幣壹佰萬元

五、承攬責任　本承攬自訂定之日起如有貽誤及違背一切規章之處均由保證人負賠償責任

六、本承攬附件計開

承攬商　協成建築事務所

經理　曹春霖　住址中華路敦敷巷八號

保證人　南京祥和食品公司

經理　朱洪壽　住址中華路二二五號

對保人

中華民國三十六年五月十二日立

南京市工務局與下水道工程處關于修整鐵窗欞、銅心管、半山寺等處秦淮河涵閘工程的一組文件

（一）南京市工務局下水道工程處致市工務局的簽呈及附件（一九四七年五月十日）

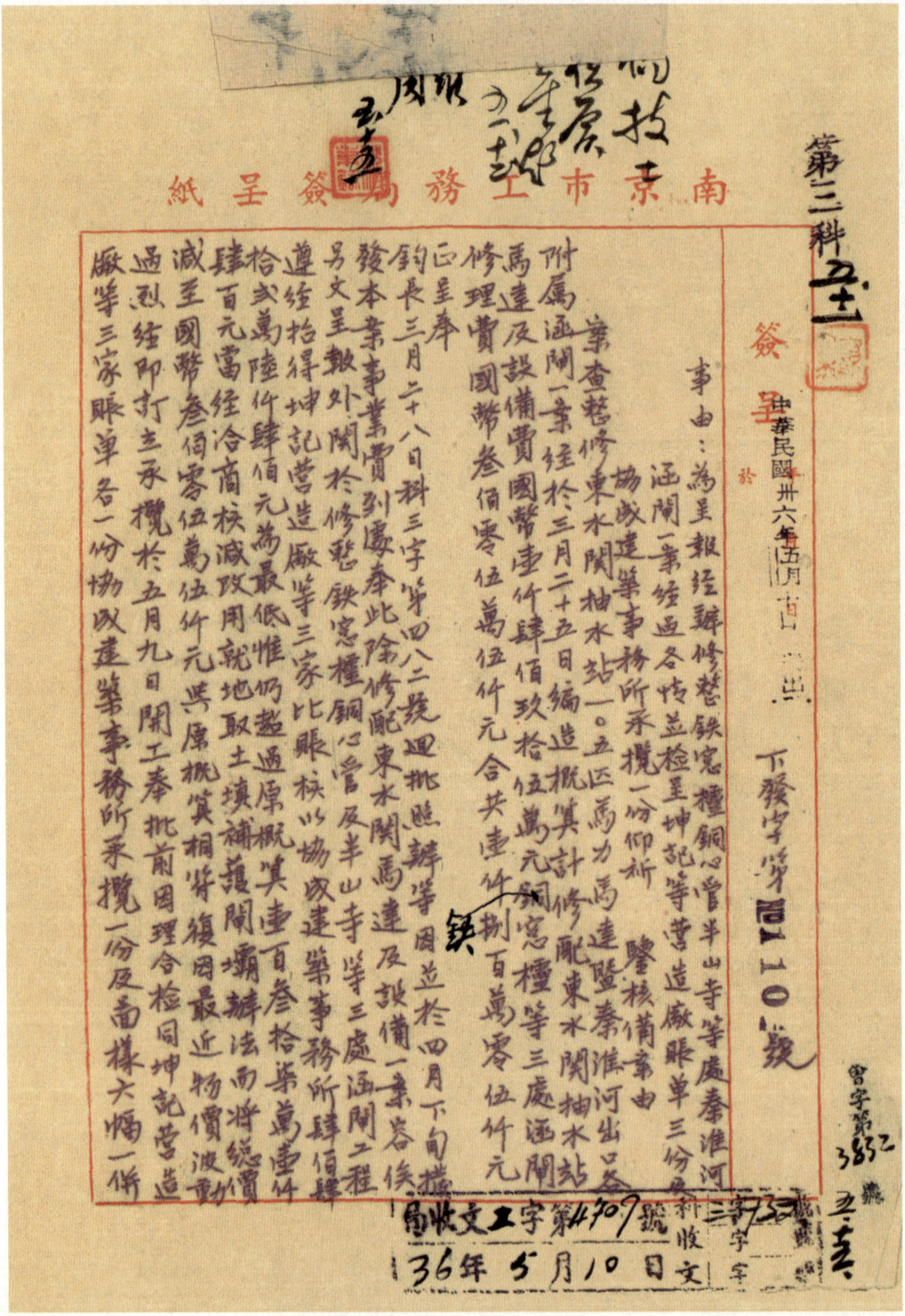

南京市工務局簽呈紙

第三科

簽呈 於中華民國卅六年五月十日 下發字第局110號

事由：為呈報經辦修整鉄窗欞銅心管半山寺等處秦淮河涵閘一案經函各包商檢呈坤記等營造廠賬單三分及科協成建築事務所承攬一分仰祈鑒核備案由

案查整修東水閘抽水站一。五匠為力為達暨秦淮河出口各附屬涵閘一案經於三月二十五日編造概算計修配東水閘抽水站為達及設備費國幣壹仟肆佰玖拾伍萬元銅窗欞等三處涵閘修理費國幣叁佰零伍萬伍仟元合共壹仟捌百萬零伍仟元正呈奉鈞長三月二十八日科三字第四八二號迴批照辦等因並於四月下旬撥發本案事業費到處奉此除修配東水閘為達及設備一案俟另文呈報外關於修整鉄窗欞銅心管及半山寺等三處涵閘工程遵經招得坤記營造廠等三家比賬核以協成建築事務所肆佰肆拾貳萬陸仟肆佰元為最低惟仍超過原概算壹百叁拾柒萬壹仟肆百元當經洽商核減改用就地取土填補護閘壩辦法而將總價減至國幣叁佰零伍萬伍仟元與原概算相符復因最近物價波動過烈經即飭立承攬於五月九日開工奉批前因理合檢同坤記營造廠等三家賬單各一份協成建築事務所承攬一份及圖樣六幅一併

局收文工字第4707號 36年5月10日

南京市工務局簽呈紙

簽呈

於

簽請

鑒核備查。

謹呈

局長張

附呈坤記營造廠等三家賬單各一份

協成建築事務所承攬一份

圖樣六幅

下水道工程處處長馬育騏（印：馬育騏印）

查此項工程業經核准照辦，且已將竣工，擬准予存卷備查。惟查：(一)本案奉准附帶涵閘，尚有靈福洞、武廟閘、唐家湖等水道涵孔道，應由該處酌查是否已完好無恙。(二)所修整之涵閘，地點偏僻，對於開放管理，似須保護，擬令指定負責，以免所修者毀。

五、十五、

擬准，會計室會核後呈核。

[illegible]

協成建築事務所

估價單

中華民國36年5月2日

業主 南京市下水道工程處　　南京市工務局登記　　等第　　號

工程 鐵窗櫺等活閘　　南京市營造工業同業公會登記　　第　　號

地址 鐵窗櫺 銅心管 半山寺

上開工程按照圖樣及說明書估計價格如下：　　字第　　號

名稱	數量	單位	單價	總價	備註
鐵窗櫺					
填堤土方	201.2	m³	12,000-	2,414,400-	活閘機械無法估價
拆乾牆	1	道	200,000-	200,000-	未在帳內
修閘門鐵件	2	道	200,000-	400,000-	
				3,014,400-	
銅心管					
填堤土方	12	m³	8,000-	96,000-	
修配閘門鐵件	1	道	150,000-	150,000-	
				246,000-	
半山寺					
填堤土方	64.5	m³	8,000-	516,000-	
修配閘門鐵件	2	道	225,000-	450,000-	
補裝12"水管	5	只	40,000-	200,000-	
				1,166,000-	

所用土方就地取土，故核減為三〇五五、〇八元正

五、八、

協成建築事務所

本頁共計金額 $ 4,426,400-

此估價單自5月2日起至6月10日止有效

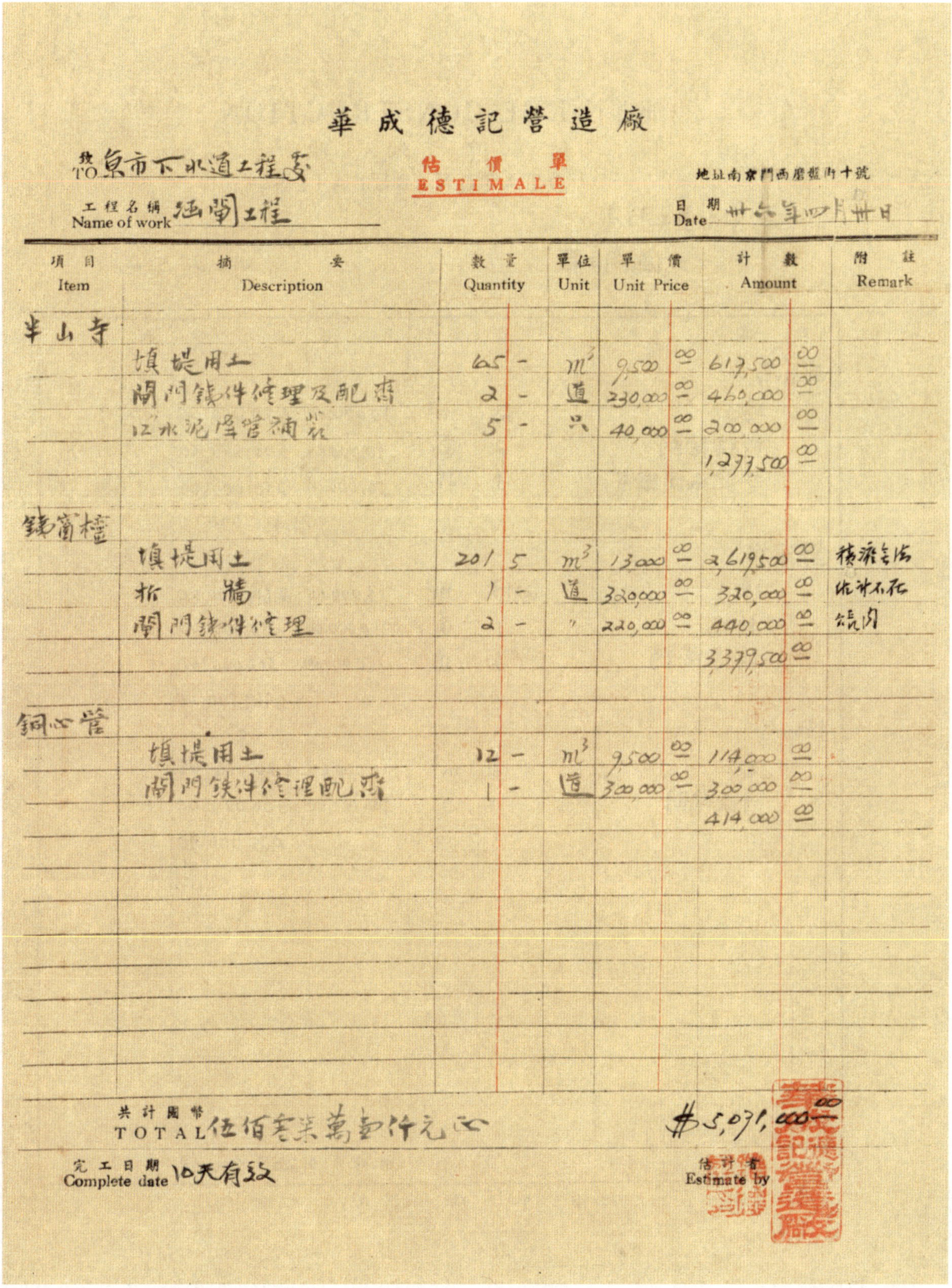

華成德記營造廠

估價單 ESTIMALE

致 TO 京市下水道工程處

地址南京門西磨盤街十號

工程名稱 Name of work 涵閘工程

日期 Date 卅六年四月卅日

項目 Item	摘要 Description	數量 Quantity	單位 Unit	單價 Unit Price	計數 Amount	附註 Remark
半山寺						
	填堤用土	65 -	m³	9,500.00	617,500.00	
	閘門鐵件修理及配齊	2 -	道	230,000.00	460,000.00	
	12"水泥涵管補裝	5 -	只	40,000.00	200,000.00	
					1,277,500.00	
鐵窗欞						
	填堤用土	201.5	m³	13,000.00	2,619,500.00	積淤另估
	拆牆	1 -	道	320,000.00	320,000.00	修補不在
	閘門鐵件修理	2 -	〃	220,000.00	440,000.00	此內
					3,379,500.00	
銅心管						
	填堤用土	12 -	m³	9,500.00	114,000.00	
	閘門鐵件修理配齊	1 -	道	300,000.00	300,000.00	
					414,000.00	

共計國幣 TOTAL 伍佰零柒萬壹仟元正 $5,071,000.00

完工日期 Complete date 10天有效

估計者 Estimate by 華成德記營造廠

坤記建築工程商行

KUN KEE CONSTRUCTION

估價細賬

QUOTATON DETAILS

致 下水道工程處　　　　　　　　第　　　頁

建築名稱 滬南工程　　　　　　　日期 36.5.2.

地址

項目	摘要	數量	單位	單價	總計		備註
半山寺							
	填土	65	m^3	10,000.00	650,000	00	
	修理閘門	2	道	250,000.00	500,000	00	
	裝12"水泥溝管	5	只	50,000.00	250,000	00	
					1,400,000	00	
鉄窗棲							
	填土	201.5	m^3	13,000.00	2,619,500	00	
	拆牆	1	道	350,000.00	350,000	00	
	修理閘門	2	道	250,000.00	500,000	00	
					3,469,500	00	
銅心管							
	填土	12	m^3	10,000.00	120,000	00	
	修理閘門	1	道	300,000.00	300,000	00	
					420,000	00	

總額 $ 5,289,500.00

地址 中正路一三七之九號

南京市下水道工程處修理鉄窗檯銅心管半山寺三汊閘工程承攬

立承攬人協成建築事務所今攬到

南京市下水道工程處修理鉄窗檯銅心管半山寺三汊閘工程國幣叁佰零伍萬伍仟元正

茲願按照左列之各條訂定承攬如下

一、工程總價　國幣叁佰零伍萬伍仟元正

二、完工日期　自訂定承攬之日起期限貳拾個晴天竣工

三、逾期罰款　每逾一天按總價百分之貳罰款計每天陸萬壹仟壹佰元

四、領款辦法　分貳期付款

第一期　承攬簽訂對保後付百分之八十 共2,488,801

第二期　經工務局暨審計部驗收無誤發清尾款

第三期

第四期

五、承攬責任　本承攬自訂定之日起如有貽誤及違背一切規章之處均由保證人負責賠償責任

六、本承攬附件計開估價單及面樣

南京市下水道工程處

承攬商號 協成建築事務所

經理 曹春蓀 住址 中華路教敷巷八號

保證人 華成記營造廠

經理 劉德甫 住址 中華路二二五號

地址：門西豐盛街十號

對保人

中華民國三十六年 五 月 九 日立

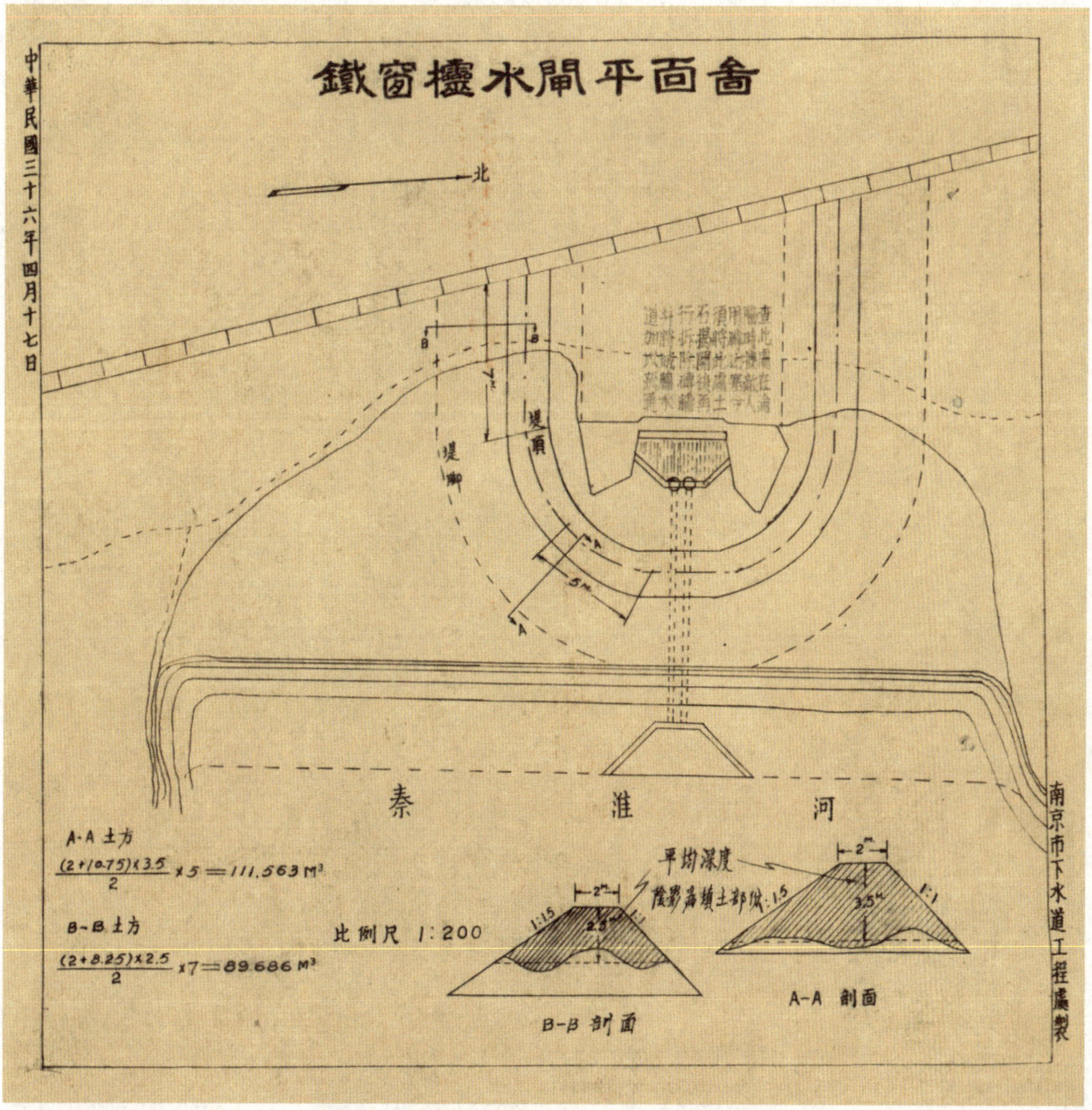
鐵窗欞水閘平面圖
中華民國三十六年四月十七日
北
B
B
堤頂
堤脚
A
A
5m
秦淮河
A-A 土方
(2+10.75)×3.5/2 ×5=111.563 M³
B-B 土方
(2+8.25)×2.5/2 ×7=89.686 M³
比例尺 1:200
平均深度
2m
1:1.5
1:1
2.5m
B-B 剖面
2m
1:1.5
3.5m
1:1
A-A 剖面
南京市下水道工程處製

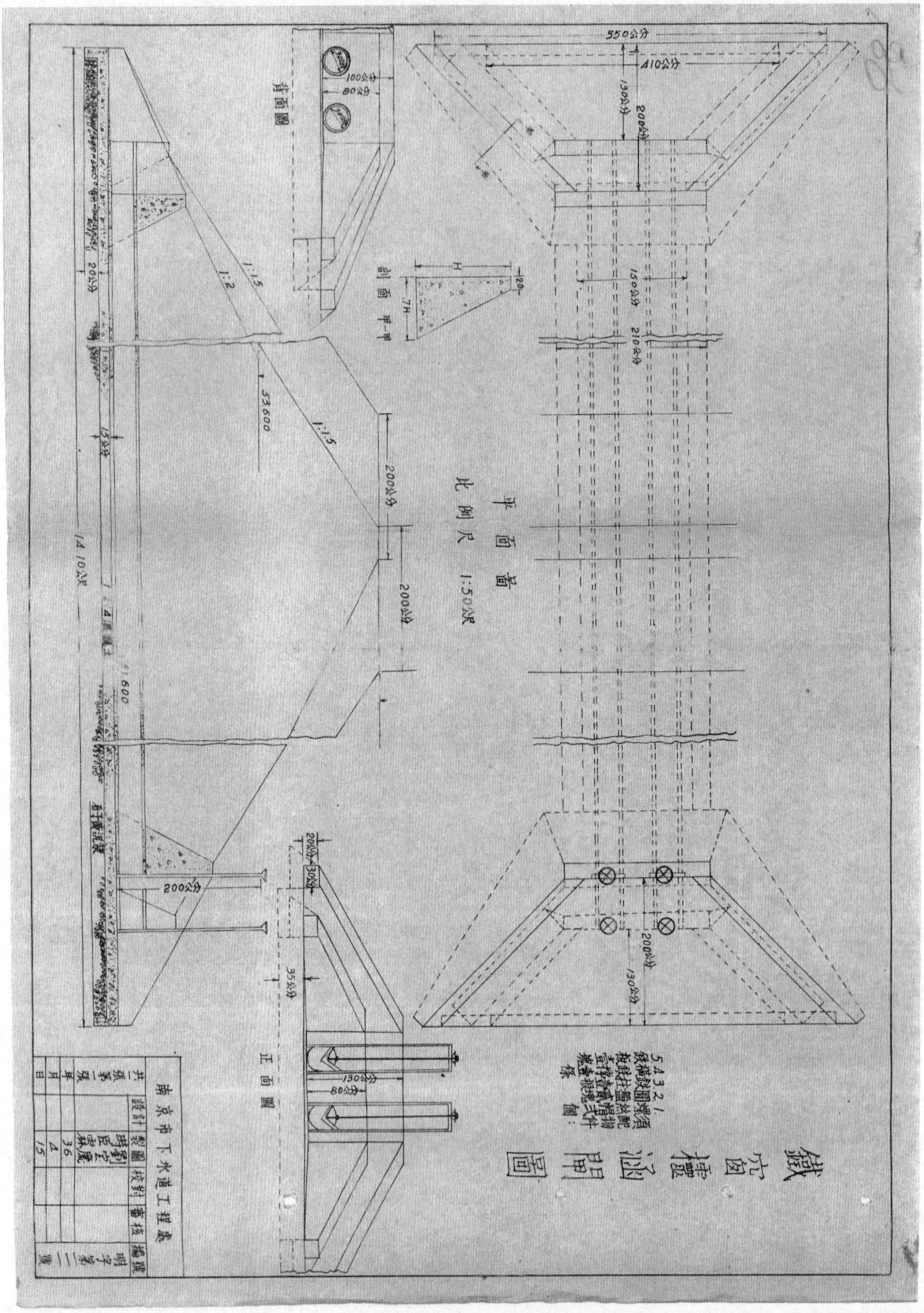
平面圖
比例尺 1:50公尺
背面圖
正面圖
剖面甲甲
南京市下水道工程處
550公分
410公分
200公分
130公分
150公分
210公分
100公分
80公分
35公分
1:1.5
1:2
14.10公尺

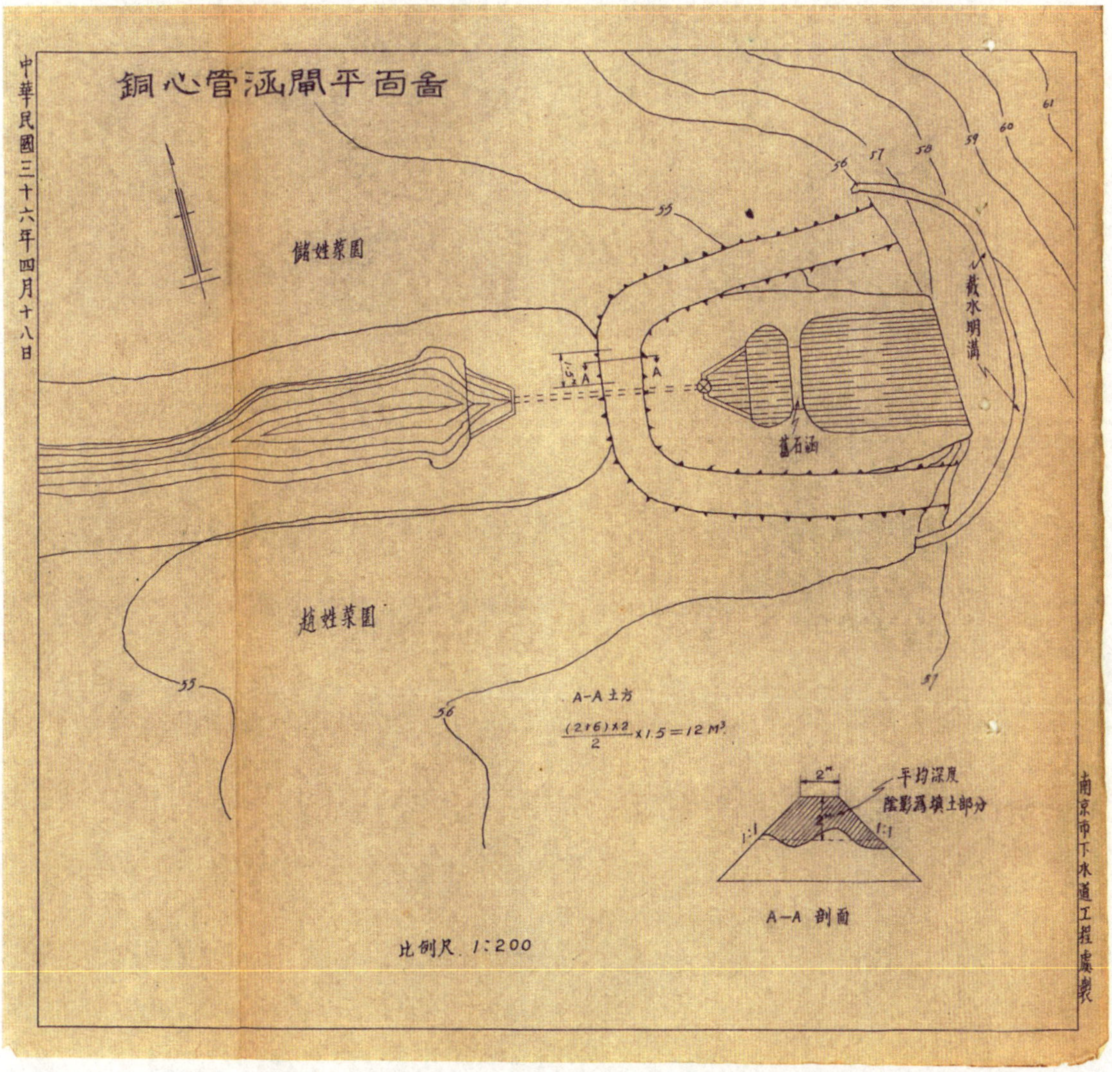
銅心管涵閘平面圖
中華民國三十六年四月十八日
儲姓菜園
趙姓菜園
截水明溝
舊石涵
A-A 土方
(2+6)×2/2 ×1.5=12M³
平均深度
陰影爲填土部分
A-A 剖面
比例尺 1:200
南京市下水道工程處製

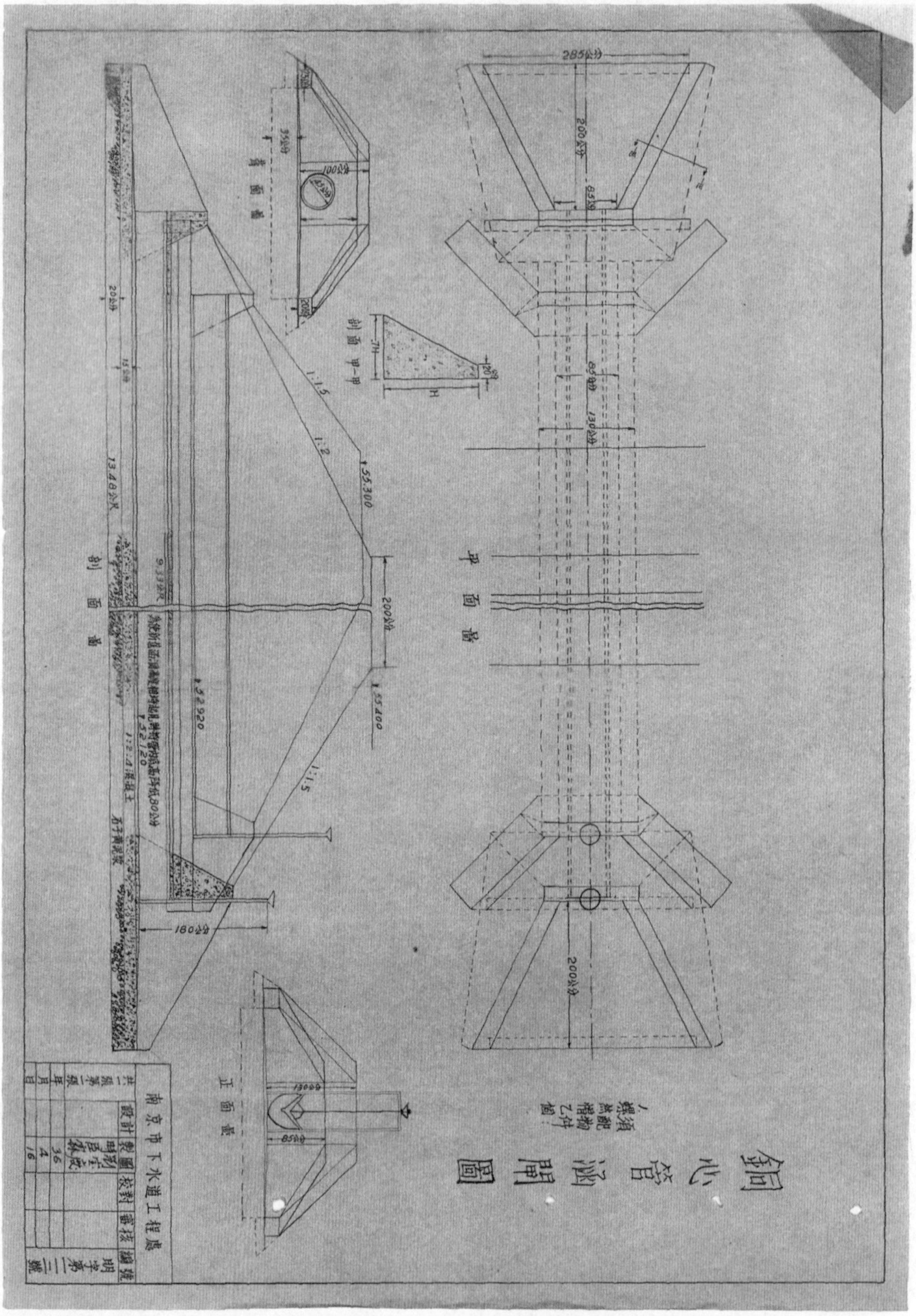
銅心管涵閘圖
平面圖
剖面圖
背面圖
正面圖
剖面 甲一甲
200公分
285公分
85公分
130公分
180公分
55.300
55.400
52.920
52.120
1:1.5
1:2
13.48公尺
9.33公尺
1:2:4混凝土
石子黃泥漿
南京市下水道工程處
設計
製圖
校對
審核
編號
共一張第一張
明字第二二號
36
4
16

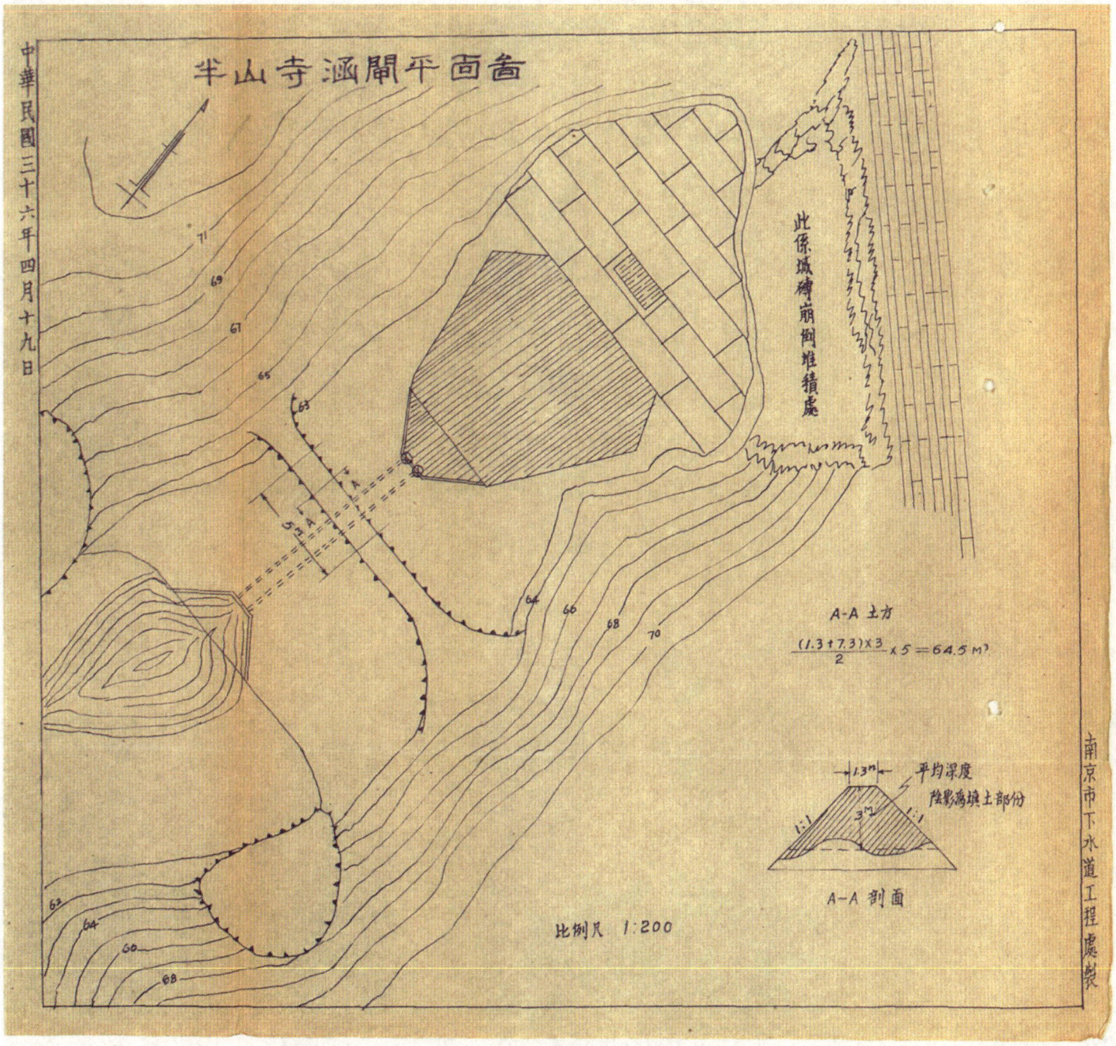
半山寺涵閘平面圖
中華民國三十六年四月十九日
此係城磚崩倒堆積處
A-A 土方
(1.3+7.3)×3/2 ×5 = 64.5 M³
1.3M
3M
1:1
平均深度
陰影為填土部份
A-A 剖面
比例尺 1:200
南京市下水道工程處製

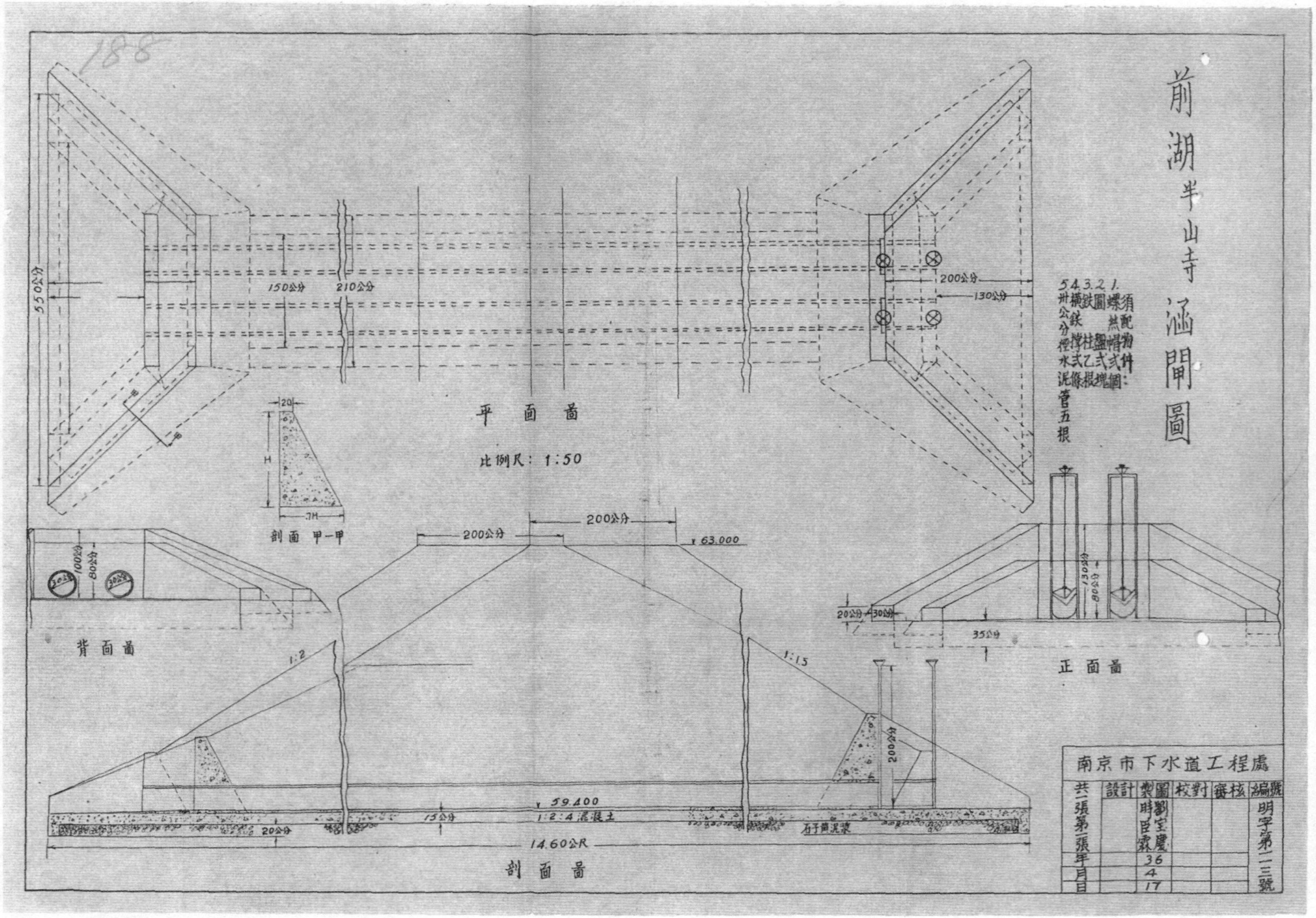
前湖半山寺涵閘圖
須配物件：
1.螺絲帽弍個
2.圓盤弍塊
3.鉄柱乙根
4.横鉄撑弍條
5.卅公分徑水泥管五根
平面圖
比例尺：1:50
550公分
150公分
210公分
200公分
130公分
剖面甲一甲
20
H
背面圖
100公分
80公分
正面圖
35公分
20公分
30公分
剖面圖
200公分
63.000
59.400
1:2
1:15
1:2:4混凝土
15公分
20公分
14.60公尺
石子黄泥漿
南京市下水道工程處
共一張第一張
設計
製圖
劉寶慶
時臣霖
校對
審核
編號
明字第一二三號
年 36
月 4
日 17

（二一）南京市工務局致下水道工程處的指令（一九四七年五月二十六日）

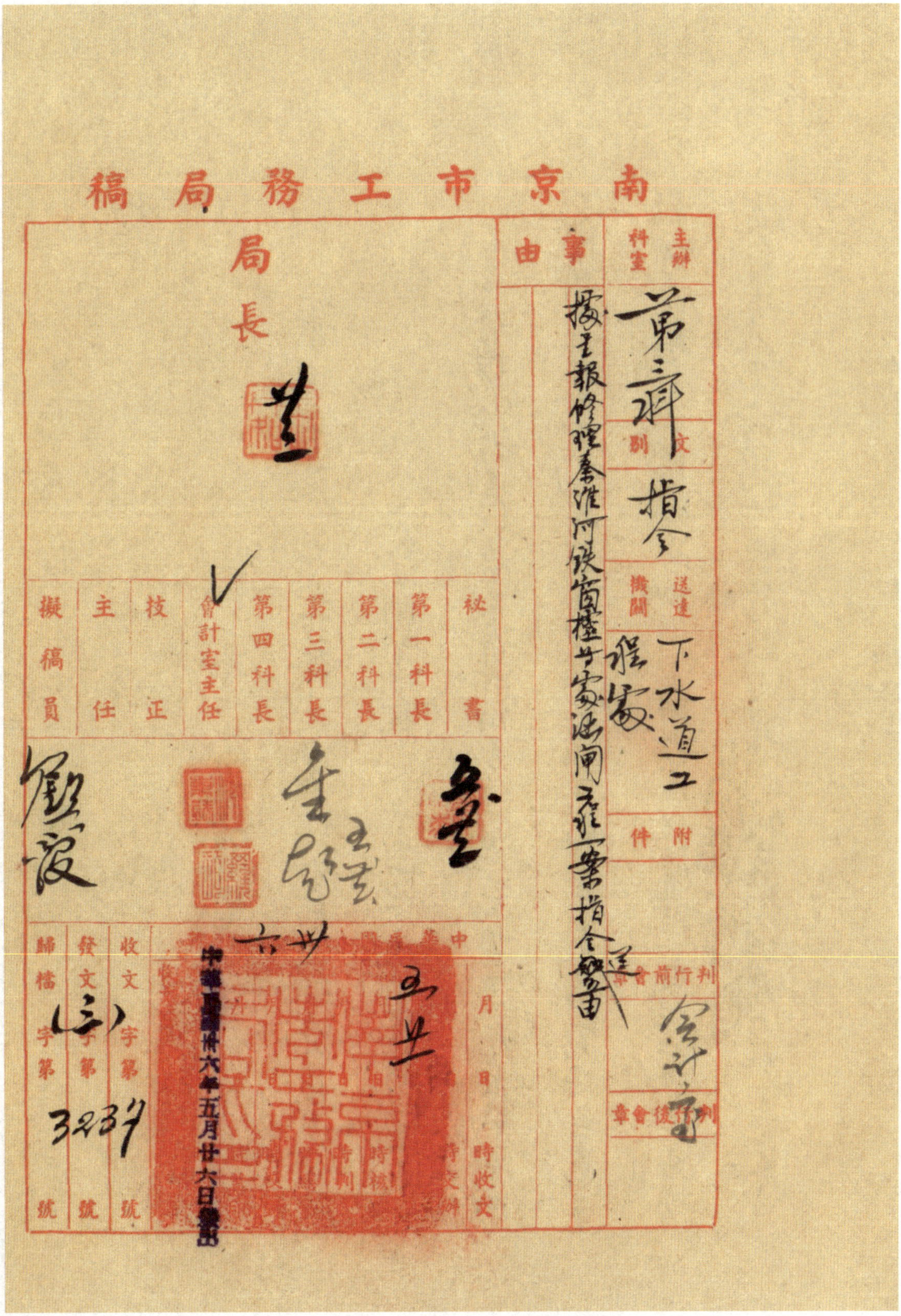

南京市工務局稿

主辦科室：第三科

文別：指令

送達機關：下水道工程處

事由：據呈報修理秦淮河鐵窗欄杆並察涵閘[illegible]一案指令[illegible]由

局長

秘書　第一科長　第二科長　第三科長　第四科長　會計室主任　技正　主任　擬稿員

中華民國卅六年五月廿六日發出

收文字第　號　發文字第　號　歸檔字第　號

3237

指令

字第　號

令下水道工程處

卅六年五月十四日下秦字第一〇號簽呈乙件，爲呈報辦理修整鐵窗檻
共三處涵閘工程，擬即承攬告竣，祈察核備案由。

簽呈暨附件均悉。查秦淮河附屬涵閘，尚有吳福泗武廟閘、
及後湖之水宣洩孔道，應由該處派員勘查是否完好無患，是
於所修整之涵閘，地點偏僻，對於開放管理以及保護等項，亦應指
隨時查勘保養。以後開放修理
定負責人員，所完行修行致，又該項工程，應予函知

數期付款，且第一期之款按百分比，亦不宜過大，合行令仰遵

照辦理為要！

此令。附件存查

代理局長張○

校對 費文傑

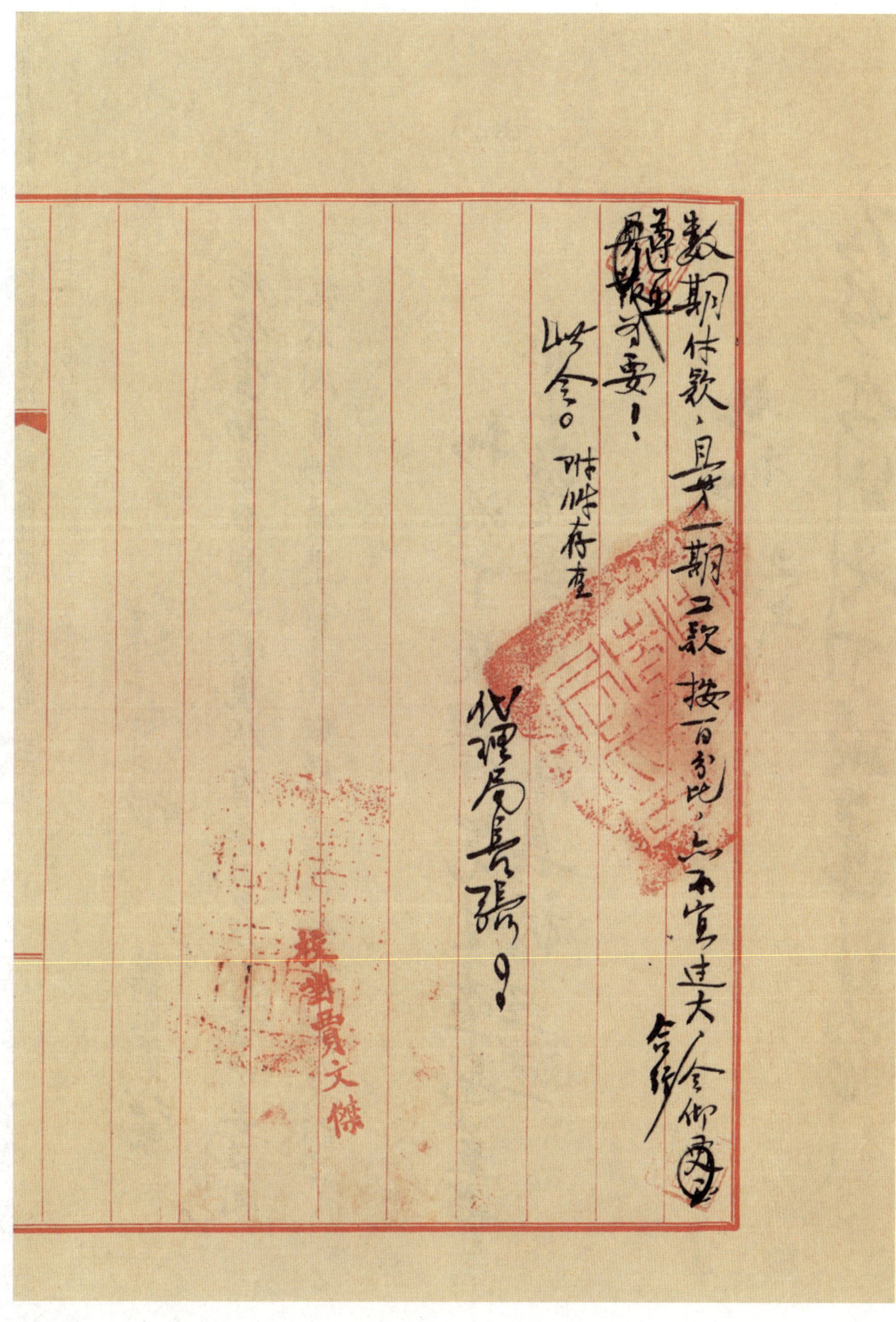

南京市工務局與下水道工程處關于查勘東、西水關城墻下水閘現狀的一組文件

（一）南京市工務局致下水道工程處的訓令（一九四八年五月四日）

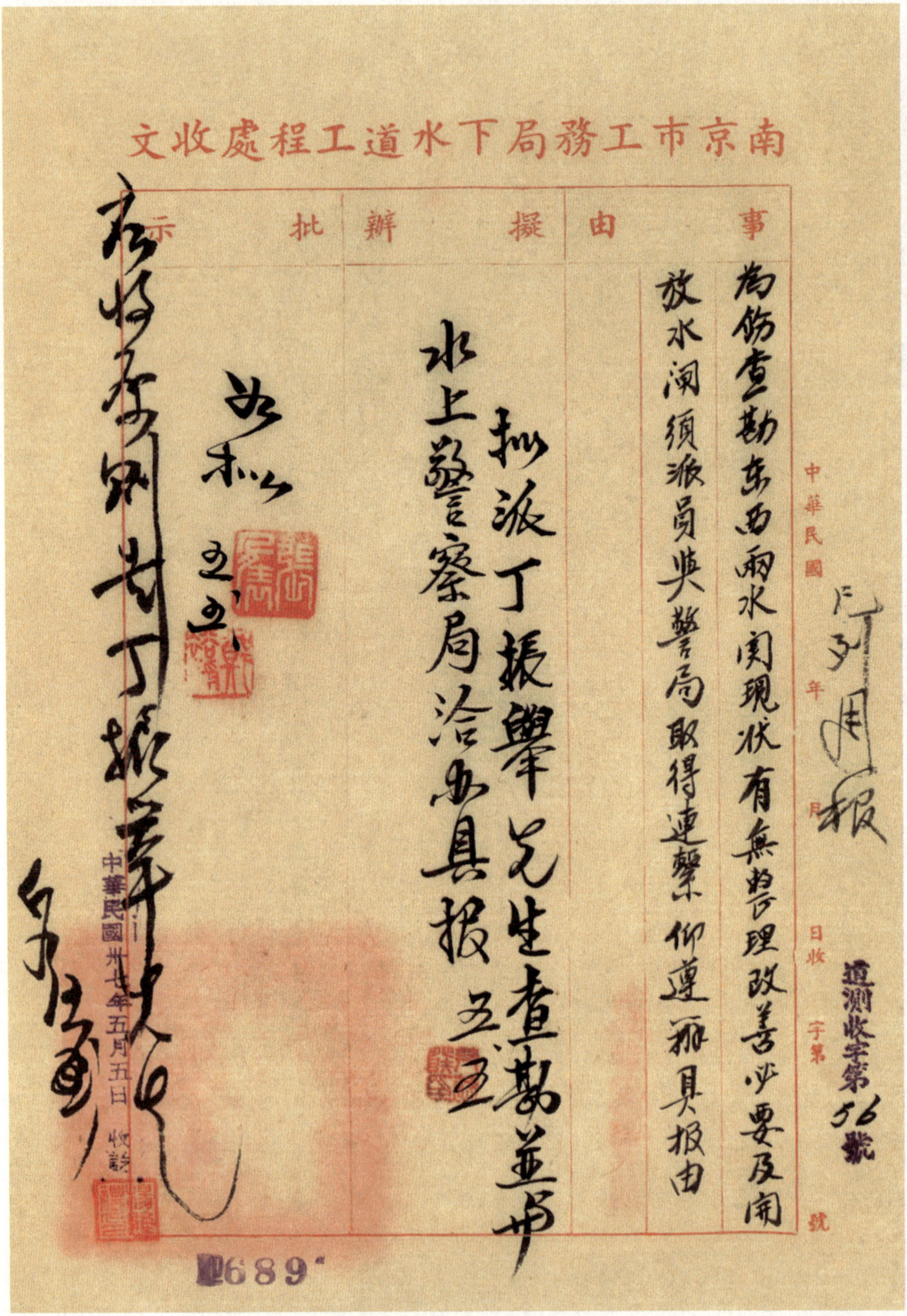
南京市工務局下水道工程處收文

事由	擬辦	批示
為飭查勘東西兩水閘現狀有無整理改善必要及開放水閘須派員與警局取得連繫仰遵辦具報由	擬派丁振犖先生查勘並與水上警察局洽商具報 五、五	如擬 五、五

中華民國　年　月　日收　道測收字第56號

中華民國卅七年五月五日 收訖

689

事由	爲飭查勘東西兩水關現狀有無整理改善必要及開放水閘須派員與警局取得連繫仰遵办具報由
擬辦	
批示	
附件	

中華民國卅七年五月五日 收到

南京市工務局

訓令 (卅七)京工三字第2915號

中華民國三十七年五月四日 星期二

令下水道工程處

查東水關及西水關兩處城墻下水閘現狀如何應否予以整理改善仰即派員詳細查勘規劃報局再西水閘城墻下閘门在適當水位時須開放水閘以便

收文 字第689號

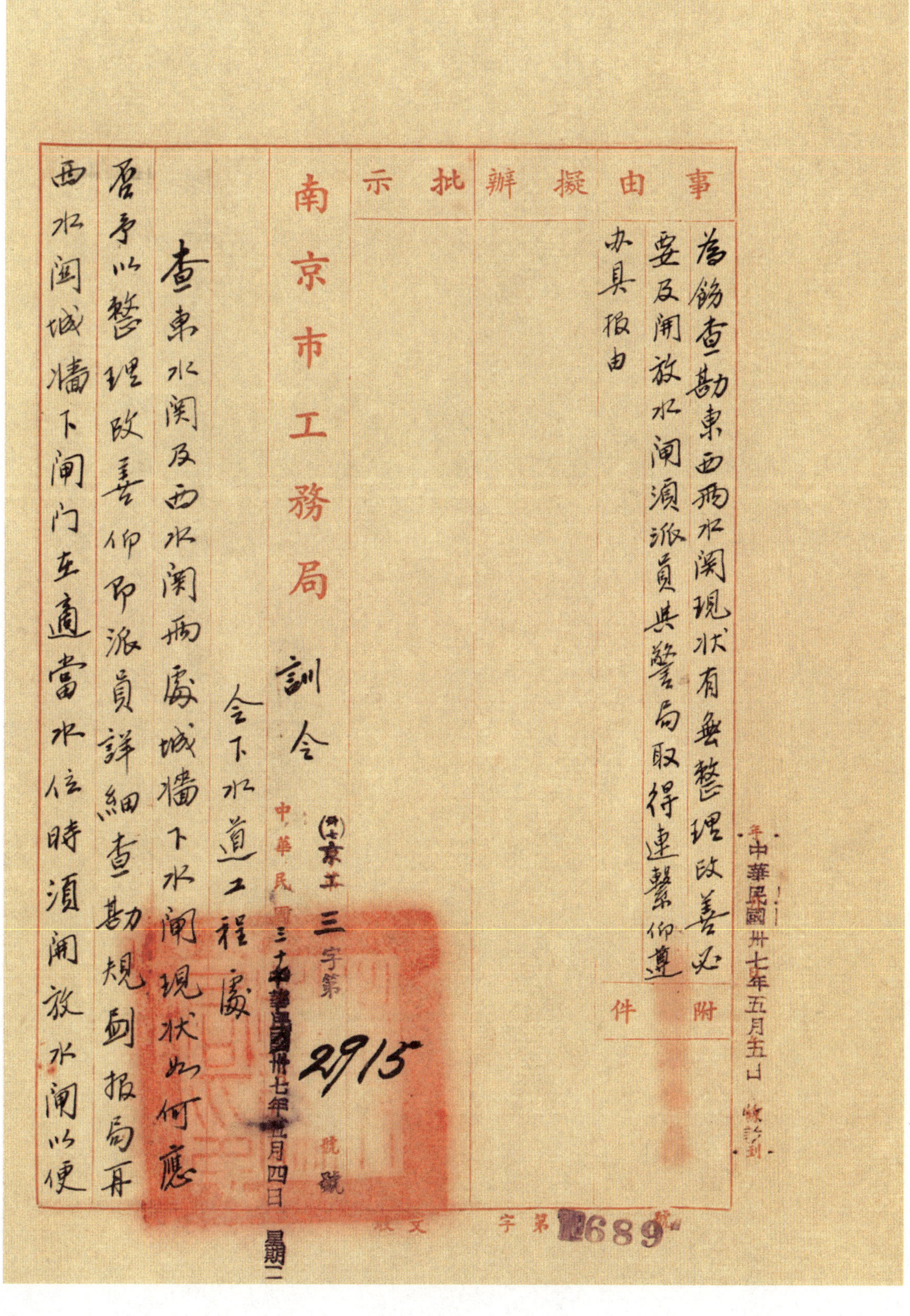

船隻出入已由警所轉飭水上警察局專司啓閉

但仍應由該處派員與該局取得連繫以免隔閡

併將办理情形具報爲要此令

代理局長　俞叔平（簽）

監印　宋奇福
校對　賈文傑

（二）南京市工務局下水道工程處職員丁振舉致課長轉呈處長的簽呈（一九四八年五月六日）

奉

派前往東西水関勘查城墻下水閘現狀並與水警局联絡西水関啟閉事
宜，謹將遵辦經過情形列述於后：

（一）東水関墻下水道向無船隻出入，歷久淤塞幾至不通，經上年加以疏
通後，現流水雖暢，但淤積仍甚，秦淮河疏浚時，仍宜同時開挖。

（二）西水関城墻下之水道為運糞船出入之口，該處河床淤塞甚高，據
实勘当在四八·〇〇公尺以上，枯水时期，不能行船，拟請
將該處河床列入秦淮河疏浚計劃一併挖深，以利交通。

（三）西水関城墻下大水道，現由水警察廳水上警察分局內河警察所
联勤處派有警員三人專司啟閉，每日開放時間為上午十时至下

午二时，據該地居民代表曹葉森声称，為感方便、

該處跳板原有柵欄一道，淪陷期間已經毀壞，現祇以横木一

根（長約七公尺）置於水面上，用絞盤升降以為啓閉。絞盤所用滾

木二根（每長二公尺）現已磨蝕，將不能應用。據該守望警員刘盛榮

面称，擬請本處修復欄柵並掉換滾木。職已答其俟該局備文到

處再呈候核辦。

奉 令前因，理合將上列情形簽復

鈞核。 謹呈

課長 尹 轉呈

處長 張 鄭

職 丁振舉 謹簽 五月六日

本處經管東西水閘，與所稱警[illegible]

局所轄東西水閘為兩事。

前者為排水閘，問題所在為[illegible]

通閘問題之[illegible]

本處亦即呈[illegible]

（三二）南京市工務局下水道工程處致市工務局的簽呈（附件：西水關附近地形圖）（一九四八年五月八日）

南京市工務局簽呈

民國三十七年五月八日
發文下設字第[illegible]676號

事由：為遵令查勘東西水關城墻下水閘現狀簽復鈞核由

案奉
鈞局（卅七）京工三字第二九一五號訓令略以東西水關城墻下水閘現狀有無整理改善必要飭派員查勘規劃並就西水關城墻下水閘啓閉問題派員與警局取得連繫以免隔閡等因查西水關城墻下水閘之啓閉純屬水上交通問題與秦淮河排水無關向由治安機關專司其責前經簽奉
轉函警察廳暨首都衛戍部核辦在案茲奉前因遵經派員前往查勘該閘現已由警廳水上警察局內河警察所派警管理於每日上午十時至下午二時開放四小時行船交通尚無不便業與該所取得連繫至東水關城墻下水閘因歷久淤積河床墊高為使河水暢流擬俟疏浚秦淮河時一併加以疏通奉
令前因理合將遵辦情形並檢同西水關附近地形圖一份簽復
鈞核
謹呈
局長原

附西水關附近地形圖一份

下水道工程處　處長張人雋
副處長鄭裕崢

核　簽　批示

月　日收文　字第　號　月　日　字第　號批迴

道測發文第73號

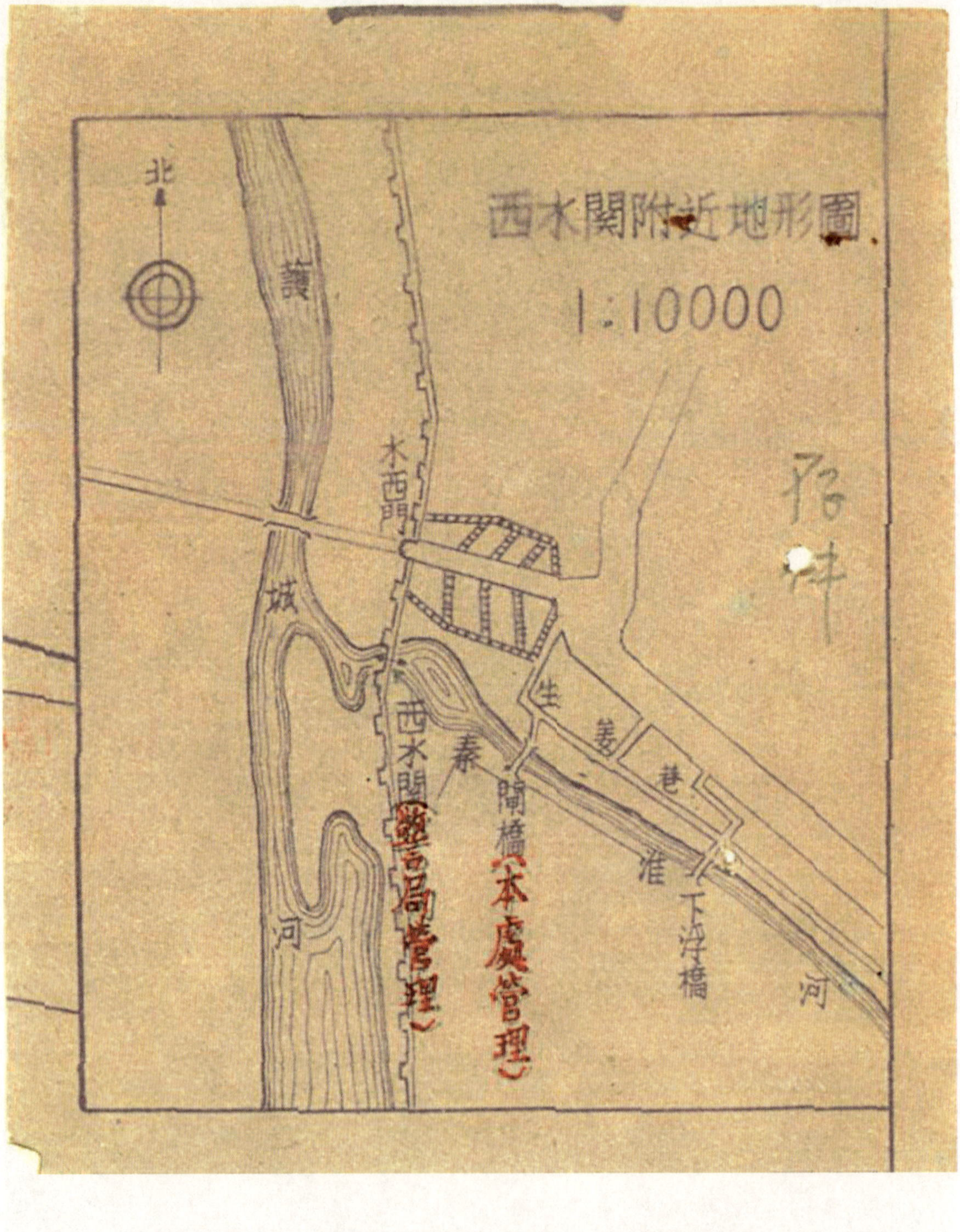
西水關附近地形圖
1:10000
北
護
城
河
水西門
西水關
（警局管理）
秦
淮
河
閘橋
（本處管理）
生
薑
巷
下浮橋

南京市工務局 訓令

事由　擬辦　批示

報由　茲令仰該處派員查勘修理西水關城墻下之水閘並具報由

年　月　日　午　時到　　附件

查前准首都警察廳本年○月先日珍督備字第一二三〇號代電內開：「查○奉首都衛戍復司令部廿七年○月廿三首成刑二志字第八九六號代電內開：『查○奉……水西內西關水閘開放時間設定為每日上午十時至下午二時請貴廳轉……』」

京字第三　　號　　文字第　　號

3440

中華民國卅七年五月二十五日

南京市工務局管理處

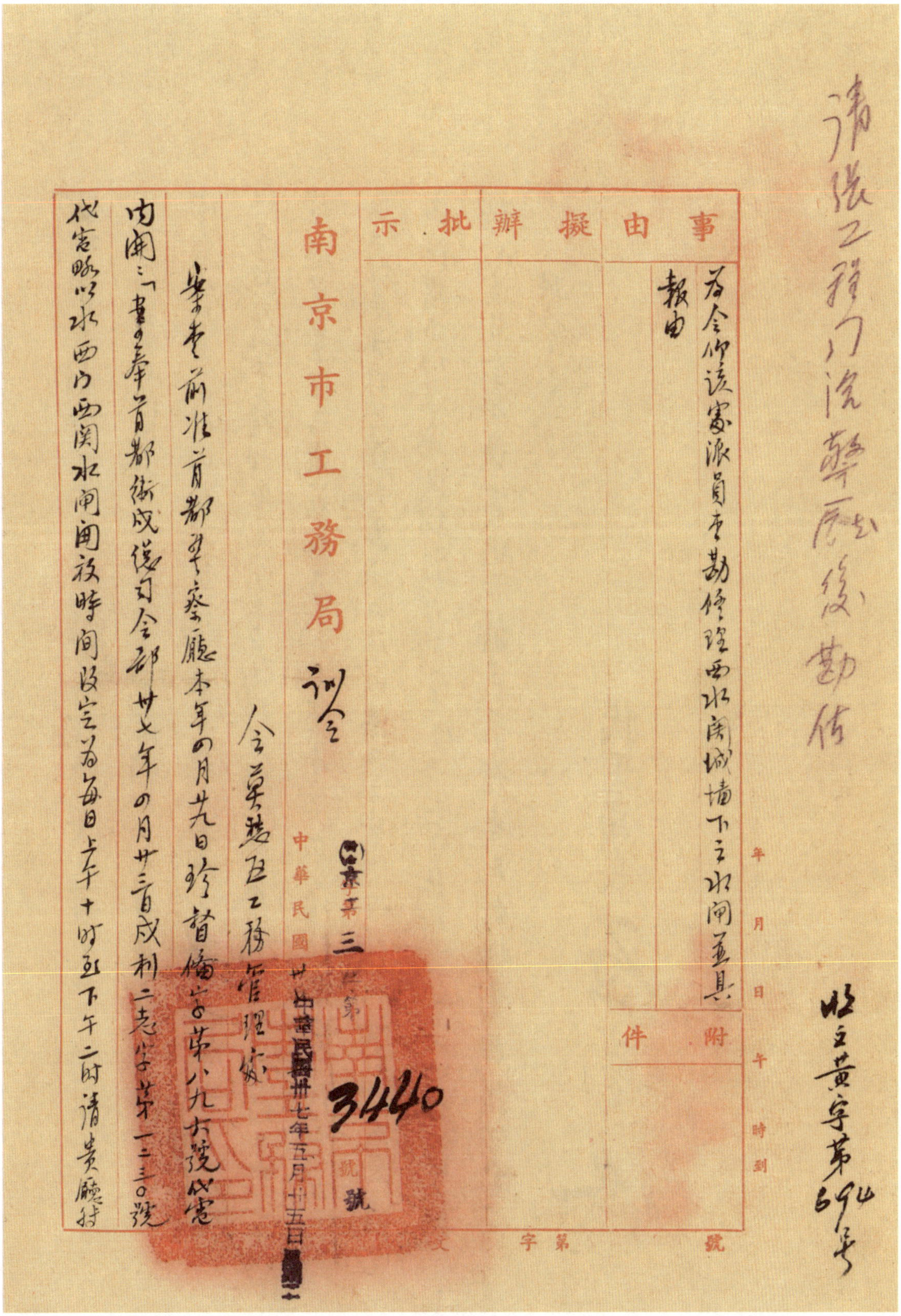

飭水上警察局派必要員警經常駐紮該地附近負責水閘啓閉及檢查事
宜等因奉此除飭遵照辦理外查八洋橋水閘向由貴局派有工人二名經
常駐守負責啓閉仍請繼續負責辦理二、水閘年久失修不堪使用擬請
迅予修理以上二項相應函達查照辦理是荷等由准此當經令飭下水道工
程處遵照辦理去後茲據簽復稱「查本案第一項洋橋水閘除已由本處
派工駐閘專司啓閉外至第二項城牆下之水閘修理閘係城防及交通
至鉅與下水道無關擬請特飭主管工務管理處趕辦以資迅捷」等情
據此合行令仰該處迅即派員前往查勘修理並具報爲要

此令

代理局長 石葉波

監印 朱錫藩
校對 賈文傑

（二一）莫愁區工務管理處提交的工程請示單（附件：水西門西水關木制水閘圖）（一九四八年七月三日）

南京市工務局

工程請示單

工程編號	
會計科目	
請示單編號	黃—36
工程名稱	修理水西門西水關木製水閘工程
工程地點	水西門外西水關
請示原因	奉局（卅七）京工第三字第3440號訓令修理
施工說明	材料由局方採購，本處領用，僱臨時木工修理之.
核算總價	
預定	37年7月25日開工 37年7月30日完工
請示部份	莫愁區工務管理處
主任	
填單	37年7月3日
附件	草圖弍份
附註	

局長批示	會計室核	主管科核
照准 七.六	在 防洪費 內開支 超出預算 七.五	擬可准 金 七.五
	會計主任 月 日	第 科長 月 日
	股	股
	股	股

說明

（一）請示單填寫四聯批准後一聯發還一聯存主管科一聯存會計室一聯存卷

（二）工程編號由主管科編填會計科目由會計室填列請示單編號由請示部份編填

（三）請示單經批准後有關文件表報報銷等應將工程編號及工程名稱并列

總收文 年 字第 5970 月局收文 字第1166號

37年7月5日

預算細目

共 1 頁第 1 頁

項次	項目	單位	數量	單價	共價	備註
	20公分梢徑杉木	根	2	由局代办本處領用		(6公尺長)
	15公分梢徑杉木	根	8			(2公尺長)
	20公分梢徑檀樹	根	1			(2公尺長)
	1" 螺絲	只	2			(下連螺絲帽上連鉄圈連墊板尺寸見圖)
	臨時木工	工	10	1,000,000元	10,000,000元	

共　　　　計

核對　　　　計算

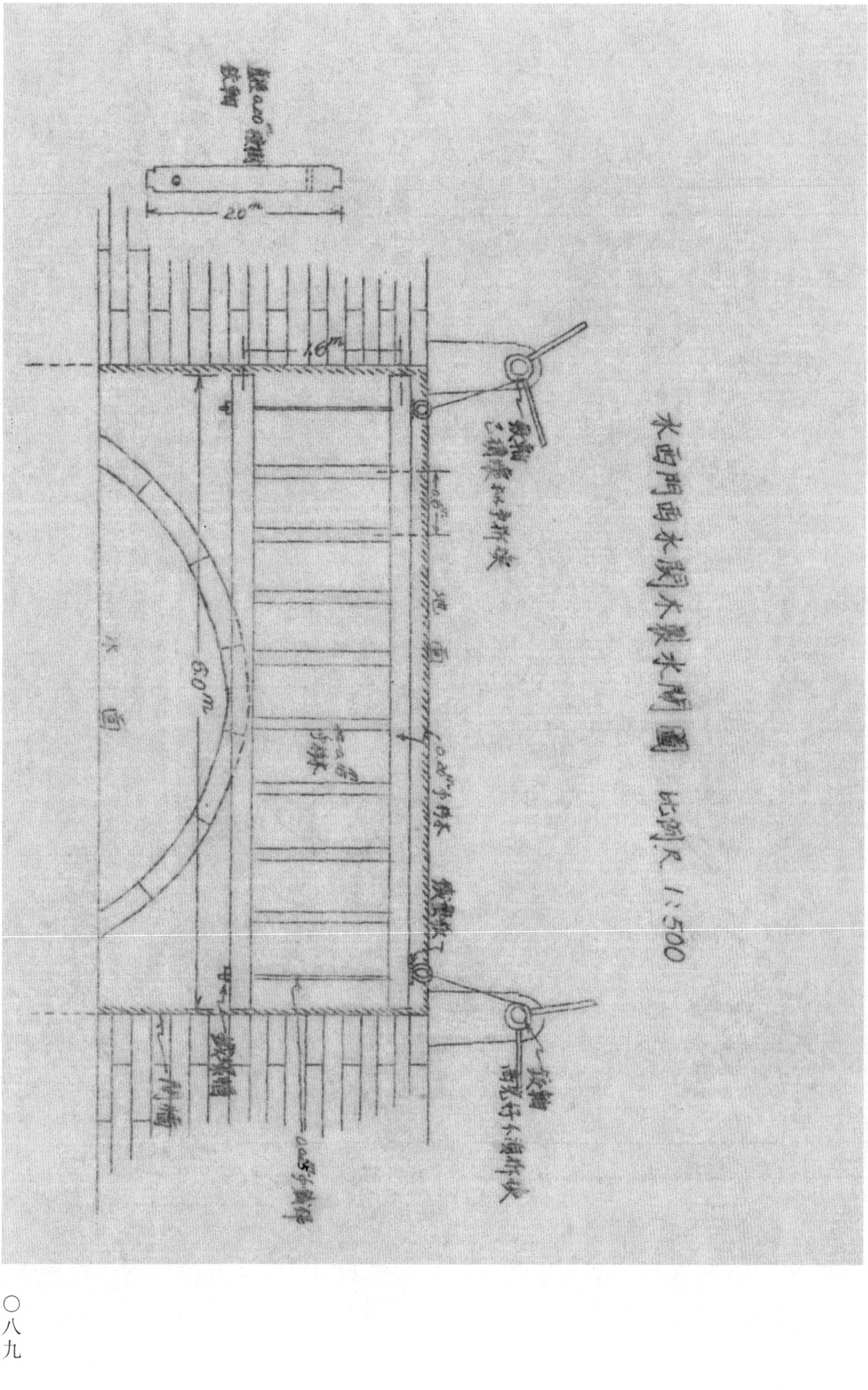
水西門西水関木製水閘圖
比例尺 1:500

（三）莫愁區工務管理處再次提交的工程請示單（一九四九年二月十四日）

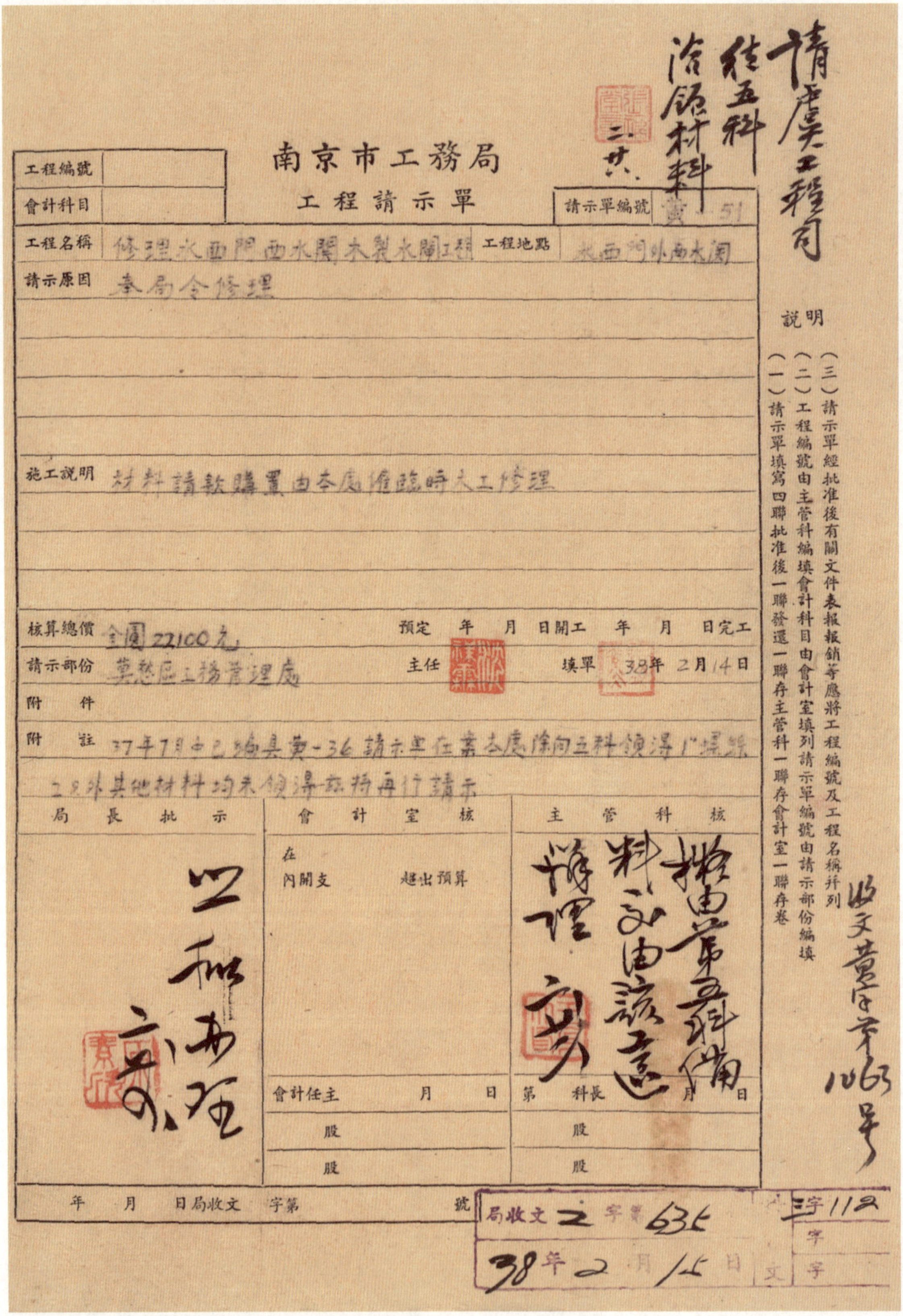

請虞工程司往五科洽領材料

二.廿六.

南京市工務局

工程請示單

工程編號			
會計科目		請示單編號	黃-51
工程名稱	修理水西門西水關木製水閘工程	工程地點	水西門外西水關
請示原因	奉局令修理		
施工說明	材料請款購置由本處僱臨時大工修理		
核算總價	金圓22100元	預定　年　月　日開工　年　月　日完工	
請示部份	莫愁區工務管理處	主任	填單 38年2月14日
附件			
附註	37年7月十日已編具黃-36請示單在案本處除向五科領得[illegible]外其他材料均未領得茲特再行請示		

局長批示	會計室核	主管科核
[illegible]	在　內開支　超出預算	擬由第五科備料，由該處辦理
	會計任主　月　日	第　科長　月　日
	股	股
	股	股

年　月　日局收文　字第　號

局收文 工字第635號 38年2月15日

工字112

說明

（一）請示單填寫四聯批准後一聯發還一聯存主管科一聯存會計室一聯存卷

（二）工程編號由主管科編填會計科目由會計室填列請示單編號由請示部份編填

（三）請示單經批准後有關文件表報報銷等應將工程編號及工程名稱并列

收文黃字第1063號

20φ×650
15φ×250
30φ×210

預算細目

共　　頁第　　頁

項次	項目	單位	數量	單價	共價	備註
	20公分梢徑杉木	根	2	5,000	10,000	
	15公分梢徑杉木	〃	8	800	6,400	
	20公分梢徑硬木	〃	1	2,500	2,500	
	木工	工	10	320	3,200	
共計					金圓22100圓	

核對　　　計算

南京市工務局職員尹恭發爲報東、西水關等各閘涵均待整修致局長的簽呈（一九四九年三月十七日）

南京市工務局簽呈

民國三十八年三月十七日

發文 字第 號

事由：為東西水関等各閘涵均待整修簽乞 核示由

竊奉

鈞座於局務會議中指示「各閘涵如有損壞可即查明呈報期與此次秦淮河疏浚工程併案整修」等因，茲經查勘東西水関及半山寺等各閘涵均已沿用歷久亟待局部補修，謹將查得各情列呈於后

(一)東水関閘口左翼鋼筋混凝土墻在高程四七.○○公尺處(即在閘門底一公尺以上)發現裂縫一道，汛期閉閘抽水回漏甚多，影响頗鉅，又該閘門升降机械經久欠靈，閘門與門框不能密合，亦待加以調整以重功效

(二)西水関閘門因釘附於該門兩側双面之洋松木腐蝕致與墻槽不能密合，此項槽木亟待另配四根

(三)鐵窓橋涵洞鉄門升降螺旋桿與混凝土翼墻脫離，亟待重用水泥漿安裝牢固

(四)半山寺涵閘原有土堤去年洪水時期在翼墻兩側發現漏洞，當時不及興修，僅於上游另加月堤一道，全部加土堵塞，現擬將原有土堤修補，分實拆毀臨時月堤及積土以恢復該涵舊觀

前呈各項與城區防水及下水排洩関繫頗重，擬請 鑒賜於本年汛前與秦淮河疏浚工程同時發交有関單位整修，是否有當，伏乞 鑒核 謹呈

秘書 金

局長 原

職 尹恭發 謹簽

核簽

批示

奉 批交由第一工程處併案 三、十九

通批號 第 字 日 月 號 第 字 文收日 月

南京市工務局職員馬警寰爲上報武廟閘城内外兩閘口及水流情形并請從速添設閘外設備致市工務局的簽呈（一九四九年四月二十日）

南京市工務局簽呈紙

簽呈　38年4月20日　於農林股

四月十四日及十九日職會同下水道工程處尹技正盛賢、匡龔主任及農林部沈主任前往查勘武廟閘城内外兩閘口及水流情形。查城内石砌閘口已亦崩塌待修，城外閘門數道亦須配復，中間隧道亦應加以清理。目前水流情勢亦已暢通，惟無有管制設備，如遇連雨節季，城外湖水高漲，易於湧入城内，爲害居民及城北一帶菜地；如將閘口閉塞，則城外農田更將被害非淺。是故應爲從速添設閘外之必要，以便調節水流形勢，而利城内外之居民及農田。所擬是否有當，敬請

卓核

職　馬警寰　謹簽

南京城墻檔案

水關涵閘的管理與增修

貳
抽水站的修建與管理

南京市政府與市工務局關于建築東水關抽水站的一組文件

（一）南京市工務局致市政府的呈文及附件（一九三五年三月十四日）

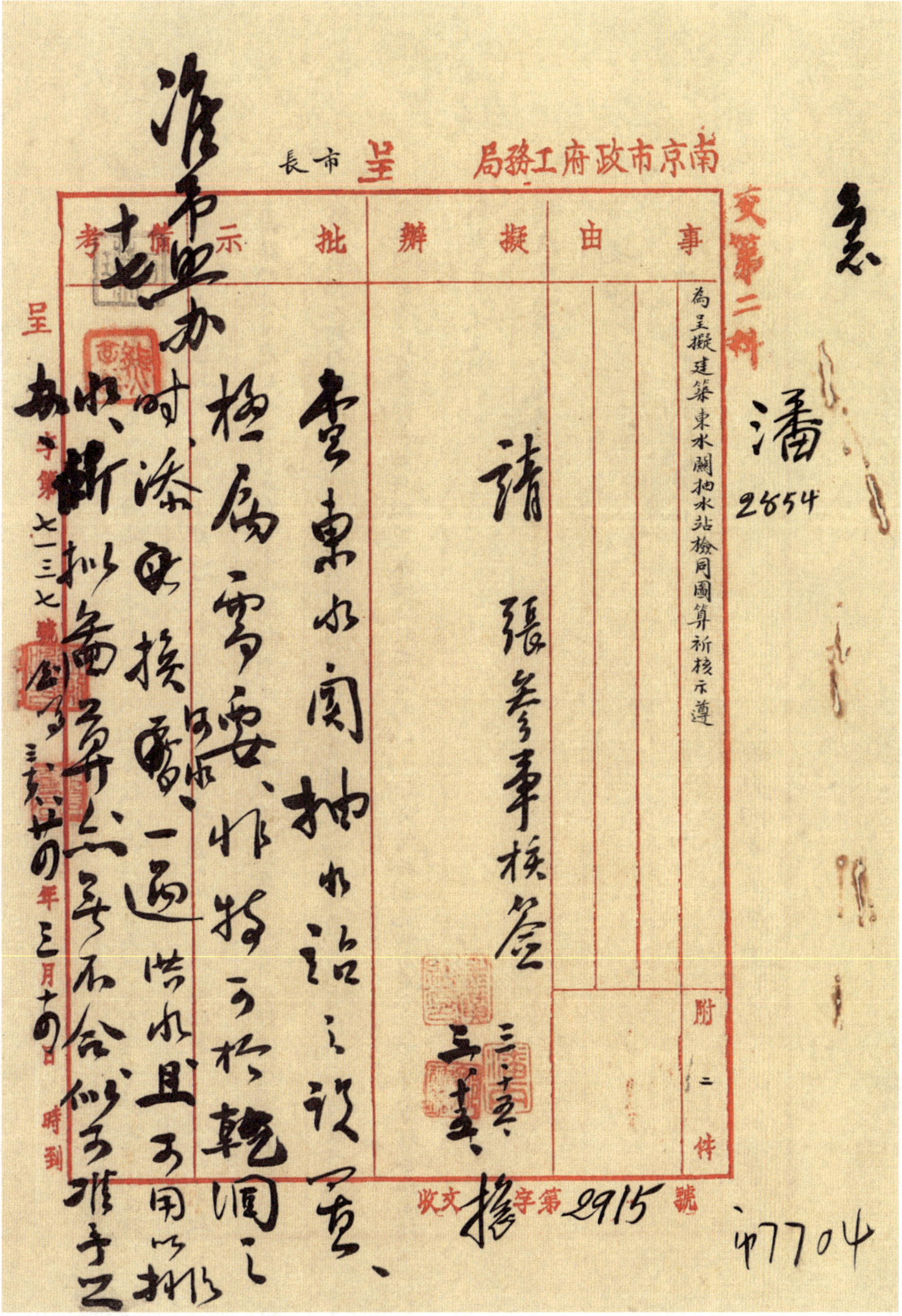
急

南京市政府工務局 呈 市長

交第二科

潘

2854

事由：為呈擬建築東水關抽水站檢同圖算祈核示遵

擬辦：請張參事核簽

批示

備考

附二件

呈 字第七一三七號 三十四年三月十四日 時到

收文 字第2915號

查本市城內秦淮河每遇冬季東西水關閉塞後河內停水日久污臭不堪實於公共衛生諸多妨碍本擬在城外護城河中建築活動閘使水量改由東關入城以資冲刷惟該項建閘工程需款甚鉅恐非目前財力所許茲擬於東水關計劃建設抽水設備工程在冬季河水乾涸污濁之時即將外河之水抽入河內排陳換新以資調節除抽水機器費用另行估計外茲將所有抽水站房屋工人宿舍以及廚房等建築圖算飭科擬製就緒估計共需約肆千柒百陸拾捌元四角七分是否有當理合檢同計劃圖算具文呈請

鈞府鑒核指令祗遵謹呈

市長石

計附呈抽水站計劃圖預算書各一份

工務局局長嚴宏溎

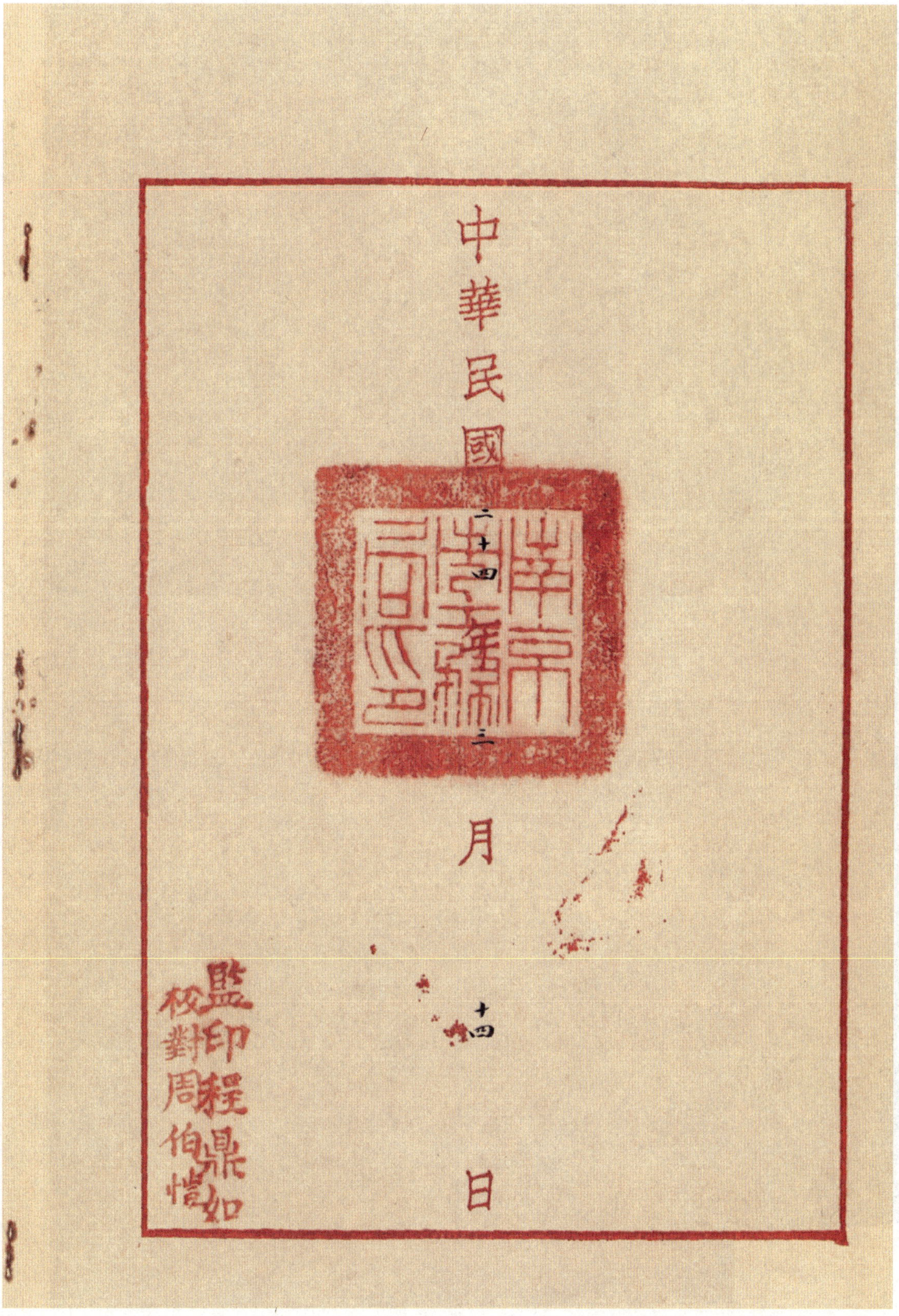

中華民國二十四　三　月　十四　日

監印程鼎如
校對周伯愷

後城河
秦淮河
南京市工務局第二科計劃股
設計圖室
圖名　抽水站圖
測繪
設計
製圖
校對
審核
鑒定
編號河字　號　張

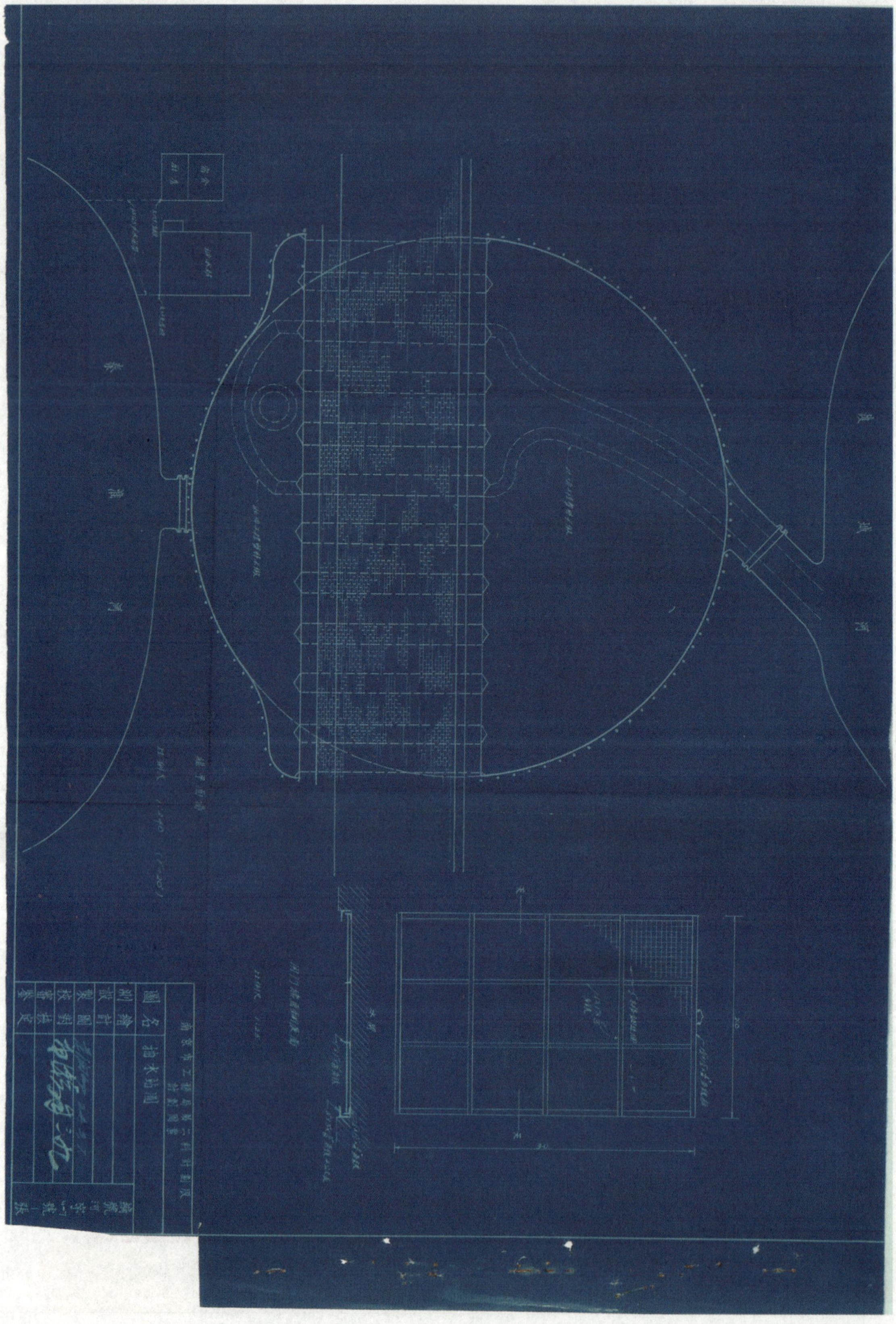

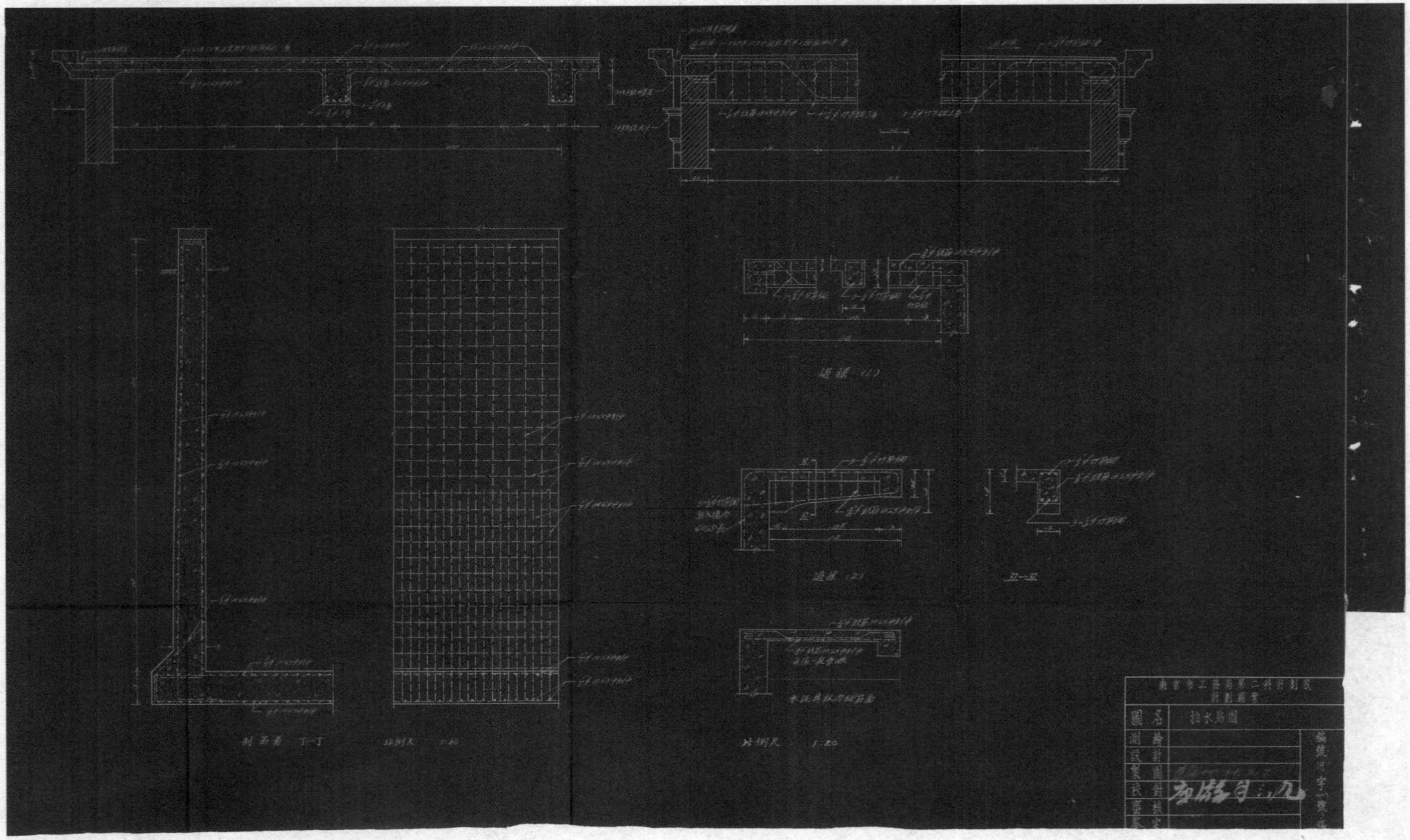

过梁(1)
过梁(2)
五-五
剖面图 丁-丁
比例尺 1:20
比例尺 1:20
南京市工务局第二科计划股
计划图案
图名
抽水站图

南京市工務局

工計A·1(甲)

[illegible] 工事預算書（共2頁）

河字第407號　　　　第1頁

地點	[illegible]		
工程撮要	抽水站房屋工人[illegible]閘门[illegible]（[illegible]不至1方）（不論大小尺寸施工時決定預計不至1方）		
總價	[illegible]	平均單價	
起案原委及施工方法			
附件	[illegible]		

預算詳細表

種類	形狀	單位	數量	單價（元）	總價（元）	備考
(1) 抽水站部份						
[illegible]		[illegible]	90	500	4500	
油毛毡		[illegible]	1940	140	27160	[illegible]
鋼筋混凝土	1:2:4	立公	580	5500	31900	
墙	26公分厚	平公	780	300	23400	[illegible]
[illegible]	26公分厚	〃〃	10	260	260	
[illegible]	1×1.5	樘	70	1200	8400	[illegible]
杉木门	1×2.2	〃	10	1870	1870	仝上
水落管	24号白铁	公尺	140	80	1120	
水斗	仝上	個	40	200	800	
[illegible]	[illegible]	公尺	290	80	2320	
鉄模料		座	10	25000	25000	[illegible]
大15号[illegible]		個	10	150	150	
[illegible]		公尺	30	80	240	
				共計	[illegible]	
			轉下頁			

24年3月11日　　計算 [illegible]　校對　　審核

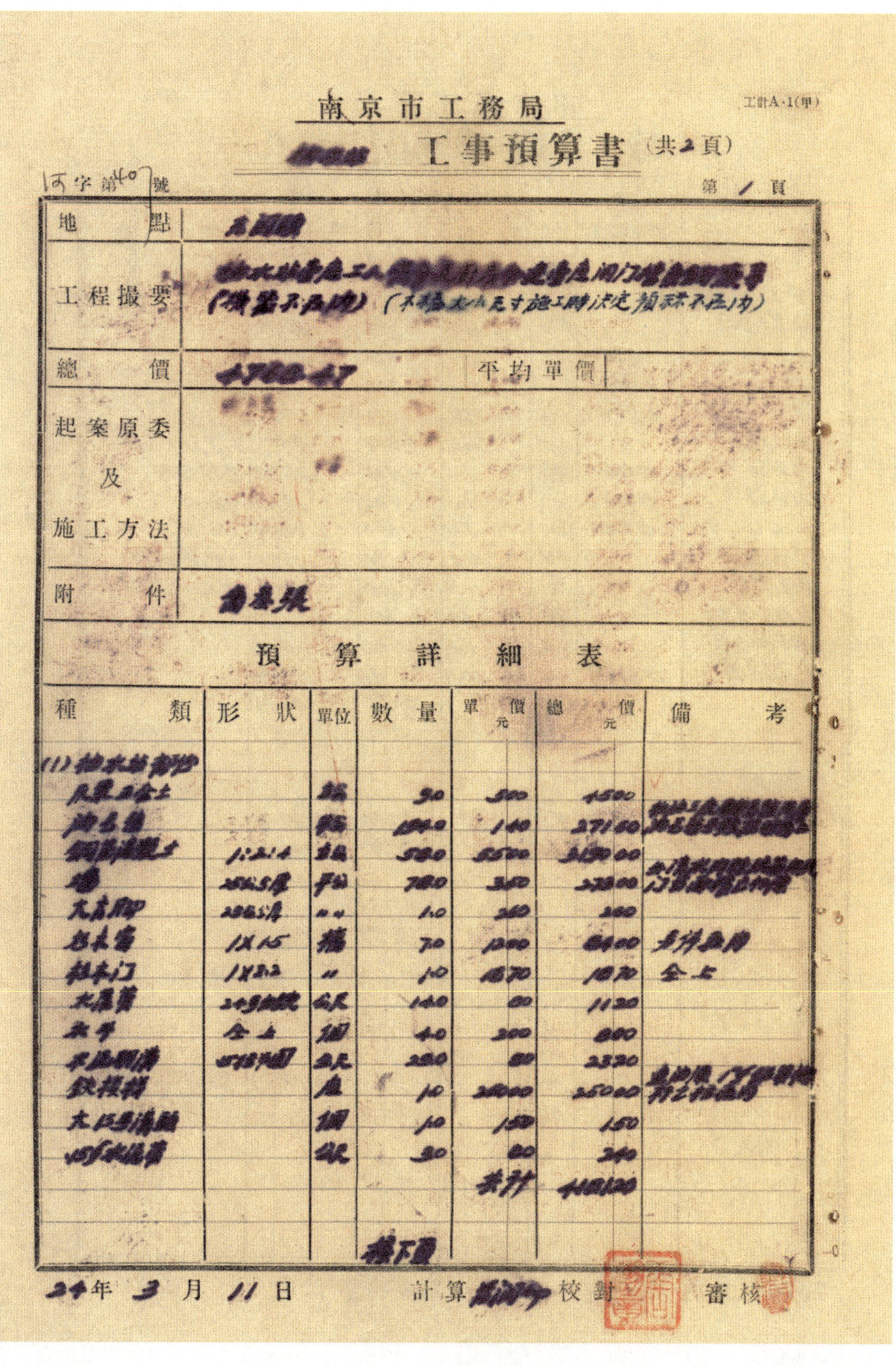

工計A－1（乙）

南京市工務局

續　字第　號預算詳細表

第 2 頁

種類	形狀	單位	數量	單價（元）	總價（元）	備考
(2) 宿舍及厨房[illegible]						
灰浆三合土		[illegible]	[illegible]	[illegible]	3000	
大方脚	[illegible]	[illegible]	[illegible]	[illegible]	1680	
墙	[illegible]	[illegible]	[illegible]	[illegible]	3500	[illegible]
屋面	[illegible]	[illegible]	[illegible]	[illegible]	9900	[illegible]
水泥地		[illegible]	[illegible]	200	4400	[illegible]
杉木窗	9×12	[illegible]	30	860	2580	另件在内
杉木门	9×22	〃	1.0	1683	1683	仝上
〃 〃 〃	9×19	〃	1.0	1454	1454	仝上
5根油间		平公	10.0	90	900	油漆在内
[illegible]		座	1.0	100	100	上部水泥架
大135满头		個	1.0	150	150	
15公分水泥管		公尺	6.0	80	480	
水泥明沟	45径[illegible]	〃 〃	20.0	80	1600	
				共计	34427	
(3) 杂项						
[illegible]	2×3	[illegible]	90	2700	24300	[illegible]
				共计	24300	
				總計	476047	

34年 3月 11日　　計算 [illegible]　校對　　審核

（二）南京市政府致市工務局的指令（一九三五年三月二十日）

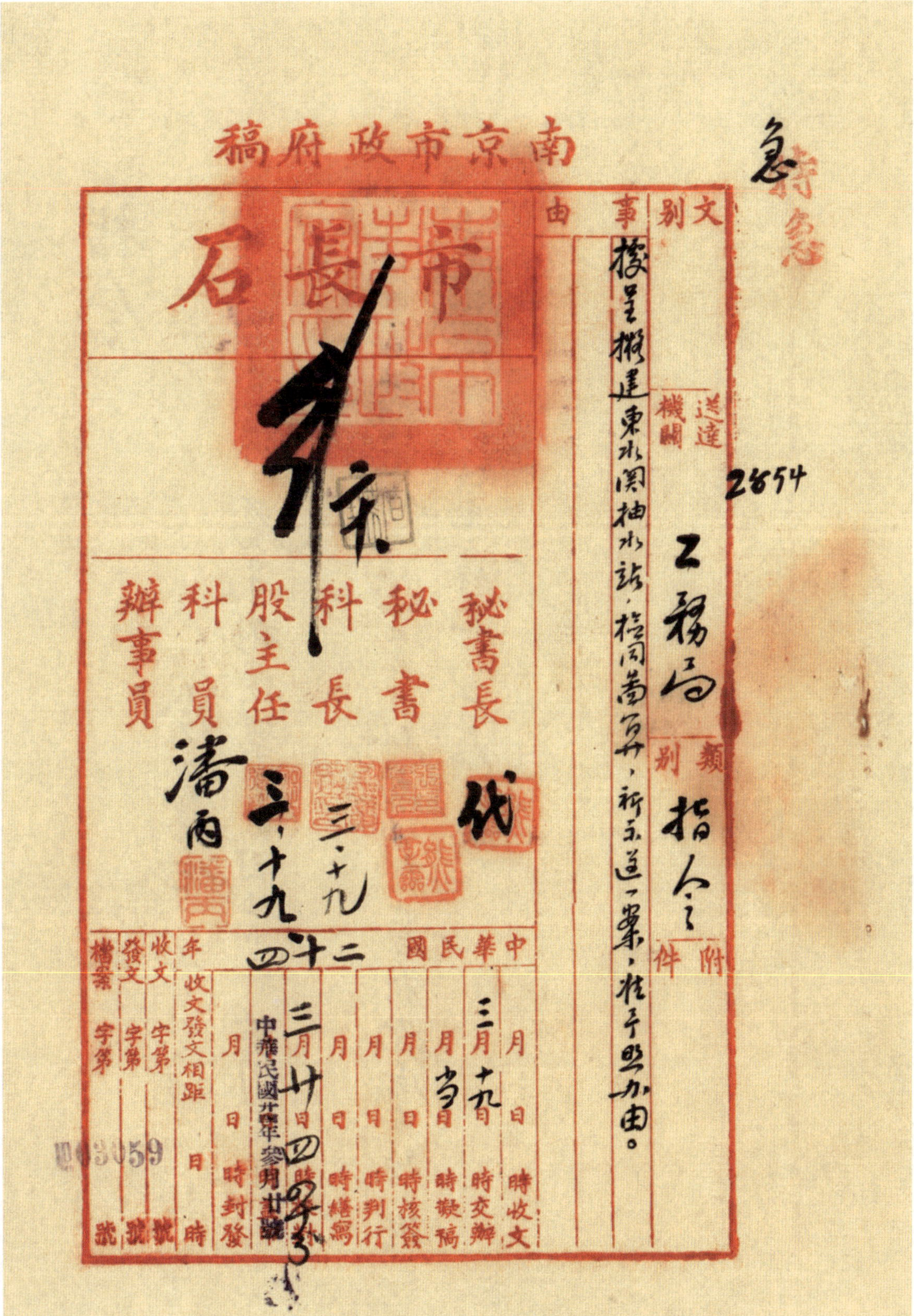

急

特急

南京市政府稿

文别 指令

事由 據呈擬建東水關抽水站，檢同圖算，祈示遵一案，准予照辦由。

送達機關 工務局

2854

附件

市長 石

秘書長

秘書

科長

股主任

科員

辦事員 潘丙

中華民國 二十四年

三月十九日 時收文

三月十九日 時交辦

三月廿日 時擬稿

月 日 時核簽

月 日 時判行

月 日 時繕寫

三月廿四日 時校對

月 日 時封發

收文發文相距 日 時

年 收文 字第 號

發文 字第 號

檔案 字第 號

中華民國廿四年參月廿日

指令

令工務局

呈一件。爲呈擬建築東水關抽水站，檢同預算，祈
示遵由。

呈件均悉。據呈計劃預算，察核尚屬可行，准
予照辦，仰即遵照。件存。此令。

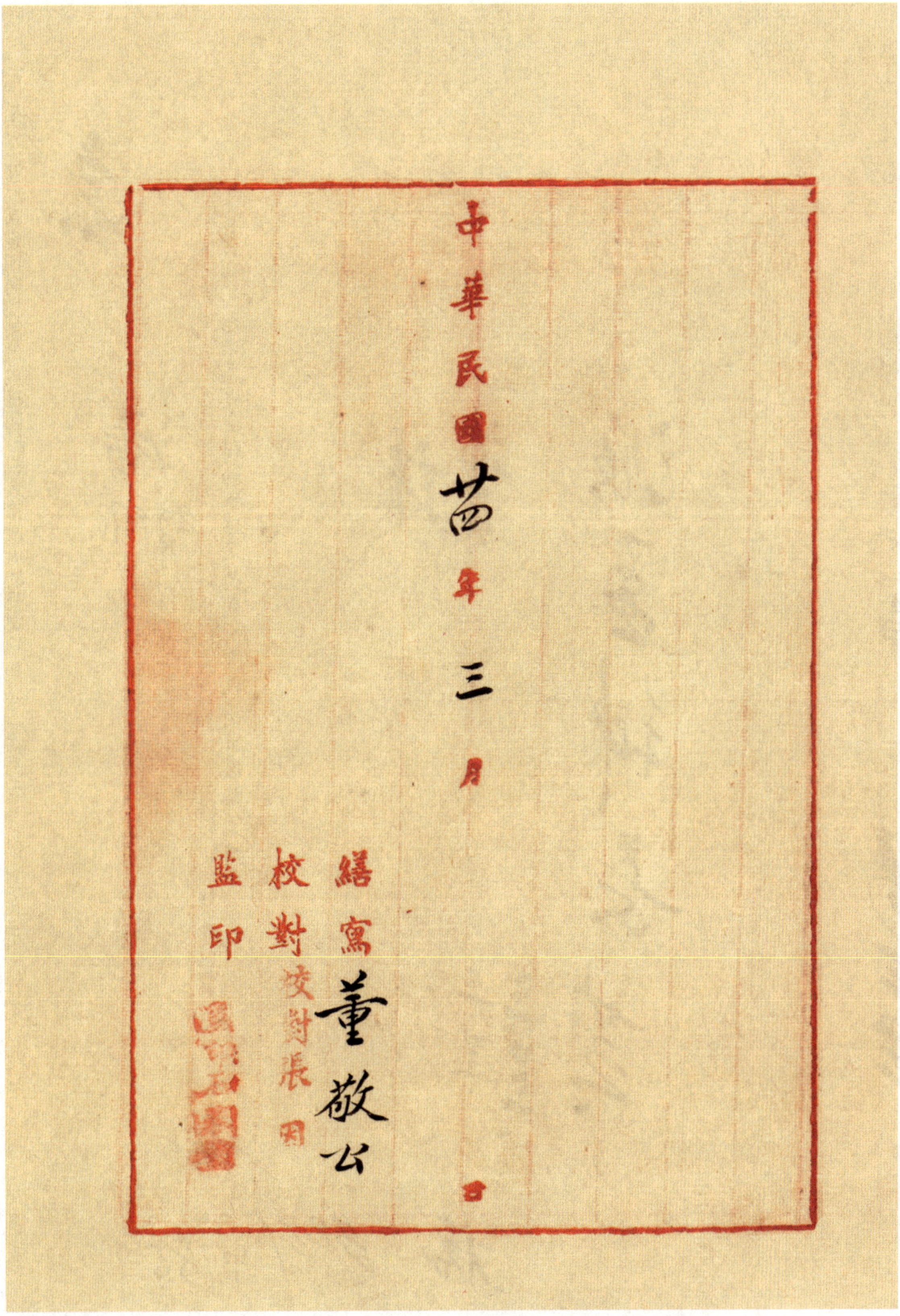
中華民國卅年三月　日

繕寫　董敬公

校對　校對張

監印

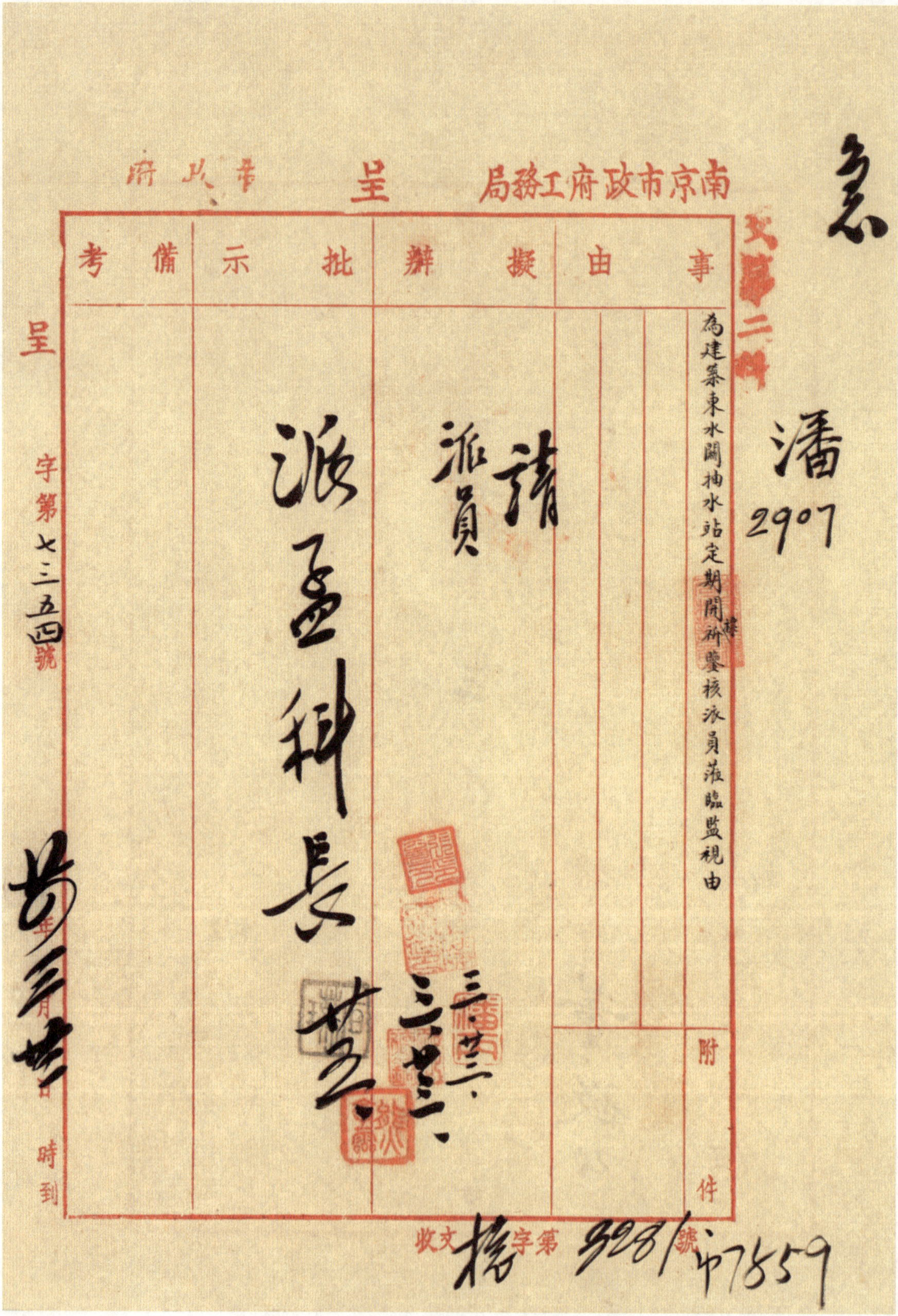
急

潘 2907

文書第二科

南京市政府工務局 呈 市政府

事由	擬辦	批示	備考
為建築東水關抽水站定期開標祈鑒核派員蒞臨監視由	請派員	派孟科長	

附件

三、廿三　三、廿二

呈 字第七三五四號

廿四年三月廿三日 時到

收文 標字第 3281 號 市 7859

（三二）南京市工務局爲定期開標請派員莅臨監視致市政府的呈文（一九三五年三月二十二日）

案奉

鈞府第三零五九號指令本局呈一件「為呈擬建築東水關抽水站，檢同圖算祈示遵」由，內開：

「呈件均悉，據呈計劃圖算，察核尚屬可行，准予照辦，仰即遵照，件存。此令。」

等因，奉此，遵已登報招標，定于四月八日上午十時在本局會議室開標，理合呈請

鑒核，俯賜派員屆時蒞臨監視，以昭鄭重。

謹呈

市長石

工務局局長嚴宏溎

中華民國二十四年三月二十二日

監印程鼎如
校對周伯愔

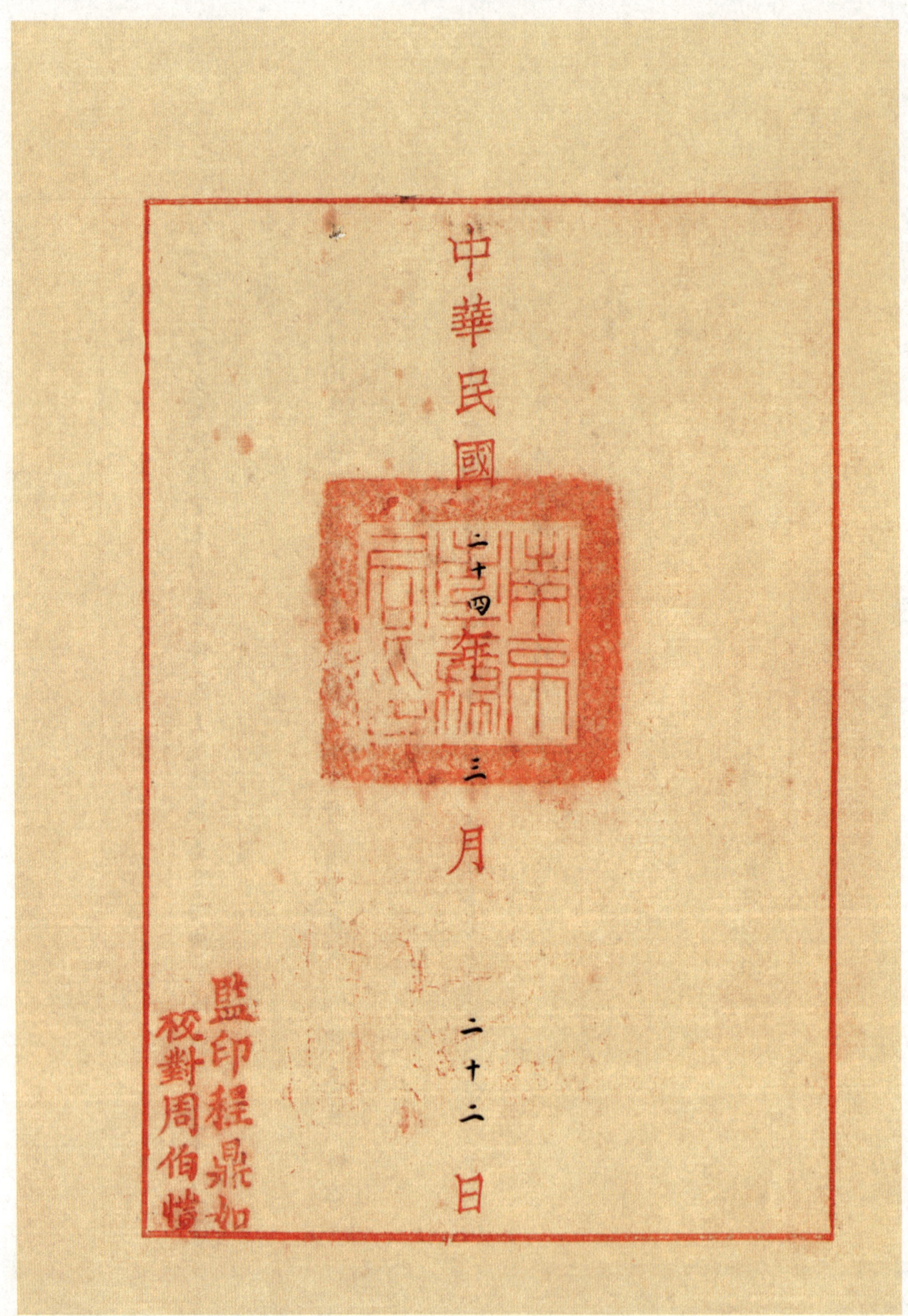

（四）南京市工務局致各報館的招標通告及致市政府的呈文（一九三五年十月一日）

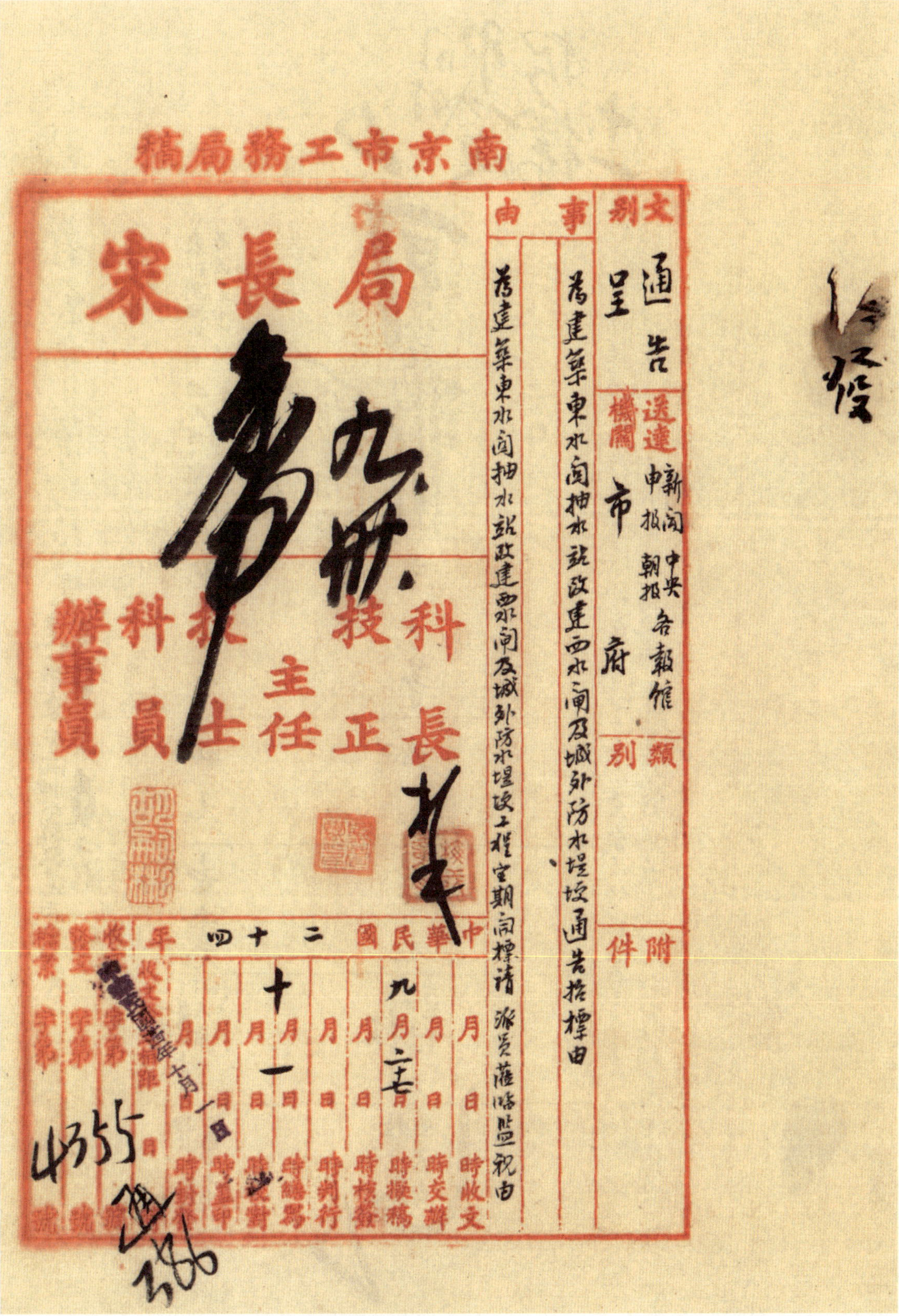

南京市工務局稿

局長宋

科長 技正 主任 技士 科員 辦事員

文別	通告 呈
送達機關	新聞 申報 中央 朝報 各報館 市府
類別	
附件	
事由	為建築東水閘抽水站改建西水閘及城外防水堤坡通告招標由 為建築東水閘抽水站改建西水閘及城外防水堤坡工程定期開標請派員蒞臨監視由

中華民國二十四年

九月二十七日 收文 交辦 擬稿 核簽 判行 繕寫 校對 蓋印 封發

十月一日

日期改 六 市 拾 標

南京市工務局招標建築東水關抽水站改建西水閘及城防水工程通告 字第 號

工程名稱	工程概要	投標人資格	圖則費	投標保證金（現款）	開標日期地點	備攷
東水關抽水閘及改建西水閘	抽水站、宿舍、廚房、及改建水閘	甲等	五元 三	壹千元	十月十九日上午十時在市府大禮堂	[illegible]
城防水工程	修築東水關至[illegible]；煤炭港一帶混凝土駁岸及閘	甲等	五元 二	壹千元	十月十九日上午十時在市府大禮堂	[illegible]

附註（1）領標時應攜帶工程記載表牌号書、東截及經理人圖章
（2）標賬上所蓋出書東截及圖章應与工程記載表上之印模相符否則作廢

呈　第　　號

案查東水關抽水站及改建西水閘等工程前經登
報招標因屆時僅到大中公司一家而開價太昂超过
預算甚多嗣即决定於防汛期後再行登報招標
現已定於十月十九日上午十時在至沿江
鈞府大禮堂當衆開標防水堤標工程前曾奉
准予補標亦定於是日同時在同一地點當衆開標
理合呈請
鑒核俯賜派員屆時蒞臨監視以昭慎重謹呈
市長馬

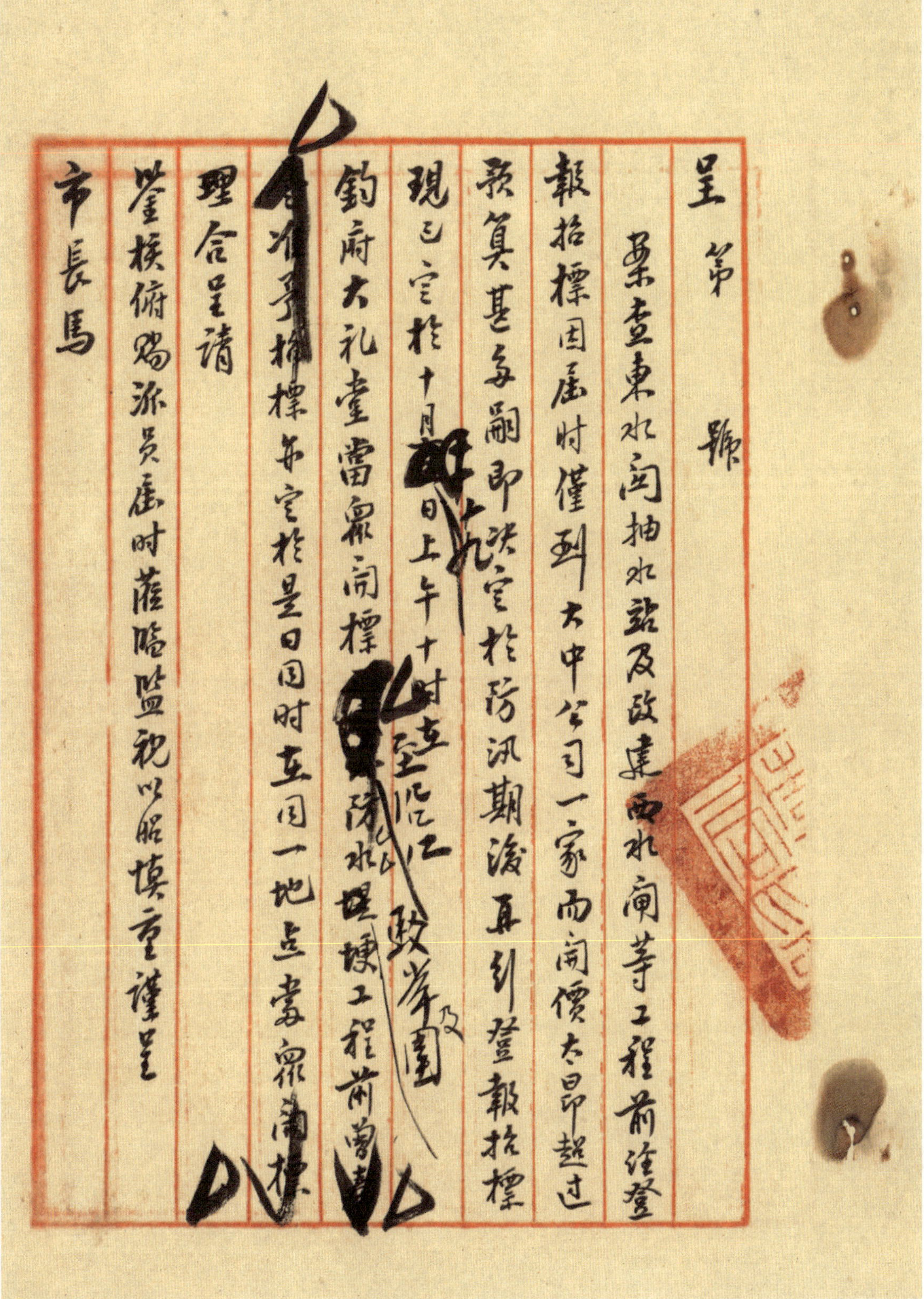

中華民國

年　月　日

監印章毅英
校對周伯愷

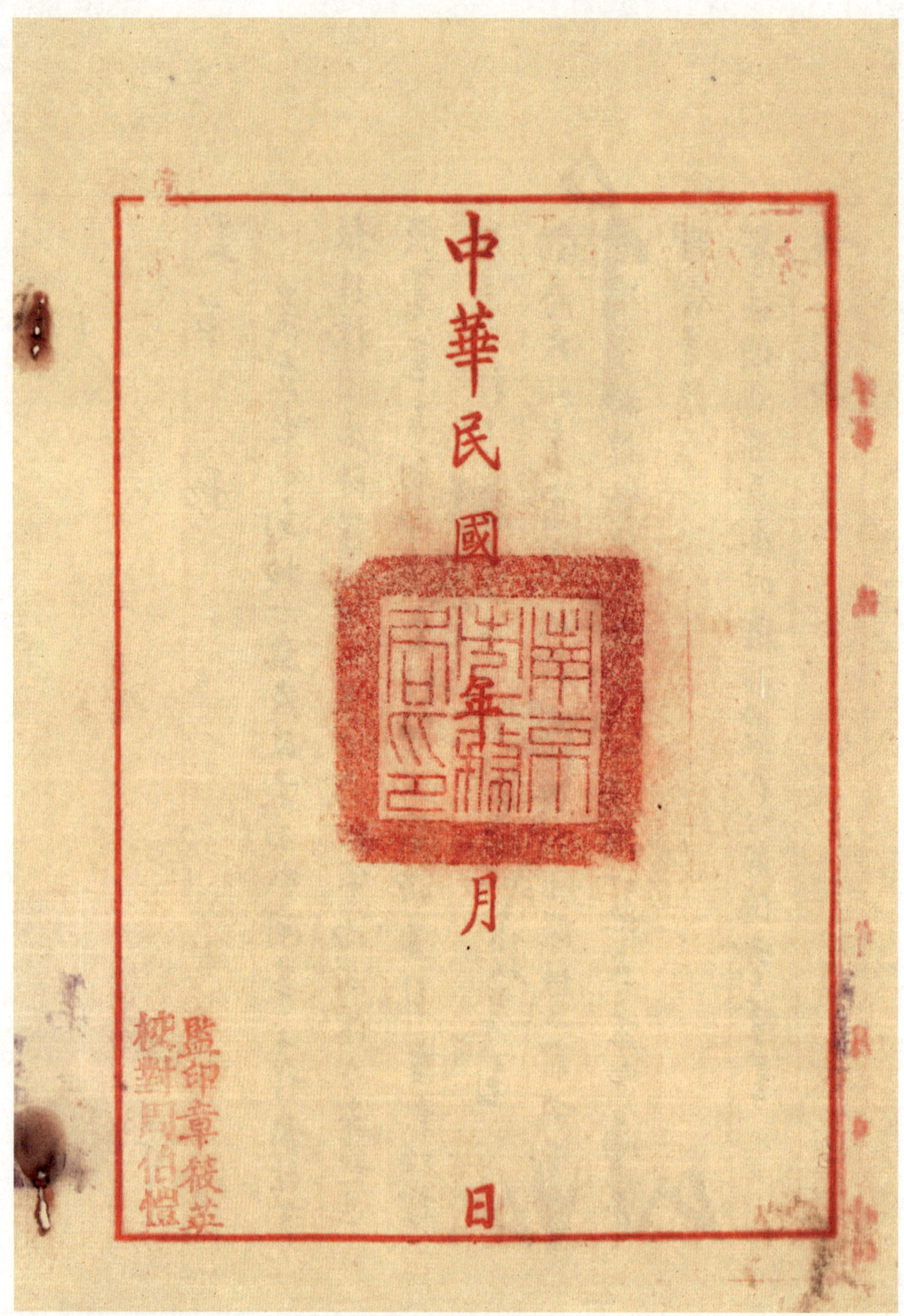

（五）南京市工務局致市政府的呈文（附件：修建東水關抽水站等工程開標結果與原預算比較表）（一九三五年十一月二十二日）

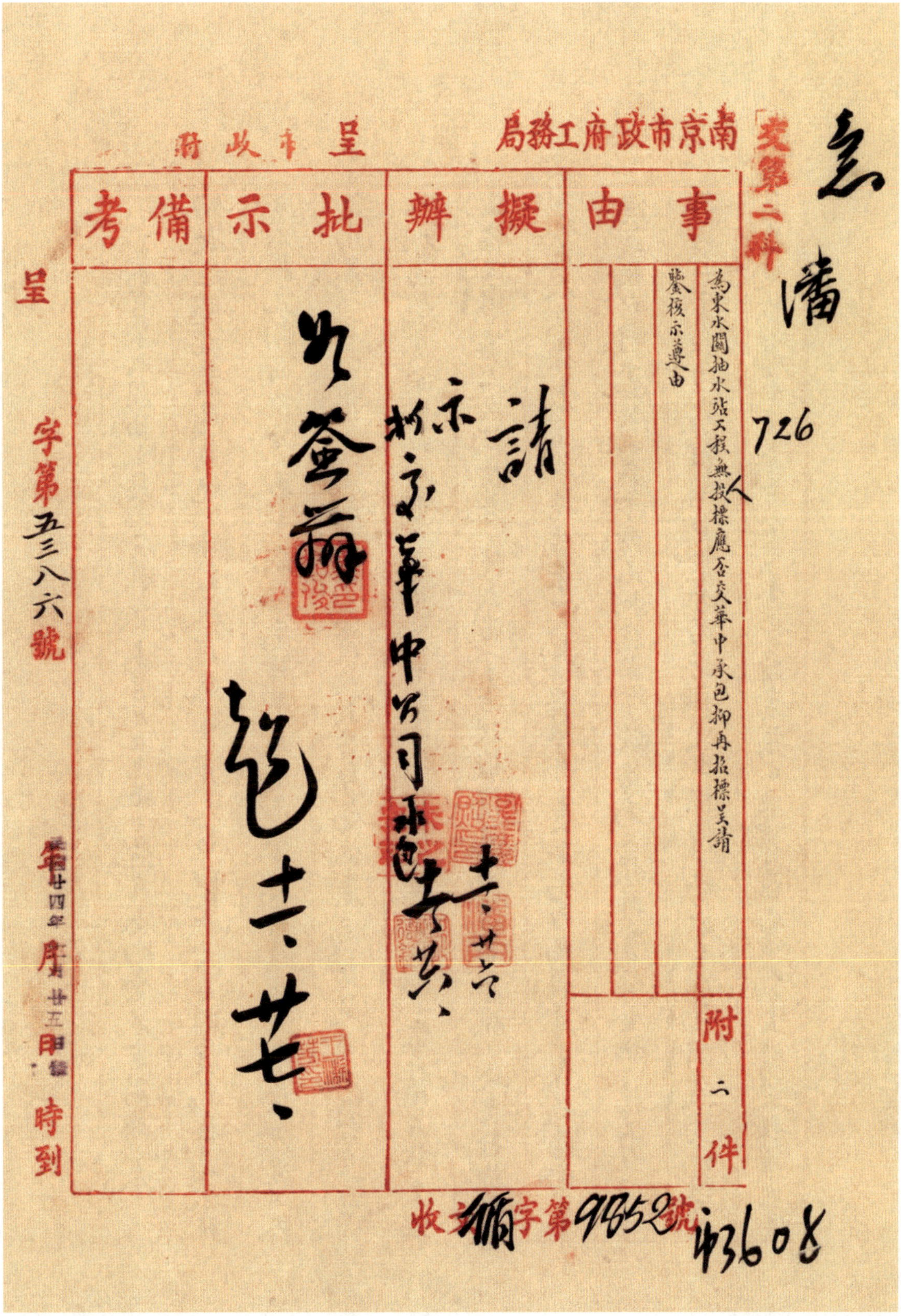
急
潘
726
文第二科
南京市政府工務局 呈 市政府
事由：為東水關抽水站工程無投標應否交華中承包抑再招標呈請鑒核示遵由
附 二 件
擬辦：請示 擬交華中公司承包 十一、廿六
批示：如簽辦 龍 十一、廿七
呈 字第五三八六號
民國廿四年十一月廿三日 時到
收文 循字第9852號
#3608

案查東水關抽水站等工程，於本月九日上午十時在本局會客室開標，奉鈞長派劍鳴蒞場監視。計到廠商華中、及大昌兩家，大昌開價為柒萬零伍百貳拾元捌角陸分，華中開價為肆萬叁千壹百叁拾陸元肆角壹分，完工天數均為一百二十晴天；至華中之價較大昌雖屬低廉，然仍超過原預算（原預算叁萬玖千伍百肆拾元伍角貳分）叁千伍百玖拾伍元捌角玖分，惟此項工程，業經招標三次，第一次投標者，僅大昌一家，以標價超過預算甚鉅，遂重行招標第二次無人投標，本屆招標結果，又超過預算，查本局所編預算，係根據南京市價或照以前建築工程單價比擬核製；茲據馬工程師育騏簽稱：據工程師鄔爾梅云：中和庚款荷蘭董事方面對於超出標價，當不致發生問題，且此項工程急待進行，應否交華中公司承包，請鑒核示遵等情。據此，查此項工程確甚重要，急待進行，既據鄔尒梅聲稱：荷蘭董事方面對於超出預算，可以承認，應否即交華中公司承包，抑再第四次招標之處，理合連同標單及比較表，具文呈請

鑒核示遵。

謹呈

市長馬

附呈標單及比較表各一份（仍請發還）

參事張劍鳴

工務局局長宋希尚

中華民國二十四年十一月二十二日

監印章筱英
校對周伯愷

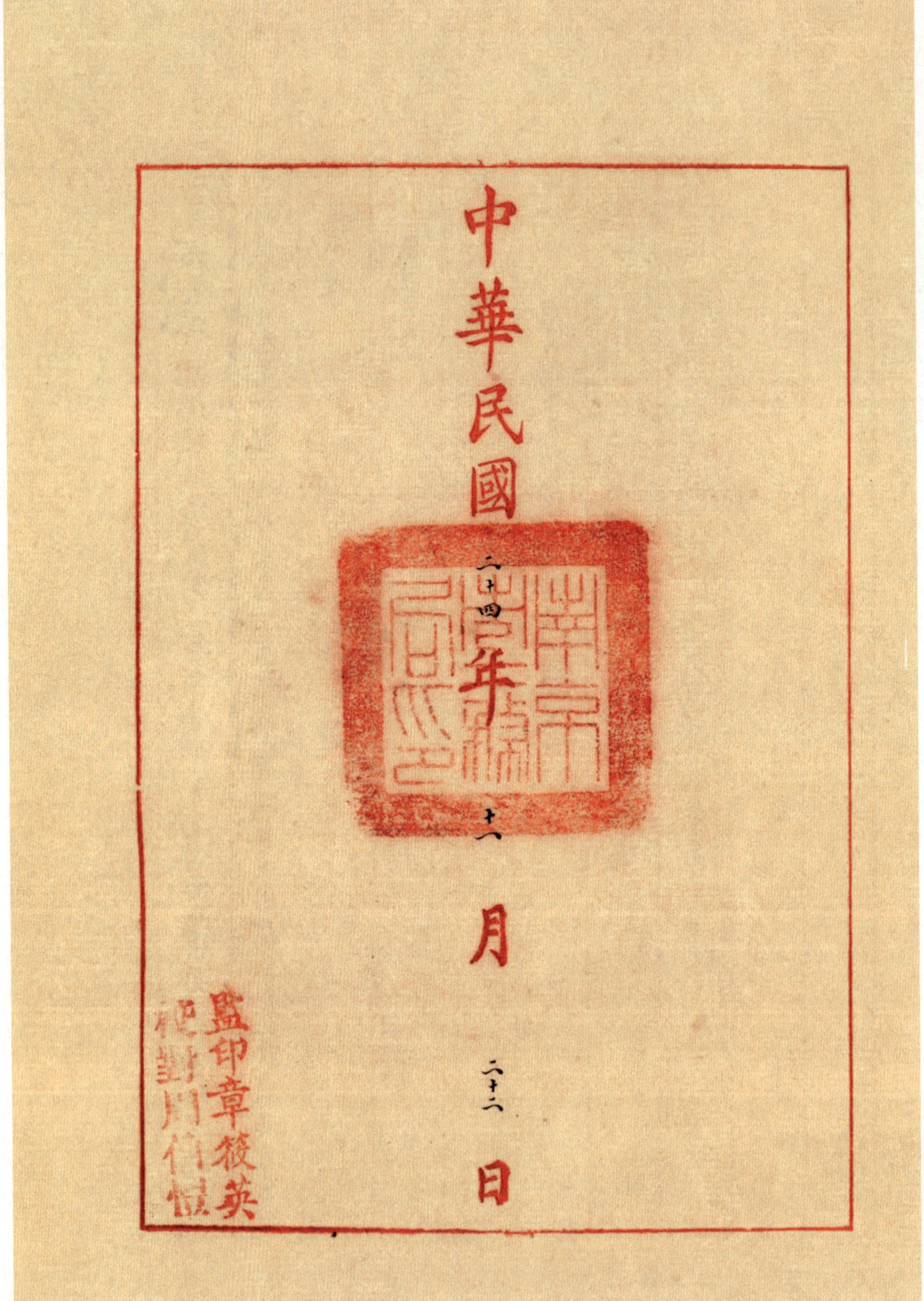

修建東水關抽水站等工程開標結果與原預算比較表

1.抽水站

P1

工程項目	已發之第一工商業區抽水站工程已簽所開單價(元)	本局預算 單價(元)	本局預算 總價(元)	華中開價 單價(元)	華中開價 總價(元)	大昌開價 單價(元)	大昌開價 總價(元)	備註
土方	0.40	0.40	275.20	0.96	660.48	0.70	481.60 -	本表所列之已發之第一工商業區抽水站工程已簽所開之單價一行係本局預算之由來並資參考者
地表1:3:6混凝土		20.00	412.00	25.20	519.12	24.00	494.40 -	
1:2:3鋼筋混凝土	41.00	55.00	3932.50	66.00	4,719.00	59.80	4275.70 -	
防漏滴水材料		1.40	274.68	3.00	588.60	10.00	1962.00 +	
鋪屋頂特部	0.742			3.00	165.30	7.00	367.50 -	
鐵窗	20.00	15.00	1830.00	21.60	263.52	16.00	195.20 -	
鐵門	20.00	15.00	34.50	22.80	52.44	20.00	46.00	
磚墻		3.50	160.65	5.05	307.64	12.00	550.80 +	
白鐵滴水管	1.10	0.80	9.60	1.44	17.28	5.00	60.00 +	
入口滴水	4.00	2.00	8.00	18.00	72.00	10.00	40.00 -	此項預算係依計劃所開示之單價而擬
明溝		0.80	23.52	1.80	52.92	7.00	205.80 +	
鐵柵		175.70	175.70	300.00	360.00	300.00	300.00 -	
出水管			204.10	98.50	1871.50	90.00	1710.00 -	
吸水管				98.50	788.00	90.00	720.00 -	
出水管保來水閘門		1,200.00	2,400.00	360.00	720.00	500.00	1,000.00 +	
工人宿舍		638.80	638.80	724.00	724.00	1,000.00	1,000.00 +	
抽水井大方		0.40	23.10	1.20	876.00	1.00	60.00 -	
鋼板樁		0.22	1,716.00	0.38	2,964.00	0.30	2,340.00 -	
板樁打工			1,095.12	36.00	414.72	80.00	864.00 +	
支撐材料		0.29	774.58	0.30	1,142.40	0.15	405.00 -	
生鐵管		0.28	1,003.80	0.46	1,720.80	0.20	717.00 -	
裹倒泥土擋貨					600.00		800.00 +	
電線			1,000.00	0.18	180.00	2.75	2,750.00 +	
1:2:3鋼筋混凝土		50.00	86.50	66.00	145.20	59.80	103.45 -	
2.東水關								
1:2:3鋼筋混凝土		55.00	998.25	66.00	1,244.10	59.80	1,085.40 -	
75cm²閘門		300.00	1,800.00	420.00	1,260.00	700.00	2,100.00 +	
60cm²閘門				380.00	1,140.00	600.00	1,800.00 -	
案堤木			2,000.00		1,400.00		5,000.00 +	
木樁土方			100.00	0.96	576.00	1.00	600.00 +	

修建泵水閘抽水站等工程開標結果與原預算比較表

P2.

工程項目	已撥之第一工商業區排水站工程已付開關之單價(元)	水局預算 單價(元)	水局預算 總價(元)	華中開價 單價(元)	華中開價 總價(元)	大昌開價 單價(元)	大昌開價 總價(元)	備註
工具運輸費		——	——	——	——		1,000.00	
板樁或沉井		——	——	——	——		4000.00	
抽水		——	——	——	——		500.00	
管理		——	——	——	——		1,500.00	
木角或板樁圍水		——	——	——	——		1,000.00	
抽水設備及抽水		——	——	——	——		2,000.00	
管理		——	——	——	——		1,000.00	
3. 西水閘								
鋼閘門		0.22	1,273.84	0.36	1,603.44	0.25	1,113.50	
美松頁枕(oregon pine)			15.25	56.50	7.85	40.00	5.50	
木閘機架		0.22	175.82	0.48	319.68	0.25	160.50	
木閘機及鋼軌		500.00	1,000.00	300.00	600.00	400.00	800.00	
鋼生鋼板樁		0.22	1,986.60	0.38	3,431.40	0.30	2,709.00	
板樁打工			1,331.49	36.00	1,010.88	70.00	1838.20	
1:2:4鋼筋混凝土	41.00	55.00	1,687.40	66.00	2,024.88	59.80	1834.70	
1:3:6混凝土		28.00	78.40	25.20	70.56	24.00	67.20	
水號閘門		0.22	106.02	0.30	111.21	0.25	92.70	
松木椿棵		60.00	156.96	56.50	147.80	40.00	104.60	
鋼欄杆			150.00	72.00	144.00	200.00	400.00	
修理圍堤			500.00		600.00		600.00	
象鼻弄水			4,000.00		1,200.00		6,000.00	
工具運輸費		——	——	——	——	——	1,000.00	
抽水設備及抽水		——	——	——	——		2,000.00	
管理		——	——	——	——		1,500.00	
閘槽(1:3:6混凝土)		——	——	25.20	37.29	——	——	

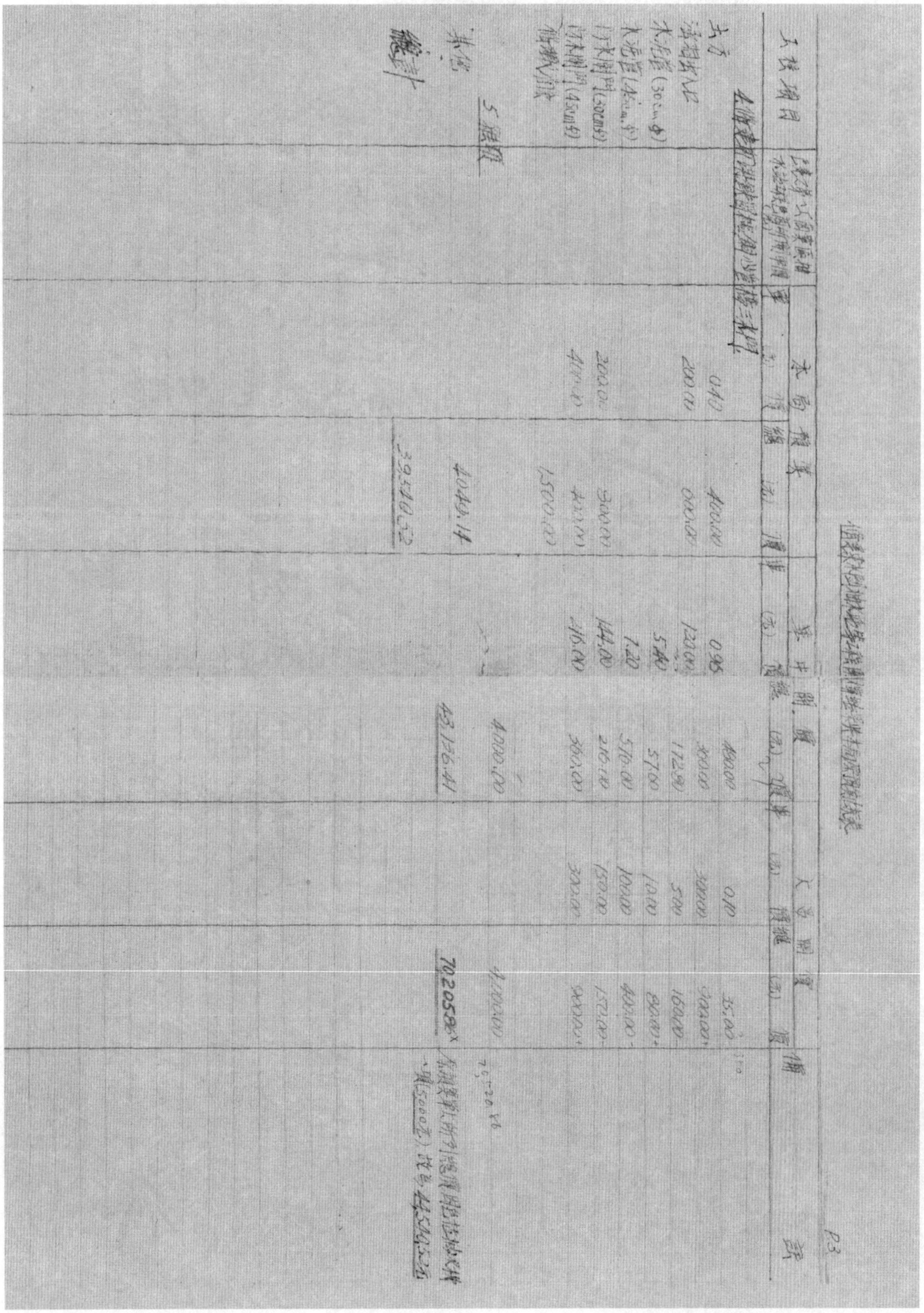

P3

工程項目	已竣工…	本局預算 單價(元)	本局預算 總價(元)	巿中開價 單價(元)	巿中開價 總價(元)	大昌開價 單價(元)	大昌開價 總價(元)	備註
4 修建…三水門								
土方		0.40	400.00	0.95	480.00	0.10	35.00	
涵洞出入口		200.00	600.00	120.00	360.00	300.00	900.00	
水泥管(30cm.φ)				5.40	172.80	5.00	160.00	
水泥管(45cm.φ)				1.20	57.60	10.00	80.00	
鐵水閘門(30cmφ)		200.00	800.00	144.00	570.00	100.00	400.00	
木水閘門(45cmφ)		400.00	400.00	216.00	216.00	150.00	150.00	
臨時設施			1,500.00		360.00	300.00	900.00	
5 雜項					4,000.00		4,000.00	70,520.86
共價			4049.14		43,176.41		70,205.86	除該業單人所列總價內包括雜項一項(5000元),故為44,540.52元
總計			39,540.52					

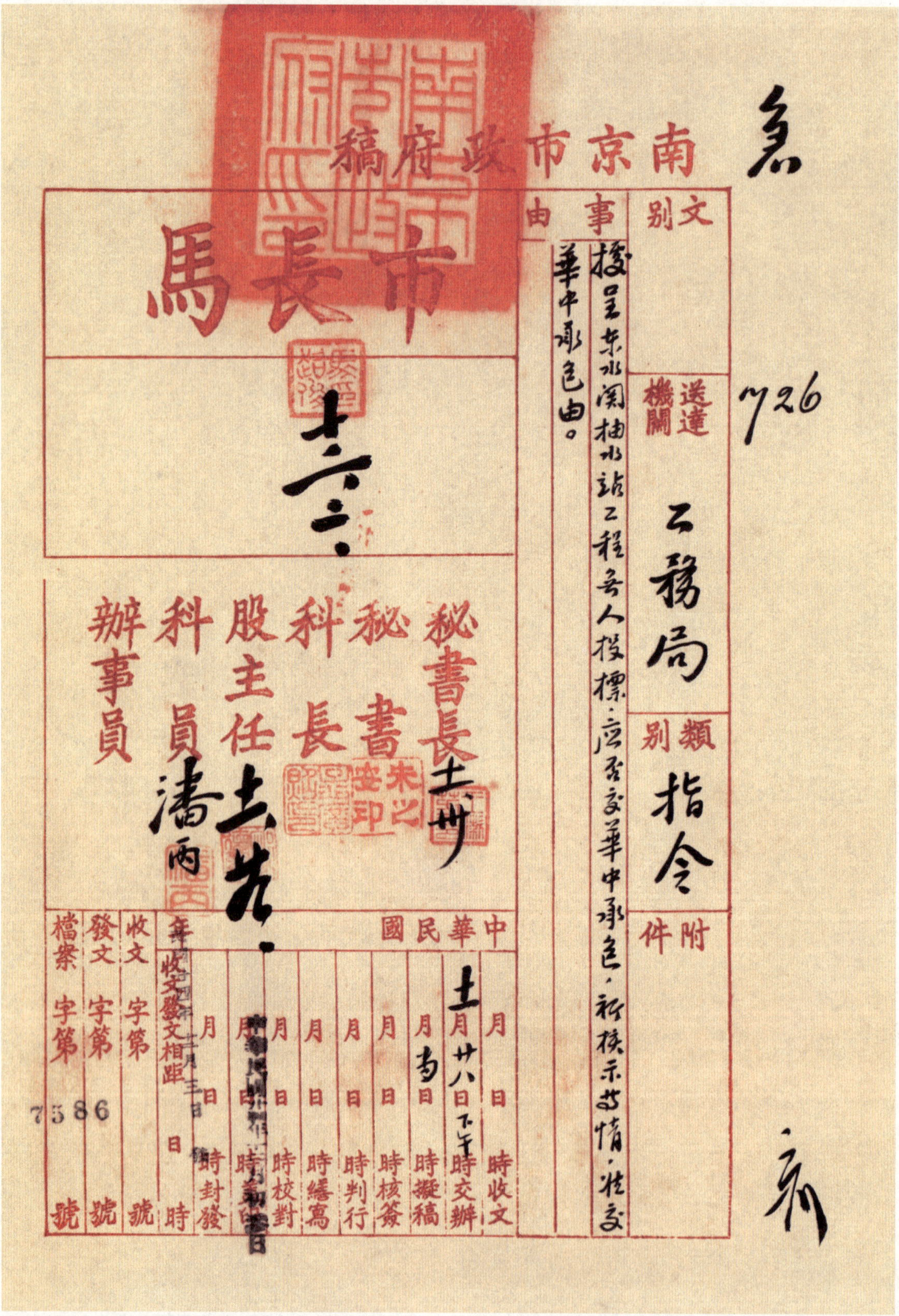
急

南京市政府稿

市長馬

文別	
事由	據呈东水关抽水站工程無人投標，應否交華中承包，祈核示等情，准交華中承包由。
送達機關	工務局
類別	指令
附件	

726

十二、三、

秘書長 十二、卅

秘書

科長

股主任 十二、卅

科員 濤丙

辦事員

中華民國 年 月 日

收文 月 日 時

交辦 十二月廿八日下午 時

擬稿 月 卅 日 時

核簽 月 日 時

判行 月 日 時

繕寫 月 日 時

校對 月 日 時

封發 月 日 時

年 收文發文相距 日 時

收文 字第 號

發文 字第 號

檔案 字第 7586 號

（六）南京市政府致市工務局的指令（一九三五年十二月三日）

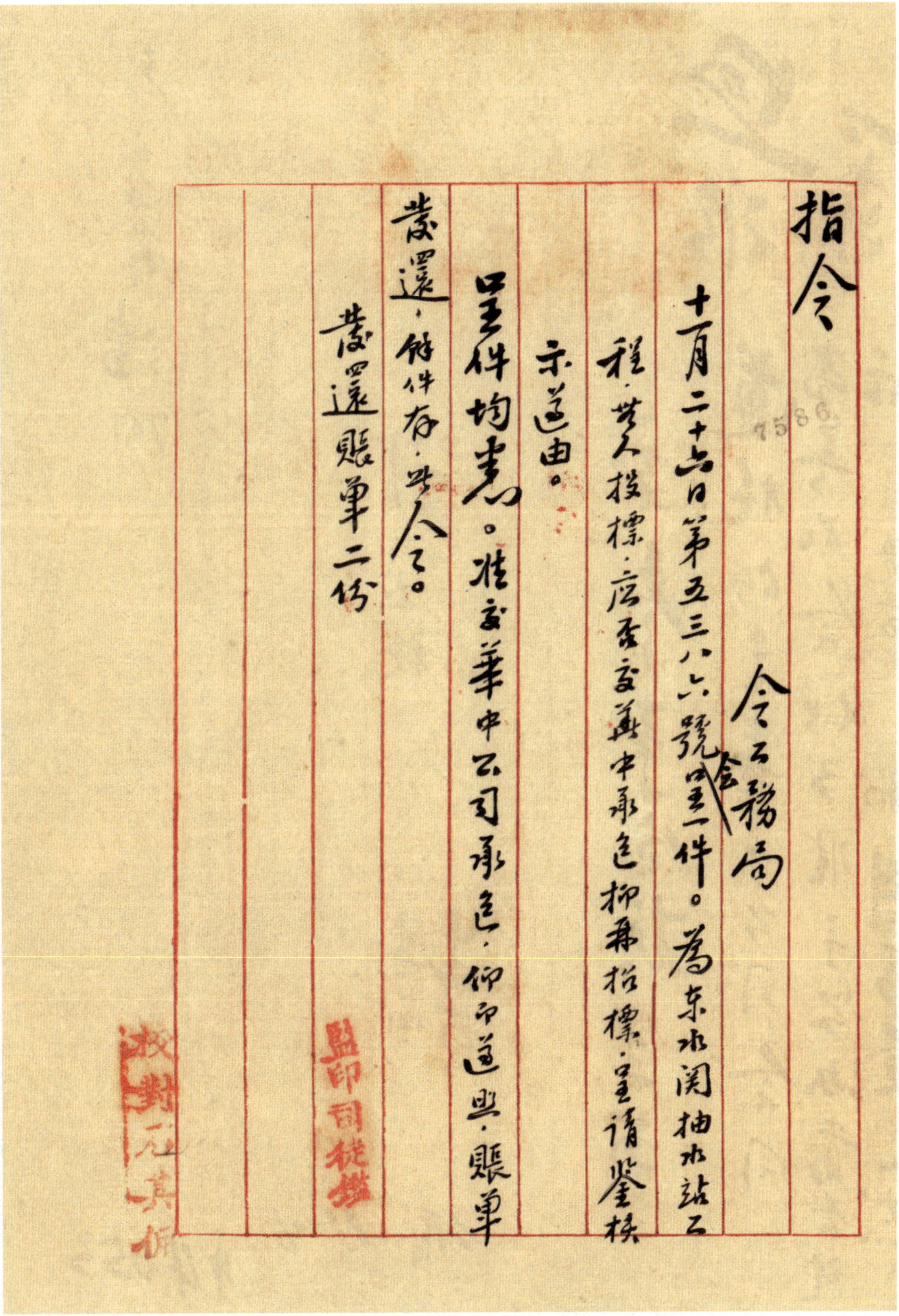

指令

令工務局

十月二十六日第五三八六號呈一件。為東水關抽水站工程，業已投標，應否交華中承包，抄呈投標，呈請鑒核示遵由。

呈件均悉。准交華中公司承包。仰即遵照。賬單發還，餘件存。此令。

發還賬單二份

監印

校對

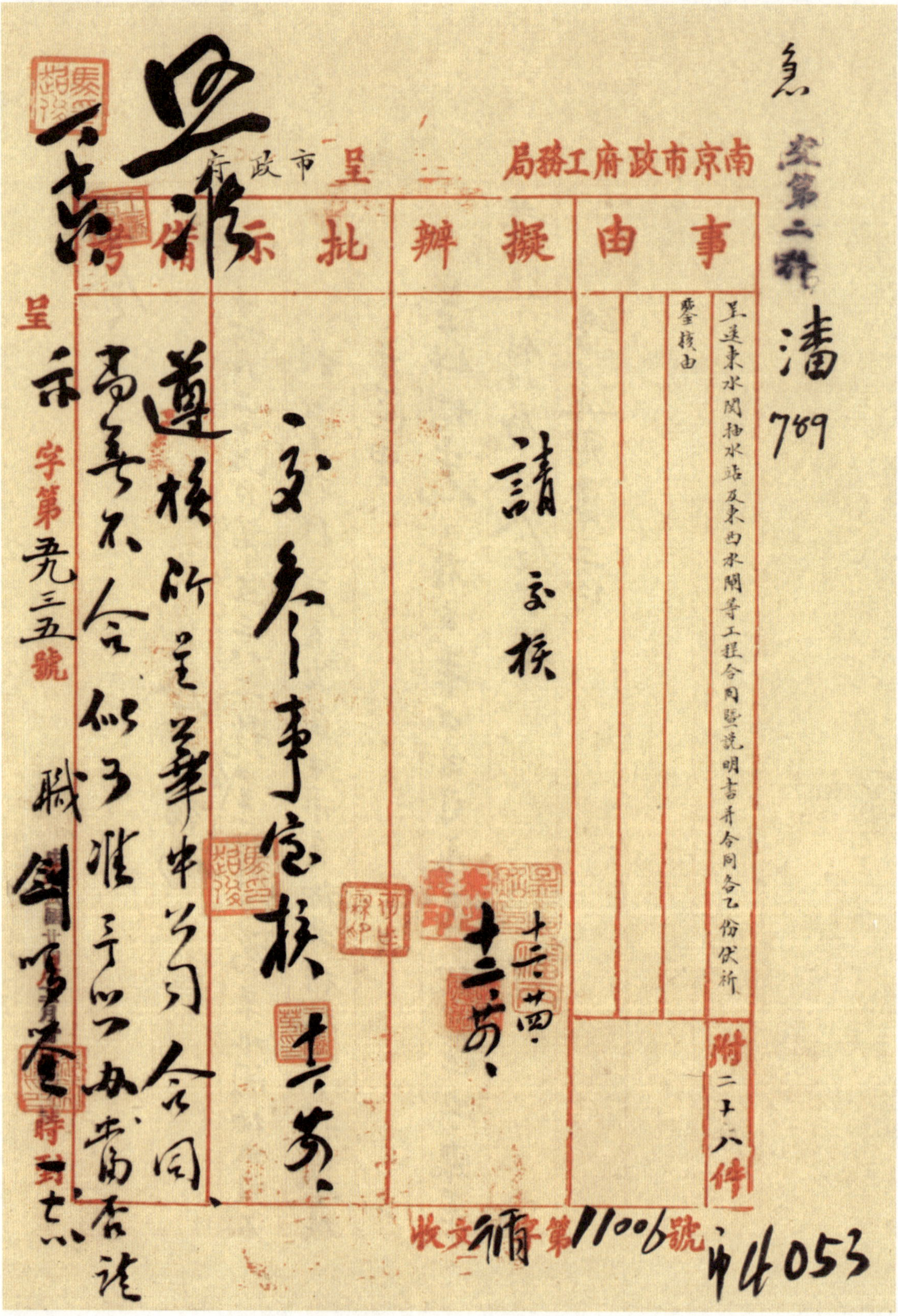
急

交第二科

潘

789

南京市政府工務局

呈 市政府

事由	擬辦	批示	備考
呈送東水關抽水站及東西水閘等工程合同暨說明書并合同各乙份伏祈鑒核由	請交核	交參事室核	

附二十八件

收文 字第11006號

市4053

呈 字第五九三五號

（七）南京市工務局爲送工程合同暨説明書等致市政府的呈文（一九三五年十二月二十三日）

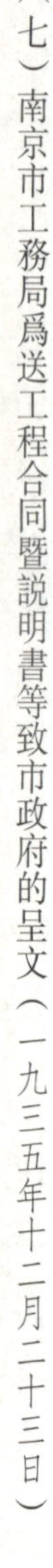

案查修建東水關抽水站及改建西水閘等工程前經迭次招標最後呈奉
鈞府第七五八六號指令內開「呈件均悉准交華中公司承包仰即遵照賬單發還餘件存此
令」等因奉此遵經與華中公司簽訂合同計總包價為國幣四萬三千壹百三十六元四角茲定
於十二月二十三日開工限壹百二十晴天完工除將合同分別存執外理合檢同合同弍份說明書弍
份圖樣二十四張一併呈請
鑒核備案
謹呈
市長馬
附呈合同弍份說明書二份圖樣二十四張
工務局局長宋希尚

中華民國二十四年十二月二十三日

監印章毅英

校對周伯愷

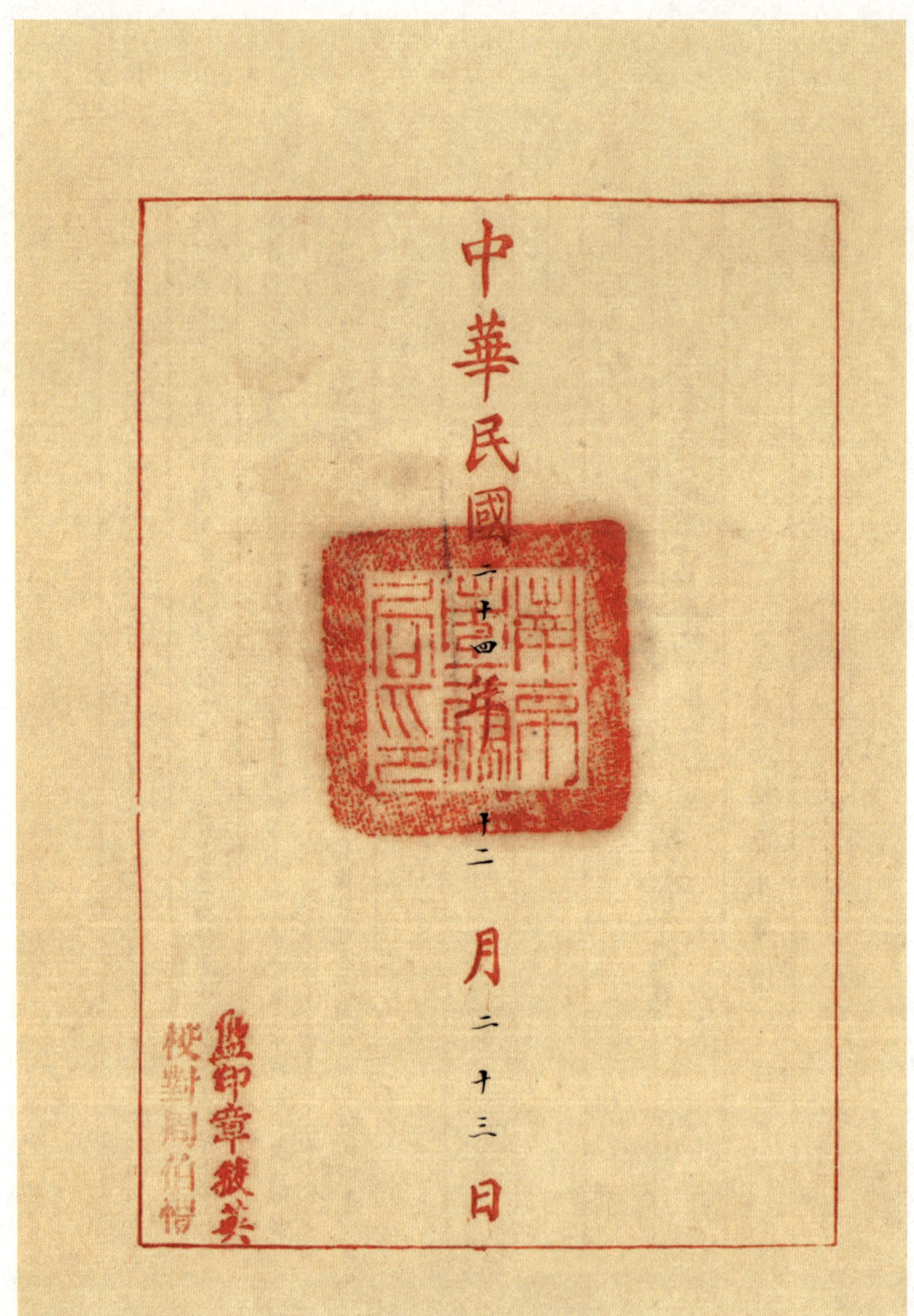

（八）東水關抽水機站圖（一九三五年四月）

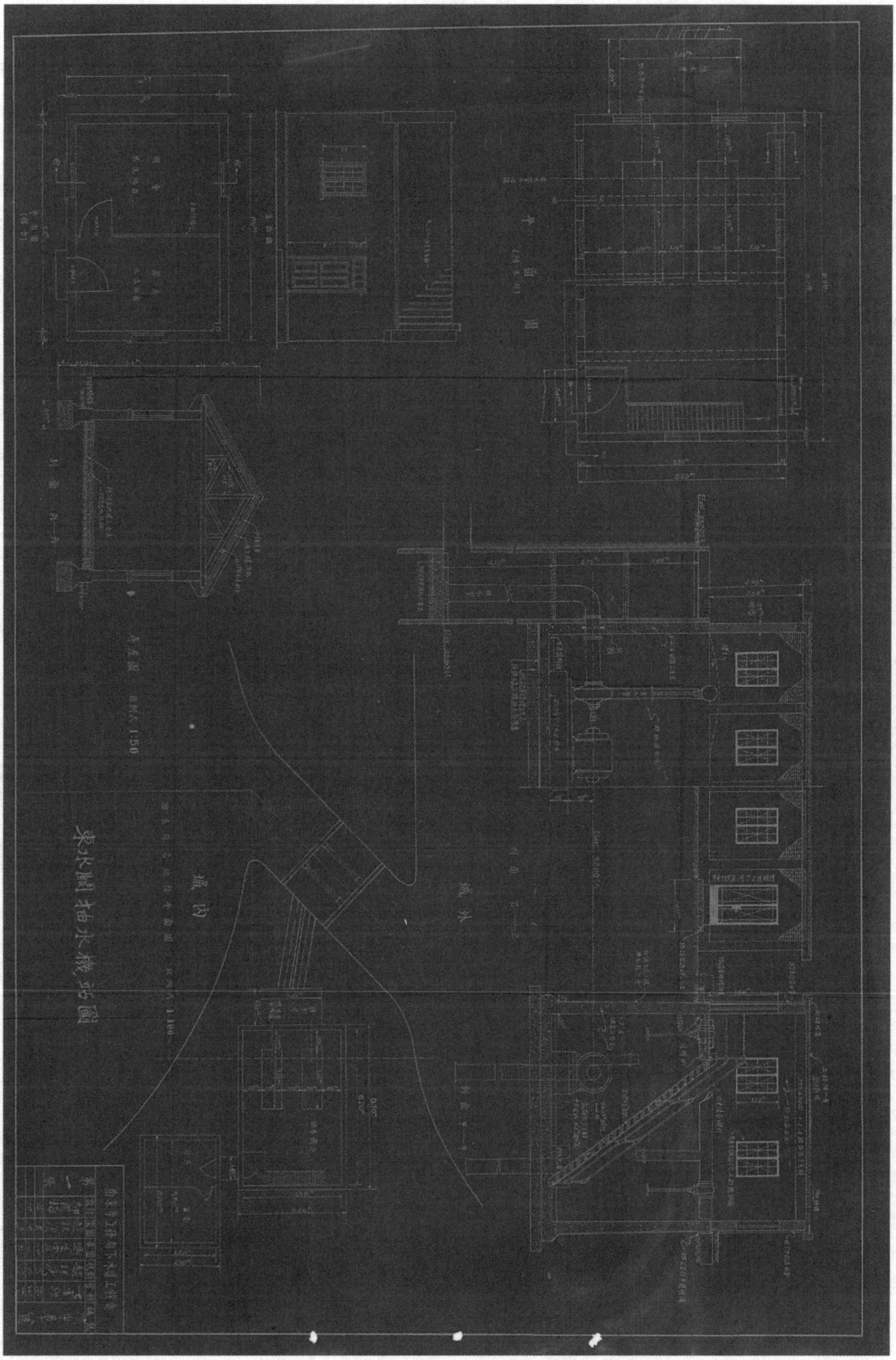

南京市政府與市工務局、管理中和庚款水利經費董事會等關于購置東水關抽水機的一組文件

（一）南京市工務局致市政府的呈文（附件：支付預算書）（一九三五年九月十二日）

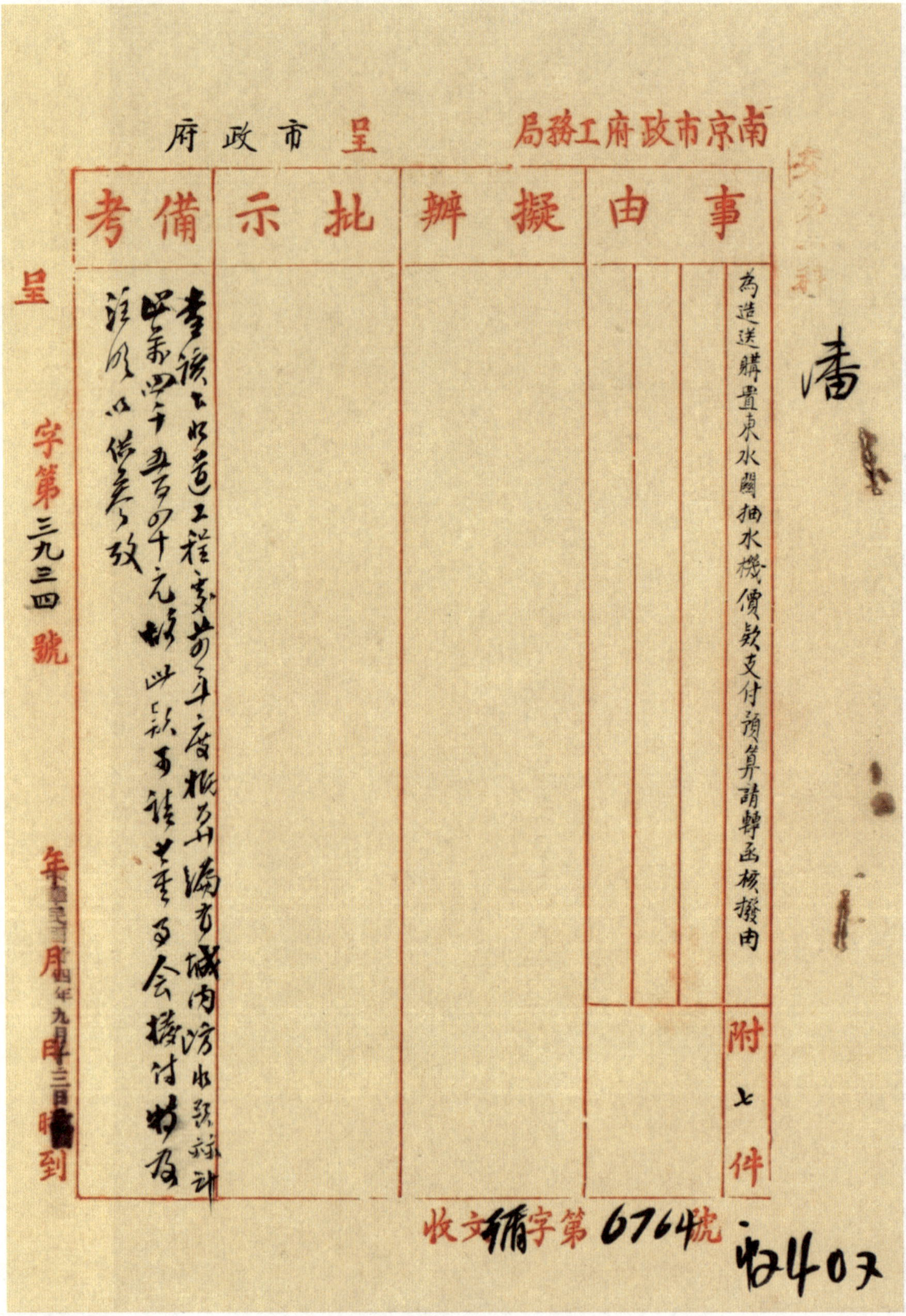

南京市政府工務局　呈　市政府

事由：為造送購置東水關抽水機價款支付預算請轉函核撥由

擬辦：

批示：

備考：查該下水道工程案前年度概算滿前城內防水設計經費四千五百四千元核此款可請其董事會撥付特簽注明以供參攷

附 七 件

呈　字第三九三四號

民國二十四年九月十三日收到

收文補字第6764號

案查本局前以秦淮河，水流不暢，污濁不宣，擬即於東水關，裝設抽水機，以資調節水源，前往呈奉核准，並由局遵照向孔士洋行定購抽水機一架，計需銀叁千玖百二十肆元關稅在外，已檢呈合同，呈奉

鈞府本年六月一日第二零六六號指令「准予備案」。在案。茲查該機，不日即可運京，所需價欵，亟待請領，以資應付，至關稅一項，亦經由局向金陵海關詢問，據稱，此項機件約照「一成收稅」等語，按關稅如照一成收稅，計需銀叁百玖拾弍元肆角，連同機價共需銀肆千叁百壹拾陸元肆角，理合造具支付預算書七份，備文呈送，仰祈

鑒核，俯賜轉函，管理中和庚款水利經費董事會查照核撥。實為公便。

謹呈

市長馬

計呈送支付預算書七份

工務局局長宋希尚

中華民國二十四年九月十三日

監印章蔭英

校對周伯愷

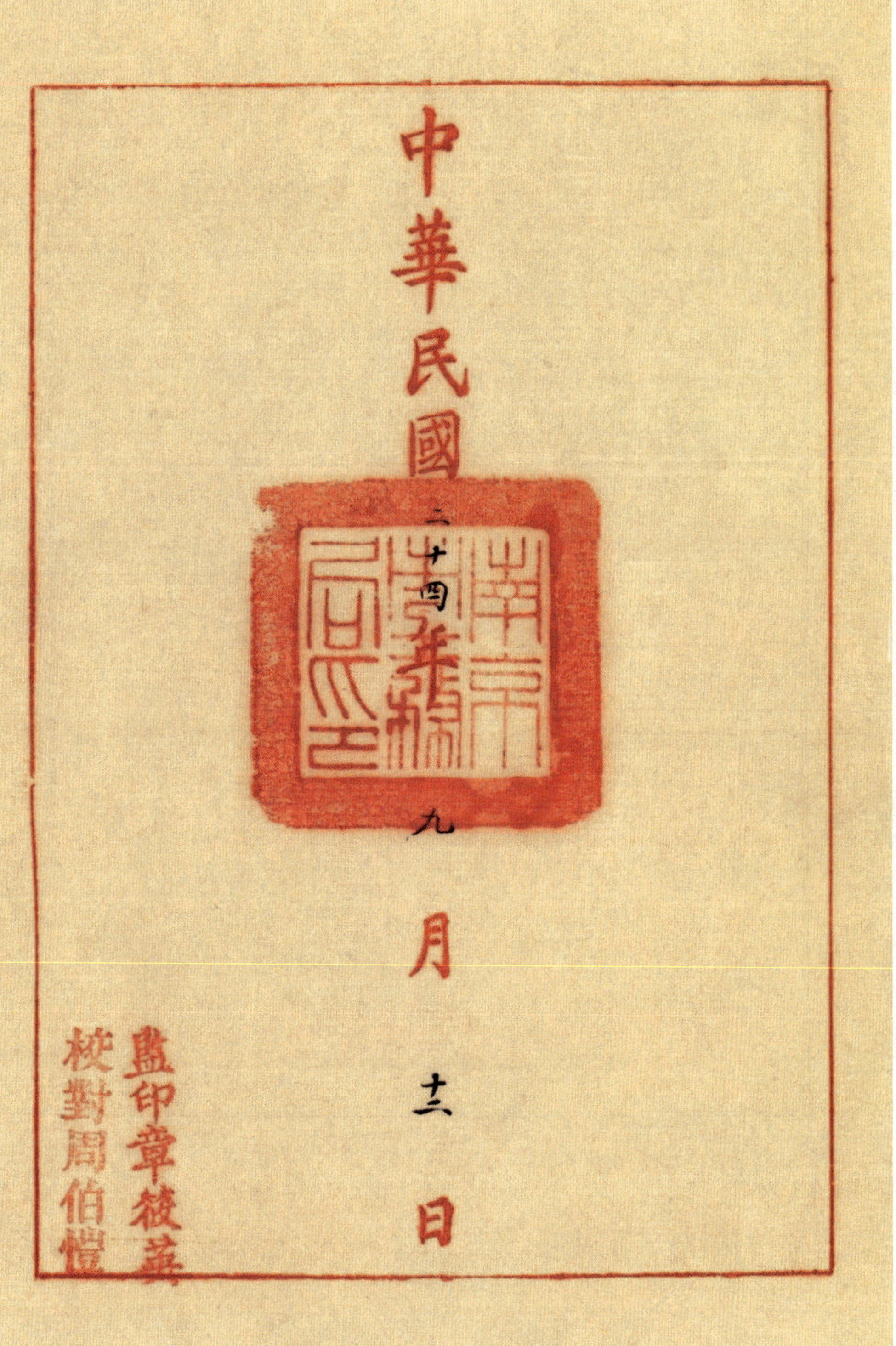

支出 臨時 門

支付預算書

截至上月止預算未支數

中華民國 二二 年 9 月分 17

科目	全年度預算數 節	全年度預算數 目	全年度預算數 項	本月分預算數 節	本月分預算數 目	本月分預算數 項	備考
第一款 南京市下水道臨時費							
第一項 工程費			〢6088〤00			〤316〤0	
第一目 工程費		〢6088〤00			〤316〤0		
第一節 工程費	〢6088〤00			〤316〤0			整理秦淮河購置東水關抽水機一架計國幣3900元又關稅39〇〤0計如左數
合計	〢6088〤00	〢6088〤00	〢6088〤00	〤316〤0	〤316〤0	〤316〤0	

董事長馬超俊　　工務局局長宋希尚　　編造員高文成

南京共和新記實業社白下路71號印刷所洪武路74號承印

（二）南京市政府致市工務局的指令及致管理中和庚款水利經費董事會的公函（一九三五年九月十八日）

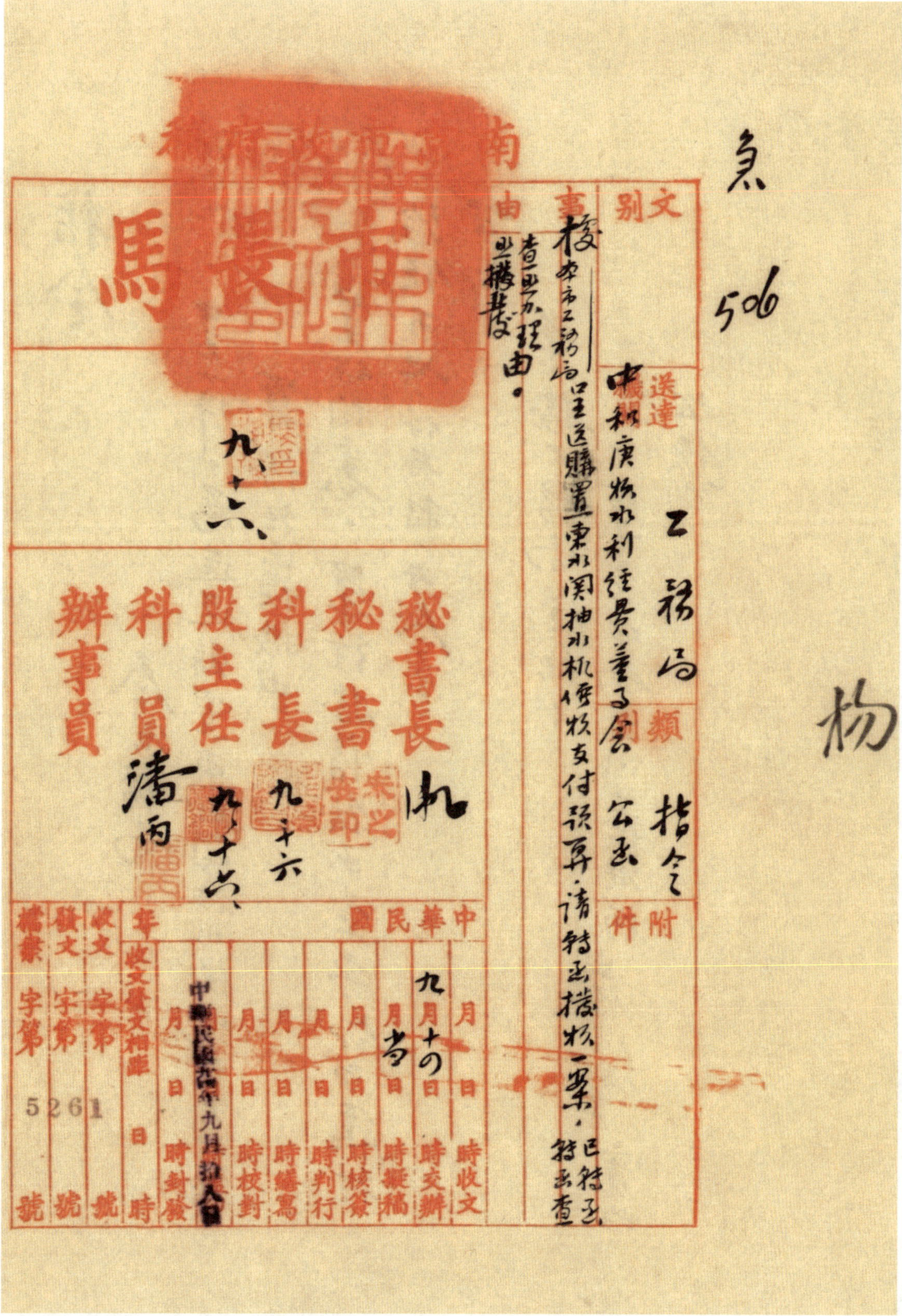
南京市政府稿

急

506

市長馬

文別：指令　公函

送達機關：工務局　中和庚款水利經費董事會

事由：據本市工務局呈送購置東水關抽水機價款支付預算，請轉函撥款一案。已轉函查照撥發，仰知照由。

秘書長　秘書　科長　股主任　科員　辦事員

九、十六

潘雨

中華民國　年　月　日時收文

九月十四日

中華民國廿四年九月拾八日

5261

物

指令

令工務局

呈一件。為造送購置東水閘抽水機價款支付預算，請轉函核撥由。

呈件均悉。案經據情轉函查照，仰即逕往洽領可也。件存轉。此令。

公函

案據工務局呈稱：

「案查本局前以秦淮河（照原呈抄至）實為

公便」。

5261

5261

等情，並附支付預算到府，據此，除指令該局逕行洽領外，相應檢同原預算六份，函請

貴會查照撥發為荷。

此致

管理中英庚款水利經費董事會

附支付預算六份

中華民國　年　月　日

繕寫

校對

監印

監印司徒鉞

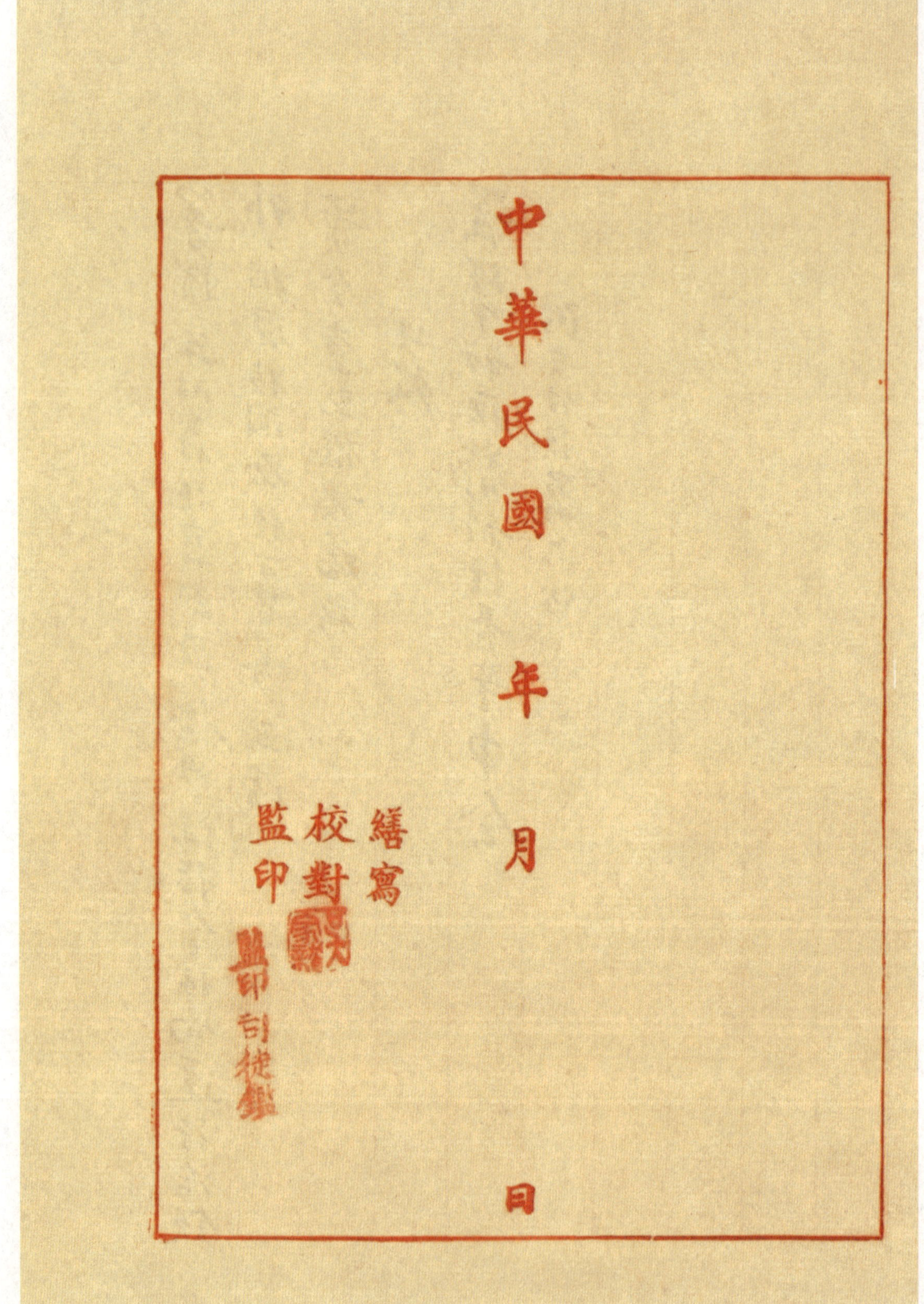

（三）管理中和庚款水利經費董事會致行政院的呈文及致南京市政府的公函（一九三五年十月二十五日）

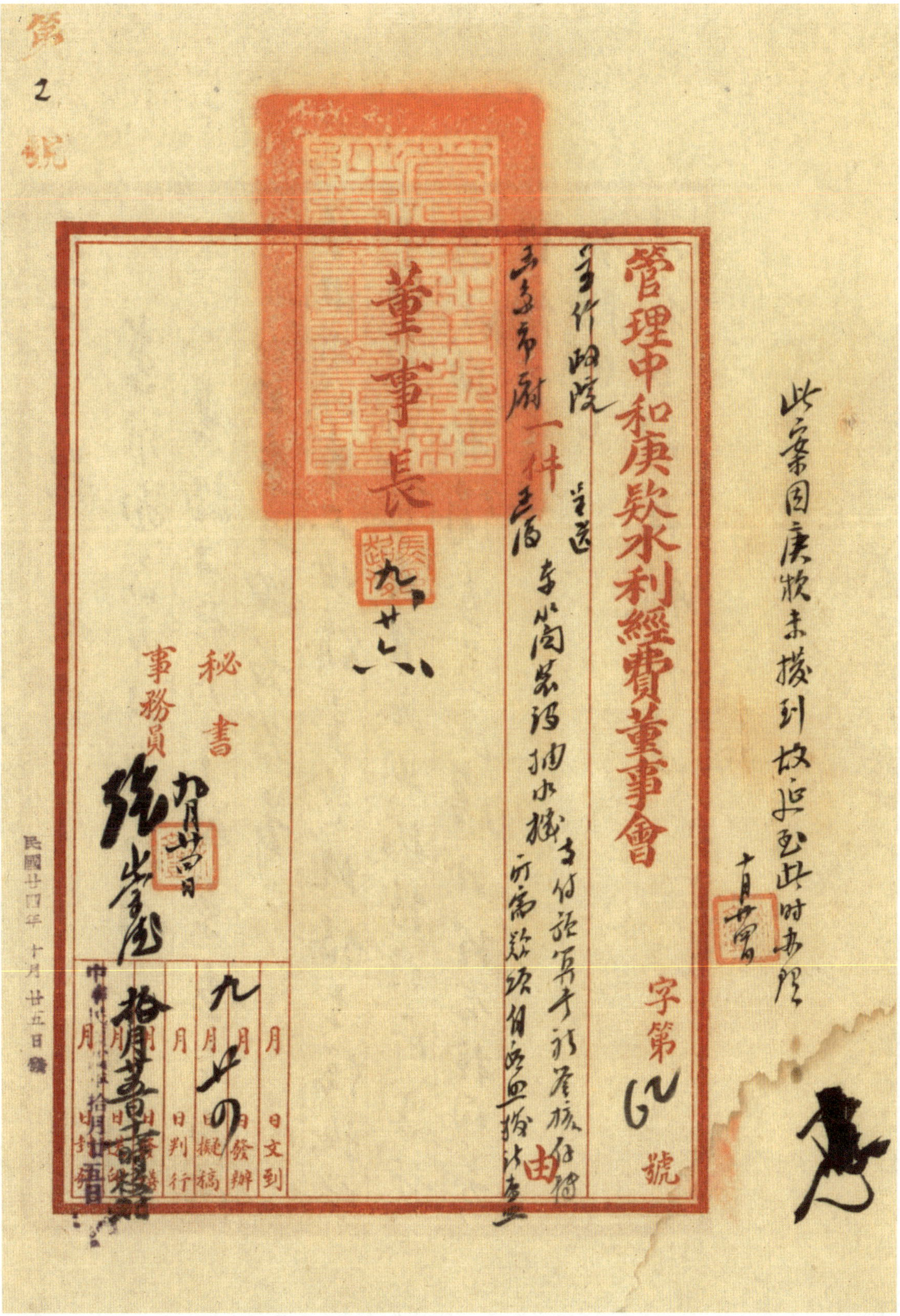
管理中和庚款水利經費董事會

字第 號

董事長

秘書

事務員

民國廿四年十月廿五日發

月 日文到	月 日發辦	月 日擬稿	月 日判行	月 日

呈第　號

案准南京市政府函開：

「案據工務局呈稱：案查本局云云

據此，查照指復為荷」

等由。准此，查工項預算費既係在[illegible]工程費內勻支，自應照准。除將所送預算書抽存備查並函復外，理合檢同原件，備文呈送

鈞院，仰乞

鑒核，分別存轉。謹呈

行政院指令

計呈送支付預算書五份

令衛馬○○

呈第　　號

呈悉

貴府第五二六一號呈，以下關水閘設東水

閘抽水機，需銀四千三百十六元，開摺呈送

支付預算書五份，請查照撥款，等由；准

此，查此項臨時費，既係在總預算工程費

內動支，自可照撥，除呈送　行政院備

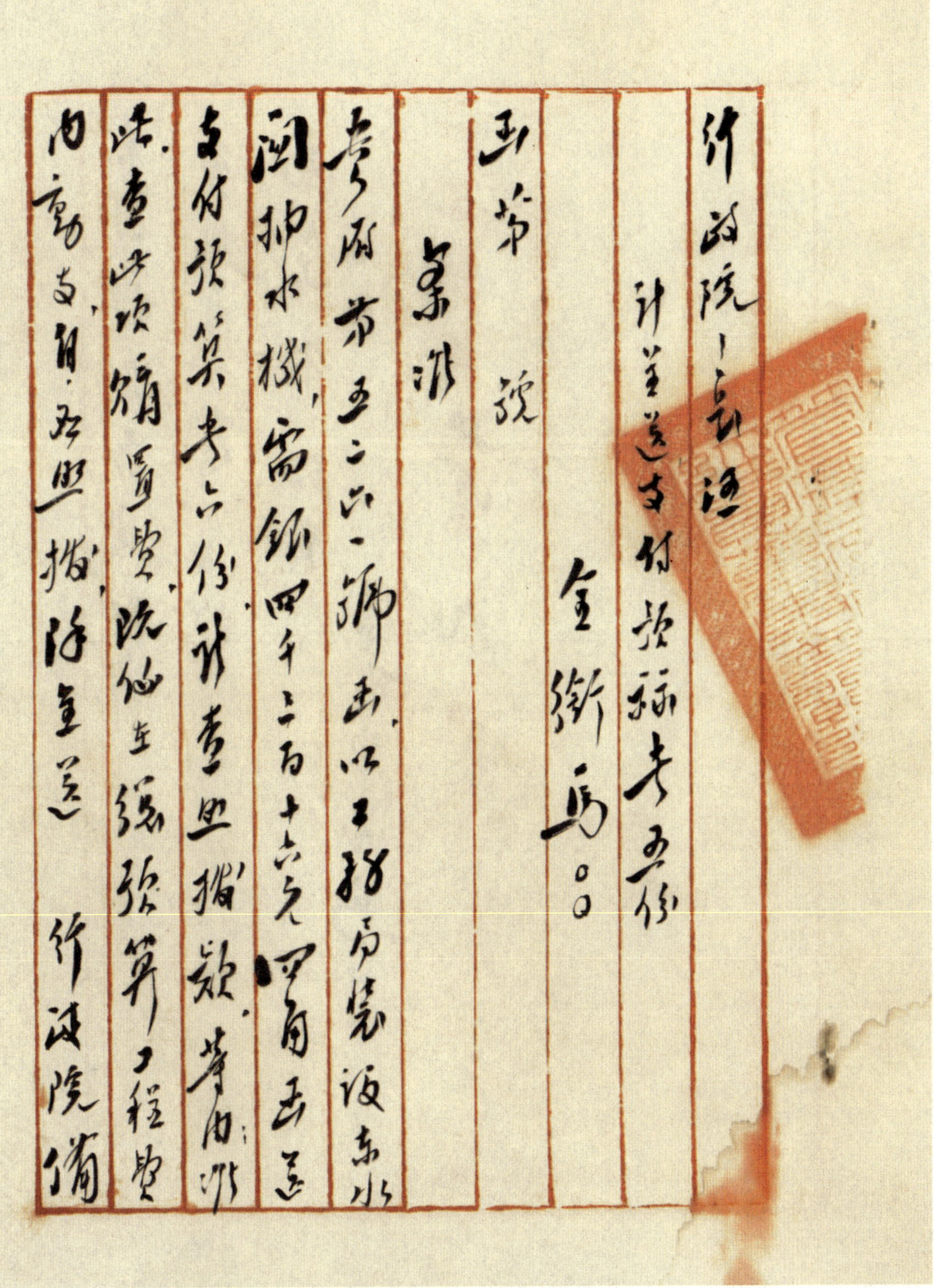

查外，相應函復，即希

查照為荷！此致

南京市政府

華中長馬○○

中華民國卅四年九月　日

繕寫

校對

監印

（四）南京市工務局爲擬增購東水關抽水機一架并請令知此項費用如何辦理致市政府的呈文（一九三六年二月二十六日）

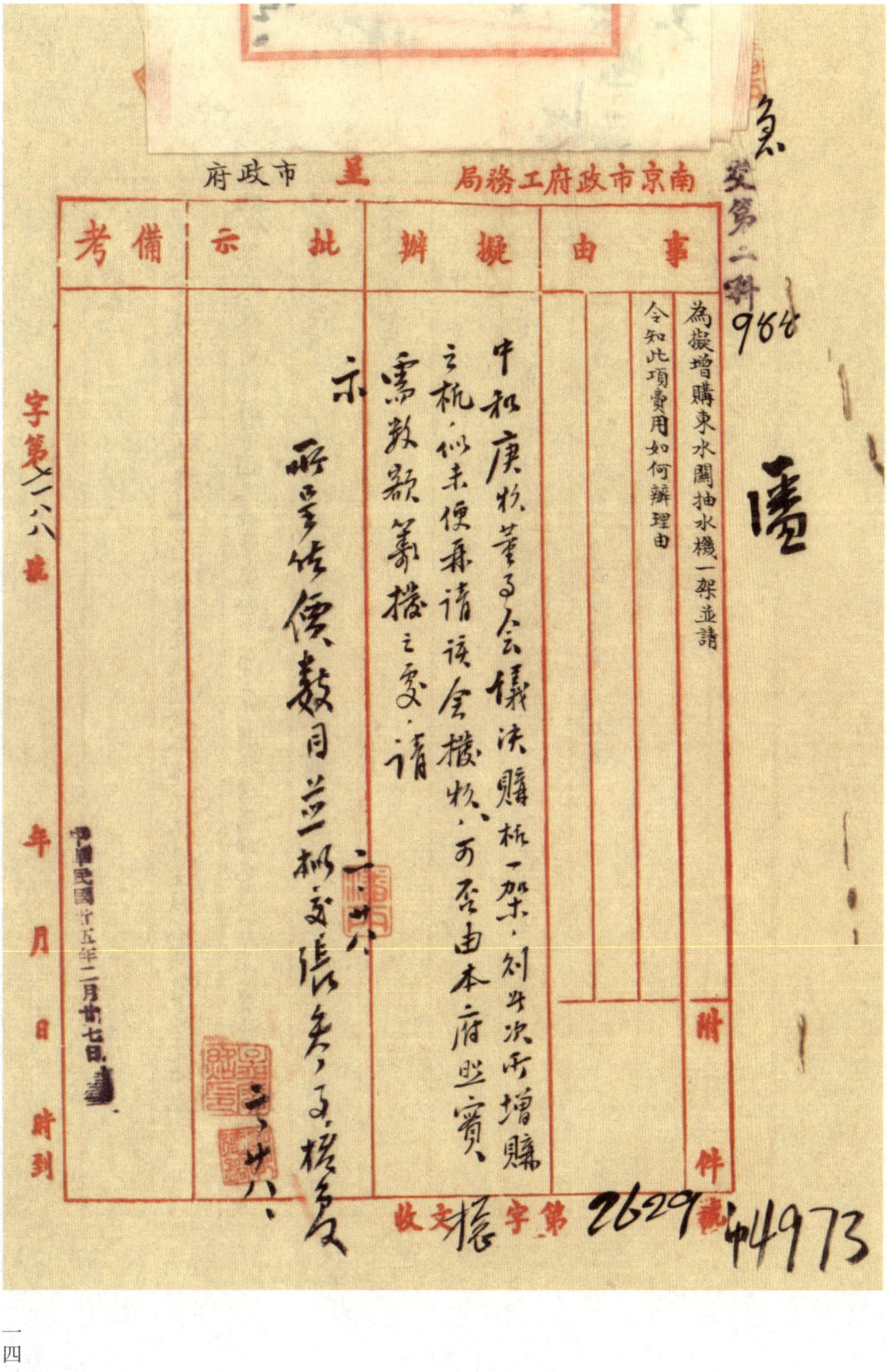

南京市政府工務局　呈　市政府

事由	擬辦	批示	備考
為擬增購東水關抽水機一架並請令知此項費用如何辦理由	中和庚收董事會議決購機一架，刻年次所增購之機，似未便再請該會撥收，可否由本府照實需數額籌撥之處，請示		

中華民國廿五年二月廿七日

收文　字第2629號

案奉

鈞長交下張參事劍鳴等簽呈一件為建議關於本市下水道工程各問題意見由奉

批併案交工務局核辦等因奉此查原簽中第二項關於增購抽水機一架裝置於東水關抽水站藉以補助冲洗秦淮河一節業奉批照辦遵經與原承辦東水關第一架抽水機之包商孔士洋行接洽並據開具估價單如左

(甲) 貨件：

一、SR第600號抽水機一座出入水管對徑六十公分效率約百分之七四

二、馬達一座七十五匹馬力效率百分之八九五

三、電壓表一個

四、電流表一個

五、單極保險絲三根

六、三道接線一個

七、浸油式電流截器連帶熱氣與電磁絕電機一副

（乙）全部機件總價計三八六英磅照本日滙兑價格一六、六九六元合計國幣六千四百四十四元六角五分六厘關稅及起運費在外如立刻訂購以九五折計算總價可以減為六千一百二十二元四角二分三厘

（丙）貨款於貨到時付清

（丁）訂購後二個月交貨

查增購抽水機一架原簽呈内所列預算約需六千元現因英磅滙價高漲以九五折計算尚需國幣六千一百二十二元四角二分三厘較之原列約價超出一百餘元且查第四次中和庚款保管董事會會

議時提出之本市城內外防水預算內對於東水關裝置抽水機僅列有一架現在增購之機件款項

應如何籌給之處除將估價說明書函請購料審核委員會審核外理合呈請

鑒核示遵

謹呈

市長馬

工務局局長宋希尚

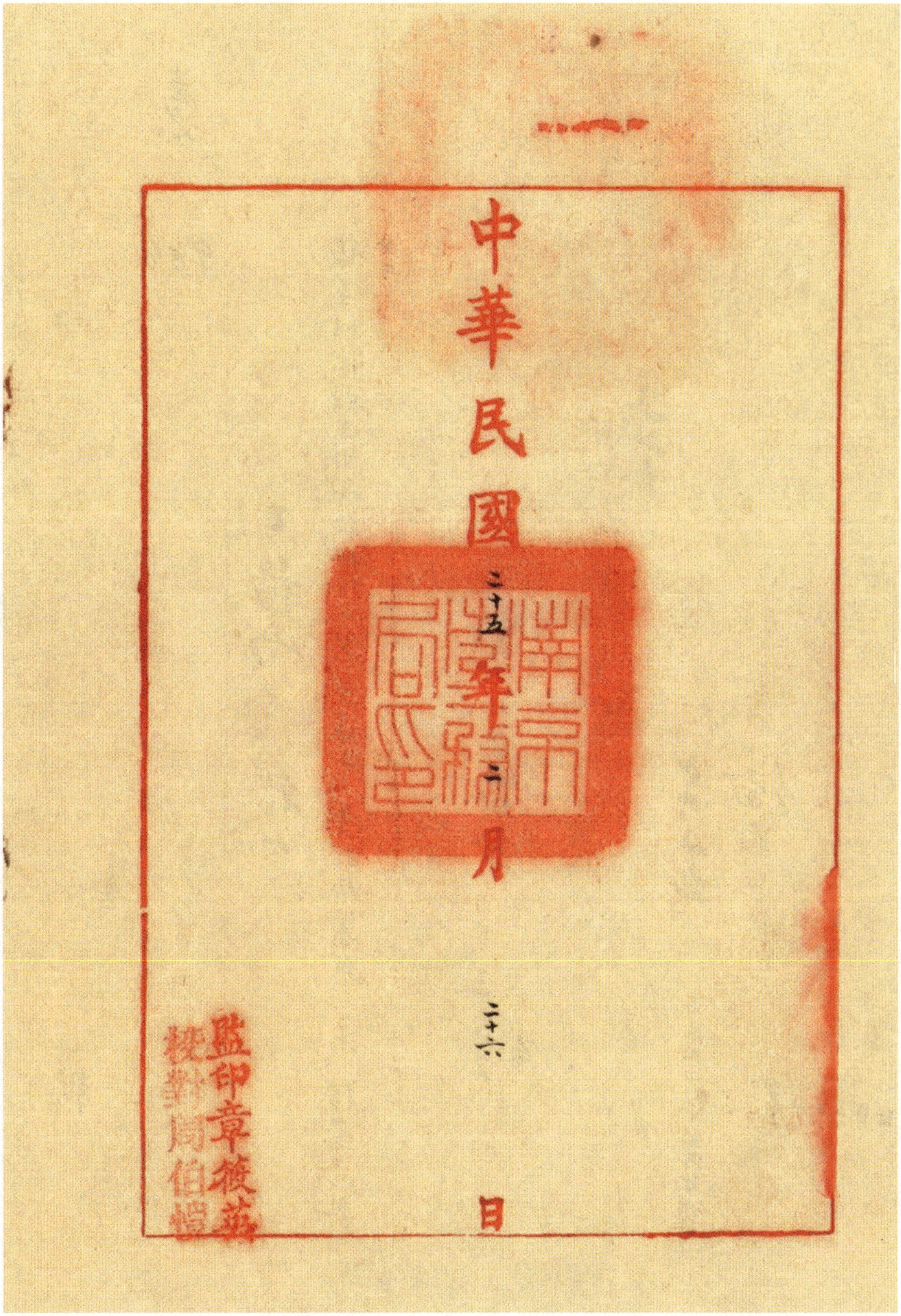
中華民國二十五年二月二十六日

監印章筱菊
校對周伯愷

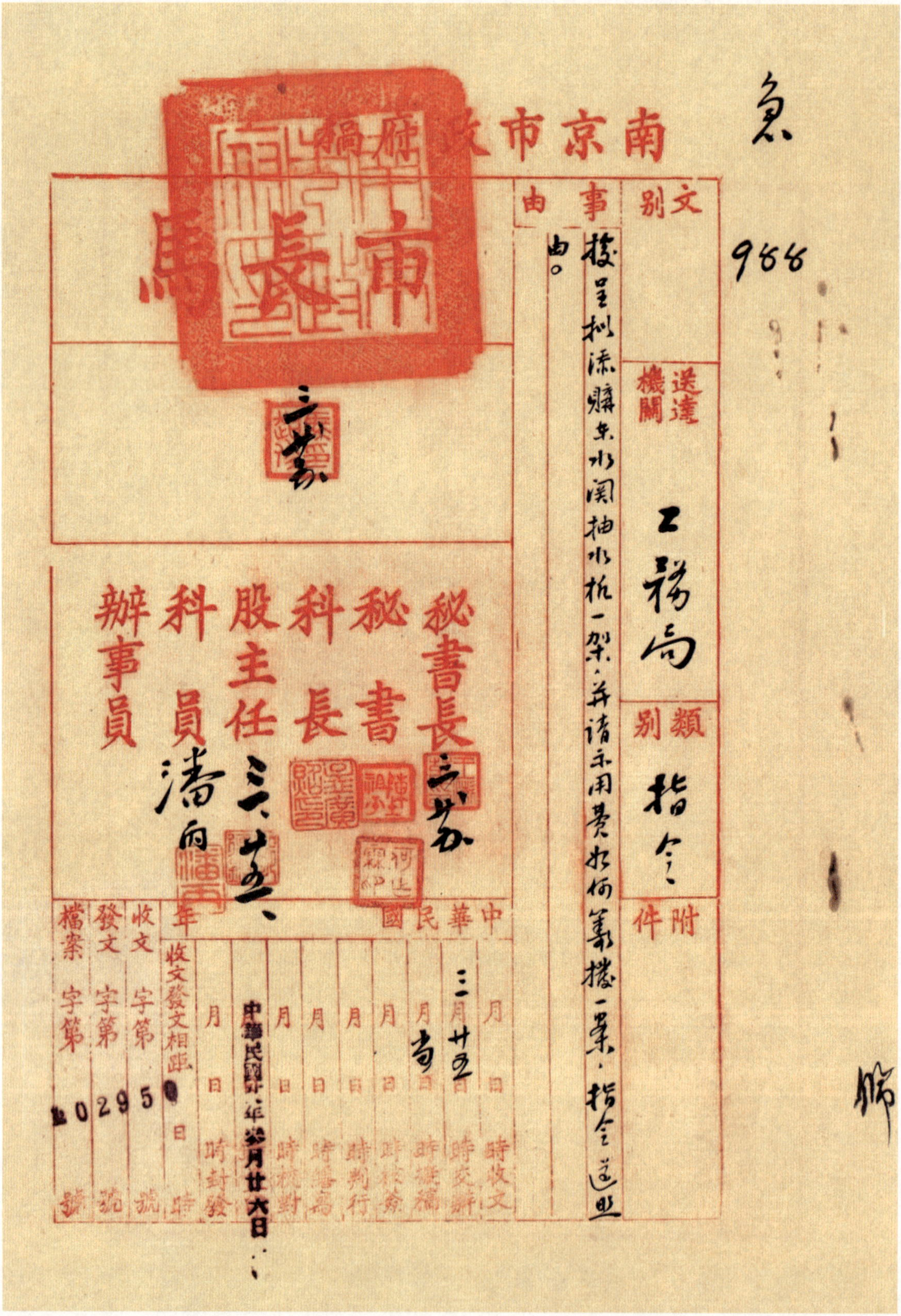

急

南京市政府稿

988

市長馬

文別

事由：據呈擬添購東水關抽水机一架，并請示用費如何籌撥一案，指令遵照由。

送達機關：工務局

類別：指令

附件

秘書長 三、廿六

秘書

科長

股主任 三、廿五

科員 潘俞

辦事員

中華民國 年

收文 月 日 時

交辦 三月廿五日 時

擬稿 月 日 時

核稿 月 日 時

判行 月 日 時

繕寫 月 日 時

校對 月 日 時

封發 中華民國廿五年叁月廿六日 時

收文發文相距 日 時

收文 字第 號

發文 字第 02950 號

檔案 字第 號

指令

令工務局

本年一月二十六日第七一八八號呈一件。為擬增購東水關抽水機一架，并請示用費如何籌撥由。

呈悉。准予照購。所需用費由本府籌撥。仰即遵照。此令。

02950

監印司徒[illegible]

校對邱世馨

南京市政府公函

事由	擬辦	決定辦法	備考
據工務局呈請轉函撥發裝設東水關抽水機所需各項材料價款一案，函請查照撥發由。	交會計股查案核擬 二、三	如擬 三、二	

附 七 件

收文和字第56號

字第　　號

廿五年二月廿九日　時到

南京市政府公函

字第 01905 號

案據工務局呈稱：

「案查本局前以秦淮河水流不暢，污濁不宣，擬於東水關裝設抽水機，以資調節水源，經呈奉核准，並由局遵向孔士洋行購置抽水機一架，造具支付預算，呈奉鈞府去年九月十八日第五二六一號指令，「案經據情轉函查照。」同年十月二十五日又准管理中和庚款水利經費董事會公函，「既係在總預算內動支，自應照撥。」並遵照具領各在案。惟其零件如電壓表、電流表、單極保險絲、分離三道接桿、鉛包電線、電流截斷器浸油式連帶熱與電磁絕電器及配電板等皆不可缺，前因缺貨，未能與機同時購置，現貨已齊，並經購料審核委員會審定價格通知照購，故特先與原承辦之孔士洋行訂購，其總價計爲柒百元正，連前購之抽水機一架費洋叁千玖百弍拾四元（原請支付之肆千叁百拾陸元肆角除關稅洋叁百玖拾弍元四角應在其他項下開支外計如上數）合共國幣肆千陸百弍拾四元正，尚在原預算伍千元以内，理合檢同審定價格通知單一紙，支付預算書七份，一併呈請鑒核，俯賜轉函管理中和庚款水利經費董事會查照核撥，實爲公便。

等情，附呈支付預算，及購料審核委員會價格通知單到府，據此，除指令外，相應檢同支付預算六份，價格通知單一份，函請

貴會查照核撥，并希見復為荷！此致
管理中和庚款水利經費董事會
計附送支付預算書六份，通知單一紙。
南京市市長 馬超俊

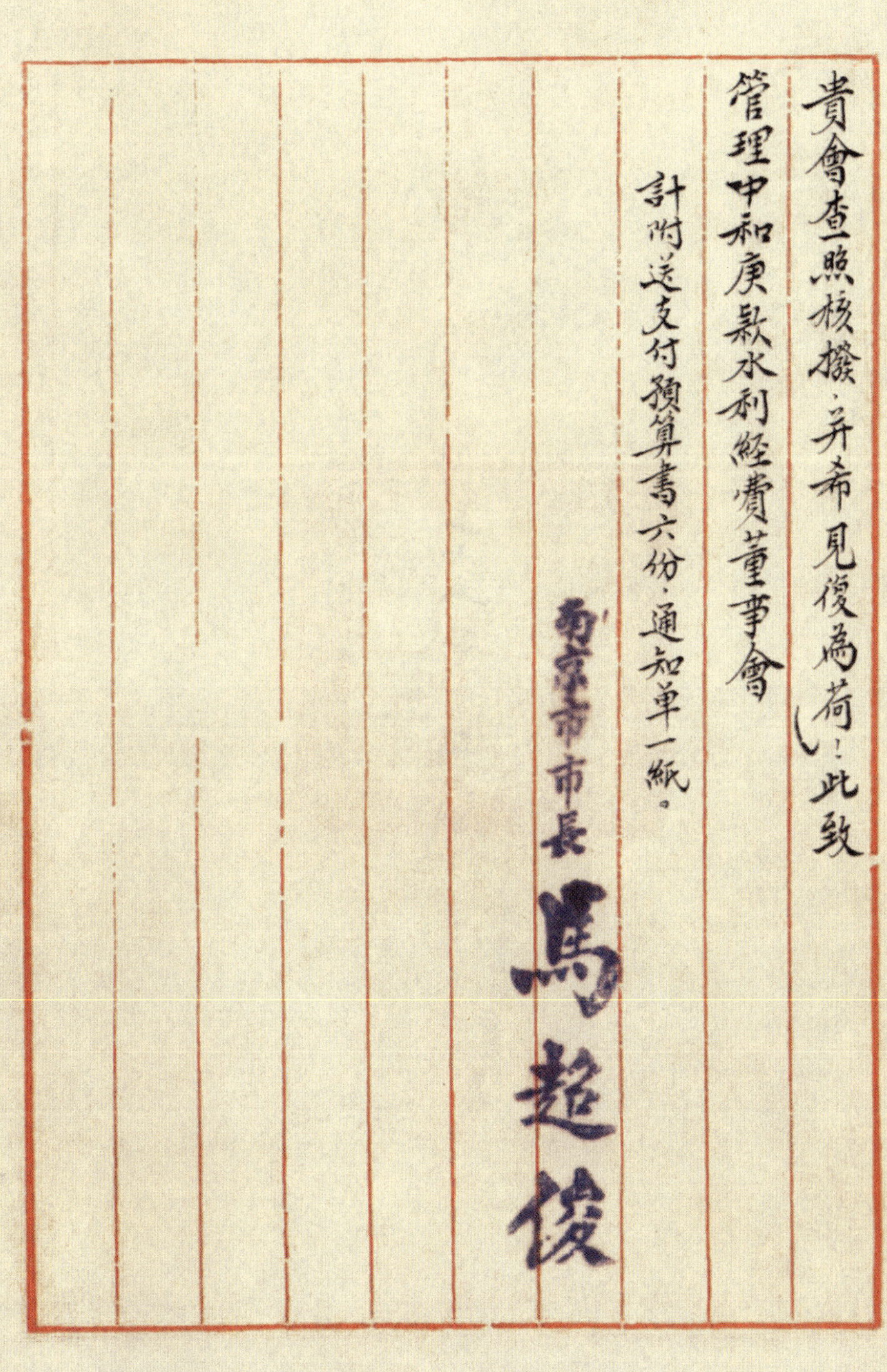

中華民國二十五年二月　　日

廿五年二月廿九日

監印司徒鑑
校對吳家龍

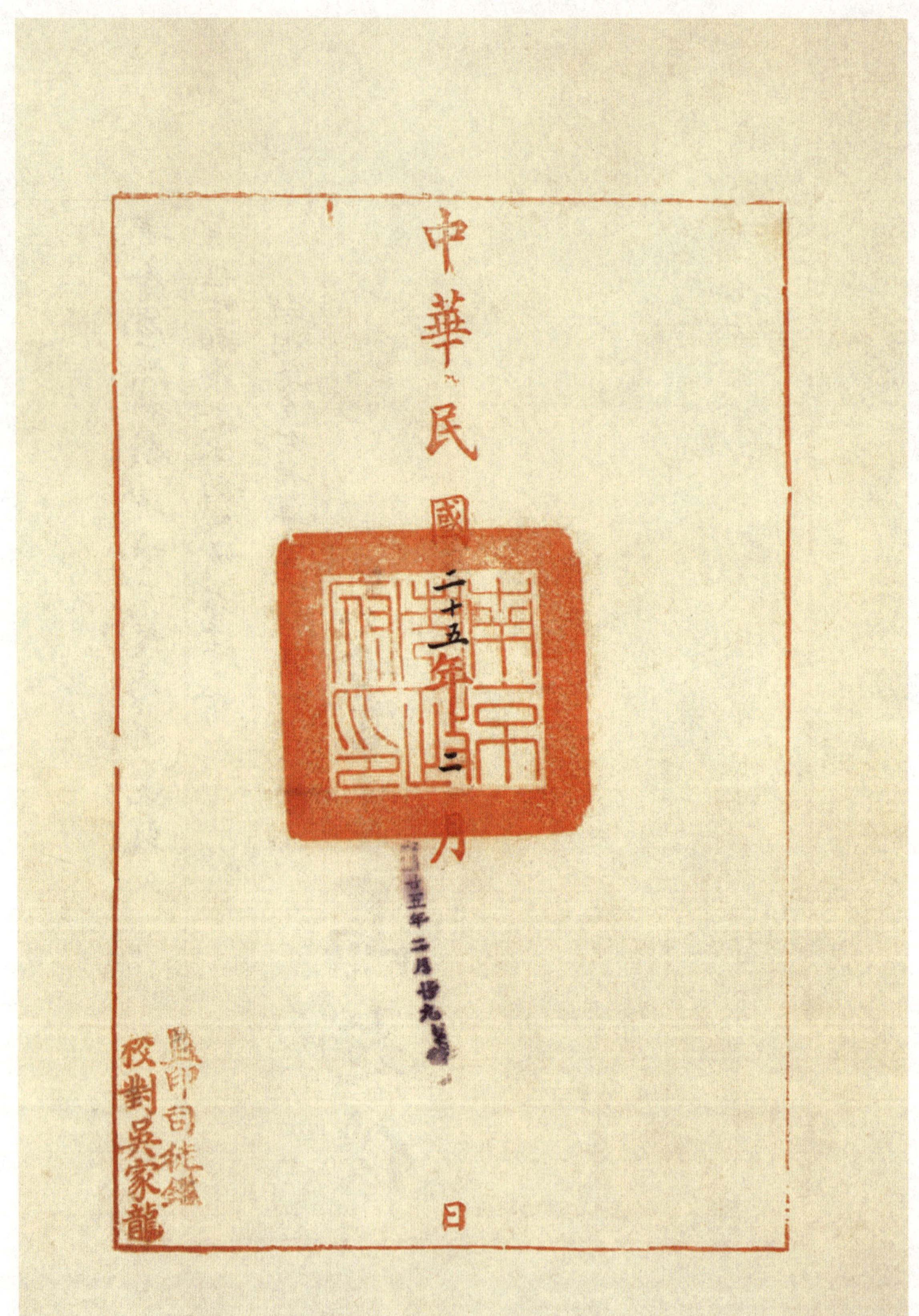

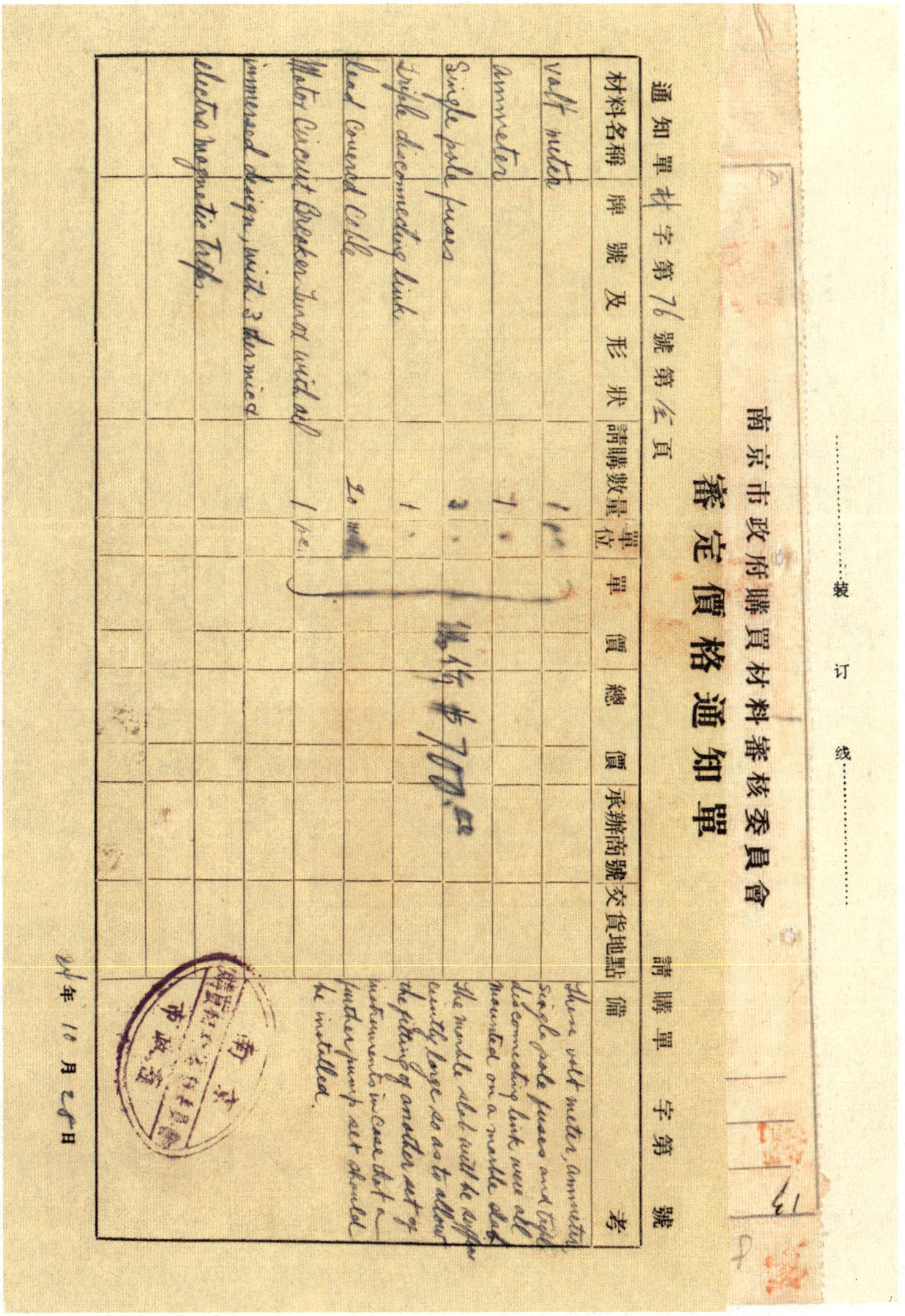

裝訂線

南京市政府購買材料審核委員會

審定價格通知單

通知單材字第76號第全頁　　　　請購單　字第　號

材料名稱	牌號及形狀	請購數量	單位	單價	總價	承辦商號	交貨地點	備考
volt meter		1	pc		總價$700.00			These volt meter, ammeter, single pole fuses and triple disconnecting link were all mounted on a marble slab. The marble slab will be sufficiently large so as to allow the fitting of another set of instruments in case that a further pump set should be installed.
ammeter		1	"					
Single pole fuses		3	"					
Triple disconnecting link		1	"					
lead Covered Cable		20	m					
Motor Circuit Breaker Turox with oil immersed design, with 3 thermic & electro magnetic Trips.		1	pc.					

南京市政府購買材料審核委員會

24年10月28日

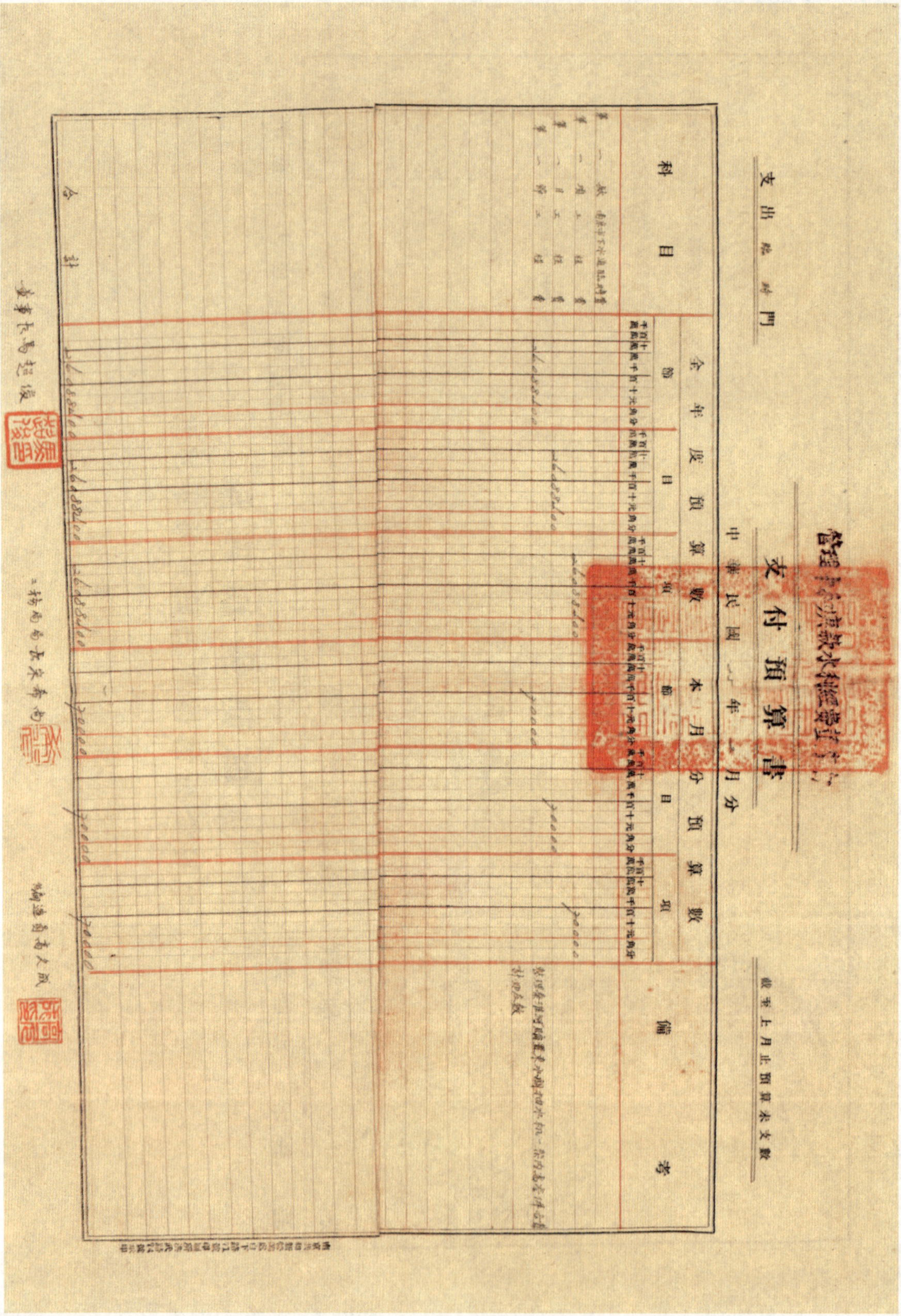

管理中和庚款水利經費董事會

支付預算書

中華民國　　年　　月分

支出臨時門　　　　　　　　　　截至上月止預算未支數

科目	全年度預算數			本月分預算數			備考
	節	目	項	節	目	項	
第一款　南京市下水道臨時費							
第一項　工程費			2608800			70000	
第一目　工程費		2608800			70000		
第一節　工程費	2608800			70000			整理秦淮河購置東水關抽水機一架內高峯祥古舊計四反數
合計	2608800	2608800	2608800	70000	70000	70000	

董事長馬超俊　　　　工務局局長宋希尚　　　　編造員高人咸

（七）管理中和庚款水利經費董事會致行政院的呈文及致南京市政府的公函（一九三六年三月十七日）

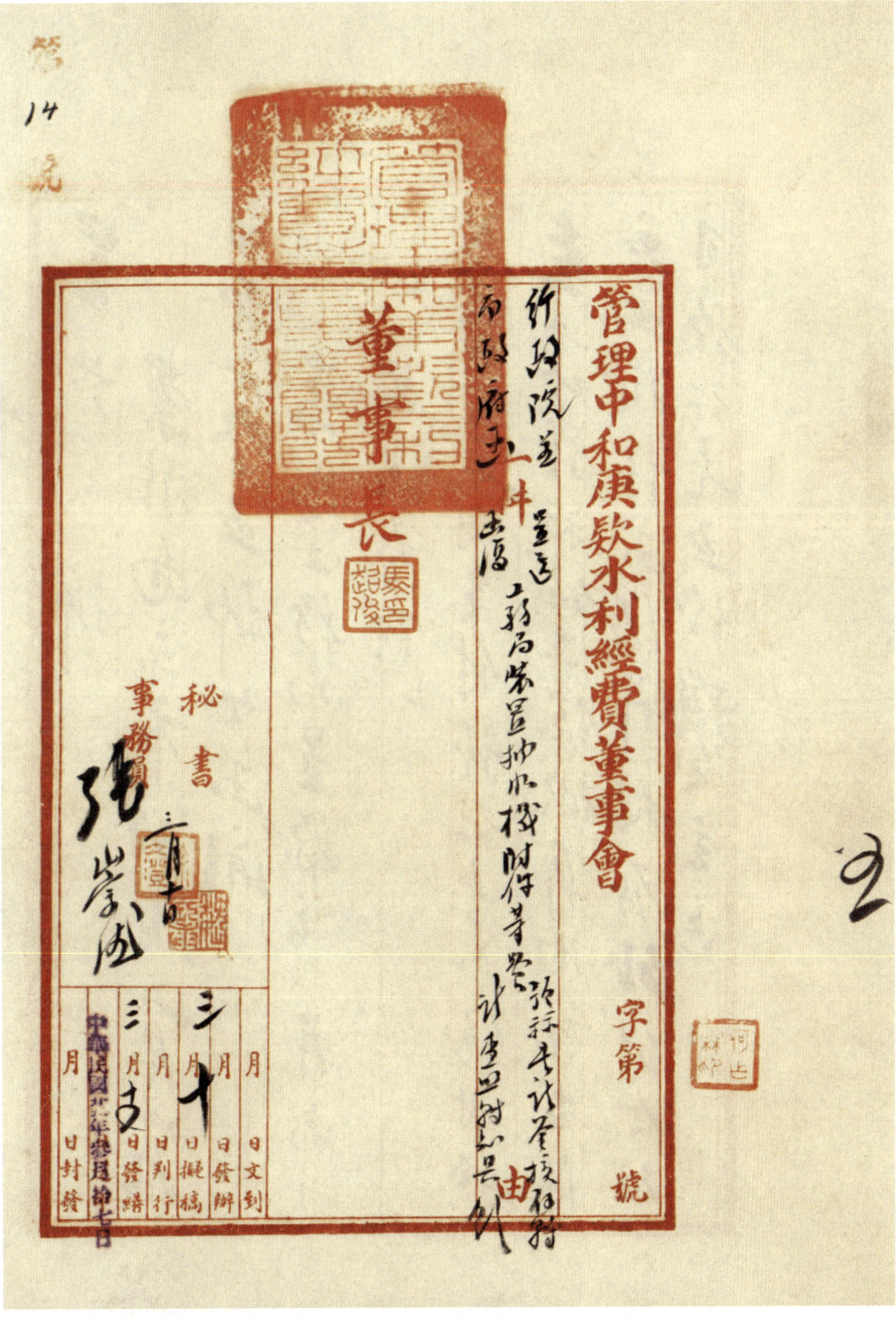
管理中和庚款水利經費董事會

字第　號

行政院呈
市政府函

由

董事長

秘書
事務員

月　日文到
月　日發辦
月　日擬稿
月　日判行
月　日發繕
月　日封發

中華民國廿五年參月拾七日

呈第　號

案准南京市政府元月廿九日第一九〇五號公函開：

「案據工務局呈稱云云并希

見復為荷」

等由；並附支付預算書六份，准此。

查此項預算，係在儲概算內動支，自

應無撥。除將原預算抽存外，理合檢

同預算書五份，備文呈送

鈞院仰祈

鑒核，分別存轉。謹呈

行政院院長蔣

附呈預算書五份

全銜馬○○

公函　第　號

案准

貴府本月廿九日第一九〇五號　大函，以工務局

計劃裝置擋水機關附件等費共百元，編造

預算書六份，請查照撥款等由。准此，自應照

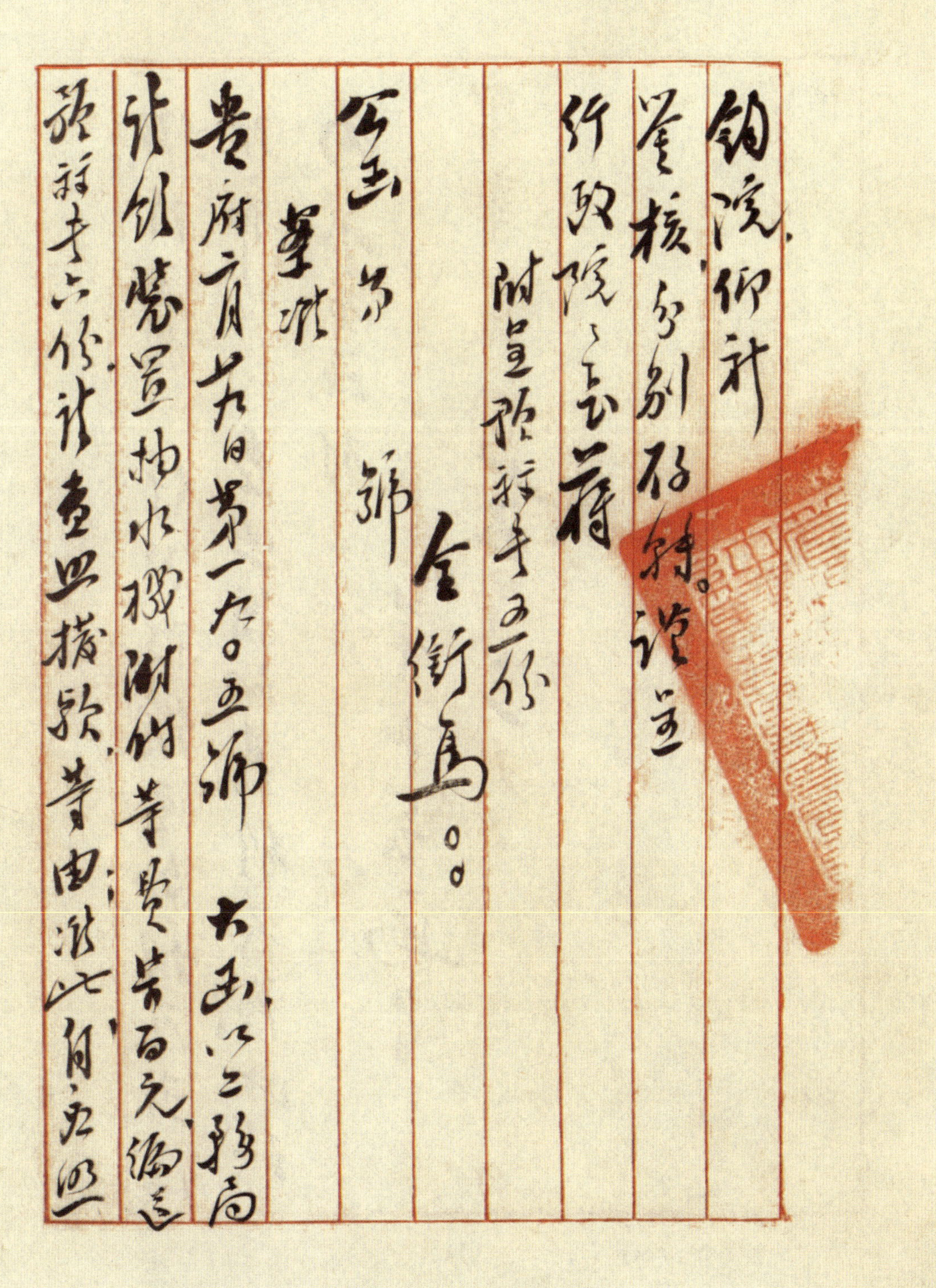

據情呈報 行政院備查外，相應函復，
即希 查照，轉知具領為荷！此致
南京市政府

董事長 馬良

中華民國廿五年三月　日

（八）行政院致管理中和庚款水利經費董事會的指令（一九三六年三月二十五日）

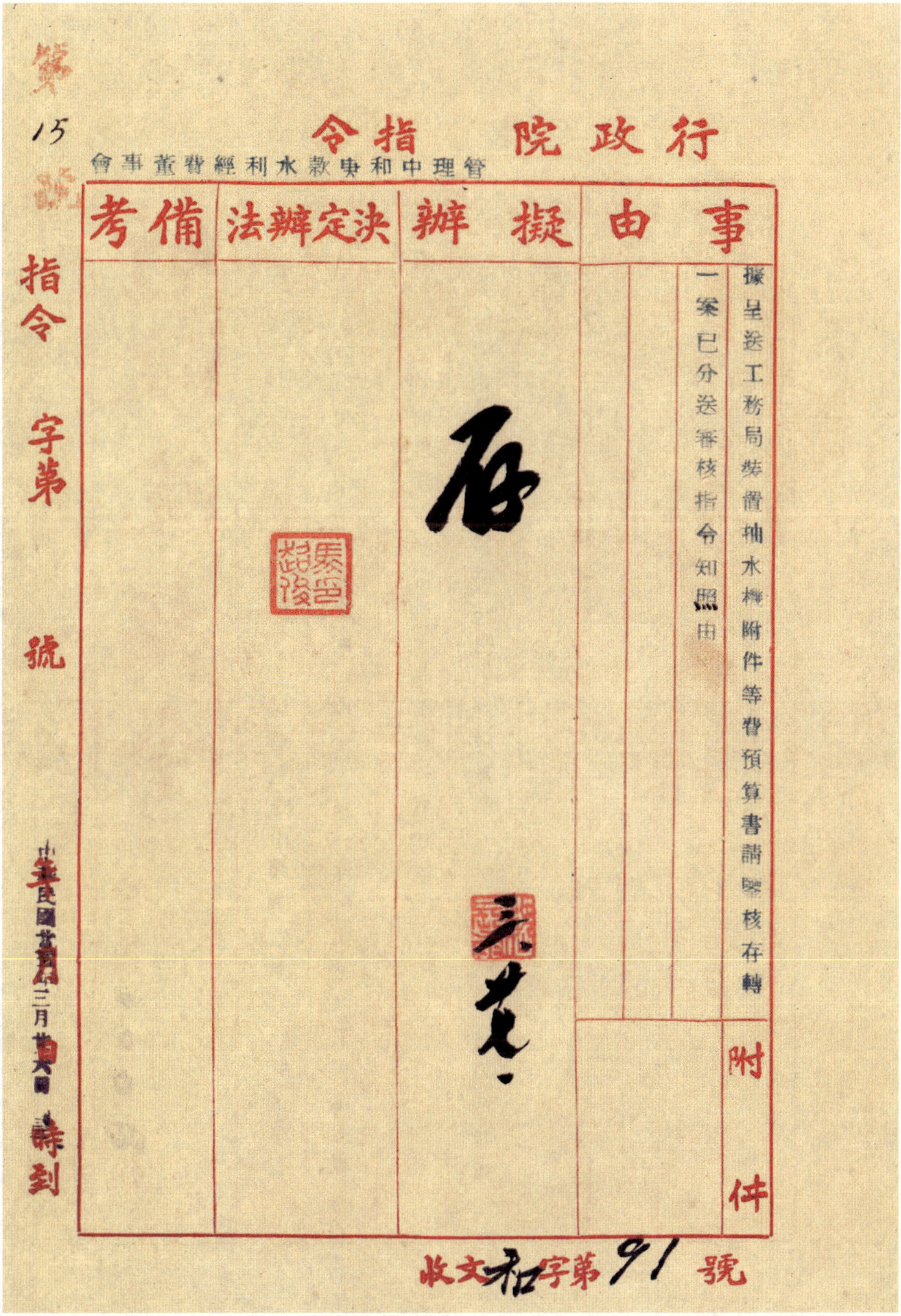

15

行政院指令

管理中和庚款水利經費董事會

事由	擬辦	決定辦法	備考
據呈送工務局裝置抽水機附件等費預算書請鑒核存轉一案已分送審核指令知照由	存 三		
附件			

指令 字第 號

中華民國廿五年三月廿六日 時到

收文和字第91號

行政院指令

字第一〇〇四號

令管理中和庚款水利經費董事會

廿五年三月十八日和字第四一號呈一件，為呈送工務局裝置抽水機附件等費預算書，請鑒核存轉由。

呈件均悉。已將預算書分送主計處及教育財政兩部審核矣。仰即知照預算書分別存轉。此令。

中華民國二十五年三月廿五日

國民政府行政院印

院長蔣中正

監印畢繼沅

校對周頫

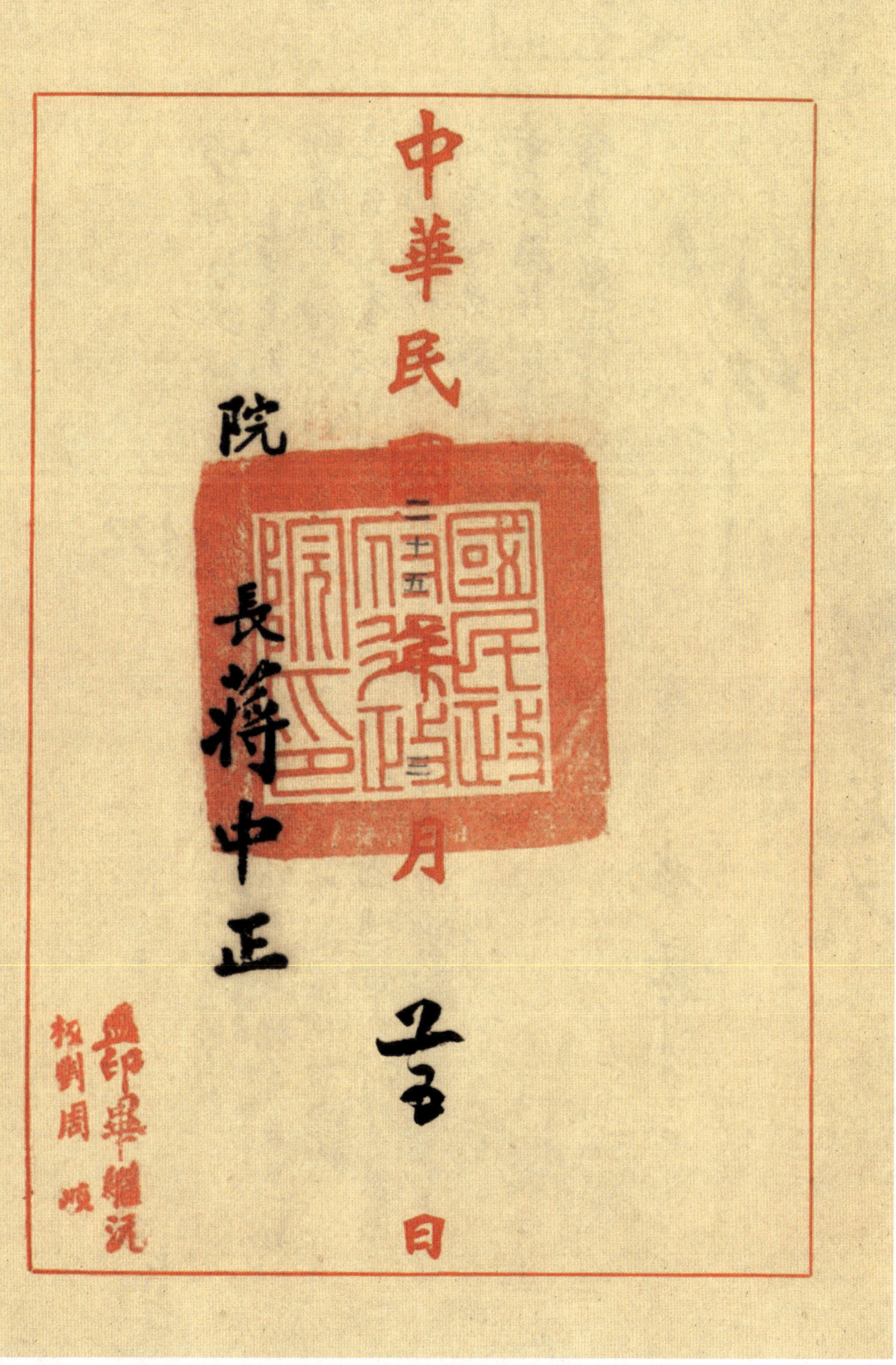

僞南京特別市工務局關于接通東水關抽水機電火以利防汛工作的一組文件

（一）僞南京特別市工務局致華中水電公司的公函（一九四五年七月三日）

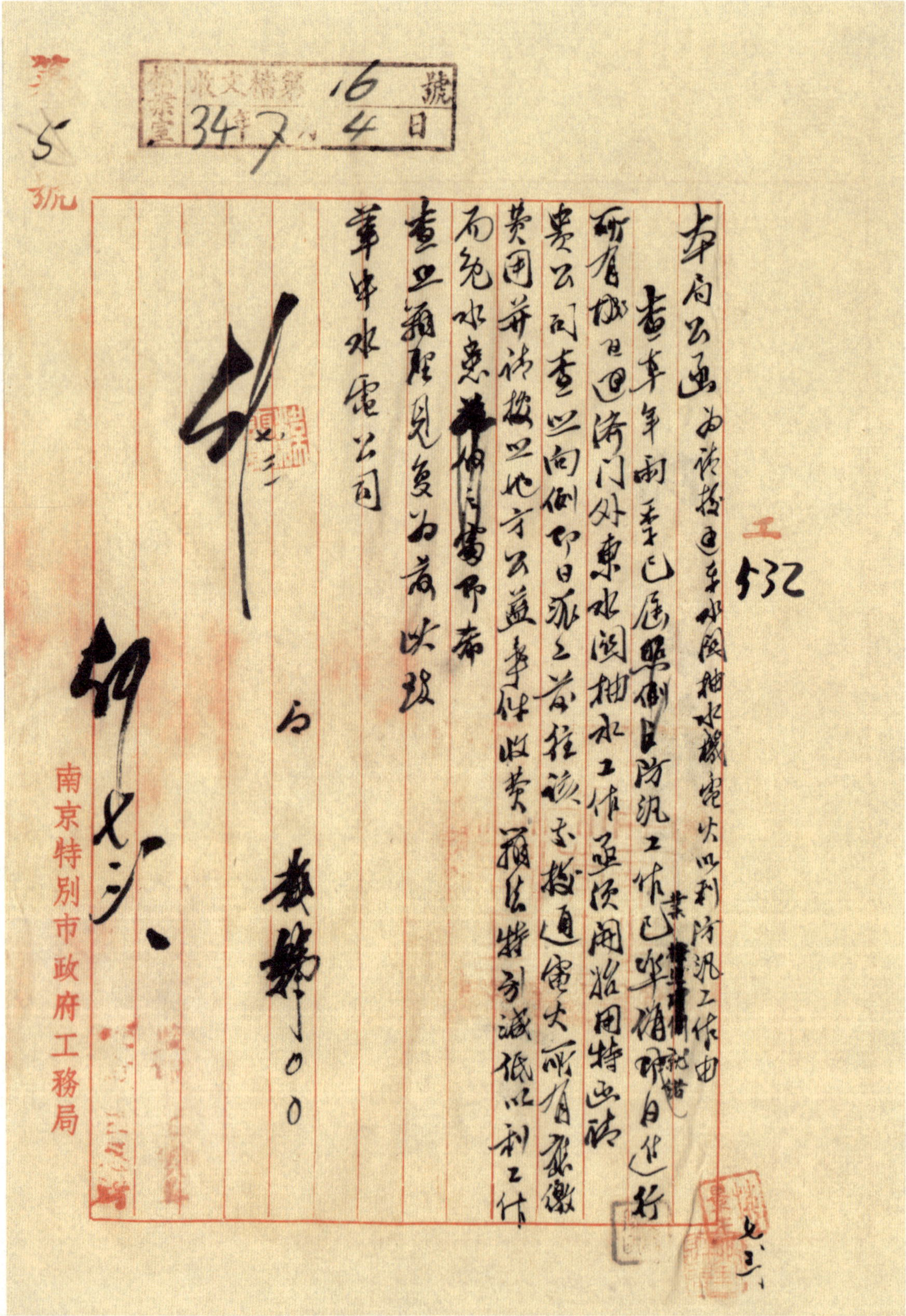

（二）僞南京特別市工務局職員趙玉書致科長轉呈局長的報告（一九四五年七月十一日）

速 見 七、十一

211
31 7 11 11

報告 七月十一日

奉

派前往華中水電公司接洽通濟門排水帮浦接電一事據該公司堅稱須先行登記再行接火下關帮浦須補行登記等語經再三磋商之結果僅允照普通登記費折半收費電費可照普通八折其餘絲毫不肯通融茲附呈登記单四紙（收費數目已由該公司代填）伏乞

鑒核辦理謹呈

科長轉呈

局長鑒

附登記单四紙

擬函速補一致華中水電公司，除開外加一錯誤，

洽官補簽名，再送。

洽官請示多〔?〕　七、十一

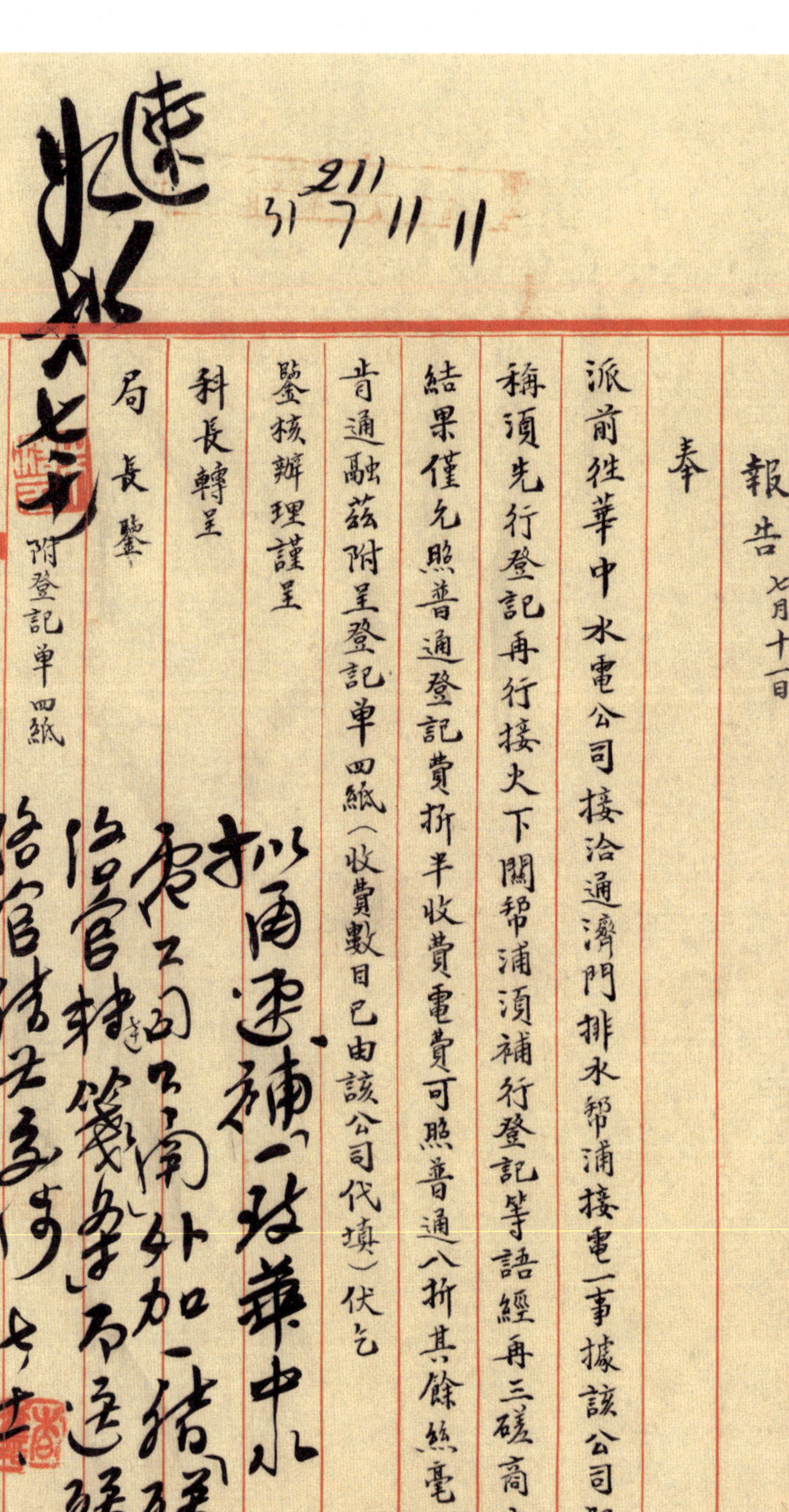

職趙玉書

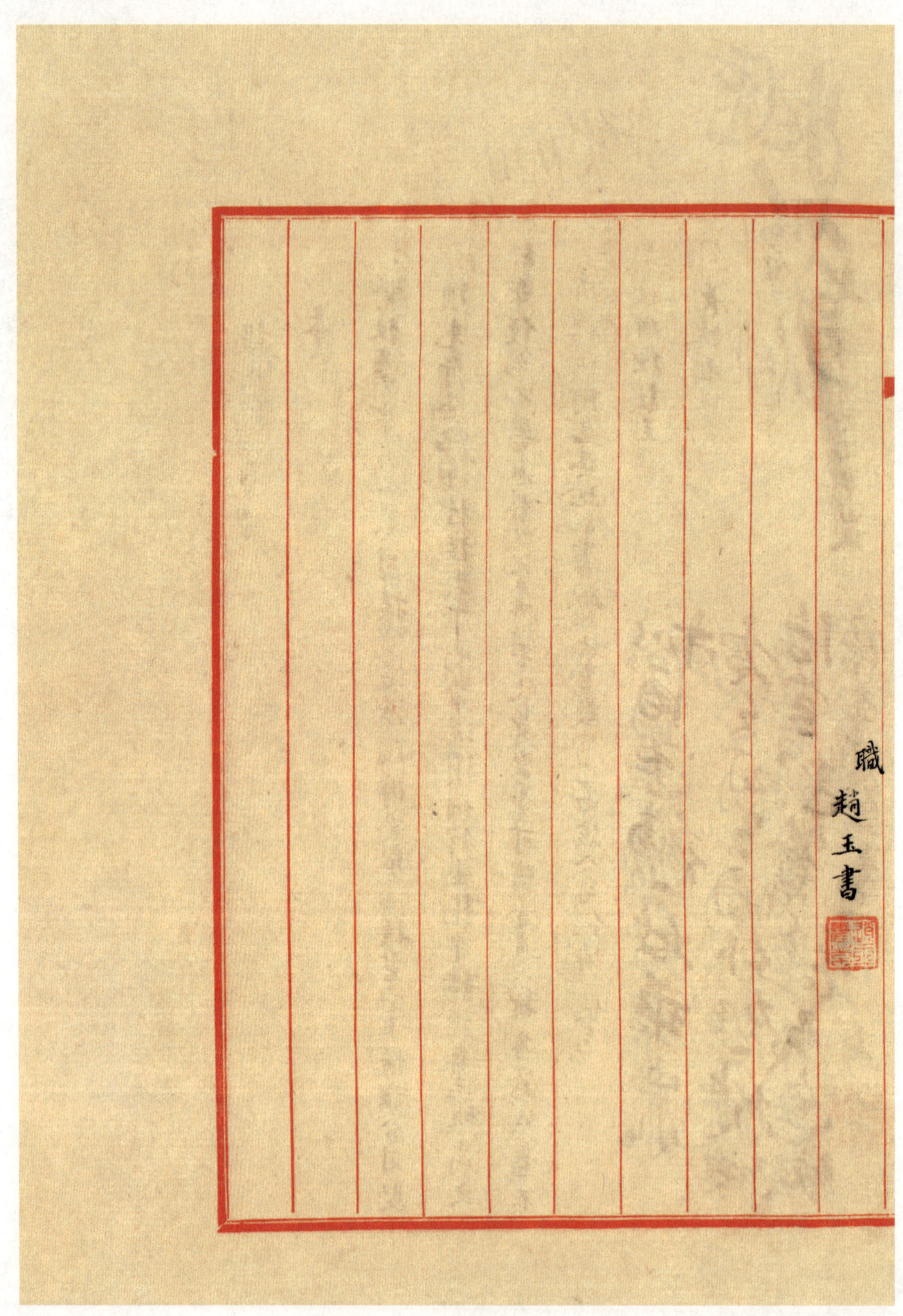

（三）僞南京特別市工務局致華中水電公司的箋函及致聯絡官的箋函（一九四五年七月十三日）

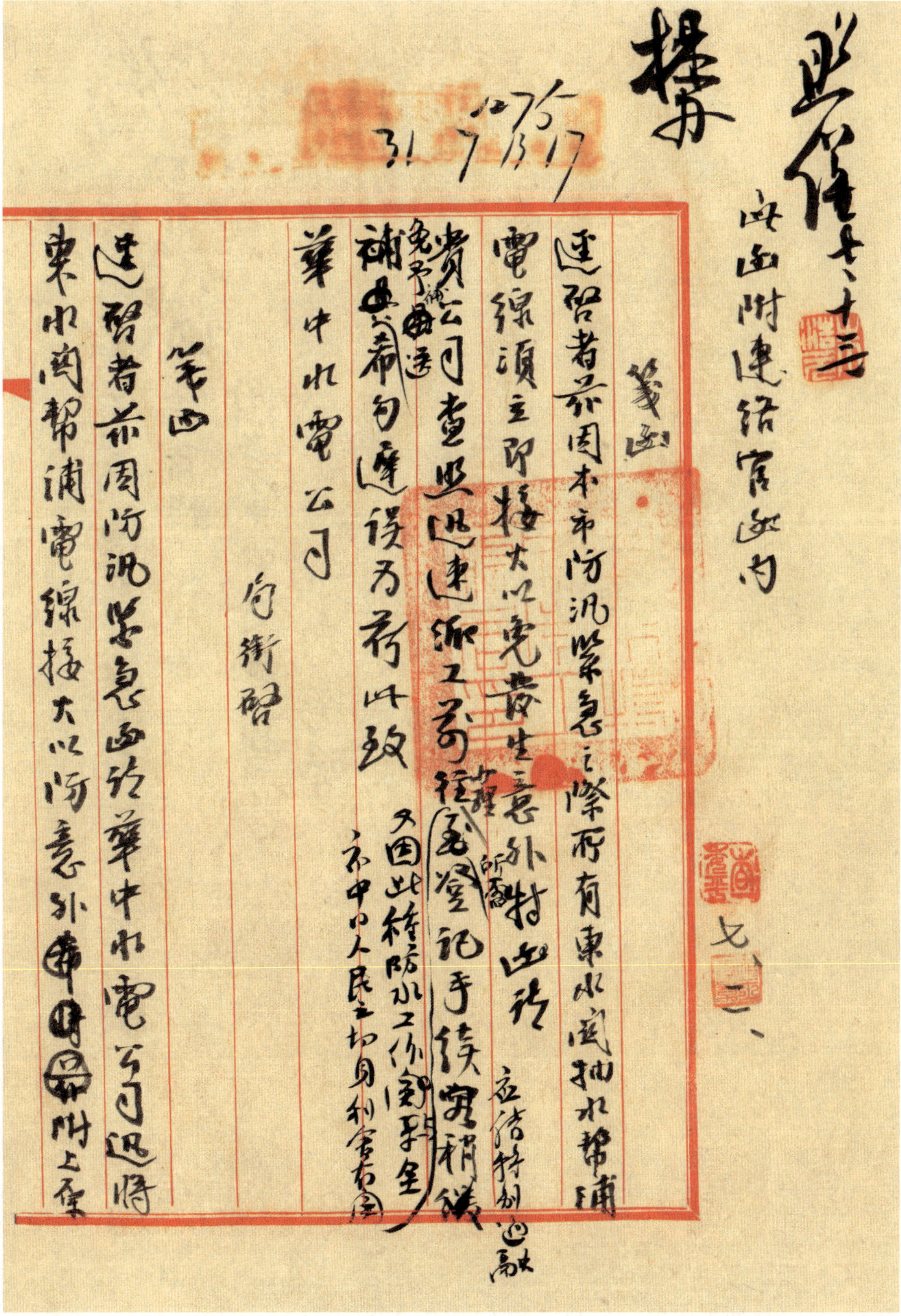

擬照行 七、十三

函附連絡官函內

箋函

逕啓者茲因本市防汛緊急之際所有東水關抽水幫浦

電線須立即接大以免發生意外特函請

貴公司查照迅速派工前往

補函希即逕復爲荷此致

華中水電公司

全銜啓

箋函

逕啓者茲因防汛緊急函請華中水電公司迅將

東水關幫浦電線接大以防意外

1276
31 7 13 17

函、件希

鴻軒兄並囑該公司派工前往為荷此致

富永首席逕給宜數

附華中公司函、件

周衡階

南京市工務局下水道工程處與首都電廠關于調換東水關抽水站變壓器的一組文件

（一）南京市工務局下水道工程處致首都電廠的公函（一九四七年六月二十七日）

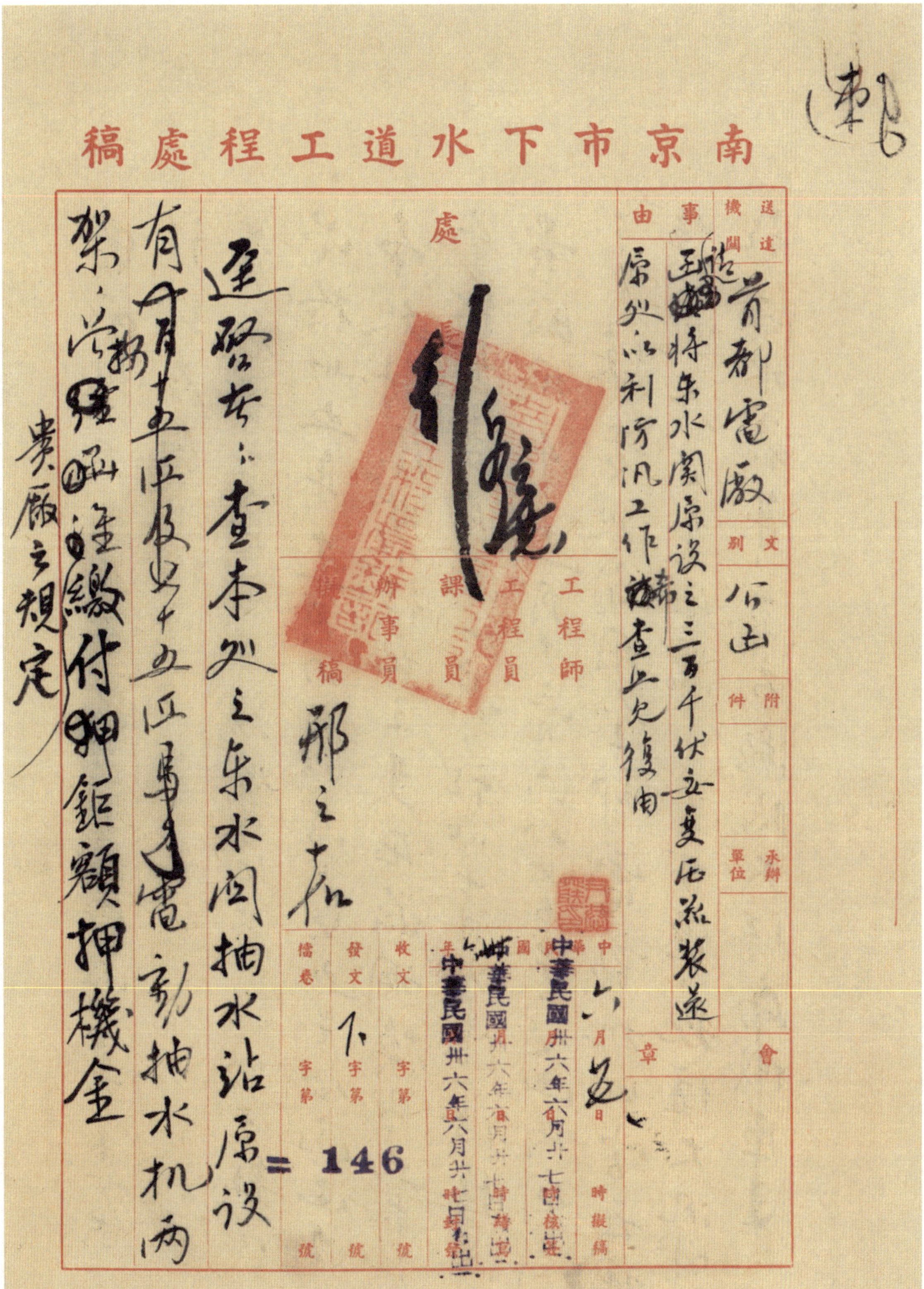

南京市下水道工程處稿

送達機關：首都電廠

文別：公函

事由：函達將東水關原設之三百千伏安變壓器裝還原處以利防汛工作請查照見復由

處長

工程師　工程員　課員　辦事員　擬稿　邢之栢

中華民國卅六年六月廿七日擬稿

中華民國卅六年六月廿七日核出

中華民國卅六年六月廿七日封發

= 146

逕啟者：查本處之東水關抽水站原設有三百千伏安及五十五千伏安馬達電動抽水機兩架，茲按照 貴廠之規定繳付鉅額押機金

贵厂装有三百千伏安变压器一具，专供
该站应用，后以
贵厂为应付白下路变压器损燬之缺，
经於卅五年十一月四日以六六七五号公函函送
本处将原装该地之变压器调换为五十
千伏安变压器一具，暂以十日为限，后复准
贵厂同年十二月十二日六八七七号公函内开“……
……俟 贵处开用全部电动机时当再调
换适度之变压器……”等语。现值大汛时
期，雨水泰集，京市濒临大江，南城[illegible]

准函以閘門堵塞，是則城區之防水工
作端賴該處之兩架電動抽水機調節，務請
貴廠將原設之三百千伏安變壓器裝
還原處，以維兩部電動機得同時開用，否則城區雨水不得宣
洩，或發生險象，事關京市防水問題，應請
貴廠迅予[illegible]裝還，即希
查照見復為荷。
此致
首都電廠
如農 〇〇〇

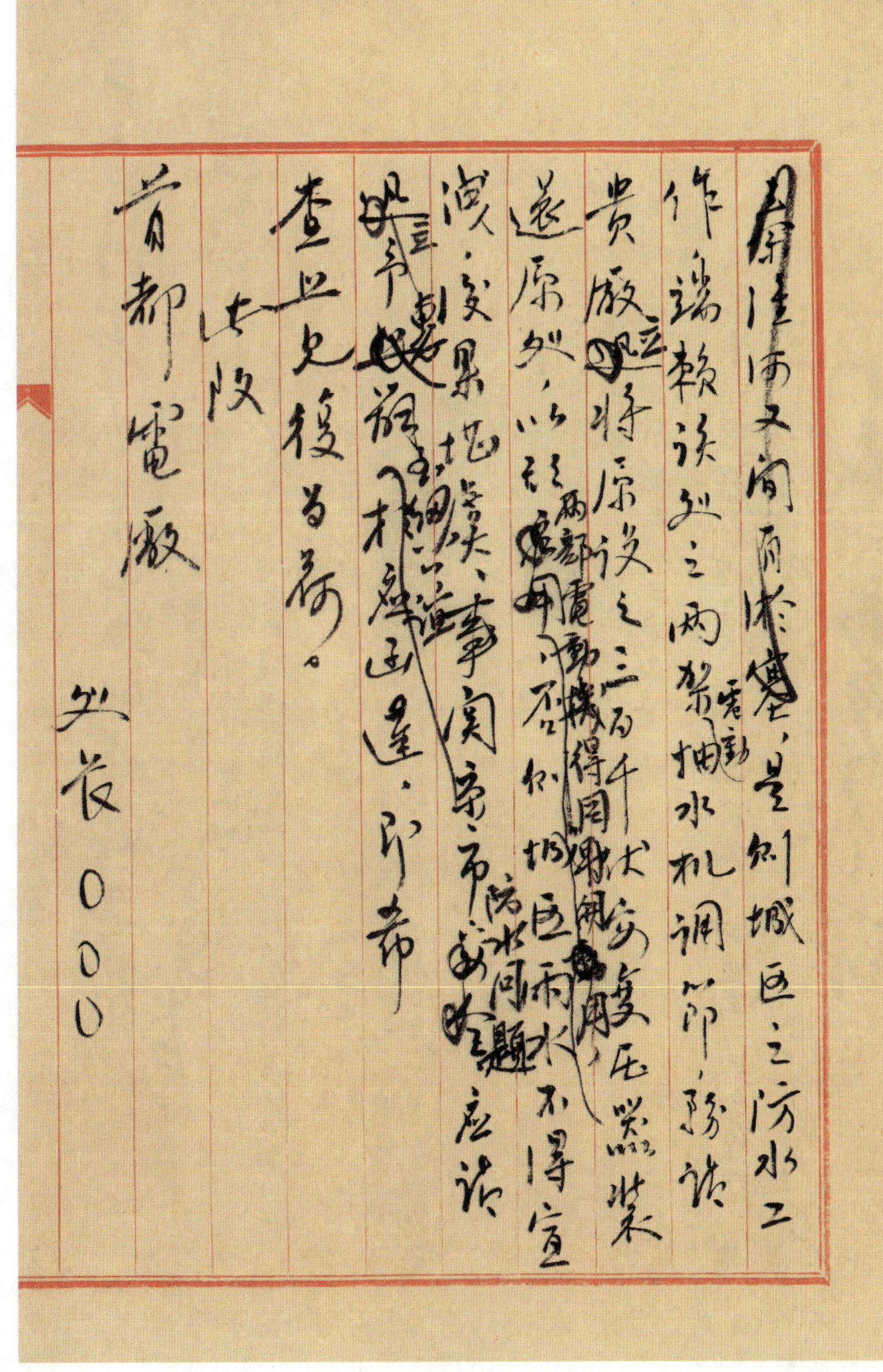

中華民國卅六年七月二日 下水字第01121号

南京市工務局 報告書

事由：為將首都電廠裝設於東水關抽水站之變壓器調換情形具文呈報仰祈鑒核備查由

發文 中華民國卅六年六月廿七日 下字第147號

竊查本處轄屬之東水關抽水站二架電動抽水機，原由首都電廠裝有三百千伏安變壓器一具，專供該站使用，後以首都電廠為應付白下路變壓器損壞之缺，曾於卅五年十一月四日以六六七五号公函函達本處，將原裝該處之變壓器調換為五十千伏安變壓器一具，期以十日為限，後復准該廠同年十一月十三日六八七〇号公函乙件內開：「……俟貴處開用全部電動機時當再調換適度之變壓器……」等語。茲以大汛時期來臨，雨水𫎧集，該處之兩架電動抽水機亟需同時開用，現已函請首都電廠迅予將原設之三百千伏安變壓器裝復，除俟裝設完竣後立將裝復日期另文呈報外，相應備文具報，仰祈鑒核備查。

核簽批示

收文 6月27日 字第6141號 迴批 7月1日 下字第147號

卅(三)字第974號

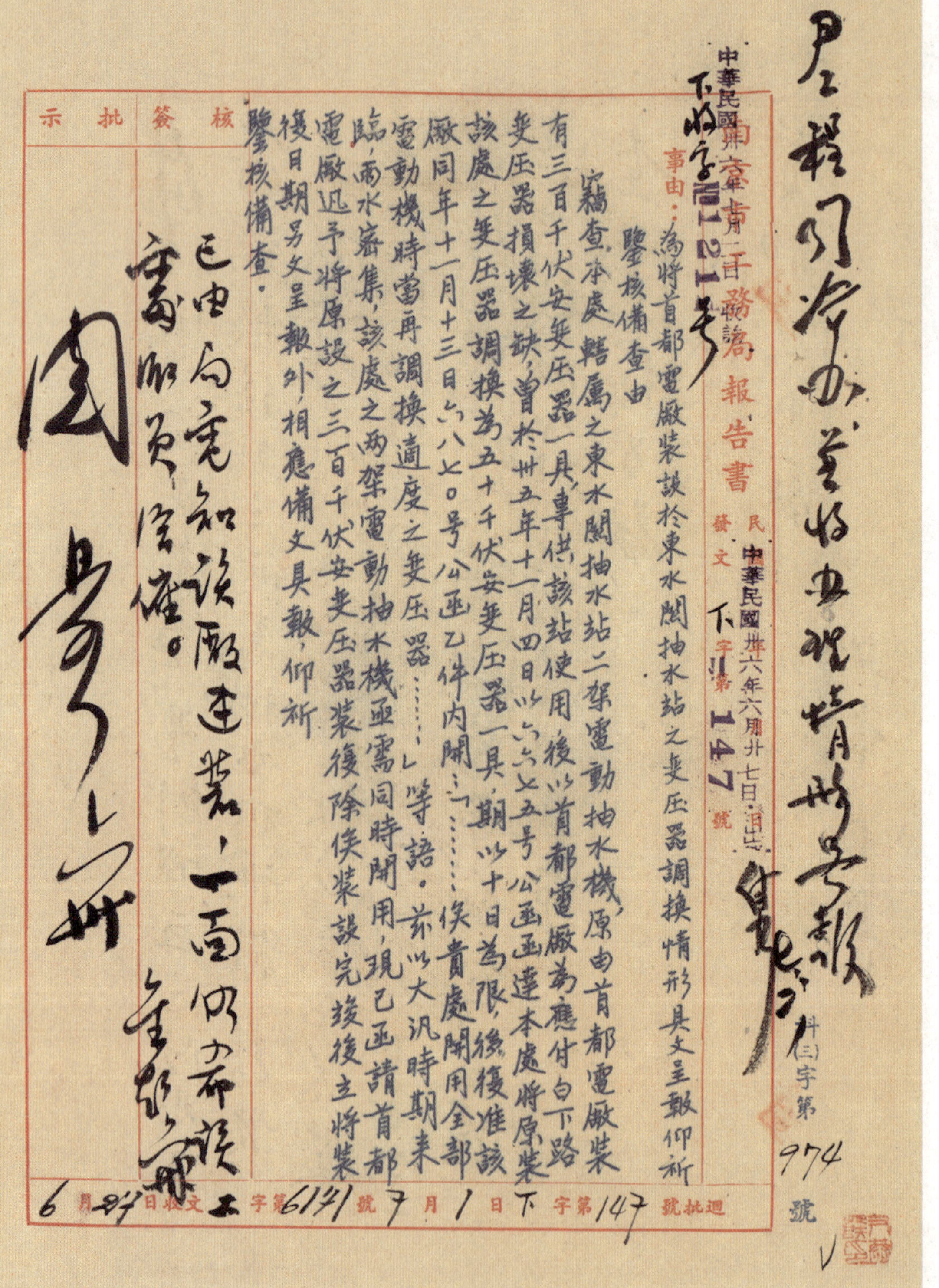

南京市工務局報告書

民國中華民國卅六年六月廿七日呈

發文下字第147號

事由：

謹呈

局長張

下水道工程處處長張人雋

核簽　批示

月　日收文　字第　號　月　日　字第　號批迴

首都電廠公函

事由：函復300KVA變壓器現正供給白下路用電當於七月七日前拆裝200KVA變壓器供電請查照由

附件

發文 兆 字第 7311 號 中華民國卅六年六月卅日

下水 收 8118 號 中華民國卅六年七月二日 收訖

接准

貴處本年六月廿七日下午字第一四六號公函囑將東水關抽水站原設之三百千安變壓器裝還原處以期兩部電動機得同時開用以利防汛工作並見復等由准查本廠前向東水關抽水站拆回之300KVA變壓器一具現正供給白下路一帶用電未能抽掉

貴處東水關抽水站電動機二具合計190馬力以200KVA變壓器足敷供電當於七月七日以前派員前往拆裝相應函復即請

查照爲荷此致

南京市下水道工程處

敝

長

陸法曾

校對

監印

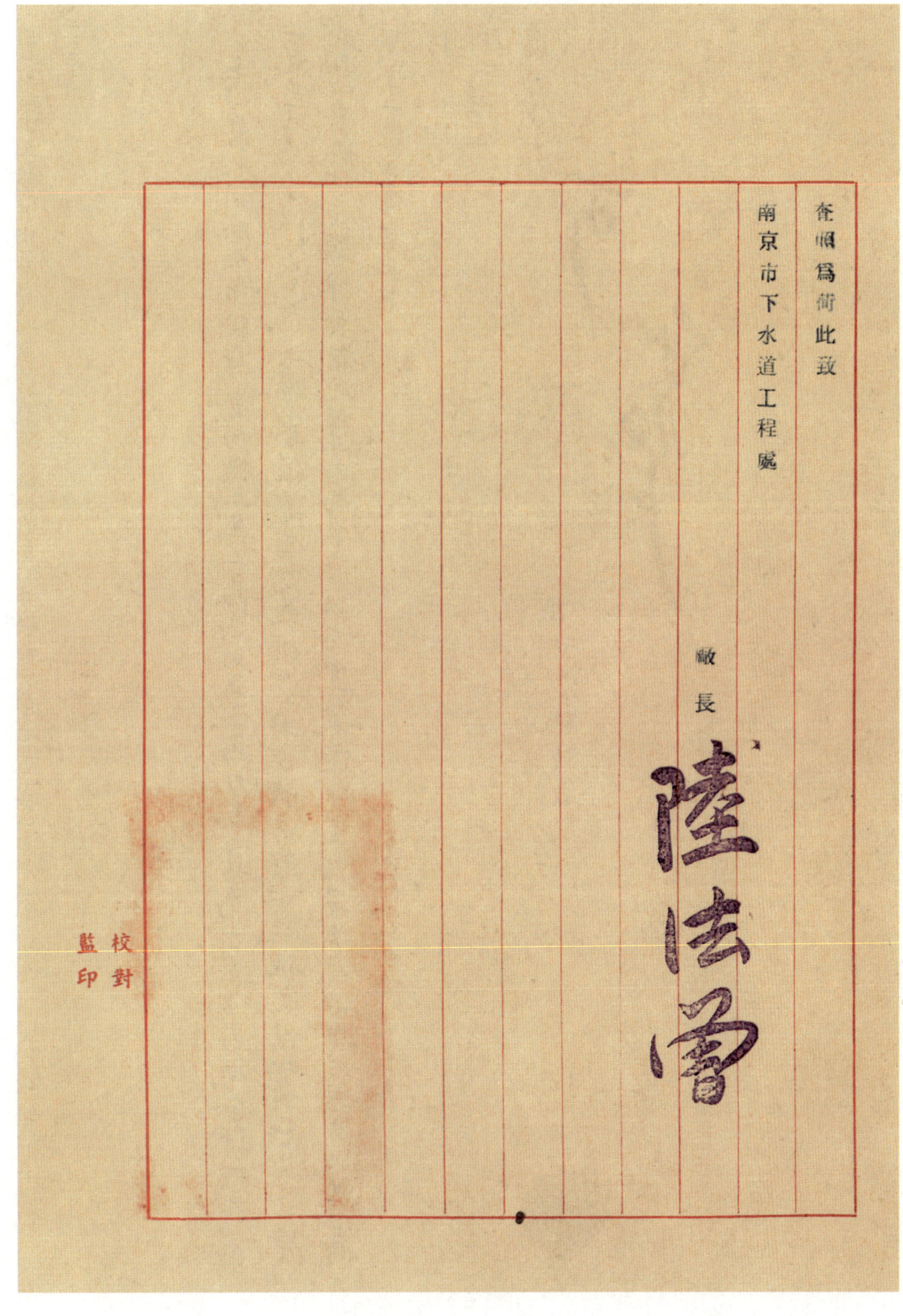

查東水關抽水站設有電動機二具一具為七五匹馬力另一具為一一五匹馬力合計確共為一九〇匹馬力以200KVA變壓器是否足敷供電須俟驗車後方能確定惟此項300KVA變壓器曾繳納鉅額押金租用權當屬本府似仍宜裝還原處為妥本案擬與否認限制用電時間案一併函復當否乞

核

謹呈

處長張

可

職尹恭發謹簽 七、二

南京市下水道工程處便條

（五）南京市工務局下水道工程處致首都電廠的公函（一九四七年七月二日）

南京市下水道工程處稿

送達機關	首都電廠
文別	公函
附件	
承辦單位	
事由	為前往拆去之三百千安變壓器一具仍請裝還原處嗣完時停用抽水電動機數北乙辦請查照由
會章	

處長 張

工程師 工程員 課員 辦事員 擬稿

中華民國 七月一日 時擬稿

中華民國 月 日 時核發

中華民國卅六年七月二日 時繕寫

中華民國卅六年七月二日 時封發

收文 下收字第1811號

發文 下字第156號

檔卷 字第 號

南京市下水道工程處公函 字第 號

接准

貴廠本年六月卅日發文(36)字第七三一一號及同月廿八日發文

(3)字第七二三八號先後兩函為須前向東水閘抽水站折回之三百千伏安變壓器一具現正借用向下路一帶未能抽掉及請于每日下午七時半至十二時停用抽水電動機以免損及電力變壓器等由查所借之該項300KVA變壓器曾經本縣局繳納租額押金亦因本局工作需要應請仍予繼續承借以資應用對於定時停用抽水電動（在可能範圍以內自當照辦惟當綿雨密集[illegible]）機一節現值防汛期間整日工作狀恐不及事關全市安全[illegible]准各前由相應函復尚希查照為荷

此致

首都電廠

廠長張[illegible]

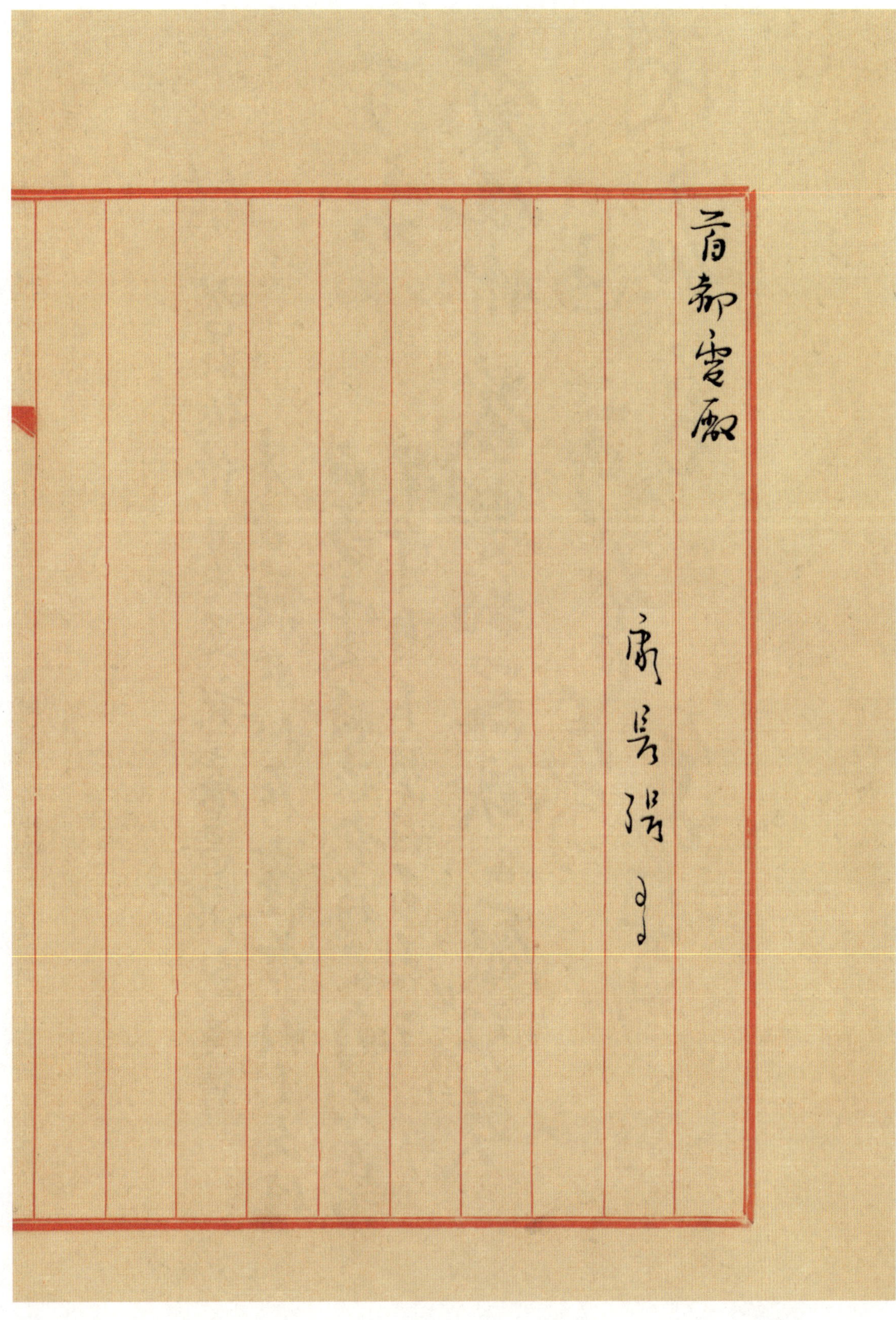

南京市工務局下水道工程處、新泰昌機器廠關于東水關抽水站添加保護進出水管鉛絲網罩及鏈鎖等工程的一組文件

（一）南京市工務局下水道工程處將工程交由新泰昌機器廠的箋條（一九四七年七月三十日）

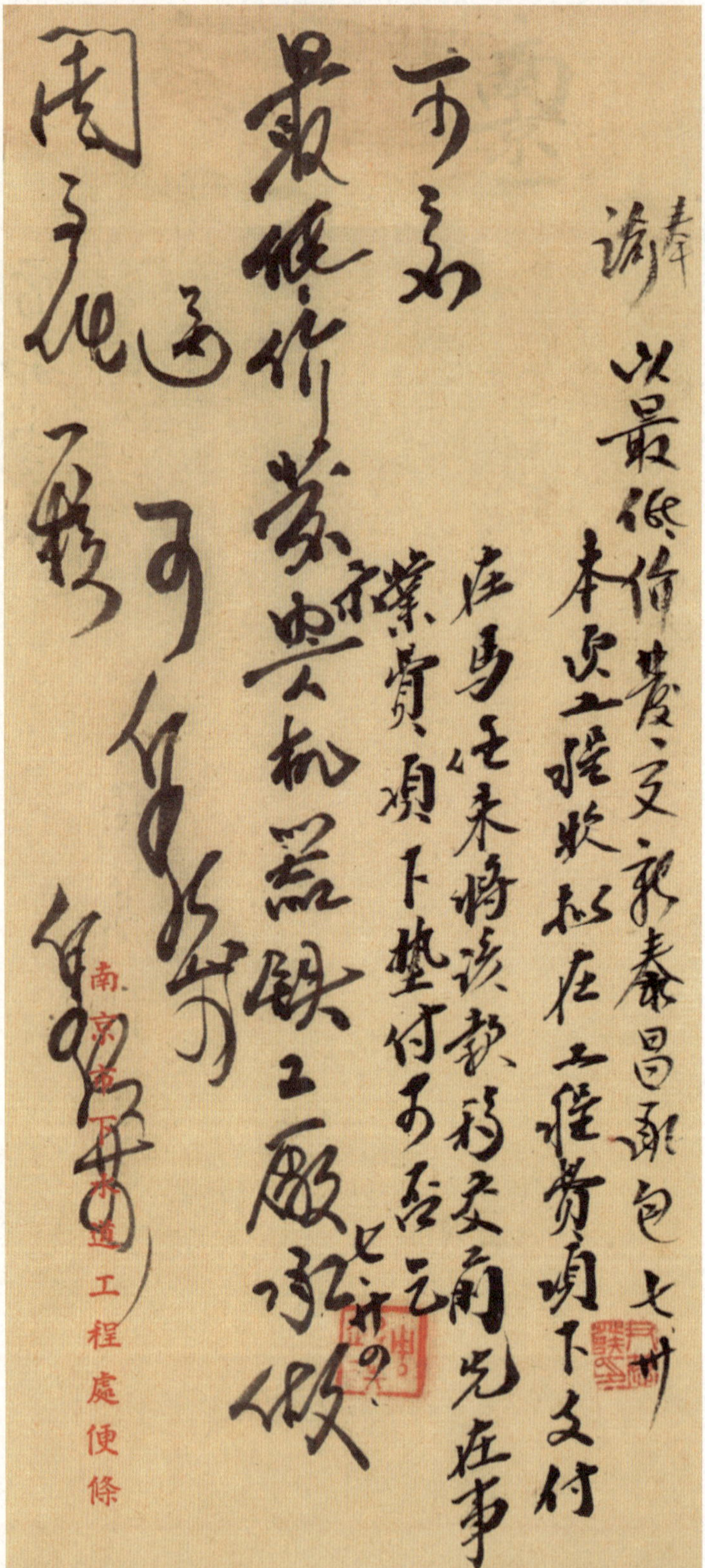
奉諭
以最低價標交新泰昌承包
本處工程款擬在工程費項下支付
在局尚未將該款移交前先在事
業費項下墊付可否乞示
七卅
可如[illegible]
最低價[illegible]與新泰昌機器鐵工廠承做
可通知
周子健局長
[illegible]
南京市下水道工程處便條

（二一）南京市工務局下水道工程處職員朱人傑爲請辦理對保事宜致處長等的簽呈（一九四七年八月十五日）

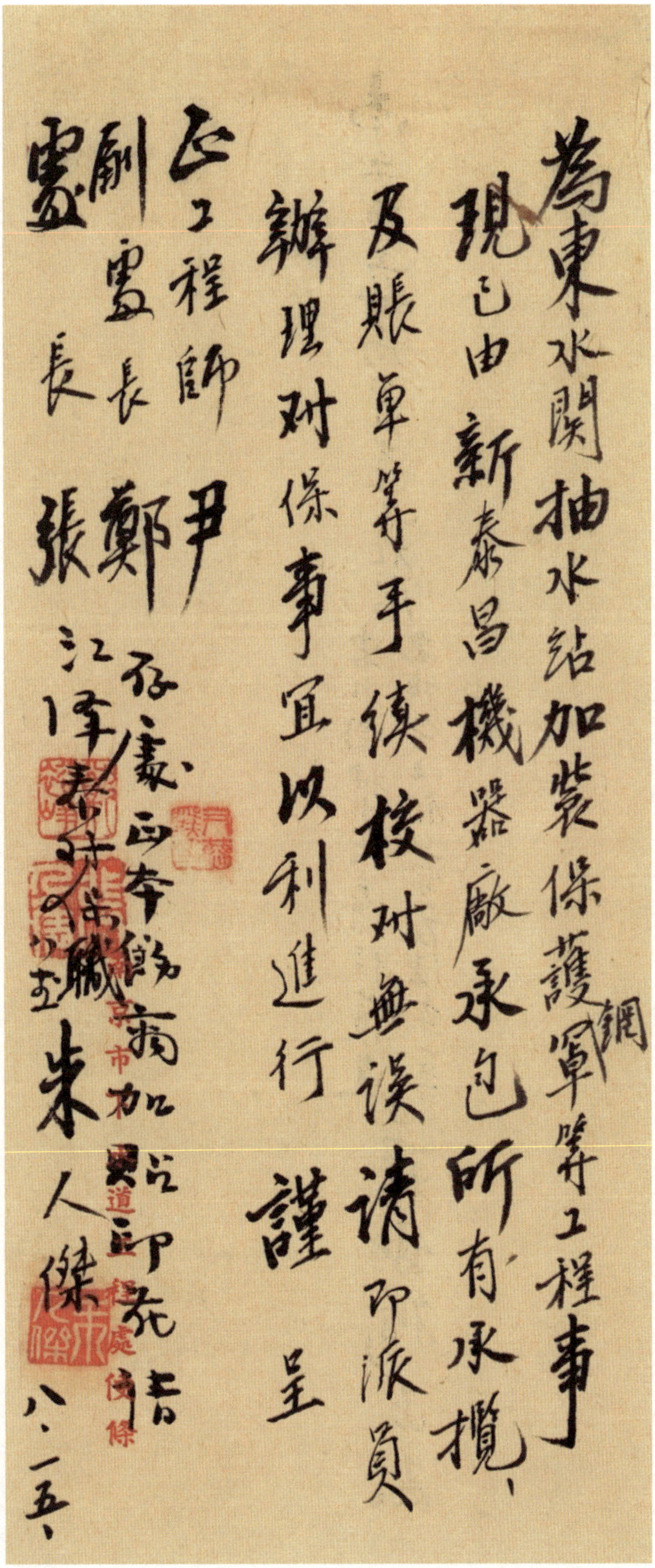

爲東水關抽水站加裝保護鋼罩等工程事，現已由新泰昌機器廠承包，所有承攬、及賬單等手續校對無誤，請即派員辦理對保事宜，以利進行。謹呈

正工程師尹

副處長鄭

處長張

職朱人傑

八、一五

移處函，奉飭商加貼印花。

江澤春 八/廿五

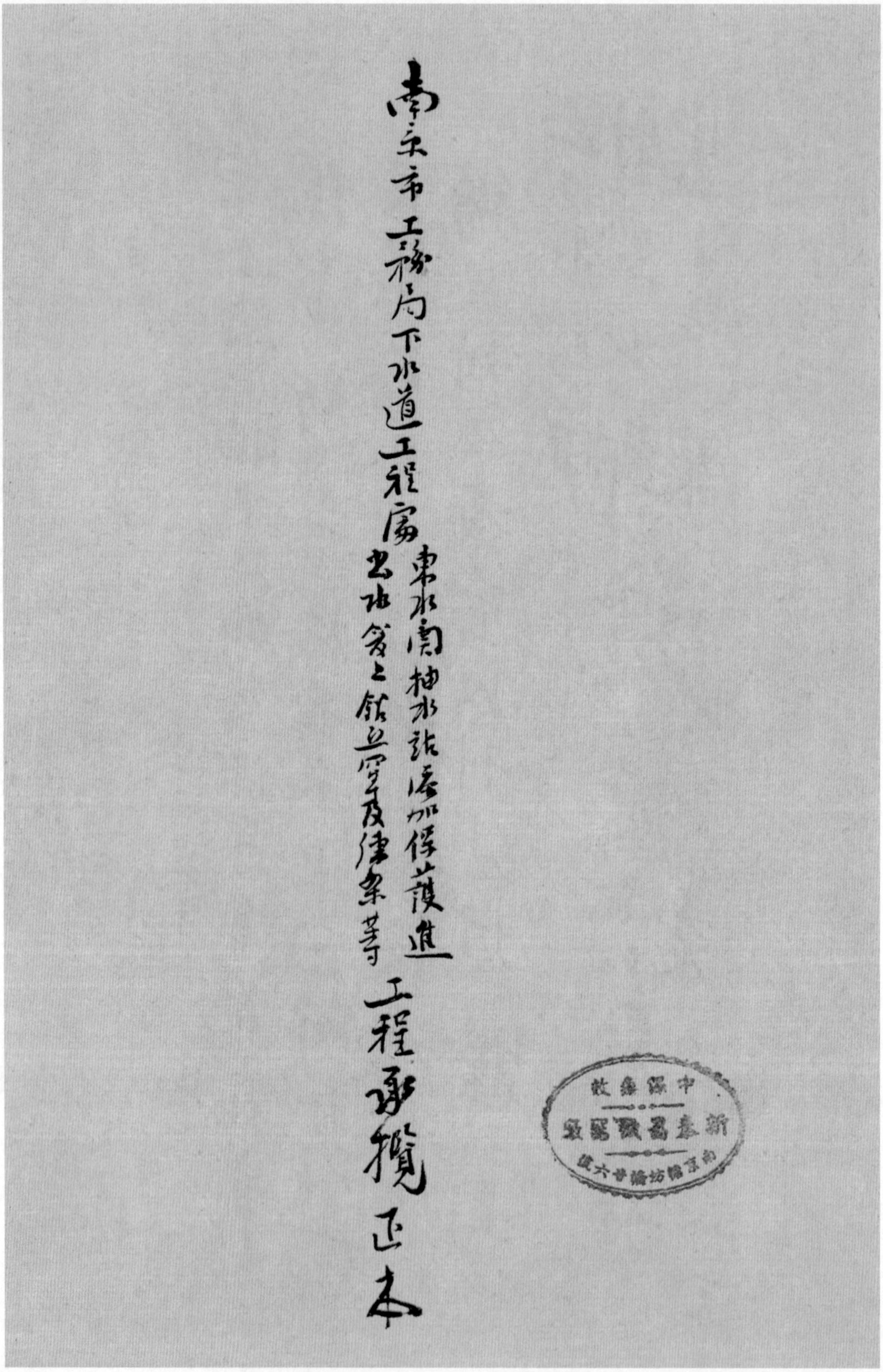
南京市工務局下水道工程處
東水關抽水站添加保護道
出水管之鋼骨[illegible]及建築等
工程承攬正本

南京市工務局下水道工程處承攬　第　號

立承攬人新泰昌机器廠今攬到

南京市下水道工程處東水關抽水站添加保護進出口水管鉛絲網罩及鐵練鎖等工程　國幣肆佰叁拾肆萬捌仟五佰元正

茲願按照左列各條訂定承攬如下

一、工程範圍　鉛絲網罩及鐵練鎖等詳見賬單為証

二、工程總價　國幣肆佰叁拾肆萬捌仟伍佰元正本承攬訂立後如遇物價波動工資任何調整承攬人不藉口要求增價、

三、完工日期　自付款日起不論陰雨限期十五天全部

完工裝竣

四、領款辦法　分三期付款

第一期承攬簽訂付百分之六十計國幣弍佰伍拾肆萬玖仟壹佰元整

第二期全部裝好付百分之三十計國幣壹佰弍拾柒萬肆仟伍佰伍拾元整

第三期經驗收合格後付清尾款計國幣肆拾弍萬捌仟捌佰伍拾元正

五、逾期罰款　全部工程限期每逾一天按總價千分之五罰款計每天國幣弍萬壹仟弍佰肆拾弍元五角

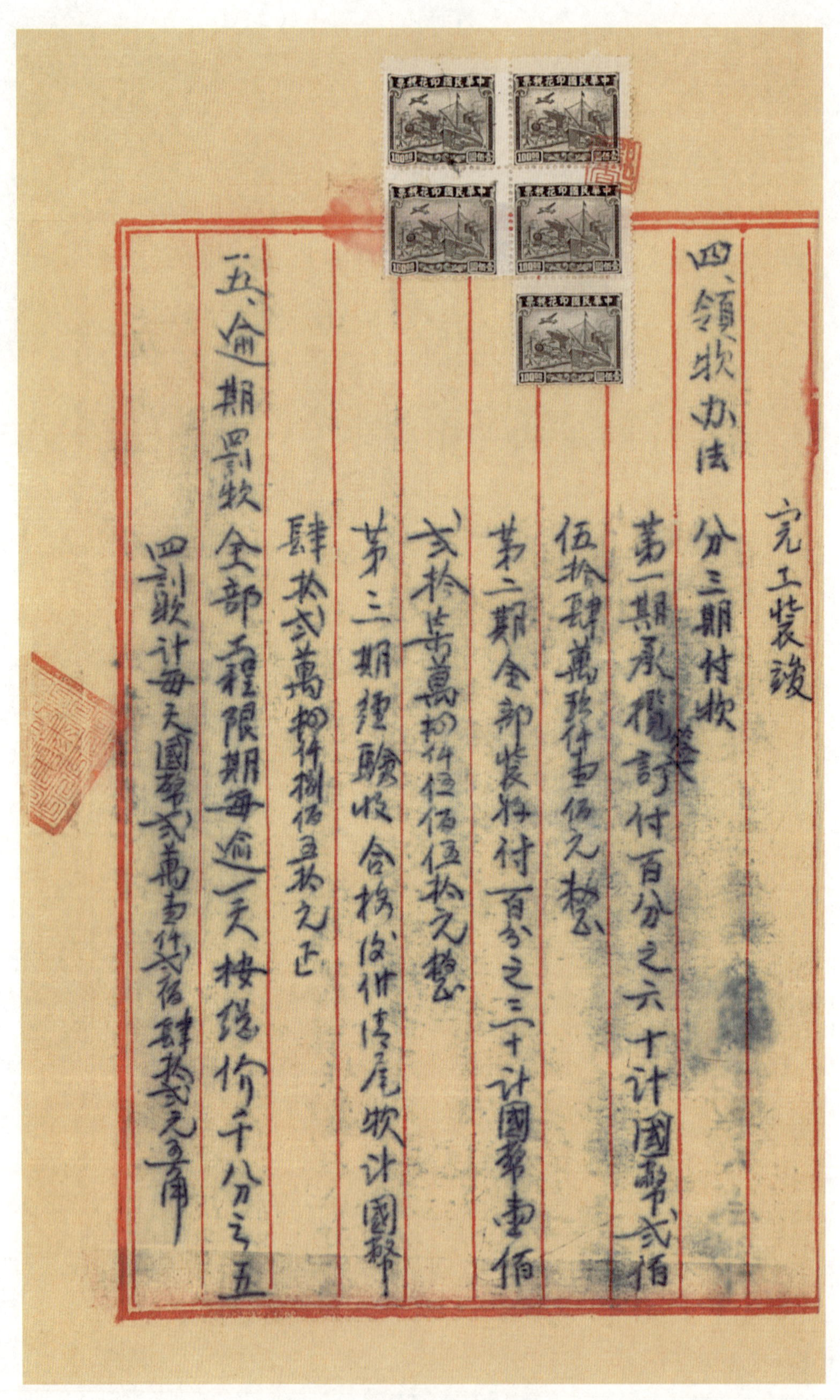

六、本承攬均照賬單並本承攬人均須遵守照以辦理不得偷工減料隨時由本處主管工程師等指示辦理不得違反及托詞要求加價

七、鋪保　承攬人應覓資本在國幣五佰萬元以上鋪保

八、保證責任　本承攬自訂立之日起如有貽誤及違背一切規章之處均由保證人負賠償責任倘該保人在本承攬尚未完工時有停業及破產情事發生承攬人應另覓保證人如新保證人未覓得時原有保證人應繼續負責

承攬商號　新泰昌機器廠

新泰昌機器廠

經理　俞何光

住址　糖坊橋三大号

保證商店　周日昇錫

經理　周維清

住址　糖坊橋引号

對保人

中華民國三十六年捌月　十八　日

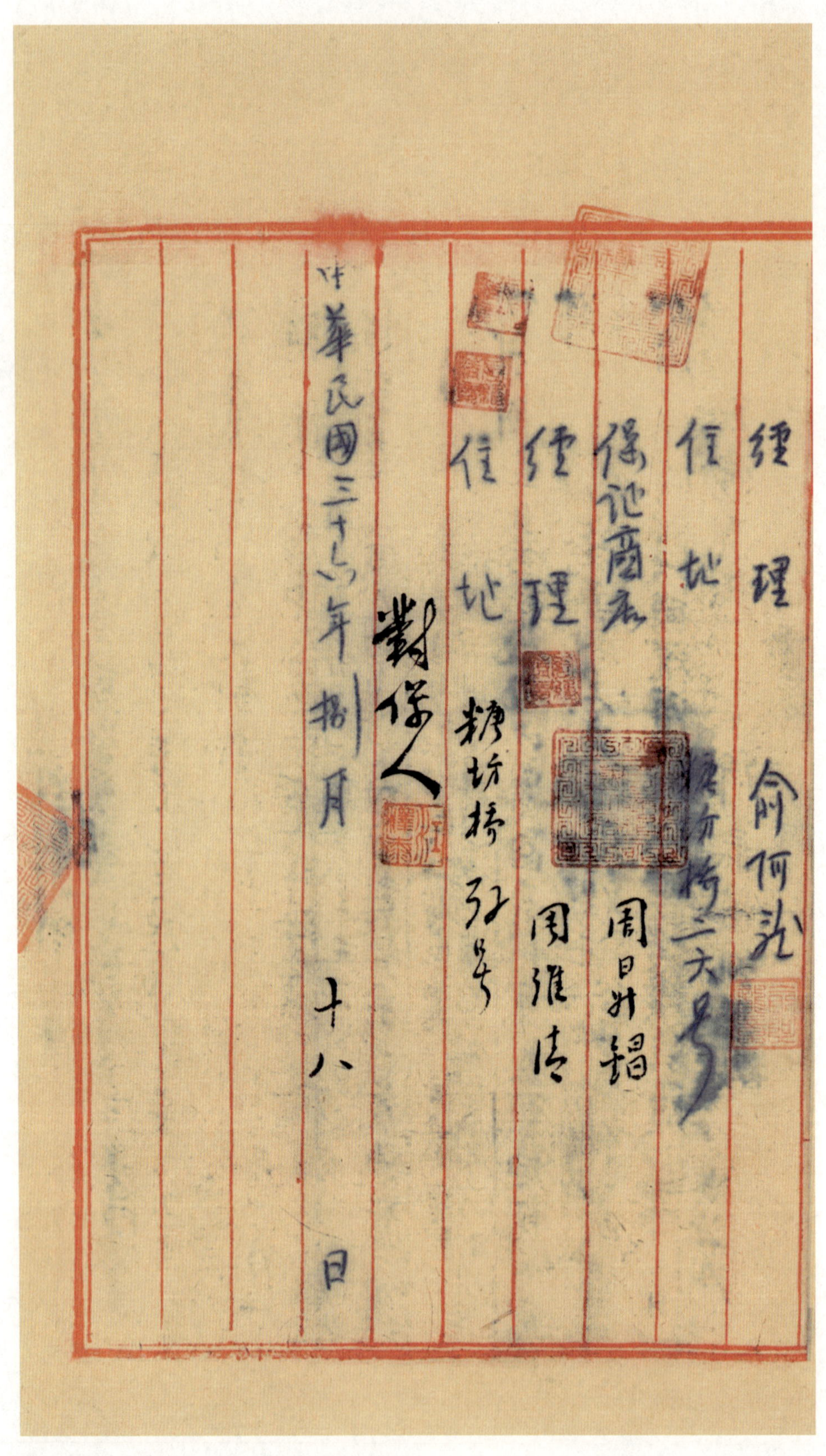

新泰昌機器廠用箋

賬單

名稱	材料	重量	數量	單價		合計		附記
進水口裝置斜孔	鈍銅絲	十三号	十八英方尺	二六〇〇〇	〇〇	四六八〇〇〇	〇〇	照原尺寸 3×6'
鉛絲網用鐵框	扁鐵	二七五公斤	兩片	一六〇〇〇	〇〇	四四〇〇〇〇	〇〇	仝右
鐵框用地軸螺絲	圓鐵	六公斤	二〇根	一六〇〇〇	〇〇	九六〇〇〇	〇〇	[illegible]
出水口廣圓罩裝進銅網	鈍銅絲	十三号	三〇英方尺	二二六〇〇	〇〇	六七八〇〇〇	〇〇	照原尺寸 3×6'
鉛絲網用鐵箍	扁鐵	二一公斤	二個	一二〇〇〇	〇〇	二五二〇〇〇	〇〇	仝右
仝右鐵絲箍	仝右	一一公斤	二個	一六〇〇〇	〇〇	一七六〇〇〇	〇〇	仝右
法蘭螺絲連帽子	圓鐵	二五公斤	七個	一六〇〇〇	〇〇	四〇〇〇〇	〇〇	螺×5/8"
閘門起落鐵鍊條上用	圓鐵	十二呎	二根	一七五〇〇	〇〇	四二〇〇〇〇	〇〇	[illegible]四道
仝右	仝右	五呎	三根	一七五〇〇	〇〇	二六二五〇〇	〇〇	仝右
鋁罩穿用螺絲	仝右	一二〇根	一二〇根	一二〇〇	〇〇	一四四〇〇〇	〇〇	螺×1吋
鍊條上彈子吊鎖	西洋貨		五把	四二〇〇〇	〇〇	二一〇〇〇〇	〇〇	鎖帶子 [illegible] 粗
仝右	仝右		二把	四二〇〇〇	〇〇	八四〇〇〇	〇〇	仝右
閘水井上隔水木板	木板	一公方	一塊	三二〇〇〇〇	〇〇	三二〇〇〇〇	〇〇	洋倉木工在內
木板上用拉鐵片	圓鐵	七二斤	一根	一六〇〇〇	〇〇	一一五二〇〇	〇〇	鋼×25吋長

中華民國　　年　　月　　日

南京新街口糖坊橋廿六號

新泰昌機器廠用箋

裝置全部人工	十二工	四套	一四八〇〇〇〇〇
合計			四六四八五〇〇〇〇

此致

南京市工務局下水道工程處

新泰昌機器廠

經理俞研究

民國三十七年捌月　日

中部登記
新泰昌機器廠
南京糖坊橋廿六號

中華民國　年　月　日

南京新街口糖坊橋廿六號

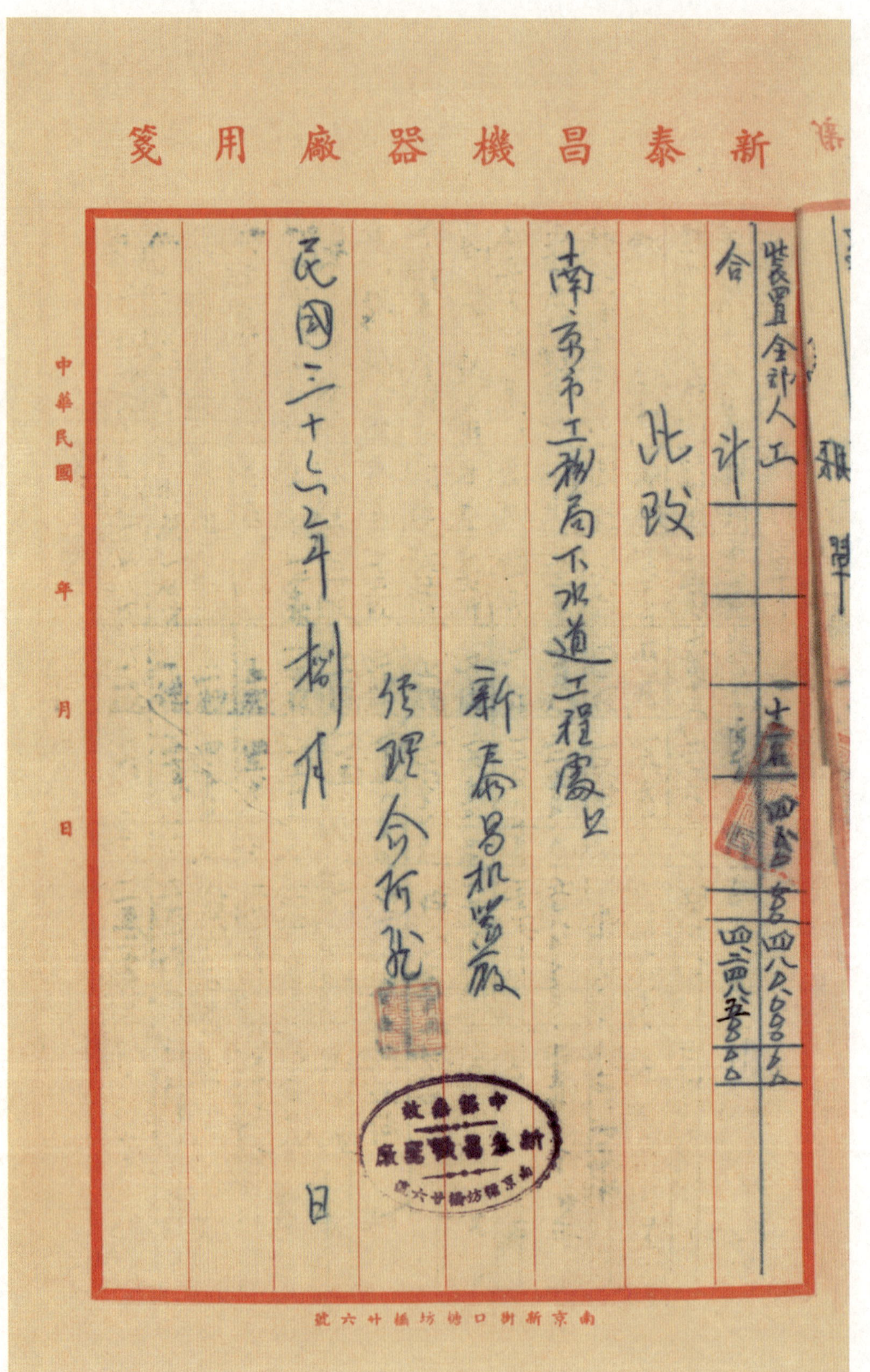

（四）南京市工務局下水道工程處職員尹恭發爲承包商請領第一期工程款致處長等的簽呈（一九四七年八月十八日）

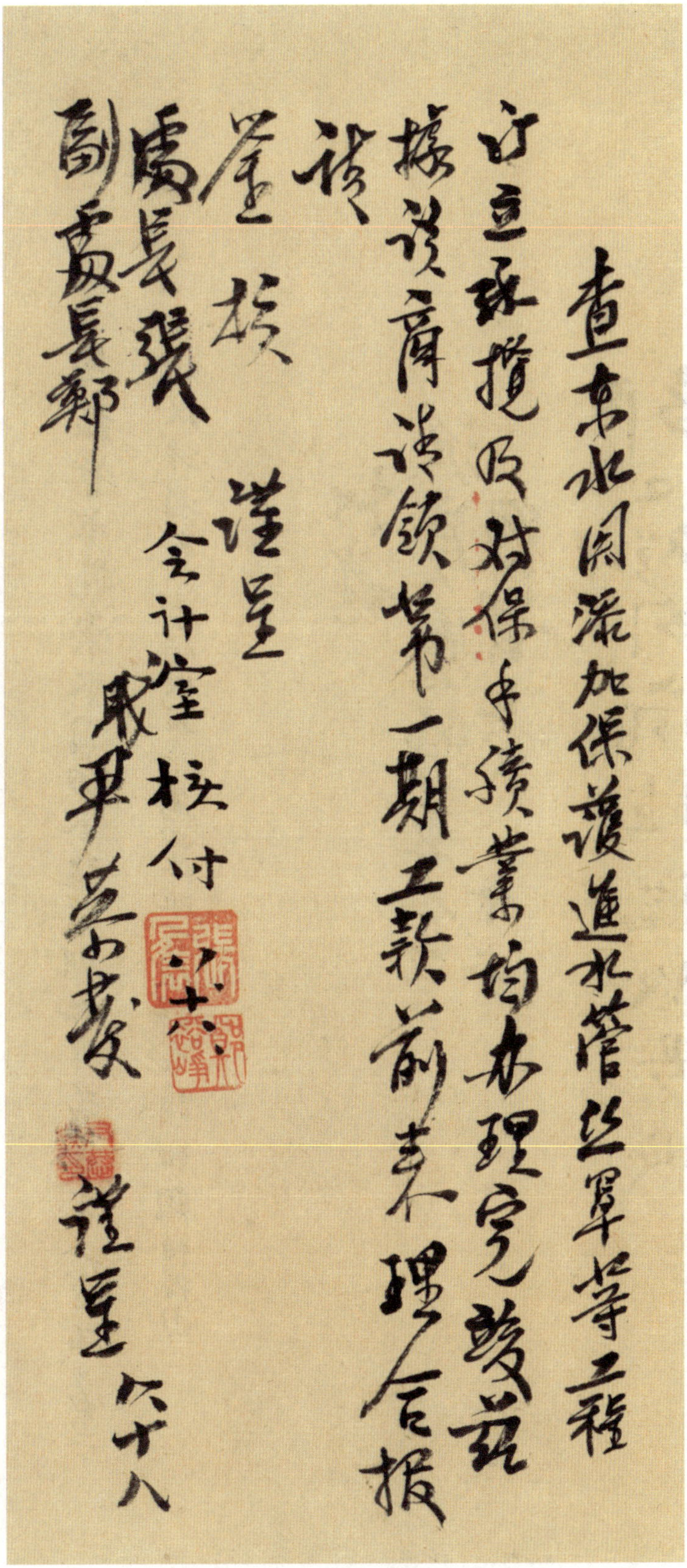

查東水關添加保護進水管絲罩等工程
訂立承攬及結保手續業均辦理完竣茲
據該商請領第一期工款前來理合報
請
鑒核 謹呈
處長張
副處長鄭
會計室核付 八、十八
職尹恭發 謹呈 八、十八

（五）新泰昌機器廠爲請領第二期工程款致南京市工務局下水道工程處的報告（一九四七年九月十五日）

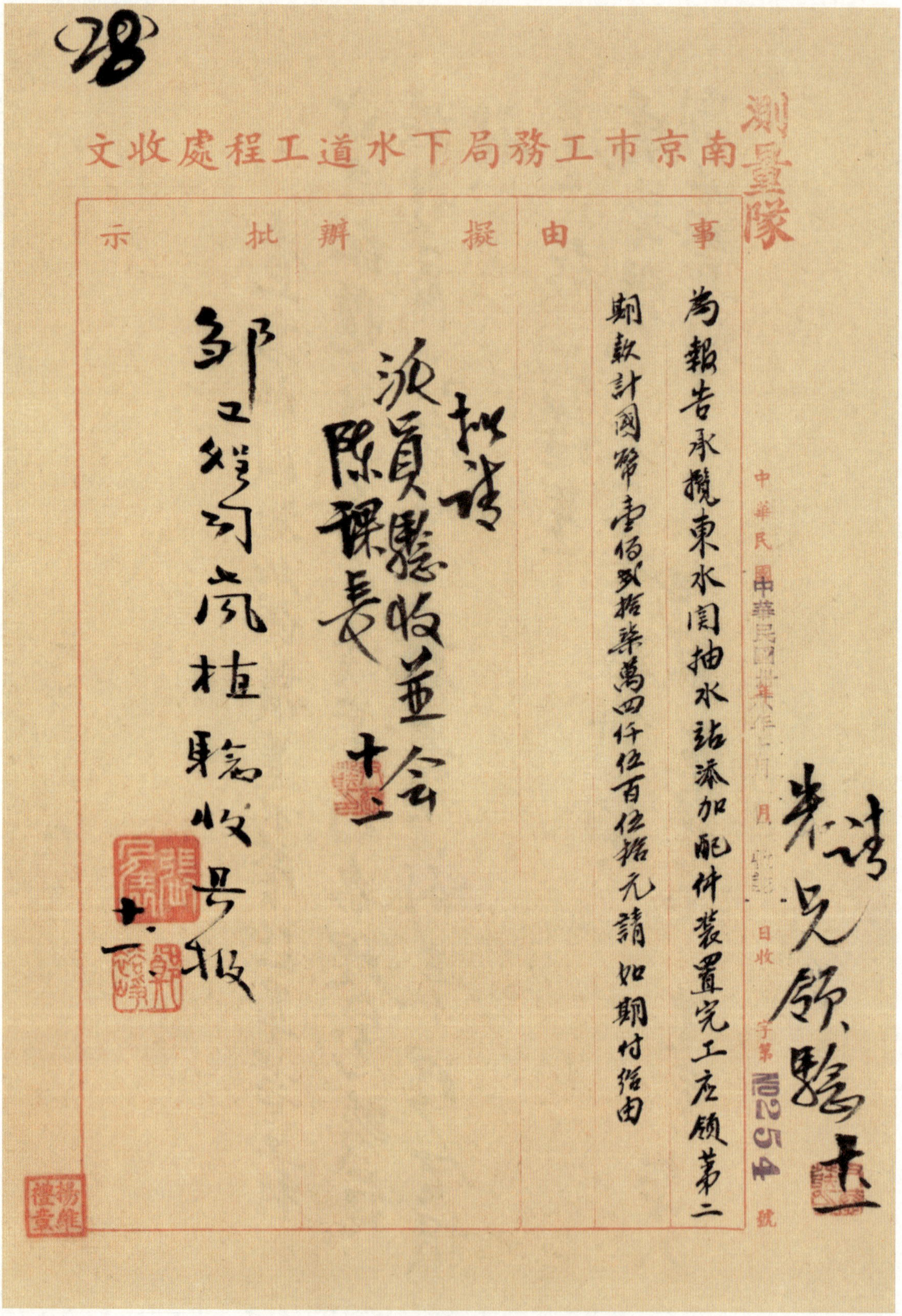
南京市工務局下水道工程處收文

測量隊

中華民國卅六年九月　日收　字第 No2254 號

事由：爲報告承攬東水關抽水站添加配件裝置完工應領第二期款計國幣壹佰玖拾柒萬四仟伍百伍拾元請如期付給由

擬辦：批請派員驗收並陳課長　十五

批示：鄒工程司嵐植驗收具報　十六

朱清呈閱　十五

報告

卅六年九月十五日
新泰昌機器廠

竊查本廠於八月十八日承攬東水関抽水站添加保護進出水管上鉛絲罩及律鎖等工程限期十五天完成屆時（九月二日）本廠將全部配做齊因
貴處正在抽水時期不能施工裝置後由
貴處通知於九月九日全部裝置完工照承攬第四條應領第二期款計國幣壹佰二十七萬四千五百五拾元准請如期付給實為公便

謹呈

工程師朱
正工程師尹
副處長鄭

處長張

新泰昌機器廠
經理俞阿龍

新泰昌機器廠

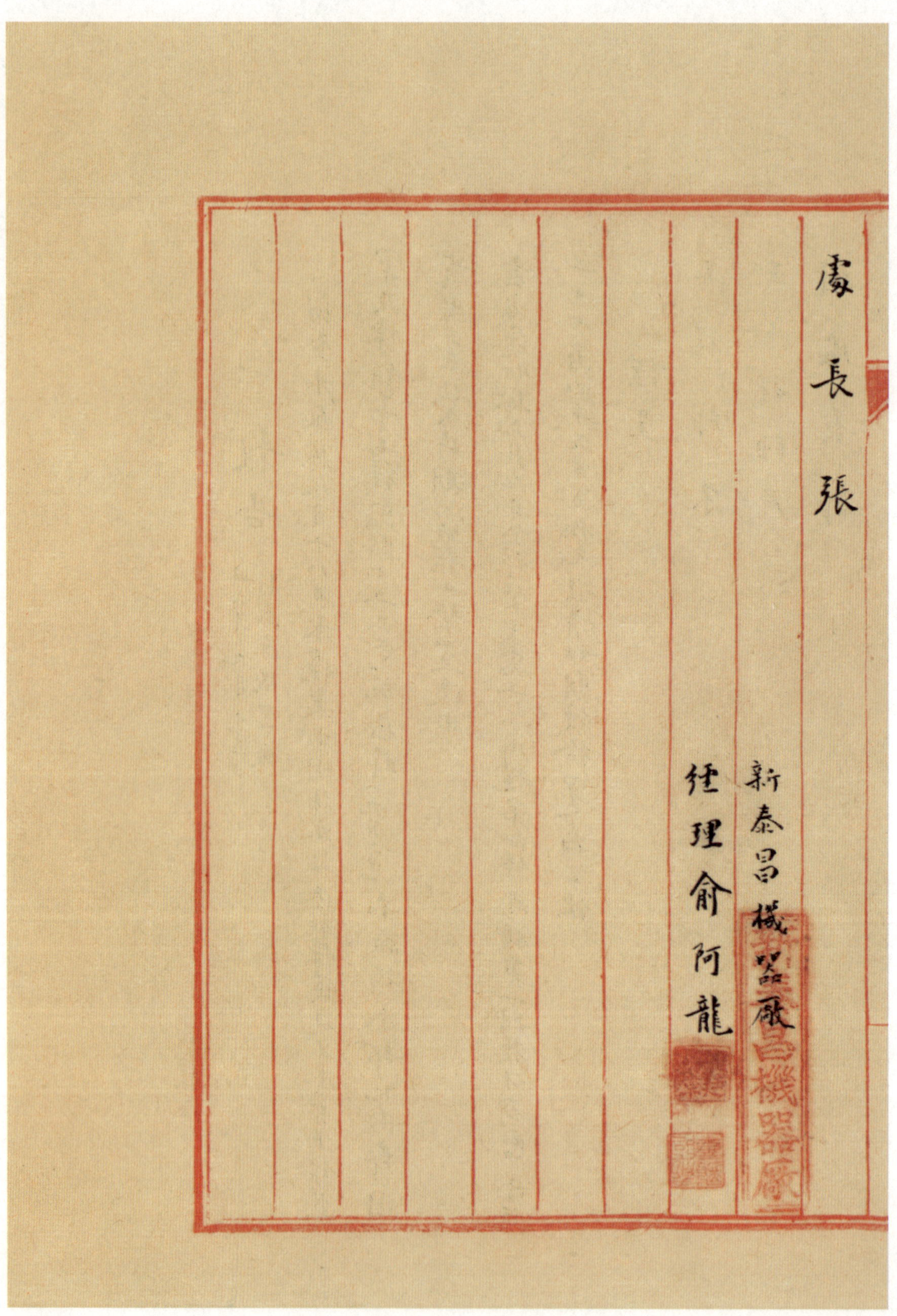

（六）南京市工務局下水道工程處職員鄒聲植爲驗收工程尚無不合致課長、處長的簽呈（一九四七年十月二日）

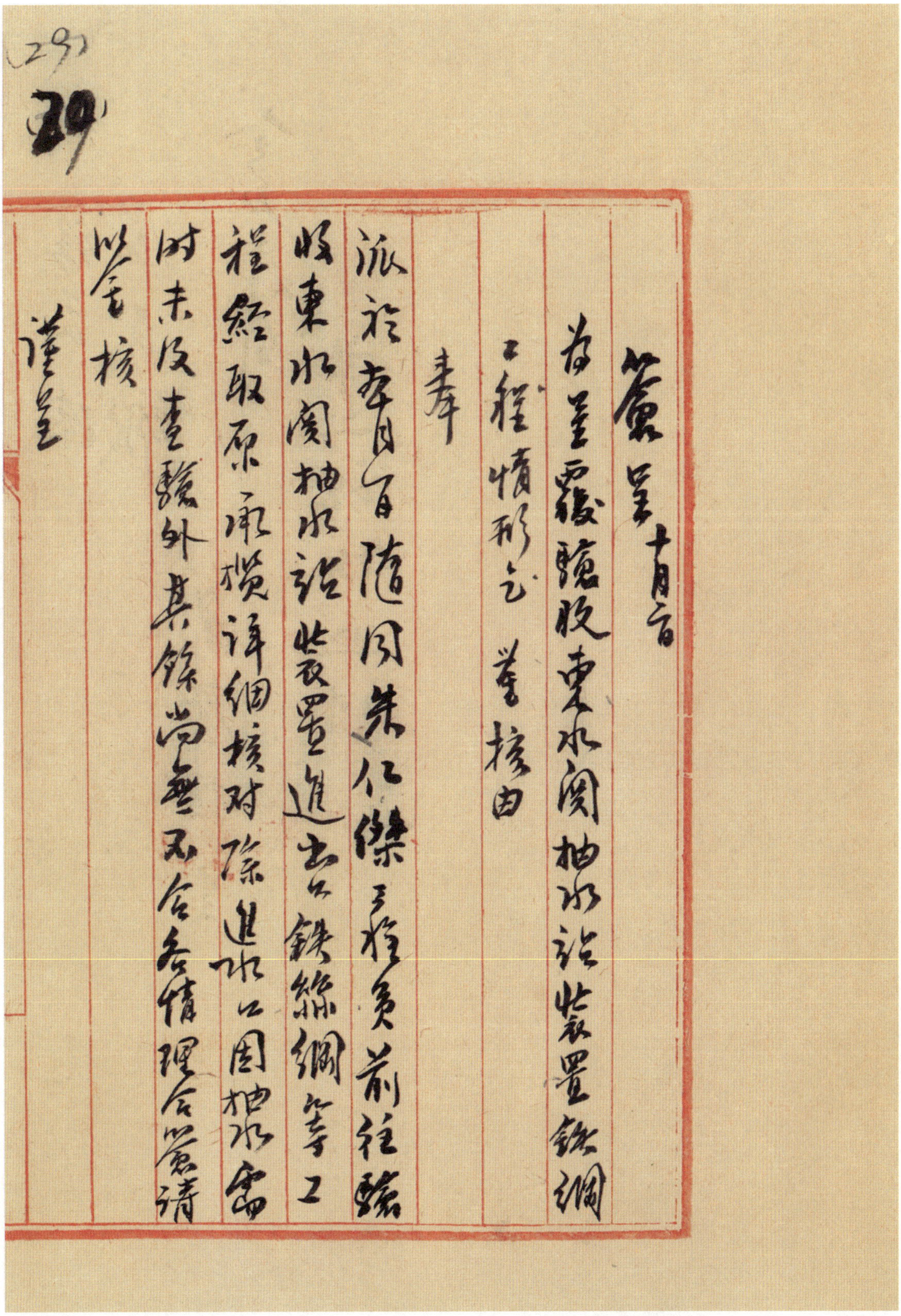
(29)
29

簽呈 十月二日

爲呈覆驗收東水關抽水站裝置鐵網
工程情形乞 鑒核由

奉
派於本月一日隨同朱仁傑工程員前往驗
收東水關抽水站裝置進水鐵絲網等工
程，經取原承攬詳細核對，除進水口因抽水需
時未及查驗外，其餘尚無不合，各情理合簽請
以鑒核
謹呈

課長 陳

處長 鄭張

職 鄭聲植 呈

今月二次照付

第二號款照付 十二、

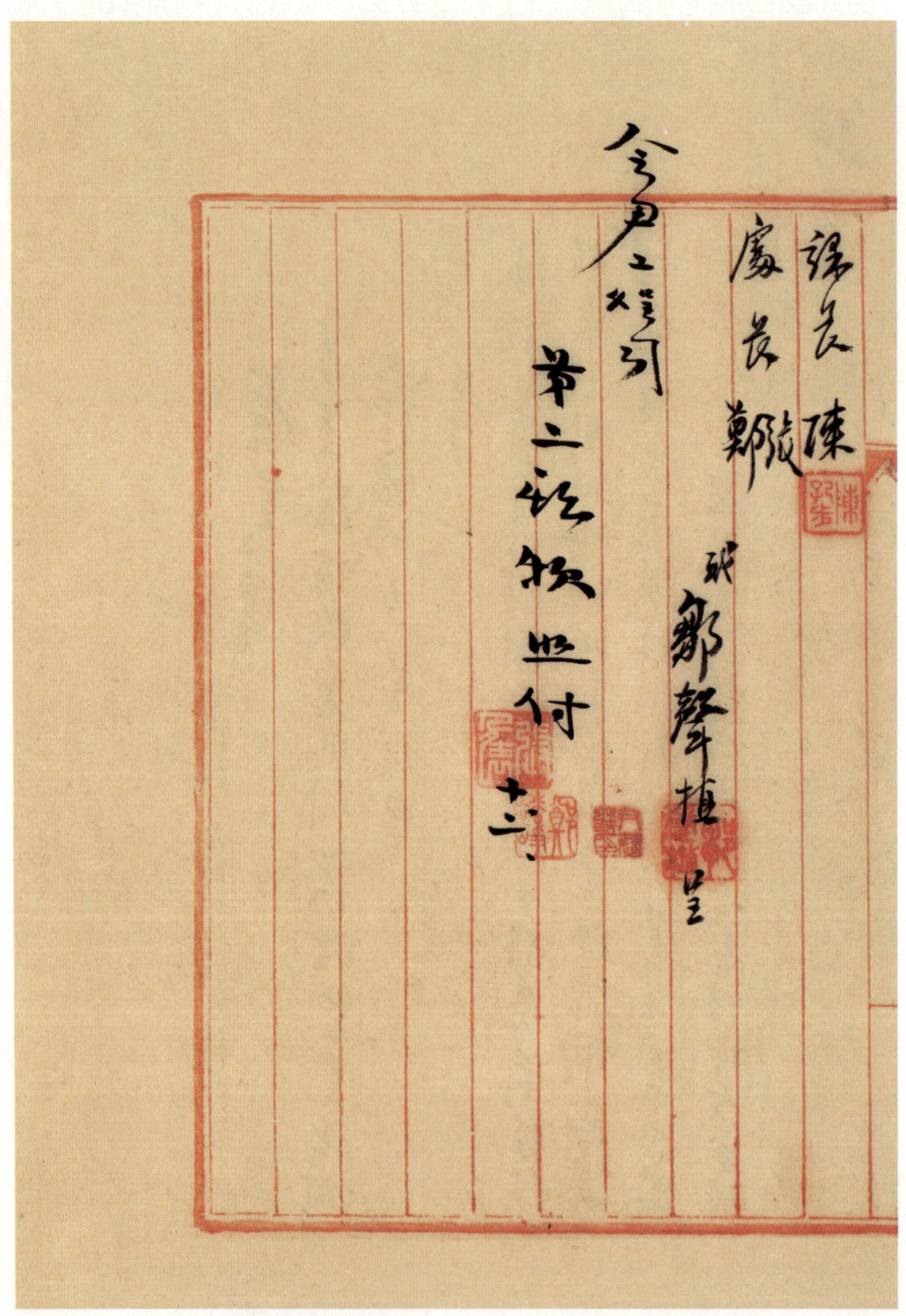

（七）新泰昌機器廠爲請領第三期工程款致南京市工務局下水道工程處的報告（附件：保證書）（一九四七年十月三日）

南京市工務局下水道工程處收文

中華民國卅六年十月 日收 下工字第256號

事由：為报告承攬東水關抽水站添加工程業經完成由本廠出具保書並希領第三期國幣四拾弍萬四仟捌佰伍拾元請如期付給由

擬辦：查本案係貴科鄔工程師驗收相應轉請核示賜會為荷 此致 工務課

測量隊 十月

擬依照前驗收據先核發 十月

批示：[illegible]

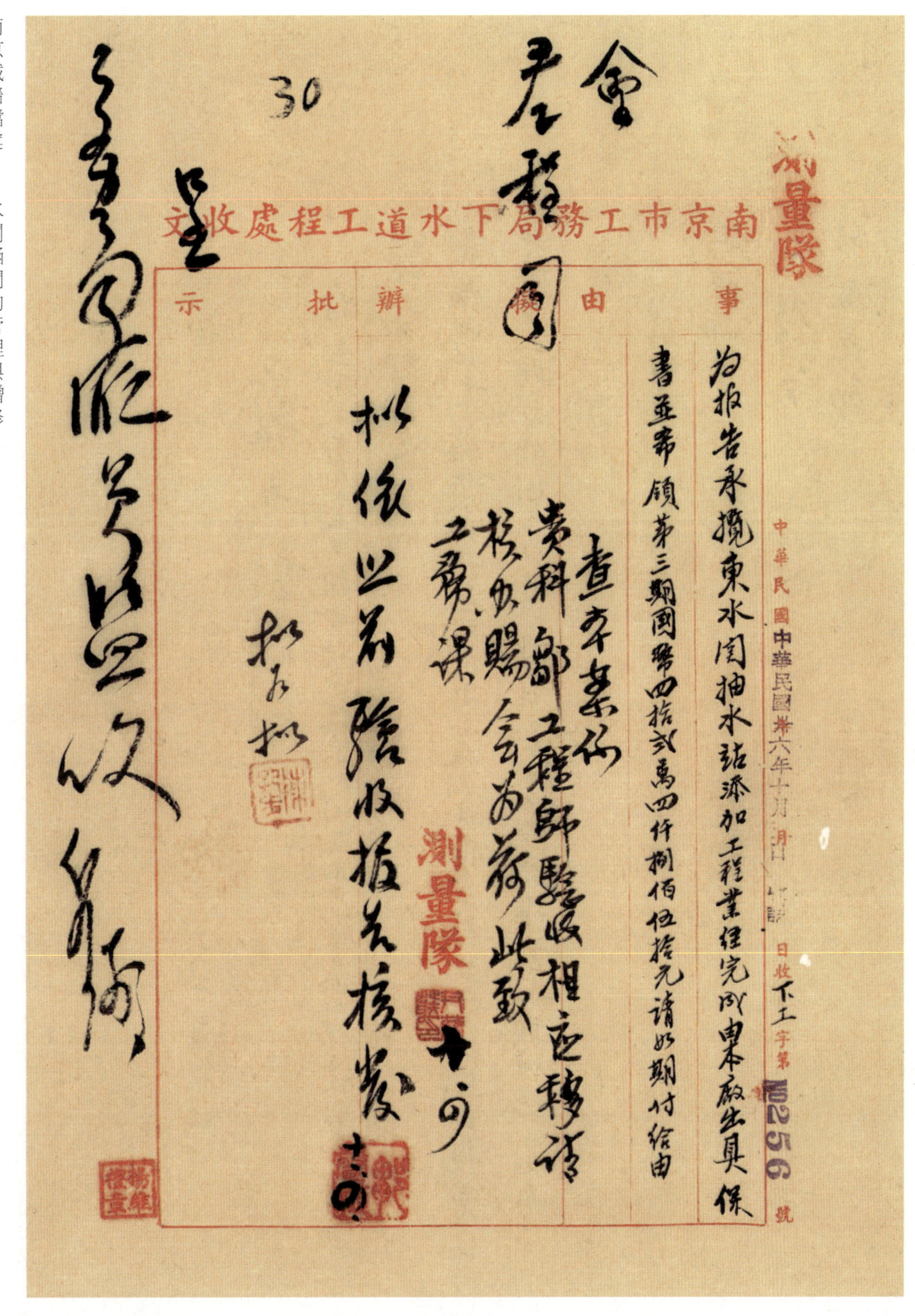

報告

三十六年十月三日
新泰昌机器廠

竊查本廠九月十五日報告對承攬東水閘進出口水管添加保護鉛絲穿工程已於九月九日完成頃奉

貴處通知業已驗收合格并無貽悞由本廠出具保書外並希按照承攬第四條第三期應領國幣四拾弐萬四仟捌佰五拾元准請如期付給實為

公便

謹呈

工程師朱

正工程師尹

副處長鄭

中華民國卅六年十月 日 收到
下工字第2256

張處長

新泰昌經理俞炳龍呈

附保證書一紙

附收據一紙 合計壹角之印花

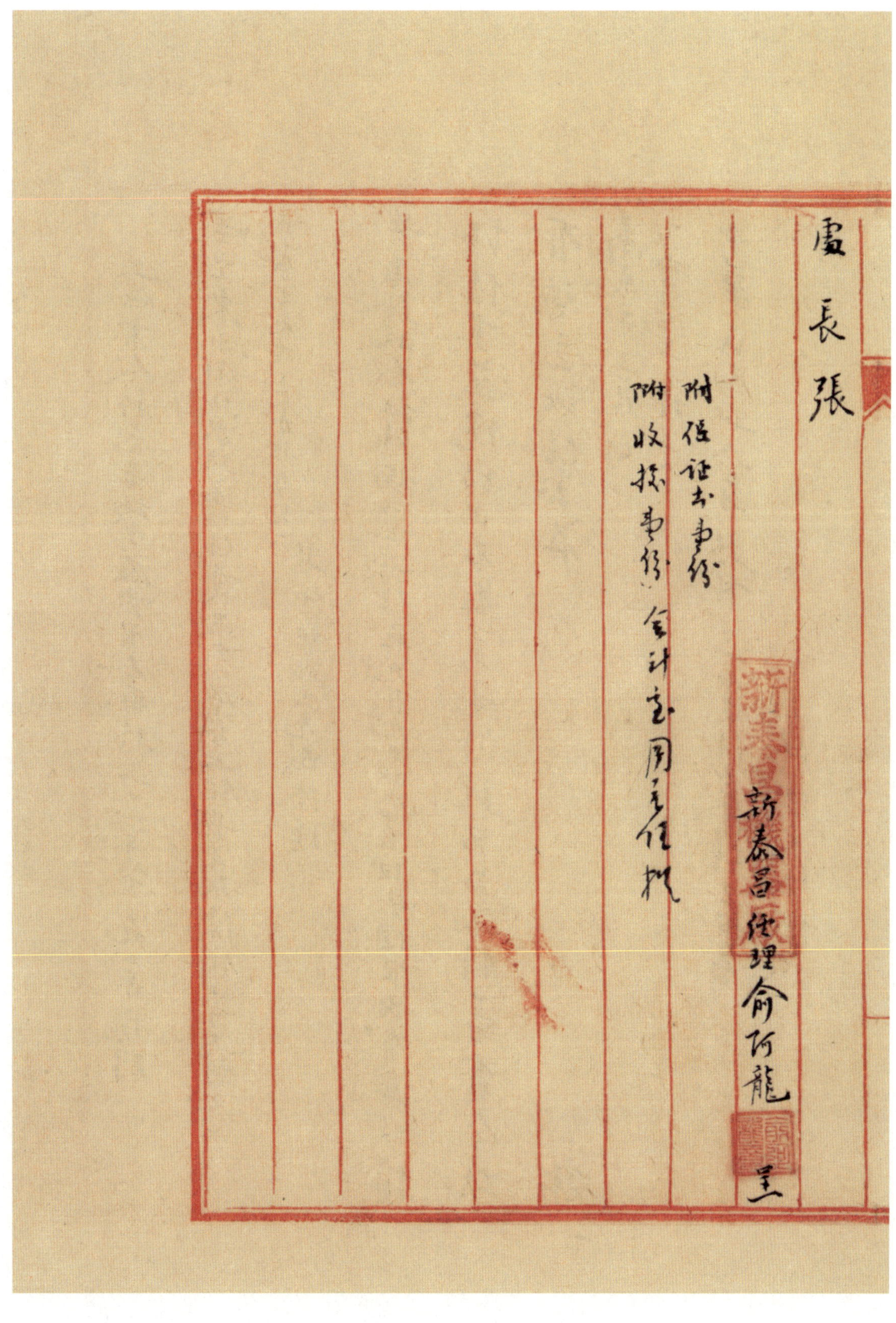

立保書人新泰昌機器廠前因本廠於三十六年八月九日承攬到
貴處東水關抽水站添加保護進出口水管上鋼絲網及煉鎖等工程（因三十六年八月九日本廠所立之承攬為證）早經如期完成除經
貴處驗收合格外倘以上工程在九月九日裝置後六個月內有無故損壞情事發現均由本廠負責修理不另加工料等費今欲有憑立此保書存 證

南京市工務局
下水道工程處

中華民國卅六年九月三日立保書人新泰昌機器廠
經理俞炳龍

中華民國 年 月 日

（八）南京市工務局下水道工程處爲送工程估價單等致市工務局的簽呈（附件：估價單）（一九四七年十月十七日）

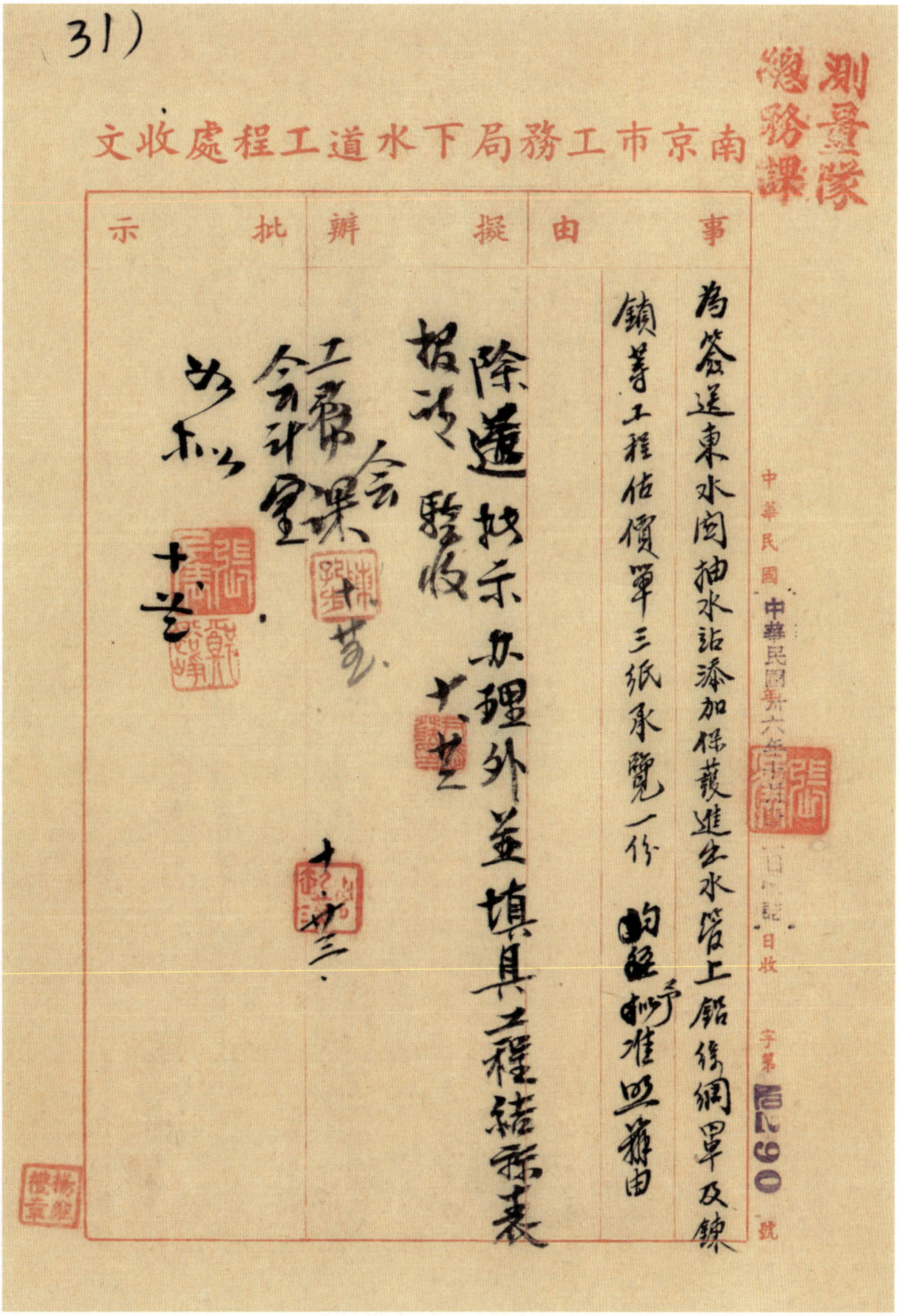
31)

測量隊
總務課

南京市工務局下水道工程處收文

事由	擬辦	批示
爲簽送東水關抽水站添加保護進出水管上鉛絲網罩及鐵鎖等工程估價單三紙呈覽一份 敬祈核准照辦由	除遵批示辦理外並填具工程結祘表 報請 鑒核 十、廿三 會 工務課 會計室 十、廿三	如擬 十、廿三

中華民國三十六年十月十七日收 字第 2290 號

南京市工務局簽呈

中華民國卅六年十月廿二日□記

No 290

科(三)字第1580號

民國　年　月　日

發文　字第 No 309 號

事由：為簽送東水閘抽水站添加保護進出水管上鉛絲網罩及鍊鎖等工程估價單三紙承攬一份祈　鑒核備查由

竊查本處經管東水閘抽水站附近河中沉澱磚石甚多，每於開機抽水之時混入邦浦，發生障礙，為求安全計，需於進出口加裝鉛絲保護罩，又各站涵閘門升降機件置於路口，為防止行人拉將啟動，需加裝鎖鍊，以上兩項工程經招廠商德昌機器鐵工廠、義豐機器鐵工廠及新泰昌機器工廠等三家比賬，結果以新泰昌機器工廠開價最低，總價計國幣一四佰弍拾四萬捌仟伍佰元整，當於八月十八日與該廠訂立承攬，俟夏汛過後方始開工，該款擬請在馬前任移交修理東水閘馬達及半山寺鉄窓梂等涵閘工程費節餘之壹仟肆佰柒拾萬〇伍仟元項下動支，可否之處，理合檢同估價單三紙、承攬一份簽祈

工務局收文 5505號 十月廿日

核	簽	批	示

10月17日收文工字第9528號　月　日　字第　號批迴

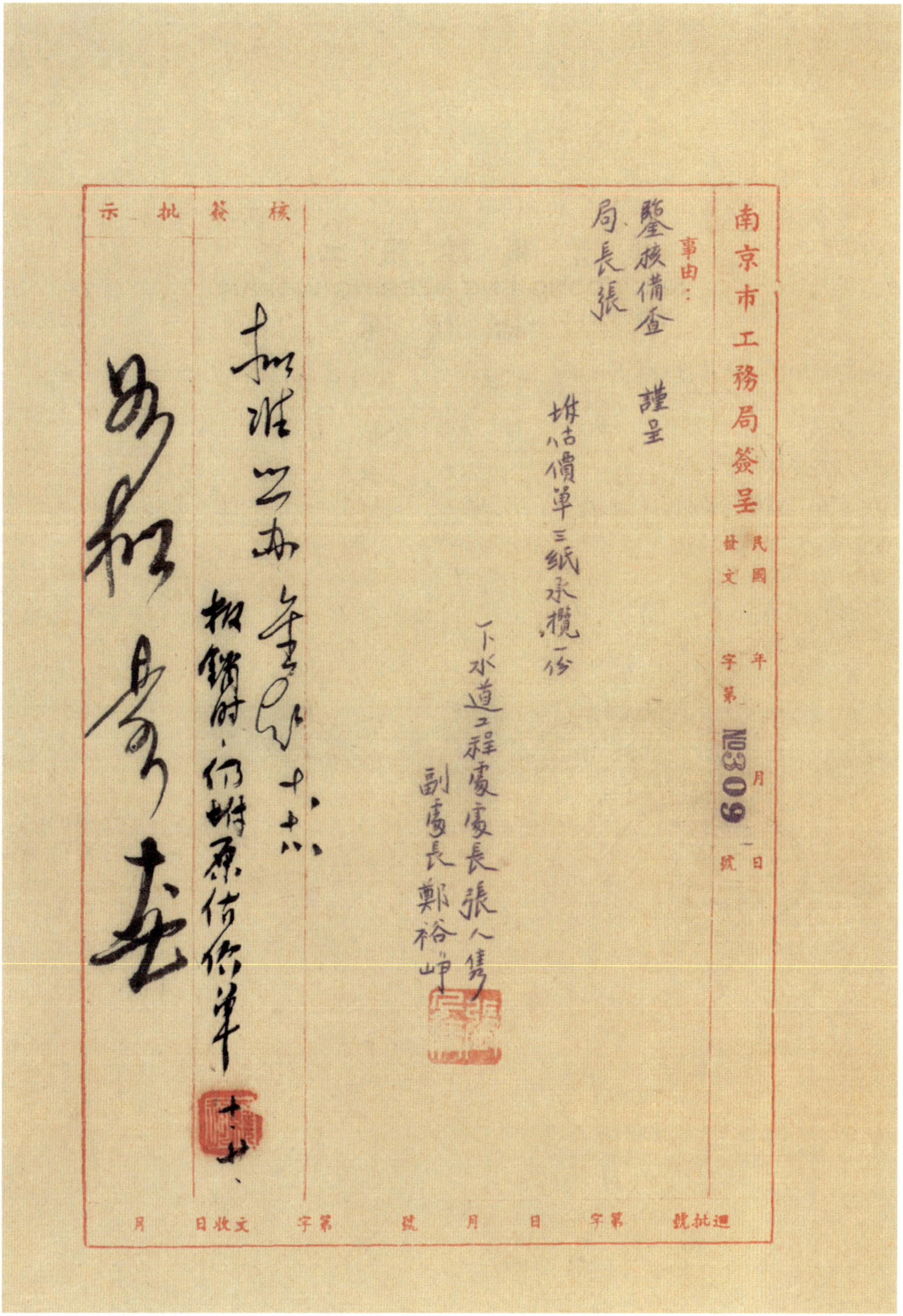
南京市工務局簽呈

民國　年　月　日

發文　字第 №309 號

事由：

鑒核備查

局長張

謹呈

附估價單三紙承攬一份

下水道工程處處長張人雋

副處長鄭裕峰

核簽：

擬准[illegible]　十六

擬銷時，仍將原估價單　十六、

批示：

如擬　[illegible]

迴批號　字第　日　月　號　字第　收文日　月

(1)

義豐機器鐵工廠
NEE FOONG ENGINEERING WORKS
估價單

南京市工務局下水道工程處 台照　　中華民國36年7月21日

名稱	數量	單價	總價
#13鉛丝網 3×6尺 進口	18方尺	25.0000	450.0000
仝上用角鉄鉄框 2″×1/4	2个	265.0000	530.0000
鉄框地脚螺丝 5/8×3″	12根	10.0000	120.0000
出口#13鉛丝網	30方	25.0000	750.0000
仝上用鉄箍 2×3/8×20尺	2个	220.0000	440.0000
〃 鉄框 1/4×1/2×24尺	2个	110.0000	220.0000
〃 法兰螺丝 3/4×3″	7个	7.0000	49.0000
〃 鉄框用〃 3/8元1 1/4長	130个	1.5000	195.0000

合計 2754.0000

義豐機器廠
中保無效
南京香鋪營九號

南京：林森路香鋪營九號

經手人 王□

發興機器鐵工廠

[redacted]

估價單

南京市工務局下水道工程處 台照　　中華民國36年7月22日

名稱	數量	單價	總價
進水口處裝置#13鉛丝網 3×6 1扁	18英方尺	22,600.00	406,800.00
鉛丝網用扁鐵鋑框 1/4"×2"×3'6" 2片 連风焊	26.5公斤	16,000.00	424,000.00
鐵框用地軸螺丝連帽子 5/8"×8" 20根	6.公斤	16,000.00	96,000.00
出水管處裝置半边圓鉛丝罩壳網 3×5 2扁	30.英方尺	22,600.00	678,000.00
鉛丝網罩壳用鐵箍 3/8"×2"×20' 連风焊 25	22.公斤	16,000.00	352,000.00
鉛丝罩壳用鐵框 1/4"×1 1/2"×24' 25	11.公斤	16,000.00	176,000.00
法蘭螺丝連帽子 5/8"×3" 7根	2.5公斤	16,000.00	40,000.00
鉛丝罩壳用螺丝 3/8"×1 1/2"	120.根	1,200.00	144,000.00
南門瓦尔盖上用 5/8"圓鐵鍊条 12呎 2根	24.呎	17,500.00	420,000.00
〃 〃 5呎 3根	15呎	17,500.00	262,500.00
〃 鐵鍊条用弹子銅吊鎖鼻子垃圾	5把	42,000.00	210,000.00
儲水井上添配本松木蓋計木料一公方及洋釘人工		360,000.00	360,000.00
〃 横鐵閂 1/2"×25呎 1根	7.2公斤	16,000.00	115,200.00
〃 鐵閂用銅吊鎖弹子鎖鼻子垃圾	2把	42,000.00	84,000.00
裝置全部鉛丝網人工	12名	40,000.00	480,000.00
附註			
(一)該估價單即日起限期七日内有効 逾期無効			
(二)該估價審核合格預與總額支付七成現款以資定單			
(三)該工程完工及以上等物繳齊後支付二成現款			
(四)候驗收後找尾一成現款此致			
			4,248,500.00

（印章：發興機器鐵工廠　南京漢中路96-98號）

南京漢中路九六至九八號　　經手人 [illegible]

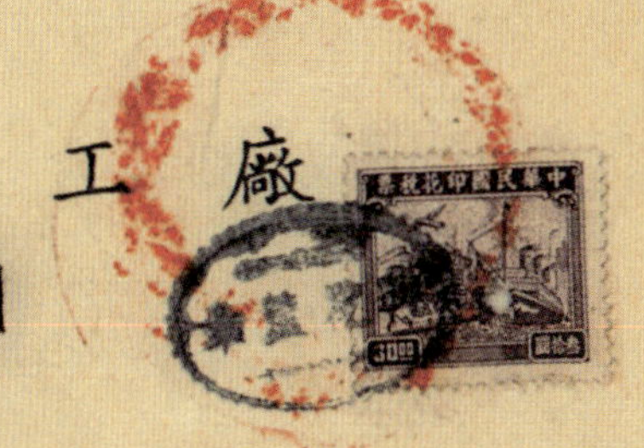

新泰昌機器工廠

估價單

南京市工務局下水道工程處 台照　　　　36年7月22日

名　　　　稱	數量	單價	總額
進水口處裝置井13 鉛絲網 3'×6' 1扇	18英方尺	22,600	406,800
鉛絲用角鐵鐵框 ×2"×36'（2塊）	連用螺絲 26.5公斤	16,000	424,000
鐵框用地腳螺絲連帽子 5/8"×8" 20根	6公斤	16,000	96,000
出水管處裝置半邊圓鉛絲罩殼網 3'×5' 2扇	30英方尺	22,600	678,000
鉛絲網罩殼用鐵箍 ×2"×20' 連用螺絲2個	22公斤	16,000	352,000
〃〃〃〃〃〃〃框 ×1½"×20' 2個	11公斤	16,000	176,000
法蘭螺絲連帽子 ×3" 7根	2.5公斤	16,000	40,000
鉛絲罩殼用螺絲 ×1½"	120根	1,200	144,000
閘門凡尔螺絲用 圓鐵條條 12尺 2根	24尺	17,500	420,000
〃　〃 5尺 3根	15尺	17,500	262,500
〃　〃用彈子鋼筋鎖鼻子	5把	42,000	210,000
儲水井上添配木松木蓋計木料一公方洋釘人工在內		360,000	360,000
〃　擋鐵 25尺 1根	7.2公斤	16,000	115,200
〃　〃鎖用鋼筋鎖鼻子	2把	42,000	84,000
裝置全部鉛絲網人工	12名	40,000	480,000
合　　計			4,248,500元

1 該估價期限七日內有效過期另議，
2 該估價審核合格後付定洋按總額百分之七十，
3 該工程完工將上列工件繳齊后付百分之二十，
4 經驗收合格後即付清尾款百分之十，

中保兼收

新泰昌機器廠

南京糖坊橋廿號

地点　南京糖坊橋26號

德昌機器鐵工廠

南京林森路八十七號

估價單

南京市工務局下水道工程處 照　　民國36年7月21日

日期	品名	數量	單價	總價
7/21	進水管用鉛絲網 #14 1扇	18方	26.00000	468.00000
〃	出水管用鉛絲網 #14 2片	30方	26.00000	780.00000
〃	進水管用扁鐵框 2片	2片	300.00000	600.00000
〃	〃用鐵框螺絲	18根	9.00000	162.00000
〃	出水管用鐵箱	2個	250.00000	500.00000
〃	〃〃鐵框 2付	2付	120.00000	240.00000
〃	法蘭螺絲	8個	8.00000	64.00000
〃	鐵框用螺絲	140個	1.60000	224.00000
〃	南门及西用練條 5/8×12尺	2根	250.00000	500.00000
〃	〃〃 5/8×5尺	3根	120.00000	360.00000
〃	鋼吊頭 鼻子 4粗	5個	41.00000	205.00000
〃	水井木盖子人工	1個		410.00000
〃	鋼吊頭 鼻子 4粗	1個		41.00000
〃	横插肖 1粗	1根		150.00000
〃	裝工	11名	45.00000	495.00000
〃				
〃				
〃				
〃				
〃				

南京林森路一三〇號 德昌機器廠 保無欺 中

經手人 鄭填　　總計 $ 5,199.00000

計法幣伍百捨九萬九仟元正

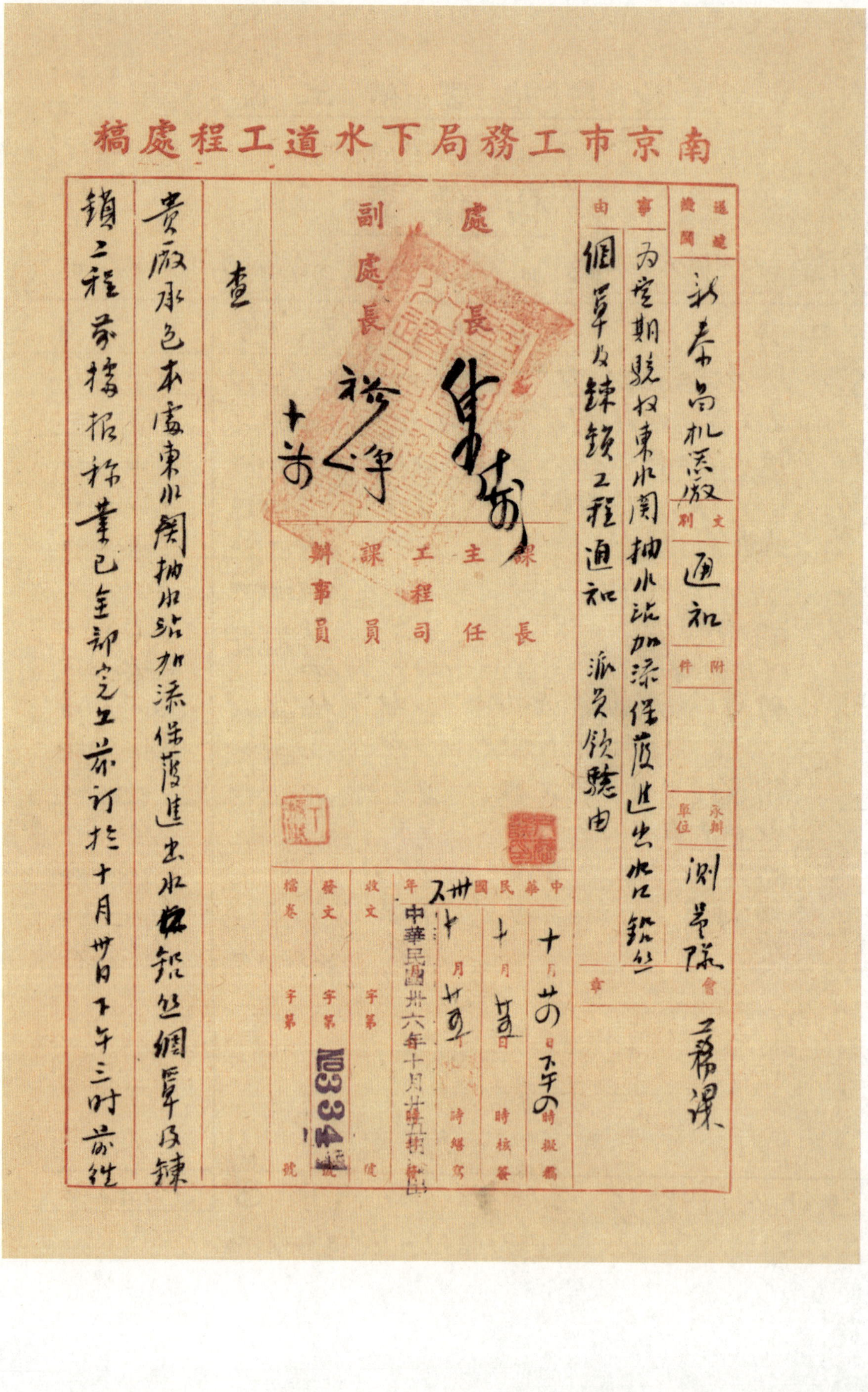

南京市工務局下水道工程處稿

送達機關	新泰昌機器廠
文別	通知
附件	
承辦單位	測量隊
會	工務課
事由	為定期驗收東水關抽水站加添保護進出水口鉄絲網罩及鍊鎖工程通知派員領驗由

處長　副處長

課長　主任工程司　課員　辦事員

中華民國 卅六年十月廿四日下午四時擬稿　十月廿五日核簽　卅六年十月廿五日繕寫

中華民國卅六年十月廿五日發　發文 字第 N0334 號

查

貴廠承包本處東水關抽水站加添保護進出水口鉄絲網罩及鍊鎖工程業已全部完工茲訂於十月卅日下午三时前往

（九）南京市工務局下水道工程處爲定期驗收工程致新泰昌機器廠的通知（一九四七年十月二十五日）

縣政府呈請
工務局派員屆時蒞縣外，相應通知，即希
准時派員來寧領縣爲荷

此致

新泰昌機器廠

宋 [illegible]

月 日

（十）南京市工務局下水道工程處爲請派員監驗工程致市工務局的簽呈（一九四七年十月二十五日）

(361)

測量隊

南京市工務局下水道工程處收文

事由	擬辦	批示
為定期驗收东水關抽水站加添保護進出水口鉛絲網罩及鍊鎖工程 業奉派員驗收由	併存 十六	

中華民國 年 月 日收 字第 號

中華民國卅六年十月 六日

315

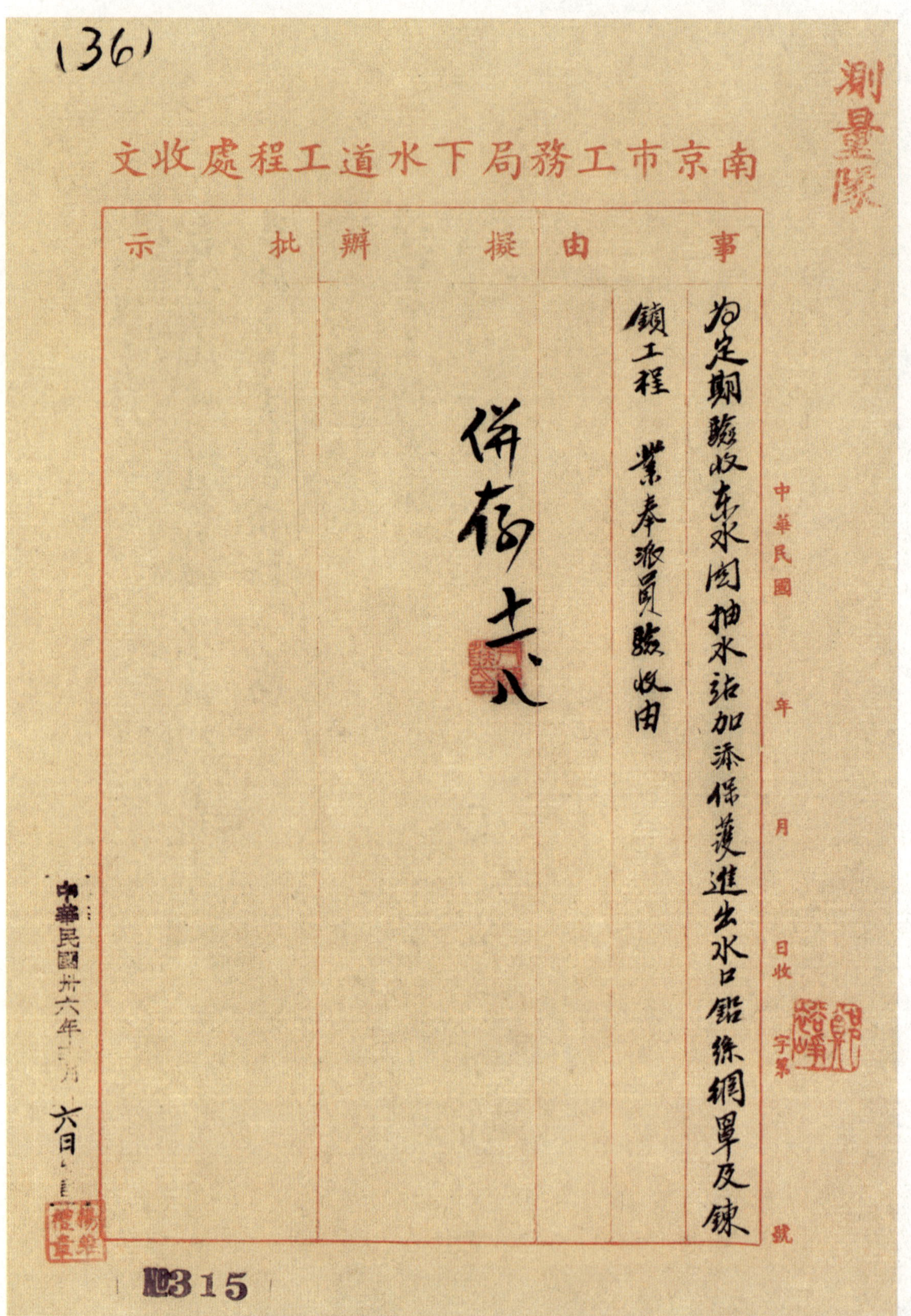

南京市工務局簽呈

民國中華民國卅六年十月廿九日發出

發文 字第 333 號

事由：爲定期驗收東水關抽水站加添保護進出水口鉛絲網罩及鍊鎖工程請遴員監驗由

查東水關抽水站添加保護進出水口鉛絲網罩及鍊鎖工程經招商比價後發交新泰昌機器廠承包業以下工三三九號簽呈呈奉核准在案茲據該承包商呈稱略以「該項工程業已如限完工請賜驗收並付清尾款」等情經派本處第二工程司鄒聲植前往逐一查看據報與原訂承攬尚無不合等情據此茲訂於十月三十日下午三時前往驗收除飭知該廠準時來處領驗外理合簽請鈞局派員監驗以昭慎重實爲公便

謹呈

局長張

下水道工程處處長張人雋

副處長鄭裕峥

核簽：擬准照收 [illegible]

批示：[illegible]

中華民國卅六年十一月六日收訖

10月25日收文工字第9790號 月 日 字第 號批通

科(三)字第1630號

5599

315

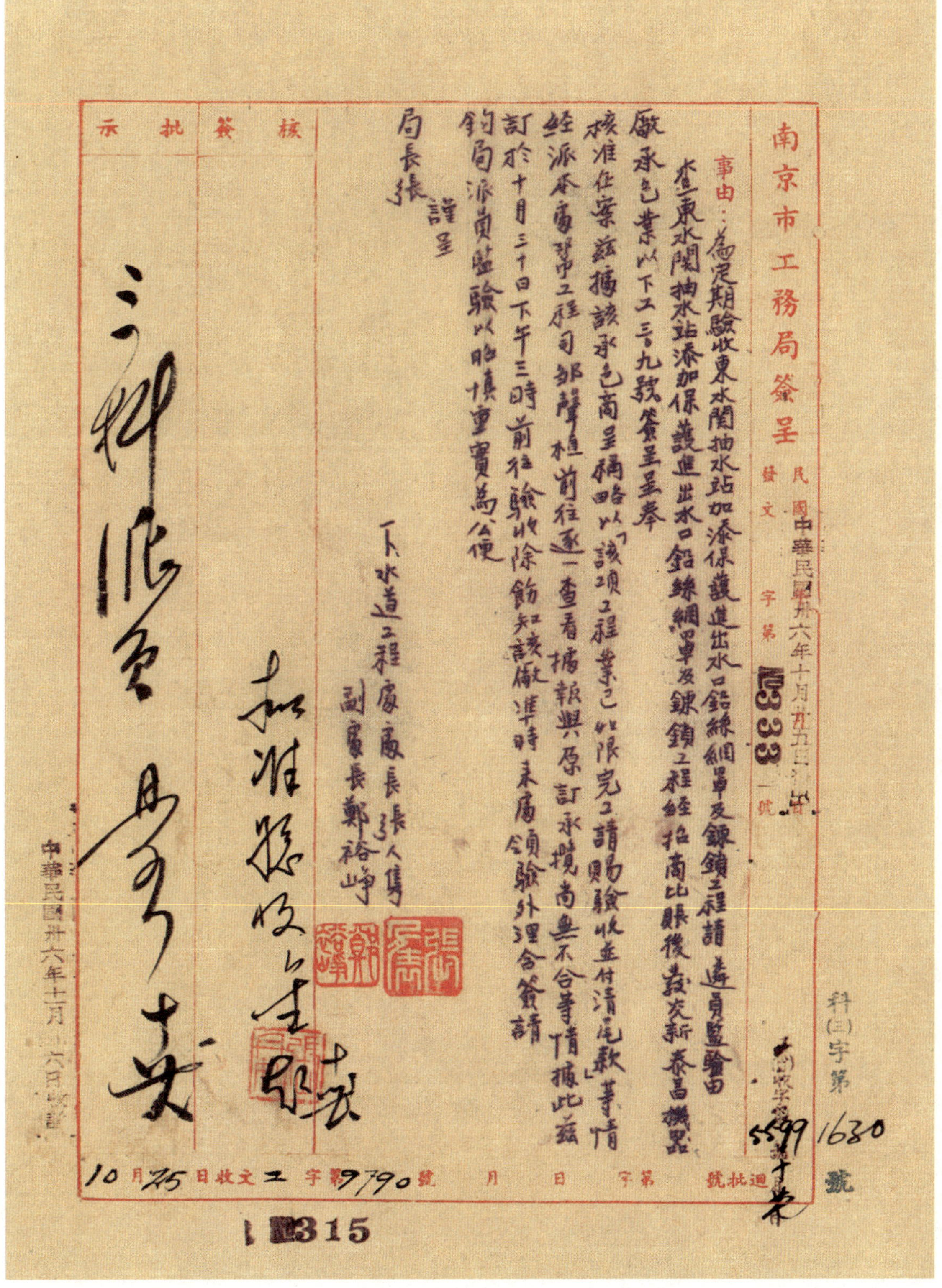

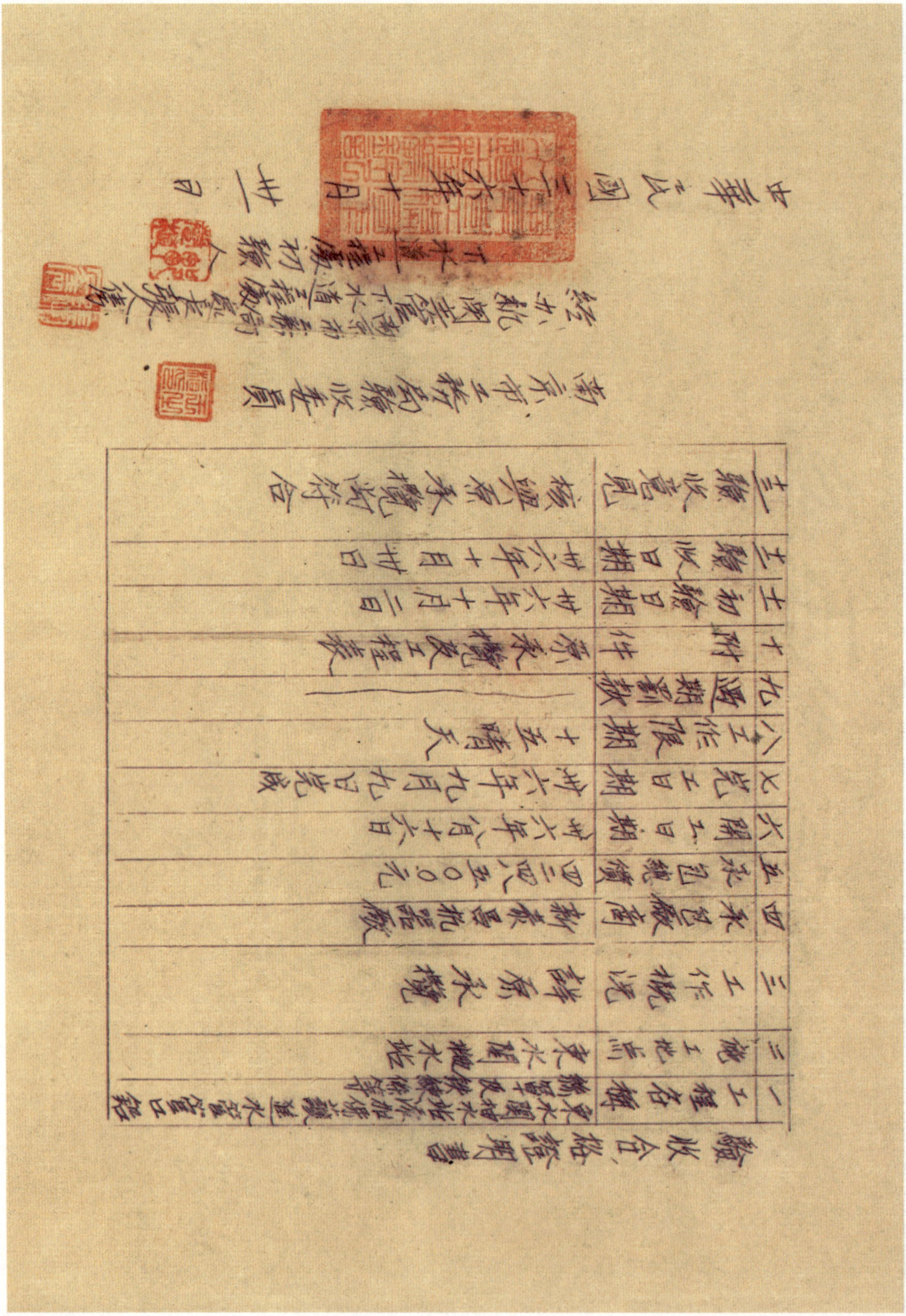

驗收合格證明書

一	工程名稱	東水關抽水站添加傢俱鐵道水管管口鉛絲罩及鉄練條等
二	施工地点	東水關抽水站
三	工作概況	詳原承攬
四	承包廠商	新泰昌机器廠
五	承包總價	四二四八五〇〇元
六	開工日期	卅六年八月十六日
七	完工日期	卅六年九月九日完成
八	工作限期	十五晴天
九	過期罰款	
十	附件	原承攬及工程表
十一	初驗日期	卅六年十月二日
十二	驗收日期	卅六年十月卅日
十三	驗收意見	核與原承攬尚符合

南京市工務局驗收委員

經办机関主管 南京市工務局下水道工程處處長 張人傑

下水道工程處初驗人

中華民國三十六年十月卅一日

南京市工務局下水道工程處爲東水關抽水站電壓不足不能兩機并用事致市工務局的簽呈（一九四七年九月六日）

（26）

南京市工務局下水道工程處收文

工務課

中華民國卅六年九月六日收下工字第№2112號

事由：爲東水闸抽水工作刻感電压不足不能两机並用報请備案。業准即日闸放停止抽水由

擬辦：查东西两闸抽水業于八日下午二时停，並以電话报告局方，本件拟併案存查。九、十

批示：存。九、十

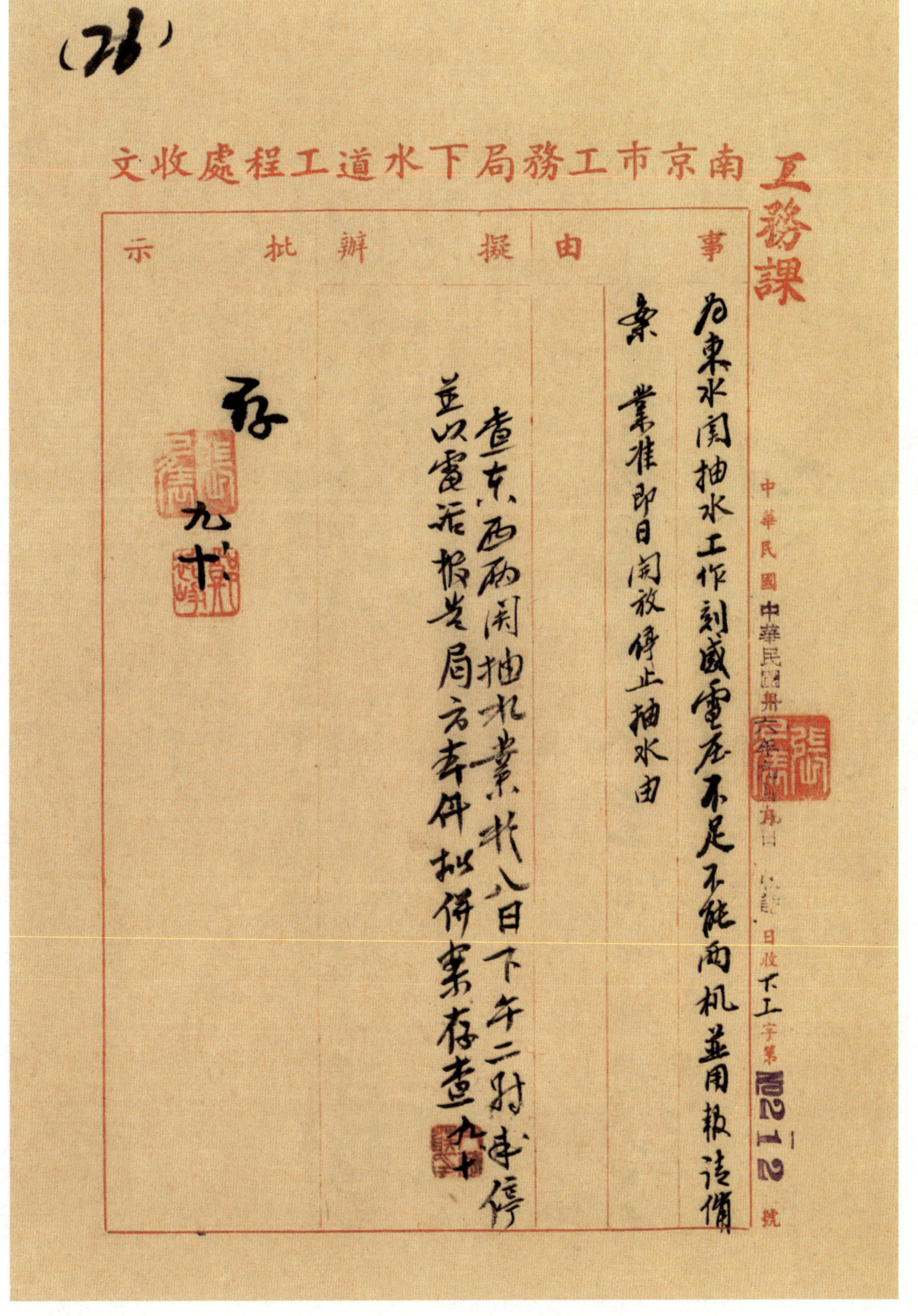

南京市工務局簽呈

事由：為東閘抽水工作，刻感電壓不足，不能兩机並用，報請備案由

民國三十六年九月六日

發文下工字第二四六號

奉

鈞長條諭：東閘抽水機可否兩機同時抽水，飭與電廠負責人同去一試等因，遵即與該廠戴業務處長約定，已于本月四日派本處繪圖員人傑會同該廠工程司徐英銳前往檢查。據報稱電動机各部份情形良好，惟該廠變壓器所出電壓不足標準，以致本處之二五匹馬力電動機每使用一小時後，即發生高熱，已請該電廠迅予設法改善。在未改善之前，擬以兩机調節使用，以策安全。謹將上項情形報祈

鑒核備案。

謹呈

局長張

下水道工程處

處長張人雋

副處長鄭裕峰

核簽批示

東西閘可日閘夜，三停也抽水

可 [illegible] 九、八

金 [illegible] 九、八

中華民國卅六年九月九日收 下工字第 [illegible] 字第 1353 號

9月6日收文 工 字第8229號

月 日 字第 號 迴批號

南京市工務局下水道工程處爲送東、西兩水關抽水工作記載表致市工務局的簽呈（附件：東、西兩水關抽水工作記載表）

（一九四七年九月十五日）

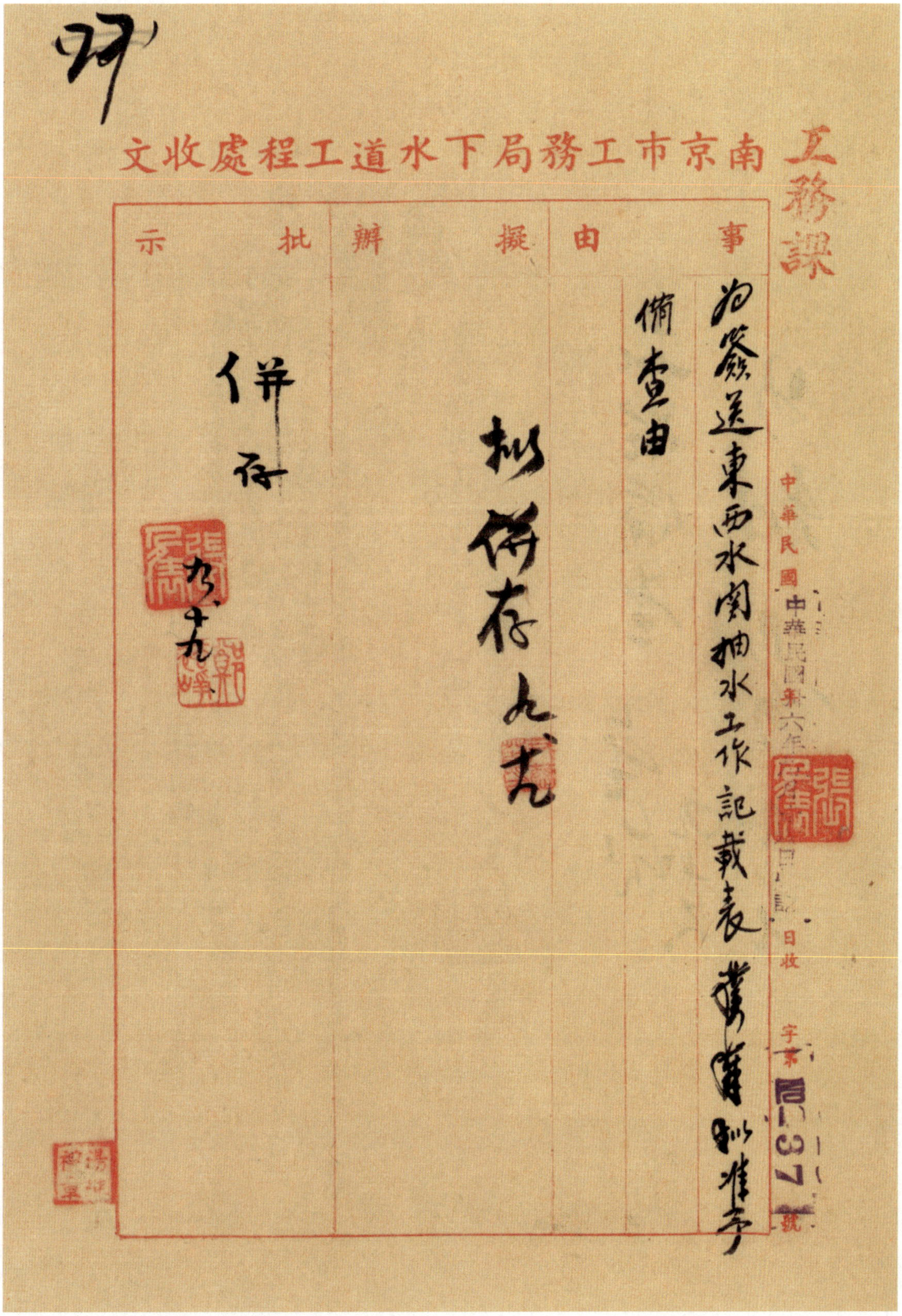

南京市工務局簽呈

民國　發文　下工　字第　2256　號

中華民國卅六年九月十五日發出

事由：為簽送東西兩水閘抽水工作記載表祈　鑒核備查由

查東西兩水閘抽水工作業於本月八日遵
諭停止並即開閘放水該兩站之工作記載除開始之三天（自八月二十六日至二十八日止）曾由本處於
八月三十日以下工字二三七號簽呈檢表呈送
核備在案外所有自八月二十九日起至本月八日停工止之工作記載表計十九紙業經彙齊
理合具簽檢送
鑒核備查　謹呈
局長張

附東西兩水閘抽水站工作記載表十九紙

下水道工程處處長張人雋
副處長鄭裕峥

核簽

擬准備查　九.十六

批示

如擬　九.十七

9月15日收文　工字第8501號　月　日　字第　號批迴

中華民國卅六年九月十八日收

一2374

科（三）字第1002號

東水関抽水站工作紀載表

三十六年八月二十九日

時間	水位高度(尺) 閘内	閘外	抽水机馬力		電表號碼	備註
0			115匹		2573.7	夜间水位無法記載
1			〃		2574.6	〃 〃
2			〃		2575.6	〃 〃
3				75匹	2576.2	〃 〃
4				〃	2577.0	〃 〃
5				〃	2577.6	〃 〃
6				〃	2578.2	〃 〃
7	52.20	53.04	115匹		2579.6	〃 〃
8	〃	〃		75匹	2580.1	
9	〃	〃		〃	2580.7	
10	〃	〃		〃	2581.3	
11	〃	53.06				停車
12	〃	53.08				〃
13	〃	53.15		75匹	2582.0	
14	〃	53.16		〃	2582.6	
15	〃	53.17		〃	2583.1	
16	52.88	〃	115匹		2584.6	
17	〃	〃		75匹	2585.1	
18	〃	53.14			2585.7	
19						停止工作
20						〃
21						〃
22						〃
23						〃

本日最高水位 閘内 52.90 尺 時间 7-15. 閘外 53.17 尺 時間 15-17.

填表人

東水關抽水站工作紀載表

三十六年八月三十日

時間	水位高度(公尺)		抽水機馬力		電表號碼	備註
	閘内	閘外				
0			115匹		2585.7	夜間水位無法紀載
1			〃		2586.8	〃 〃
2			〃		2588.0	〃 〃
3				75匹	2588.6	〃 〃
4				〃	2589.2	〃 〃
5				〃	2590.0	〃 〃
6			115匹		2591.2	〃 〃
7	52.90	53.10	〃		2592.4	
8	〃	〃		75匹	2593.2	
9	52.88	53.14		〃	2593.9	
10	〃	53.15		〃	2594.5	
11	〃	53.16	115匹		2595.8	
12	〃	53.20		75匹	2596.6	
13	〃	〃				两机太热停車一小时.
14	〃	〃		75匹	2597.2	
15	〃	53.22		〃	2597.7	
16	52.87	53.23				15時05分停電 16時40分來電
17	〃	53.81	115匹		2598.9	
18	52.88	53.20		75匹	2599.4	
19						停止工作
20						〃
21						〃
22						〃
23						〃

本日最高水位 閘内 52.90 公尺 時间 6、時　閘外 53.23 公尺 時间 14、時

填表人

東水關抽水站工作紀載表

三十六年八月卅一日

時間	水位高度（公尺）		抽水機馬力		電表號碼	備註
	閘内	閘外				
0			115匹		2599.6	夜间工作無法記載
1			〃		2600.9	〃 〃
2			〃		2602.4	〃 〃
3				75匹	2603.0	〃 〃
4				〃	2603.7	〃 〃
5				〃	2604.4	〃 〃
6				〃	2605.0	〃 〃
7	52.89	53.11	115匹		2606.5	
8	〃	53.12		75匹	2607.1	
9	〃	53.14		〃	2607.6	
10	52.90	53.16		〃	2608.2	
11	〃	〃		〃	2608.8	
12	52.92	53.20		〃	2609.4	
13	〃	〃				溫度太高停車一小時
14	52.93	〃	115匹		2610.6	
15	52.94	53.25		75匹	2611.2	
16	〃	〃		〃	2611.8	
17	52.93	53.84		〃	2612.4	
18	〃	53.22		〃	2613.0	
19						停止工作
20						〃
21						〃
22						〃
23						〃

本日最高水位　閘内 52.94 公尺　時間 15–16　閘外 53.25 公尺　時間 15–16

填表人

東水閘抽水站工作紀載表

三十六年九月一日

時間	水位高度(公尺)		抽水機馬力		電表號碼	備註
	閘內	閘外				
0			關机		2613.0	涵閘水位無法紀載
1			115匹		2614.2	〃 〃
2			〃		2615.4	〃 〃
3				75匹	2616.1	〃 〃
4				〃	2616.8	〃 〃
5				〃	2617.5	〃 〃
6	52.78	53.14		〃	2618.2	
7	〃	〃	115匹		2619.8	
8	〃	53.10		75匹	2620.5	
9	52.94	53.02		〃	2621.1	
10	〃	53.04		〃	2621.7	
11	〃	53.06		〃	2622.3	
12	〃	53.15		〃	2622.9	
13	〃	53.20		〃	2623.5	
14	〃	53.25				熱度太高停車一小時
15	52.94	〃	115匹		2624.7	
16	52.93	53.24		75匹	2625.3	
17	52.92	53.16		〃	2625.9	
18	〃	53.10		〃	2626.5	
19						停止工作
20						〃
21						〃
22						〃
23						〃

本日最高水位 閘內 52.98 公尺 時間 6—8. 閘外 53.25 公尺 時間 14—15.

填表人

東水關抽水站工作紀載表

三十六年九月二日

時間	水位高度(公尺)		抽水機馬力		電表號碼	備註
	關內	關外				
0			開機		2626.5	應有水位無法紀載
1			115匹		2627.7	〃 〃
2			〃		2629.0	〃 〃
3				75匹	2629.7	〃 〃
4				〃	2630.3	〃 〃
5				〃	2631.0	〃 〃
6				〃	2631.7	〃 〃
7	52.92	53.00	115匹		2632.9	
8	52.94	52.98		75匹	2633.4	
9	52.90	52.95		〃	2634.4	
10	〃	〃		〃	2634.9	
11	〃	〃		〃	2635.5	
12	〃	〃	115匹		2636.9	
13	52.88	53.10		75匹	2637.4	
14	〃	53.13		〃	2638.1	
15	〃	〃		〃	2638.7	
16	〃	53.12		〃	2639.4	
17	〃	53.10		〃	2640.7	
18	〃	53.05	115匹		2641.3	
19	〃					停止工作
20						〃
21						〃
22						〃
23						〃

本日最高水位 關內 52.94公尺 時間 8. 關外 53.13公尺 時間 14.—15

填表人

東水閘抽水站工作紀載表

三十六年九月三日

時間	水位高度(尺)		抽水機馬力		電表號碼	備註
	閘内	閘外				
0			開機		2641.3	夜间水位無法紀載
1			115匹		2642.5	〃
2			〃		2643.9	〃
3				75匹	2644.5	〃
4				〃	2645.2	〃
5				〃	2645.9	〃
6				〃	2646.6	〃
7	52.88	52.95	115匹		2647.8	
8	52.84	52.96	〃		2649.2	
9	〃	〃		75匹	2649.9	
10	〃	〃		〃	2650.6	
11	〃	〃		〃	2651.4	
12	〃	52.98		〃	2652.0	
13	〃	53.10	115匹		2652.8	
14	52.83	〃		75匹	2653.4	
15	〃	53.12		〃	2654.1	
16	〃	〃		〃	2654.8	
17	〃	53.10		〃	2655.5	
18	〃	52.94		〃	2656.1	
19						停止工作
20						
21						
22						
23						

本日最高水位　閘内 52.88公尺　時间 7.　閘外 53.12公尺　時间 15.—16.

填表人

東水關抽水站工作紀載表

三十六年九月四日

時間	水位高度（公尺）		抽水機馬力		電表號碼	備註
	閘内	閘外				
0			開機		2656.1	夜間水位無法紀載
1			115匹		2657.5	〃 〃
2			〃		2658.5	〃 〃
3				75匹	2659.4	〃 〃
4				〃	2660.1	〃 〃
5				〃	2660.9	〃 〃
6				〃	2661.5	〃 〃
7	52.80	52.90		〃	2662.1	
8	〃	52.93	115匹		2663.4	
9	52.78	〃	〃		2664.1	
10	〃	〃		75匹	2664.8	
11	〃	52.94				電廠校查子柵停止使用
12	52.80	〃		75匹	2665.7	
13	〃	52.98		〃	2666.4	
14	52.78	〃	115匹		2667.4	
15	〃	53.00		75匹	2668.0	電廠子柵電壓降低停止使用半小時
16	〃	〃				電廠校表停止使用
17	52.77	52.96		75匹	2668.5	
18	52.74	52.90		〃	2669.2	
19						停止工作
20						〃
21						〃
22						〃
23						〃
本日最高水位	閘内 52.80 公尺 時間 12—13			閘外 53.00 公尺 時間 14—15		

填表人

東水閘抽水站工作紀載表

三十六年九月五日

時間	水位高度(公) 閘内	閘外	抽水機馬力		電表號碼	備註
0			閘機		2669.2	夜間水位無法紀載
1			115匹		2670.4	〃 〃
2			〃		2671.8	〃 〃
3				75匹	2672.5	〃 〃
4				〃	2673.2	〃 〃
5				〃	2673.8	〃 〃
6				〃	2674.6	〃 〃
7	52.80	52.90		〃	2675.3	
8	〃	52.92	115匹		2674.5	
9	〃	52.94		75匹	2677.0	
10	〃	〃		〃	2677.6	
11	〃	52.95				電力不足停車
12	52.78	52.76		75匹	2678.2	
13	〃	52.98		〃	2678.9	
14	〃	53.04		〃	2679.3	
15	〃	53.06				停電一小時
16	52.76	53.08		75匹	2680.0	
17	〃	53.02		〃	2680.7	
18	〃	53.00	115匹		2681.9	
19						停止工作
20						〃
21						〃
22						〃
23						〃

本日最高水位　閘内 52.80公尺 時間 7.-17.　閘外 53.08公尺 時間 16.

填表人

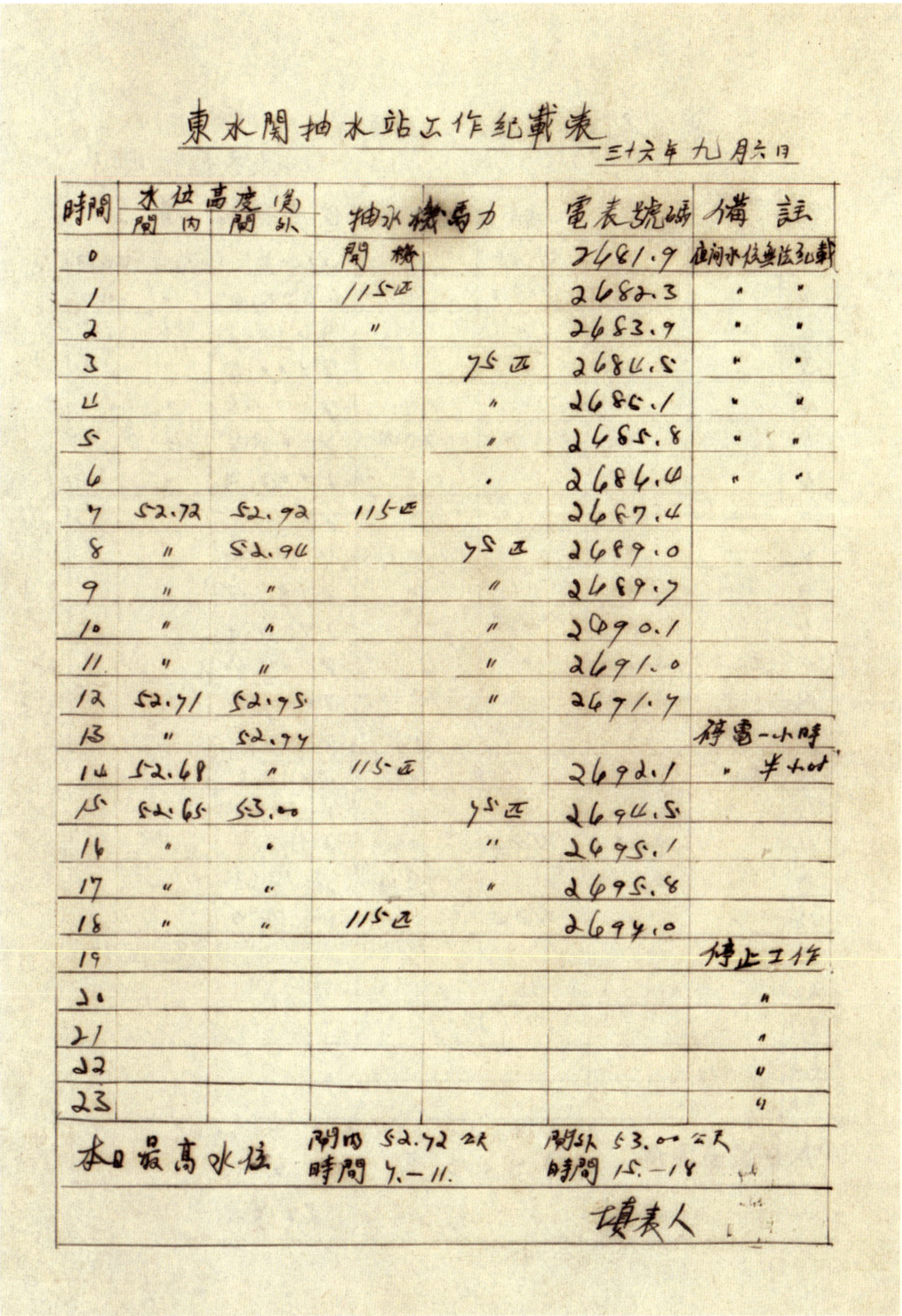

東水關抽水站工作紀載表

三十六年九月六日

時間	水位高度(公尺) 閘內	閘外	抽水機馬力		電表號碼	備註
0			開機		2681.9	夜間水位無法記載
1			115匹		2682.3	〃 〃
2			〃		2683.9	〃 〃
3				75匹	2684.5	〃 〃
4				〃	2685.1	〃 〃
5				〃	2685.8	〃 〃
6				〃	2684.4	〃 〃
7	52.72	52.92	115匹		2687.4	
8	〃	52.94		75匹	2689.0	
9	〃	〃		〃	2689.7	
10	〃	〃		〃	2690.1	
11	〃	〃		〃	2691.0	
12	52.71	52.95		〃	2691.7	
13	〃	52.94				停電一小時
14	52.68	〃	115匹		2692.1	〃 半小時
15	52.65	53.00		75匹	2694.5	
16	〃	〃		〃	2695.1	
17	〃	〃		〃	2695.8	
18	〃	〃	115匹		2697.0	
19						停止工作
20						〃
21						〃
22						〃
23						〃

本日最高水位 閘內 52.72 公尺 時間 7.-11. 閘外 53.00 公尺 時間 15.-18.

填表人

東水閘抽水站工作紀載表

三十六年九月七日

時間	水位高度(公尺) 閘内	閘外	抽水机馬力		電表號碼	備註
0			開機		2697.0	應閘水位無法紀載
1			115匹		2698.0	〃 〃
2			〃		2699.2	〃 〃
3			〃		2700.5	〃 〃
4			〃		2701.8	〃 〃
5				75匹	2702.5	〃 〃
6				〃	2703.3	〃 〃
7	52.60	52.70		〃	2704.0	
8	〃	〃		〃	2704.6	
9	〃	〃		〃	2705.8	
10	〃	〃	115匹		2706.7	
11	52.55	52.88	〃		2708.3	
12	〃	52.85		75匹	2709.1	
13	〃	〃		〃	2709.9	
14	52.53	52.83		〃	2710.5	
15	〃	〃		〃	2711.7	
16	〃	52.84	115匹		2712.6	
17	〃	52.82		75匹	2713.3	
18	〃	〃	115匹		2714.9	
17						停止工作
20						〃
21						〃
22						〃
23						〃

本日最高水位 閘内 52.60 公尺 閘外 52.70 公尺
時間 7.-10. 時間 7.-10

填表人

東水關抽水站工作紀載表

三十六年九月八日

時間	水位高度(公尺) 閘内	閘外	抽水機馬力		電表號碼	備註
0			開機		2714.9	夜間水位無法記載
1			115匹		2716.5	" "
2			"		2717.9	" "
3			"		2718.0	" "
4				75匹	2719.7	" "
5				"	2720.3	" "
6				"	2721.0	" "
7	52.50	52.82		"	2721.7	
8	52.49	52.81	115匹		2723.1	
9	"	52.80	"		2724.5	
10	"	"		75匹	2725.4	
11	52.48	"		"	2726.0	
12	"	52.78		"	2726.7	
13	52.49	"	115匹		2727.9	
14	52.50	"	"		2728.4	奉諭停抽開閘進水
15						
16						
17						
18						
19						
20						
21						
22						
23						

本日最高水位　閘内52.50公尺　時間7.　閘外52.82公尺　時間7.

填表人

西水閘抽水站工作紀載表

三十六年八月三十一日

時間	水位高度尺		抽水機工作起訖時間		工作時間數	備註
	閘內	閘外	甲机25匹馬力	乙机25匹馬力		
0						夜間水位無法紀載
1						〃 〃
2						〃 〃
3						〃 〃
4						〃 〃
5						〃 〃
6	52.908	53.05				
7	〃	53.04	開車	7.30 開車		
8	〃	53.02	〃	〃		
9	〃	53.06	〃	〃		
10	52.907	〃	〃	〃		
11	〃	53.20	〃	〃		
12	〃	53.202	〃	〃		
13	〃	〃	6小時 〃	〃		
14	〃	53.20		〃		
15	52.906	53.105		〃		
16	〃	53.102		〃		
17	〃	53.10		〃		
18	〃	53.08		〃		
19				〃		夜間水位無法紀載
20				11.5小時	共計17小時30分	〃 〃
21						〃 〃
22						〃 〃
23						〃 〃

本日最高水位　閘內 52.908公尺　時間 6.—9.　閘外 53.202公尺　時間 12.—15

填表人孟憲棠

西水關抽水站工作紀載表

三十六年九月一日

時間	水位高度（公尺）		抽水機工作起訖時間		工作時間數	備註
	閘内	閘外	甲机20匹馬力	乙机25匹馬力		
0						夜間水位無法記載
1						〃 〃
2						〃 〃
3						〃 〃
4						〃 〃
5						〃 〃
6	52.905	53.00				
7	〃	52.90				
8	〃	53.00	開車	開車		
9	〃	53.05	〃	〃		
10	〃	53.10	〃	〃		
11	〃	53.20	〃	〃		
12	52.904	〃	〃	〃		
13	〃	〃	〃	〃		
14	〃	53.07	〃	〃		
15	〃	53.05	〃	〃		
16	〃	53.03	〃	〃		
17	〃	53.00	〃	〃		
18	〃	52.907	〃	〃		
19			〃	〃		夜間水位無法記載
20			〃	〃		〃 〃
21			〃	〃		〃 〃
22			〃	〃		〃 〃
23			16小時〃	16小時〃	共計32小時	〃 〃
本日最高水位			閘内52.915公尺 時間6.–11.		閘外53.20公尺 時間11.–13.	

填表人孟憲棠

西水閘抽水站工作紀載表

三十六年九月二日

時間	水位高度（公尺）		抽水机工作起訖時间		工作時间數	備考
	閘内	閘外	甲机25匹馬力	乙机25匹馬力		
0			開車	開車		夜间水位無法紀載
1			〃	〃		〃 〃
2			〃	〃		〃 〃
3			〃	〃		〃 〃
4			〃	〃		〃 〃
5			〃	〃		〃 〃
6	52.90	52.90	〃	〃		〃 〃
7	〃	〃	〃	〃		〃 〃
8	52.808	52.806	〃	〃		
9	〃	52.802	〃	〃		
10	〃	52.803	〃	〃		
11	〃	53.00	〃	〃		
12	〃	53.05	〃	〃		
13	52.806	53.10	〃	〃		
14	〃	53.103	〃	〃		
15	52.805	53.10	〃	〃		
16	〃	53.07	〃	〃		
17	〃	53.15	〃	〃		
18	〃	53.00	〃	〃		
19			22小时〃	20小时〃		夜间水位無法紀載
20			停止（無電灯）	停止（無電灯）		〃 〃
21			〃 〃	〃 〃		〃 〃
22			開車	〃 〃		〃 〃
23			〃	〃 〃	共计42小時	〃 〃

本日最高水位　闸内 52.90公尺　闸外 53.103公尺
時间 6.-7.　時间 14

填表人 高憲棠

西水關抽水站工作紀載表

三十六年九月三日

時間	水位高度(尺)		抽水机工作起訖時間		工作時間數	備註
	閘內	閘外	甲机25匹馬力	乙机25匹馬力		
0			開車	停止(修机)		夜间水位無法紀載
1			"	開車		" "
2			"	"		" "
3			"	"		" "
4			"	"		" "
5			"	"		" "
6	52.803	52.90	"	"		
7	"	"	"	"		
8	52.802	52.80	"	"		
9	"	"	"	"		
10	"	53.00	"	"		
11	"	53.03	"	"		
12	"	53.08	"	"		
13	"	53.09	"	"		
14	52.709	53.10	"	"		
15	"	53.09	停車(修机)	"		
16	"	53.05	開車	"		
17	"	53.02	"	"		
18	"	53.909	"	"		
19			"	"		夜间水位無法紀載
20			"	"		" "
21			"	"		" "
22			"	"		" "
23			23小時	24小時	共計47小時	" "

本日最高水位　閘內 52.803 公尺　閘外 53.909 公尺
時間 6—7.　時間 18

填表人 逐寔棠

西水閘抽水站工作紀載表

三十六年九月四日

時間	水位高度（公尺）		抽水機工作起訖時間		工作時間數	備註
	閘内	閘外	甲機25匹馬力	乙機25匹馬力		
0			開車	開車		夜間水位無法紀載
1			"	"		" "
2			"	"		" "
3			"	"		" "
4			"	"		" "
5			"	"		" "
6	52.705	52.905	"	"		
7	"	"	"	"		
8	"	52.90	"	"		
9	"	"	"	"		
10	"	"	"	"		
11	"	52.105	"	"		
12	52.7025	53.00	"	"		
13	"	53.10	"	"		
14	"	53.06	"	"		
15	"	53.03	"	"		
16	"	53.00	"	"		
17	"	52.907	"	"		
18	"	"	"	"		
19			"	"		夜間水位無法紀載
20			"	"		" "
21			"	"		" "
22			"	"		" "
23			24小時"	24小時"	共計48小時	" "
本日最高水位			閘内 52.705公尺 時間 6.—11.		閘外 53.10公尺 時間 13.	

填表人 孟憲棠

西水關抽水站工作紀載表

三十六年九月五日

時間	水位高度(負)		抽水機工作起訖時間		工作時间數	備註
	閘内	閘外	甲机25匹馬力	乙機25匹馬力		
0			開車	開車		夜间水位無法纪載
1			〃	〃		〃 〃
2			〃	停車(修機)		〃 〃
3			〃	〃 〃		〃 〃
4			〃	開車		〃 〃
5			〃	〃		〃 〃
6	52.703	53.00	〃	〃		
7	〃	52.908	〃	〃		
8	〃	52.905	〃	停車(修机)		
9	〃	〃	〃	〃 〃		
10	52.70	52.807	〃	開車		
11	〃	52.805	〃	〃		
12	52.609	52.805	〃	〃		
13	〃	53.00	〃	〃		
14	〃	53.06-	〃	〃		
15	〃	53.06	停車(修机)	〃		
16	〃	53.00	〃	〃		
17	〃	52.904	開車	〃		
18	〃	52.902	〃	〃		
19			〃	〃		夜间水位無法纪載
20			〃	〃		〃 〃
21			〃	〃		〃 〃
22			〃	〃		〃 〃
23			22小時〃	20小時〃	共计42小時	〃 〃
本日最高水位	閘内52.703公尺 時間6.-9.		閘外53.06公尺 時間14.			

填表人 　 憲宗

西水關抽水站工作紀載表

三十六年九月六日

時間	水位高度(公尺)		抽水機工作起訖時間		工作時間數	備註
	閘内	閘外	甲機25匹馬力	乙機25匹馬力		
0			開車	開車		夜間水位無法紀載
1			〃	〃		〃 〃
2			〃	〃		〃 〃
3			〃	〃		〃 〃
4			〃	〃		〃 〃
5			〃	〃		〃 〃
6	52.607	53.00	〃	〃		
7	〃	52.907	〃	〃		
8	52.606	52.904	〃	〃		
9	52.606	52.90	〃	〃		
10	〃	〃	〃	〃		
11	52.603	52.804	〃	〃		
12	〃	52.90	〃	〃		
13	52.60	53.00	〃	〃		
14	52.5	52.04	〃	〃		
15		53.00	〃	〃		
16		52.907	〃	〃		
17		52.903	〃	〃		
18		52.90	〃	〃		
19			〃	〃		夜間水位無法紀載
20			停車(無電灯)	停車(無電灯)		〃 〃
21			開車	開車		〃 〃
22			〃	〃		〃 〃
23			23小時〃	23小時〃	共计46小時	〃 〃
本日最高水位			閘内 52.607 公尺 時間 6.—7.		閘外 53.00 公尺 時間 6. 13 15	
					填表人 孟憲棠	

西水關抽水站工作紀載表

三十六年九月七日

時間	水位高度（公尺）閘內	閘外	抽水機工作起訖時間 甲機25匹馬力	乙機25匹馬力	工作時間數	備註
0			開車	開車		夜間水位無法紀載
1			〃	〃		〃 〃
2			〃	〃		〃 〃
3			〃	〃		〃 〃
4			〃	〃		〃 〃
5			〃	〃		〃 〃
6	52.504	52.805	〃	〃		
7	〃	〃	〃	〃		
8	〃	52.80	〃	〃		
9	〃	〃	〃	〃		
10	〃	〃	〃	〃		
11	〃	52.705	〃	〃		
12	〃	52.70	12小時〃	〃		
13	〃	〃	停止使用	〃		
14	〃	〃	柴油用完	〃		
15	〃	52.705	由八日起	〃		
16	〃	52.80	奉諭停止抽水	〃		
17	〃	52.90		17小時	共計29小時	
18	〃	53.00		停止使用		夜間水位無法紀載
19				柴油用完		〃 〃
20				由八日起		〃 〃
21				奉諭停止抽水		〃 〃
22						〃 〃
23						〃 〃

本日最高水位　閘內52.504公尺　閘外53.00公尺
時間6.–18.　時間18.

填表人孟憲棠

南京市工務局下水道工程處與首都電廠關于將兩百千伏安變壓器調回東水關抽水站的一組文件

（一）南京市工務局下水道工程處致首都電廠的公函（一九四八年五月二十七日）

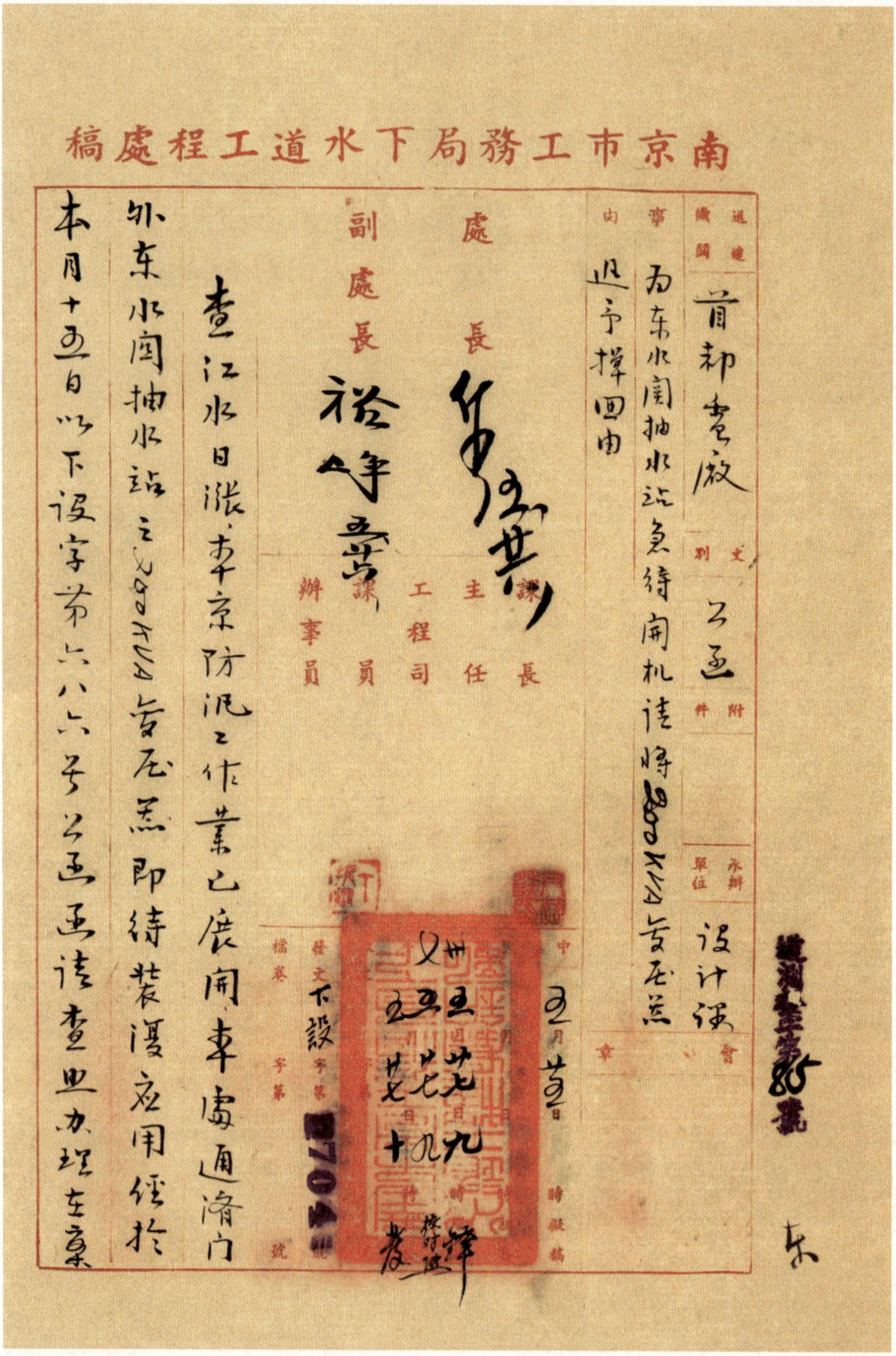

南京市工務局下水道工程處稿

送達機關：首都電廠
文別：公函
附件：
事由：為东水関抽水站急待開机请將200KVA变压器迅予撥回由
承辦單位：設計課

處長（簽名）
副處長 裕峰

查江水日漲，本京防汛工作業已展開，本處通濟门外东水関抽水站之200KVA变压器即待裝復应用，曾於本月十五日以下設字第六八六號公函函請查照办理在案

發文 下設字第 7704 號

迄未得復，茲以江河水位俱告復漲，該站急需開機抽水，現裝之10KVA變壓器實不敷供用，特再函達，即希迅將原裝之20KVA變壓器剋日撥回，以應急需而策安全，為荷。此致

首都電廠

處長 蔣〇〇

（二一）首都電廠致南京市工務局下水道工程處的復函（一九四八年五月三十一日）

設計課

南京市工務局下水道工程處收文

事由	擬辦	批示
函復通濟门外東水閘抽水站變壓器决於十日内掉裝請查照由	暫存案	存查 六二

中華民國三七年五月三一日 道湖發字第64號

中華民國卅七年六月一日收

750

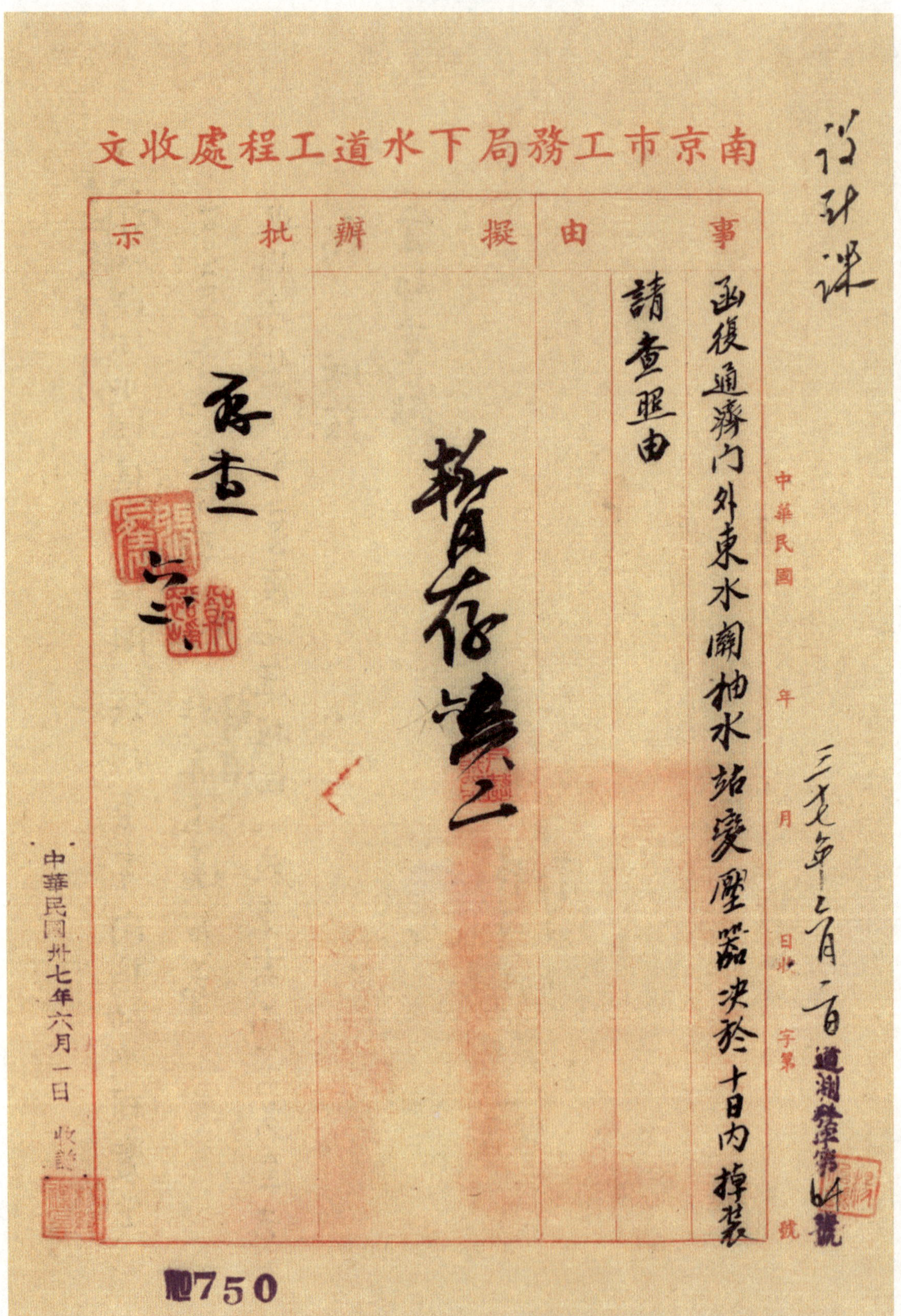

首都電廠公函

事由：函復通濟門外東水關抽水站變壓器決於十日內掉裝請查照由

附

中華民國卅七年五月卅一

37

6321

接准

貴處本年五月廿七日下設字第七〇四號公函略以江水日漲通濟門外東水關抽水站二〇〇KVA變壓器即得裝復囑查照辦理等由准此本廠決於十日內前往掉裝相應函復請煩

查照爲荷此致

南京市下水道工程處

廠長 陸法曾

中華民國卅七年六月一日

1750

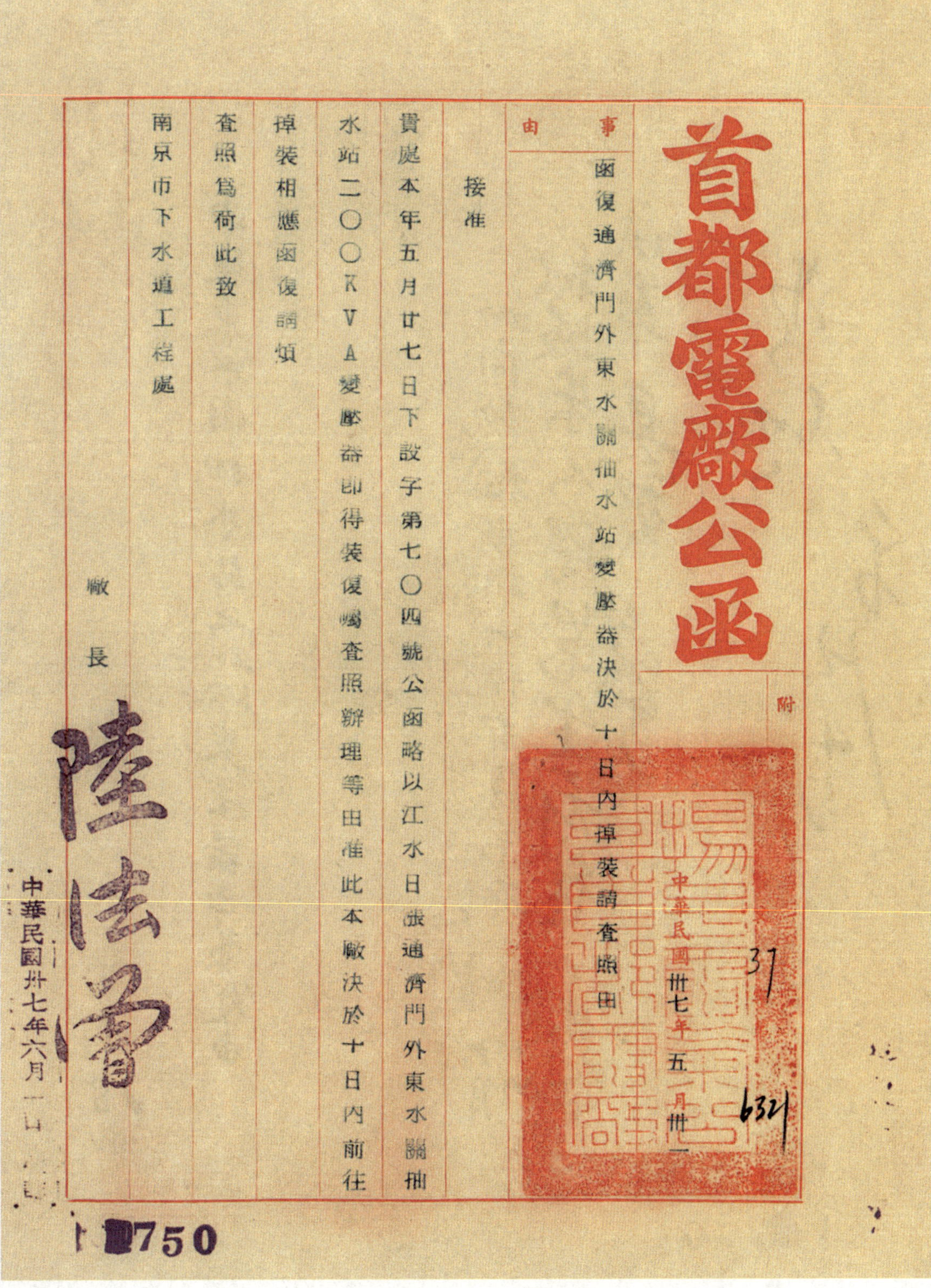

南京市工務局下水道工程處收文

事由	擬辦	批示
函復東水關抽水站之200KVA變壓器已裝復由	擬開動各抽水机一試有無毛病、擬派朱人傑先生前往試車具報 六月十四	如擬

中華民國　年　月　日收　字第　號

道測收字第68號

中華民國卅七年六月十四日收訖

[illegible]770

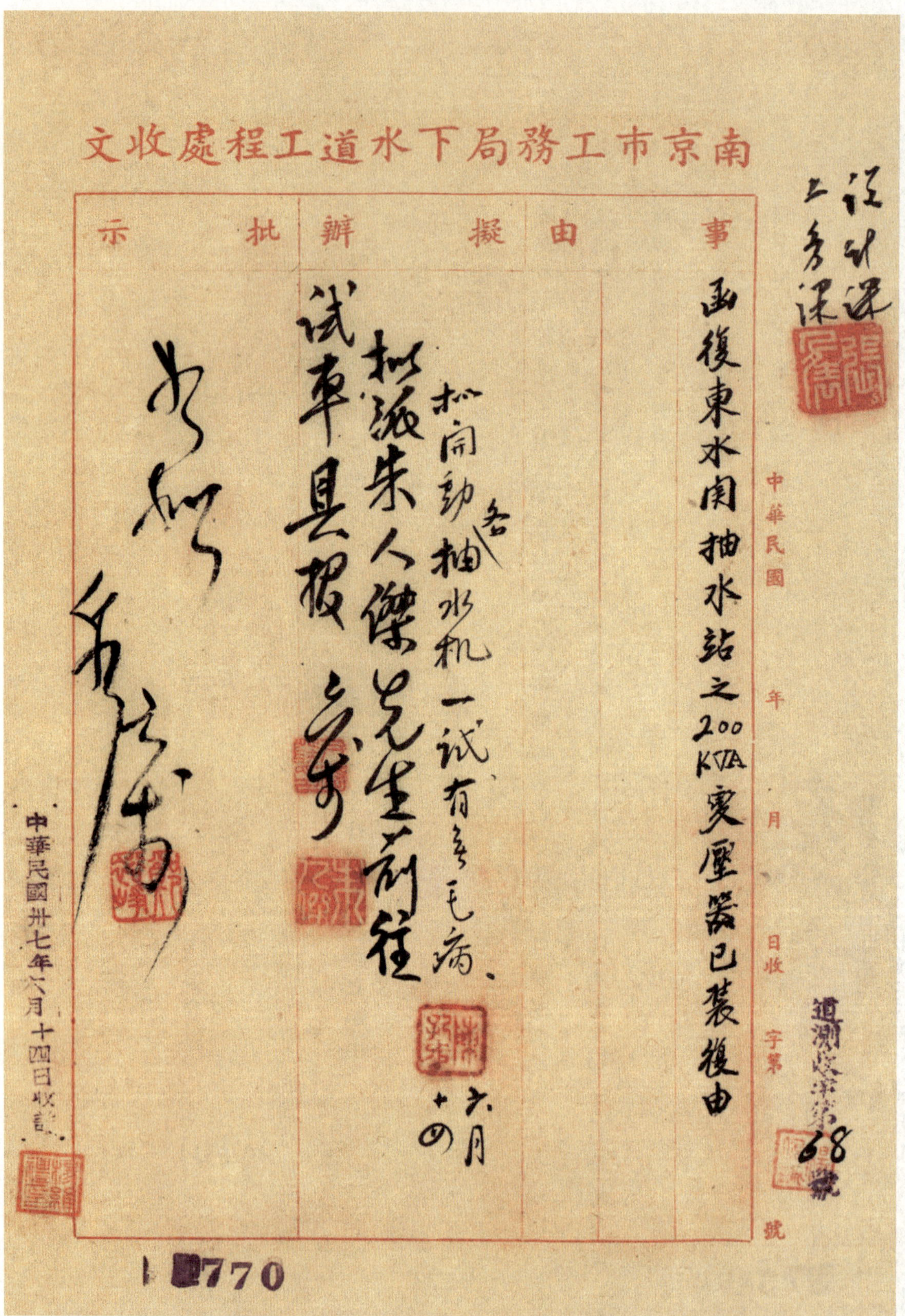

首都電廠公函

事由：函復東水關抽水站之200KVA變壓器已裝復由

附

收文 37 字第 6769 號
中華民國卅七年六月九日

接准

貴處五月十五日下設字第六八六號公函略以江河水位均見高漲囑將原裝東水關抽水站200KVA變壓器一具裝復以應急需等由業於本月七日將抽水站200KVA變壓器一具裝復相應函復即請

查照爲荷此致

南京市下水道工程處

廠長 陸法曾

中華民國卅七年六月十四日收訖

770

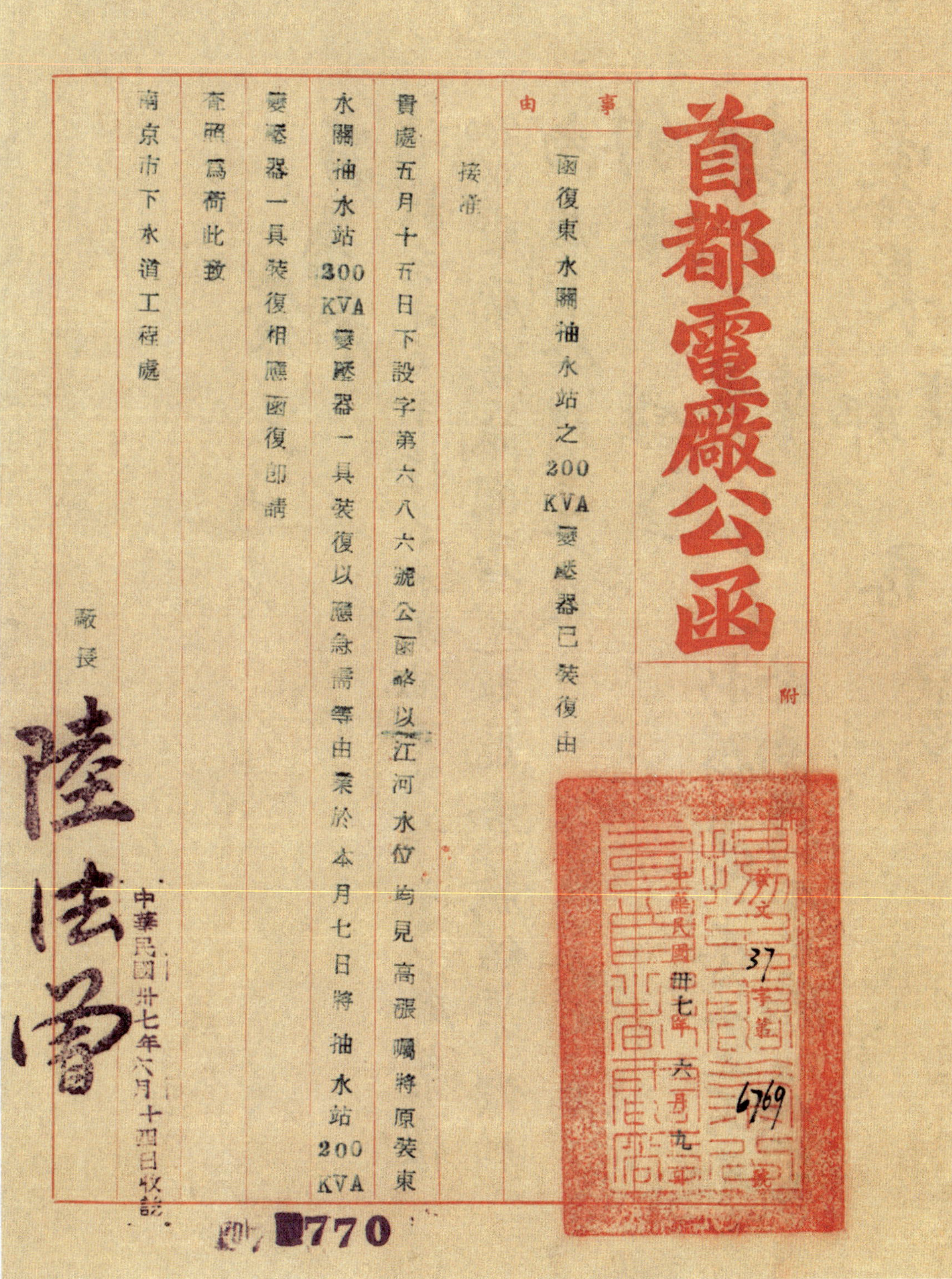

簽呈 六、十七

竊職奉

諭於本日上午往東水關抽水站為電廠裝復

200 KVA.變壓器試開馬達效能查驗結果情形

尚屬良好理合具報

鈞處 謹呈

課長 尹 轉呈

處長 陳 鄭 張

存 六、十七

請併案存查不必函復電廠

东

職朱人傑謹簽

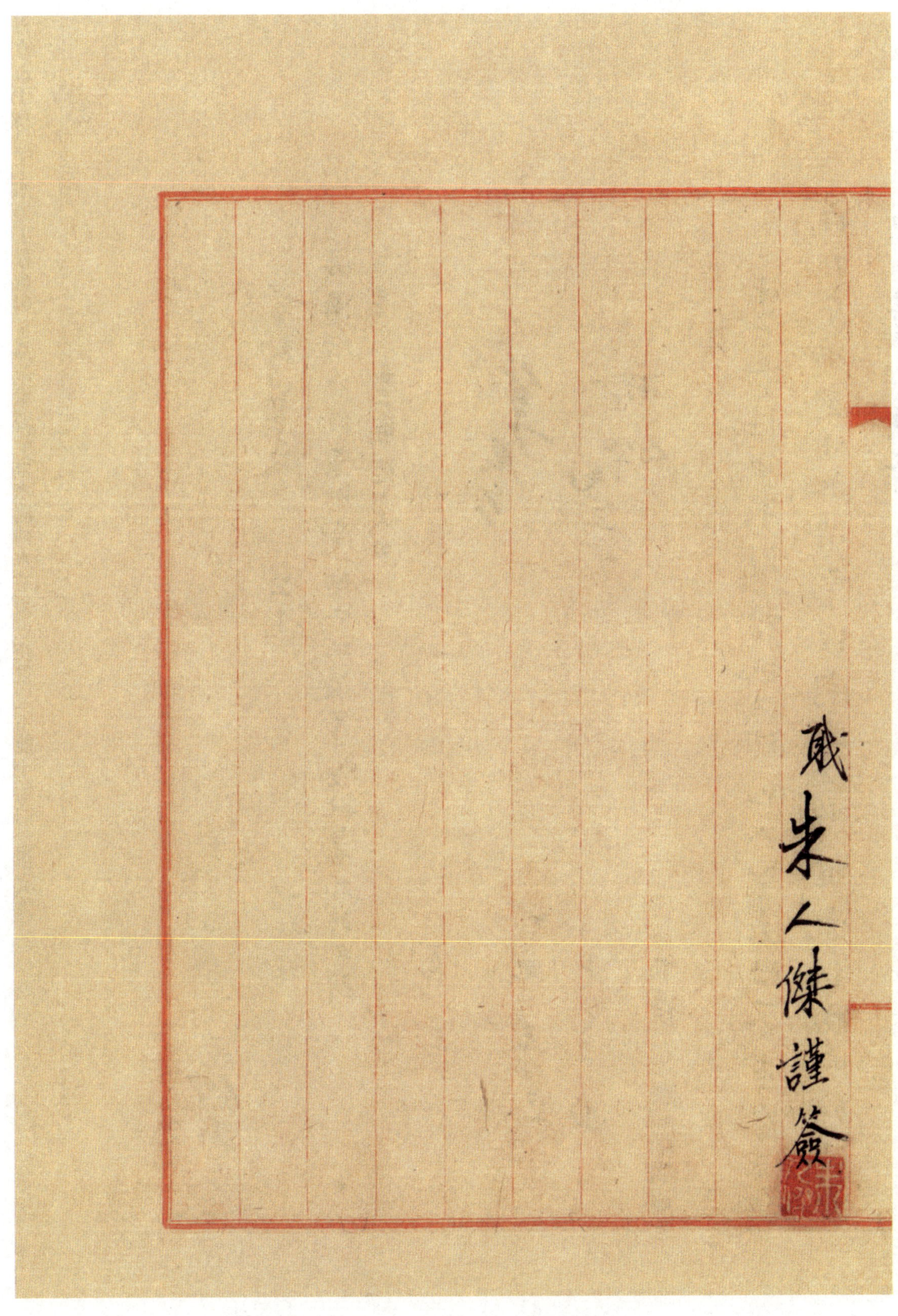

南京市工務局下水道工程處與首都電廠關于東水關抽水站須晝夜供電不能中斷的一組文件

（一）南京市工務局下水道工程處致首都電廠的公函（一九四八年七月三日）

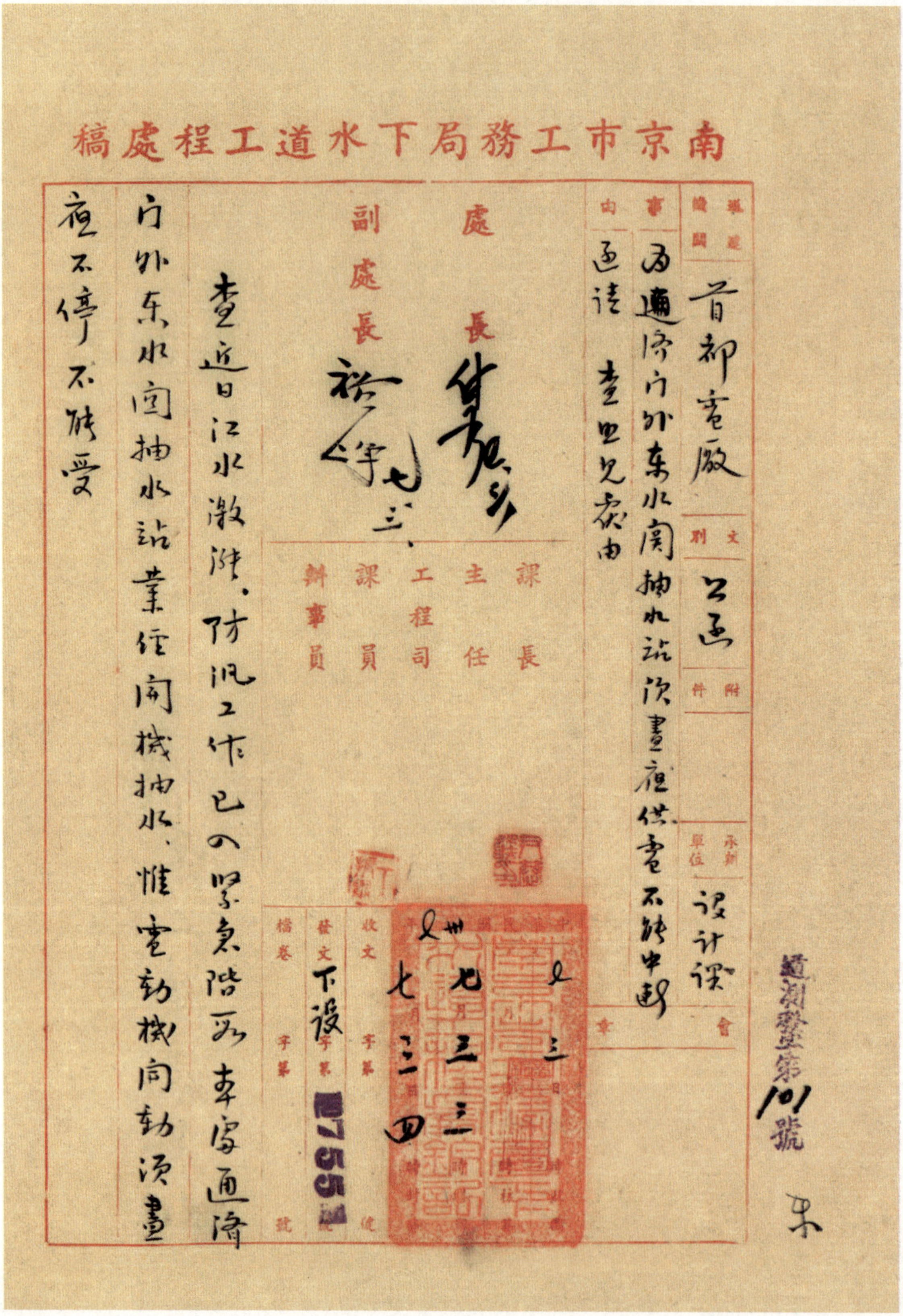
南京市工務局下水道工程處稿

受文機關：首都電廠

文別：公函

附件：

事由：為通濟門外東水關抽水站須晝夜供電不能中斷 函請 查照見復由

承辦單位：設計課

會章：

處長

副處長

課長 主任工程司 課員 辦事員

收文 字第 號

發文 下設字第27551號

檔卷 字第 號

卅七年七月三日

七月三日

七月二日

查近日江水激漲，防汛工作已入緊急階段，本處通濟門外東水關抽水站業經開機抽水，惟電動機開動須晝夜不停，不能受

道利發字第101號

貴廠規定用灯時間不能向動電機及分區輪停止供電之限制

用特函達即請

查照惠將該處線路速予調整毋使電流中斷或予以限制以利

工作而策安全並希又該處變壓器上以有其他線路接接亦請便中一併見告並希勘查以免增加負荷

見覆為荷　此致

首都電廠

處長　蔣
副處長　郝

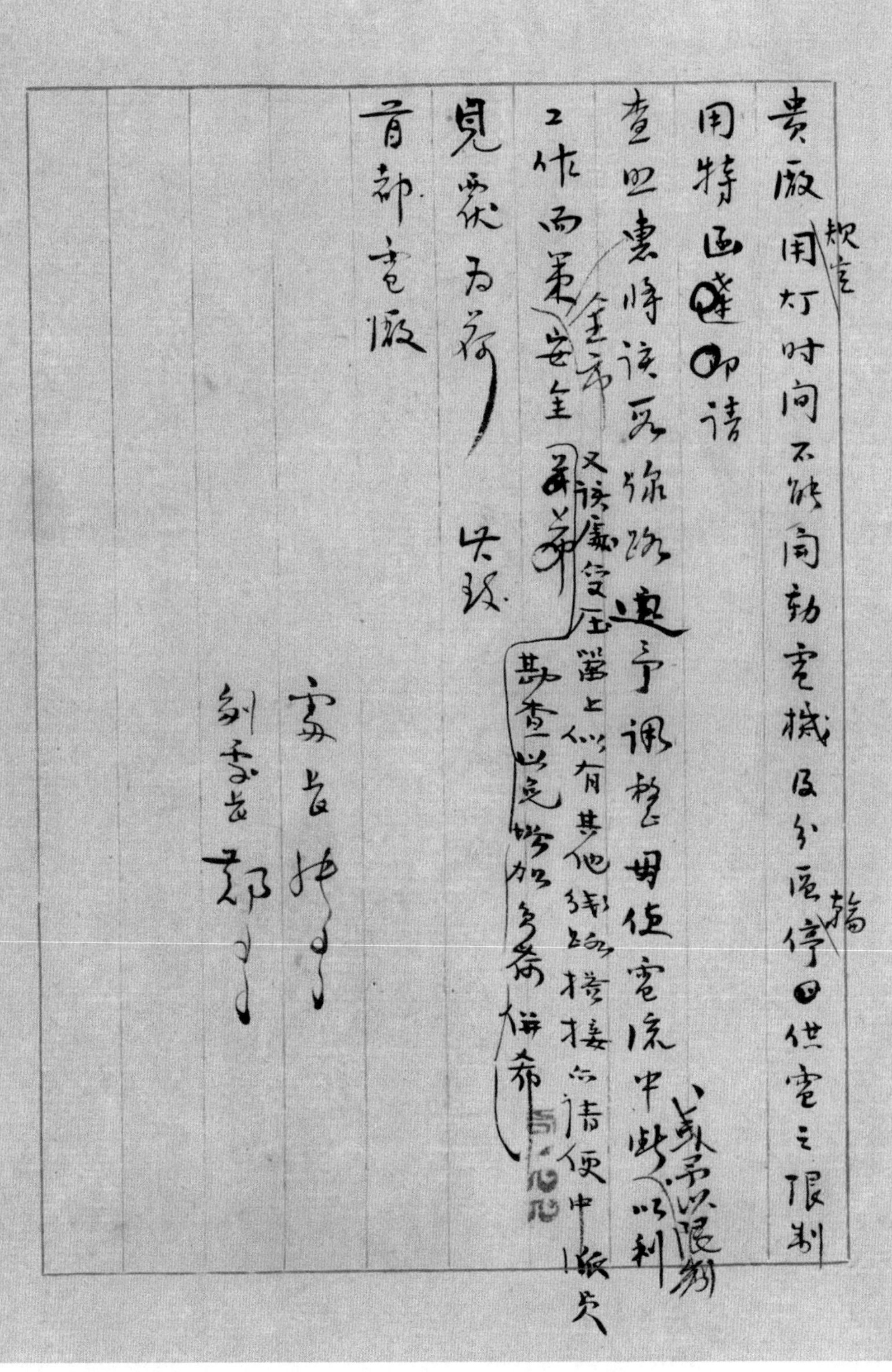

設計課

南京市工務局下水道工程處收文

事由	擬辦	批示
函復於午後七時至十一時用燈時間請停用電動機由	報局核備 七、八	如擬

中華民國　年　月　日收　字第　號

道溝收字第70號

中華民國卅七年七月八日收訖

823

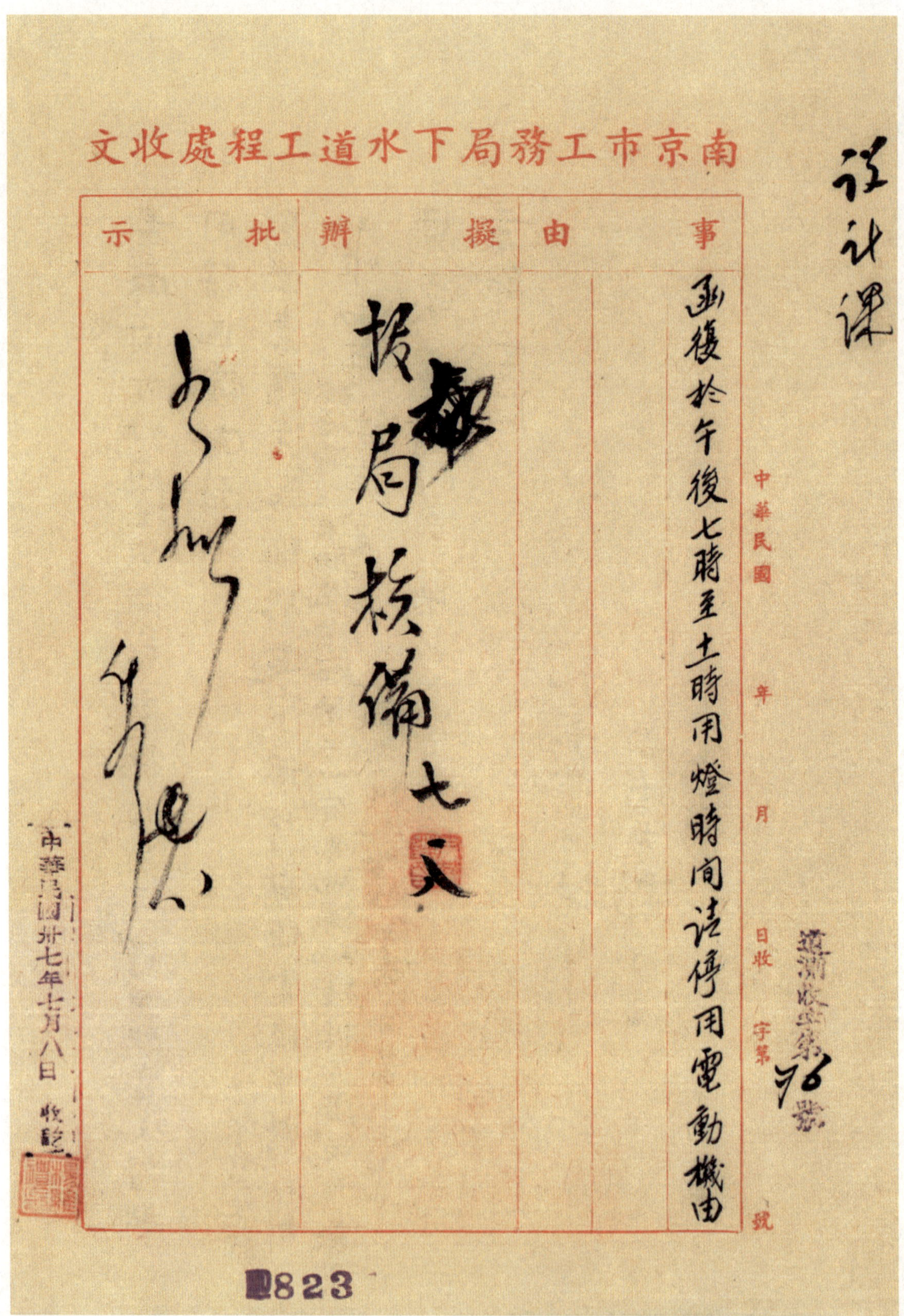

首都電廠公函

事由：函請於午後七時至十一時用燈時間請停用電動機由

附件

發文　字第8004號

中華民國卅七年七月六日

接准

貴處本年七月三日下設字第七五五號函略以通濟門外東水關抽水站抽水工作緊張嘱勿停電等由查

貴處抽水站本不列入輪流停電區域惟每日午後七時至十一時用燈時間務請停用電動機以免熔斷通濟門配電所電力變壓器之保險絲妨碍抽水及大校場用電相應函復即請

查照辦理為荷此致

中華民國卅七年七月八日　收發

823

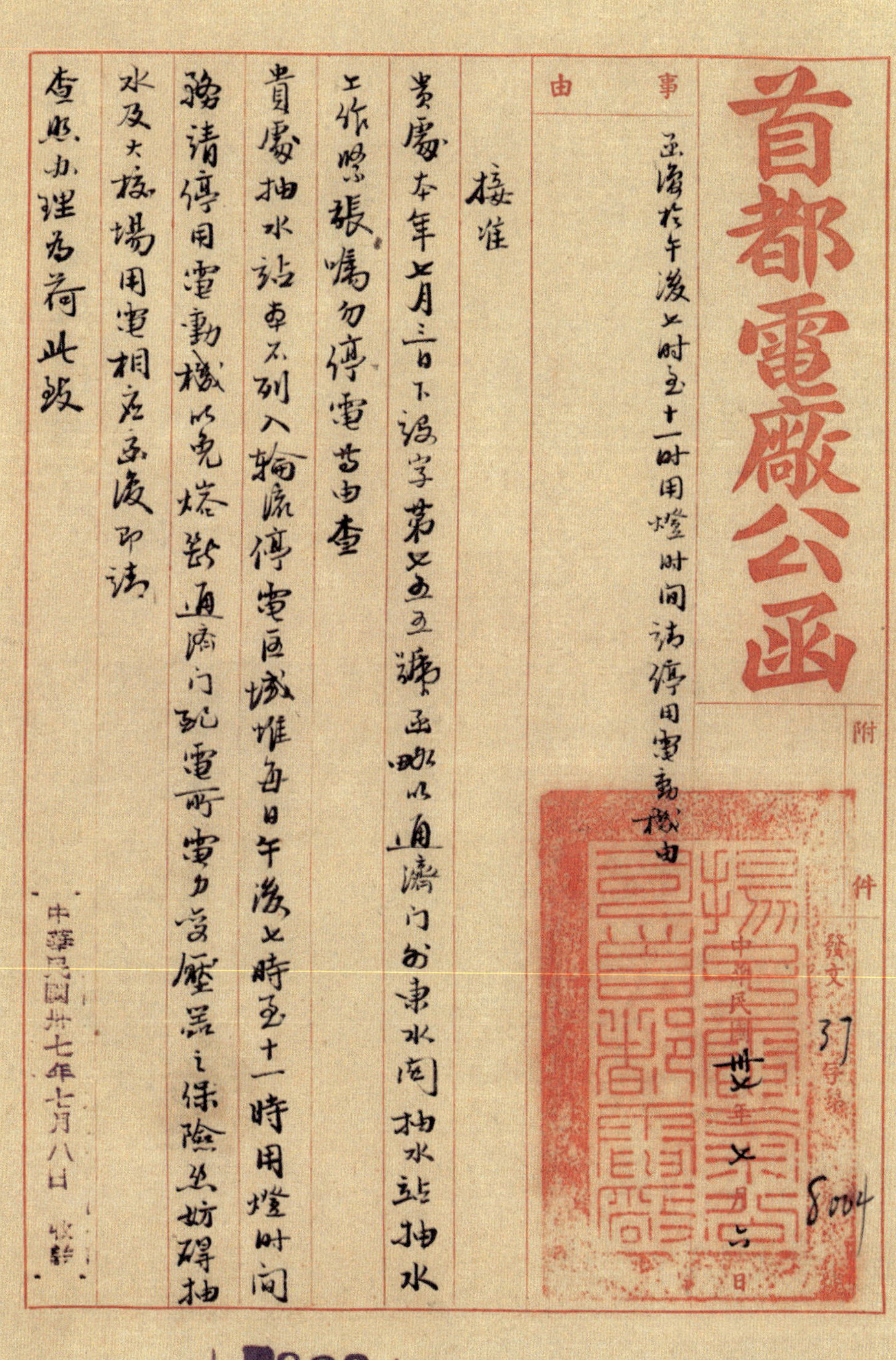

南京市下水道工程處

廠長

陸法曾

校對
監印

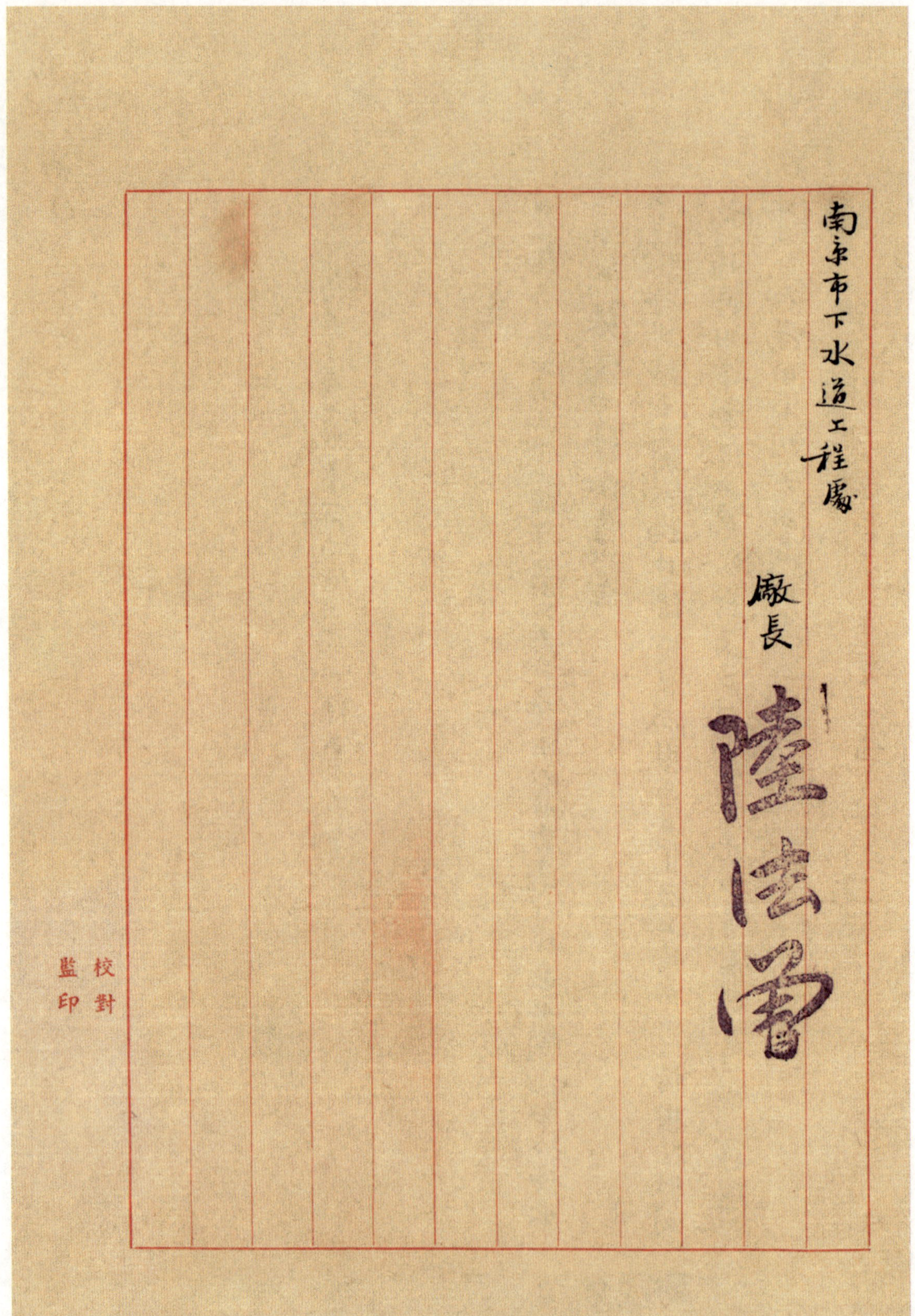

（三）南京市工務局下水道工程處致市工務局的簽呈（一九四八年七月九日）

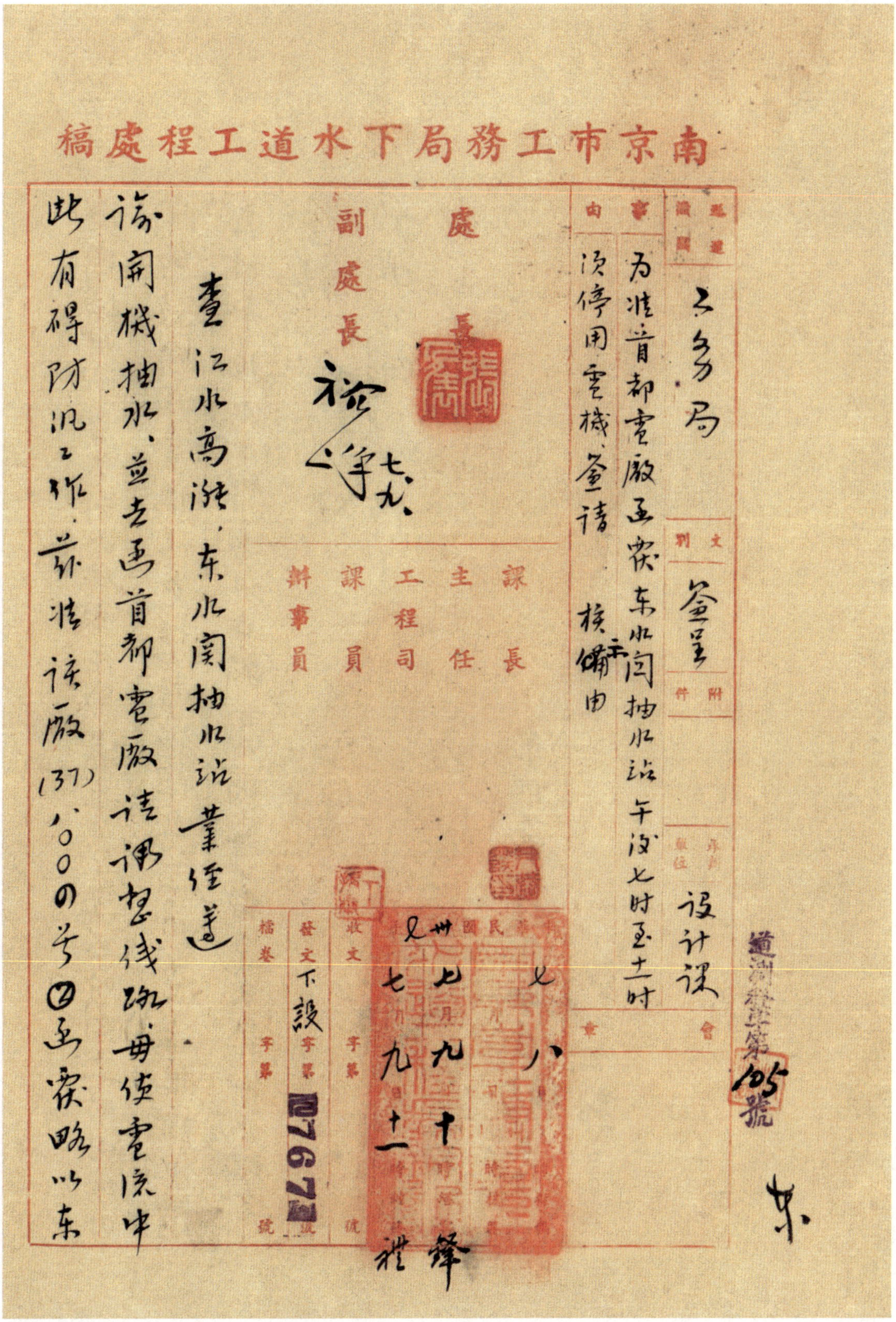

南京市工務局下水道工程處稿

受文機關：工務局

文別：簽呈

附件

擬辦

會：設計課

事由：為准首都電廠函送東水閘抽水站午後七時至十一時須停用電機，簽請核備由

處長 副處長

課長 主任工程司 課員 辦事員

收文 字第 號

發文 下設字第 07767 號

檔卷 字第 號

中華民國卅七年七月八日 七月九日九時 十一時

查江水高漲，東水閘抽水站業經遵

該閘機抽水，並去函首都電廠請派專線，毋使電流中

斷，有碍防汛工作。茲准該廠（37）八〇〇四號函送略以：東

道測發字第105號

水閘抽水站專不列四停電區域，惟每日午後七時至十一時用燈時間務請停用電機，以免燒斷保險絲，妨碍抽水及本校場用電等由。查近值防汛緊急時期，抽水工作每日中斷四小時，蒙受莫大影響水閘之要，理合

簽請

鈞長核示祇遵

謹呈

局長原

下水道工程處處長張〇〇

副處長郭〇〇

南京市工務局第一工程處爲報西水關抽水機辦理情形致市工務局的報告（一九四八年八月十一日）

施工 118—90

副本

南京市工務局第一工程處報告書

民國三十七年八月十一日
發文（卅七）工一字第〇三三九號

事由：爲呈報西水關抽水機辦理情形由

查本處經辦西水關安裝抽水機工程，業於七月廿六日自浦鎮農會租得廿四匹馬力與十八匹馬力柴油抽水機各一架，當即自該地拆卸起運，至廿九日運至西水關工地，經三日漏夜工作，業於八月一日裝竣，二日試車，八月三日起正式開始抽水，理合將辦理情形報請
鑒核備案。謹呈
局長原

第一工程處主任戴根法（印）呈

核	簽	批	示
		准予備案	

8月12日收文工字第7233號

月 日字第 號送批

678

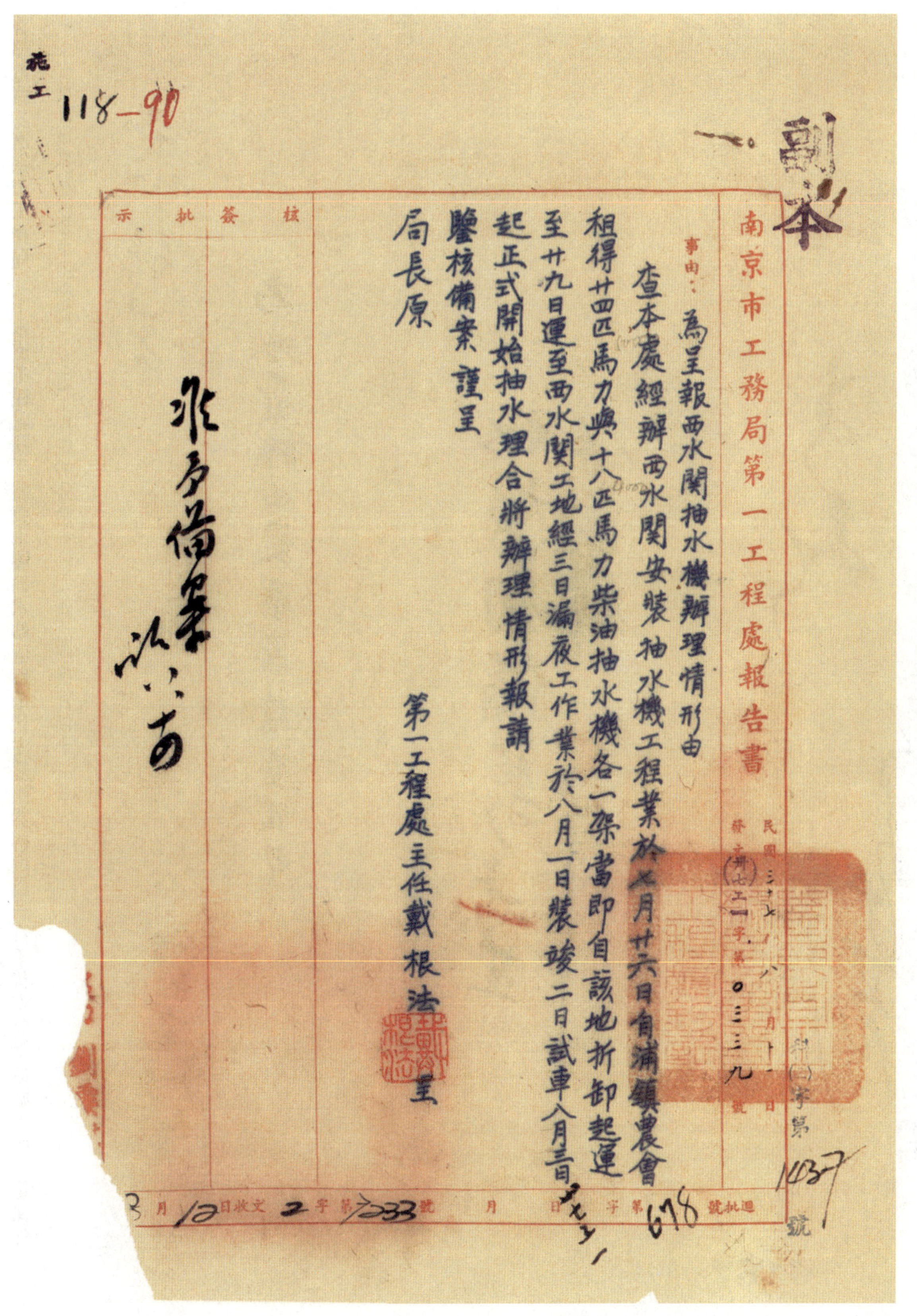

首都電廠、南京市工務局、下水道工程處關于將東水關抽水站兩百千伏安變壓器拆换爲一百千伏安變壓器應用的一組文件

（一）首都電廠致南京市工務局下水道工程處的公函（一九四八年十月二十一日）

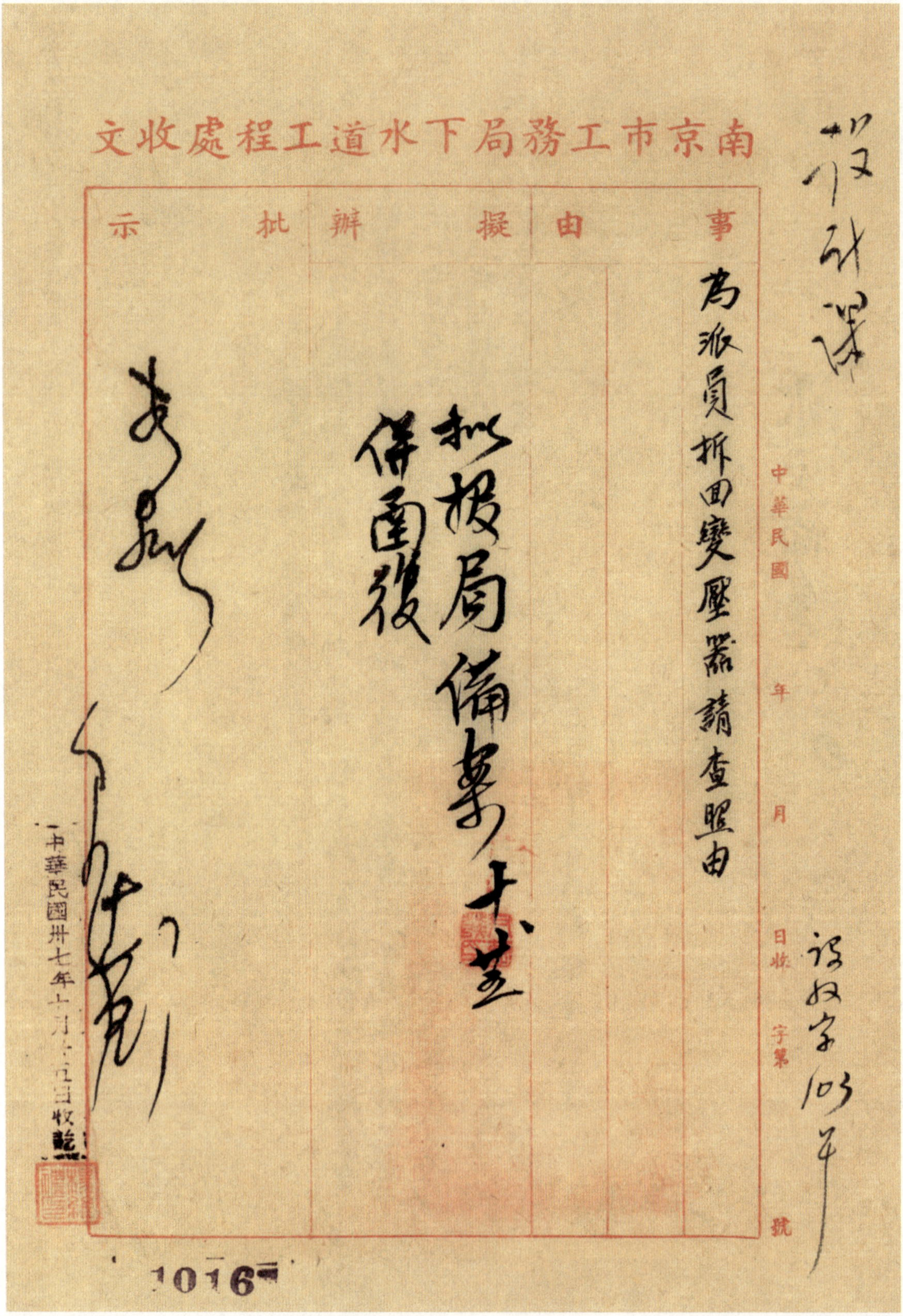

南京市工務局下水道工程處收文

事由	擬辦	批示
為派員拆回變壓器請查照由	擬報局備案併函復	

中華民國卅七年十月廿五日收

1016

首都電廠 公函

事由：派員拆回變壓器請查照由

查裝於東水關抽水站之200 KVA變壓器，向例於本廠負荷激增時調回應用，卓裝一100 KVA變壓器，爾以天氣漸寒，本廠負荷激增，經商承貴處同意，將該變壓器換裝，茲派員前來辦理，即請查照爲荷，此致

南京市下水道工程處

廠長 陸法曾

附件

中華民國卅七年十一月廿一日 37字第11670號

中華民國卅七年十一月廿三收

206×410mm-總53-2000-37-7-光明

1016

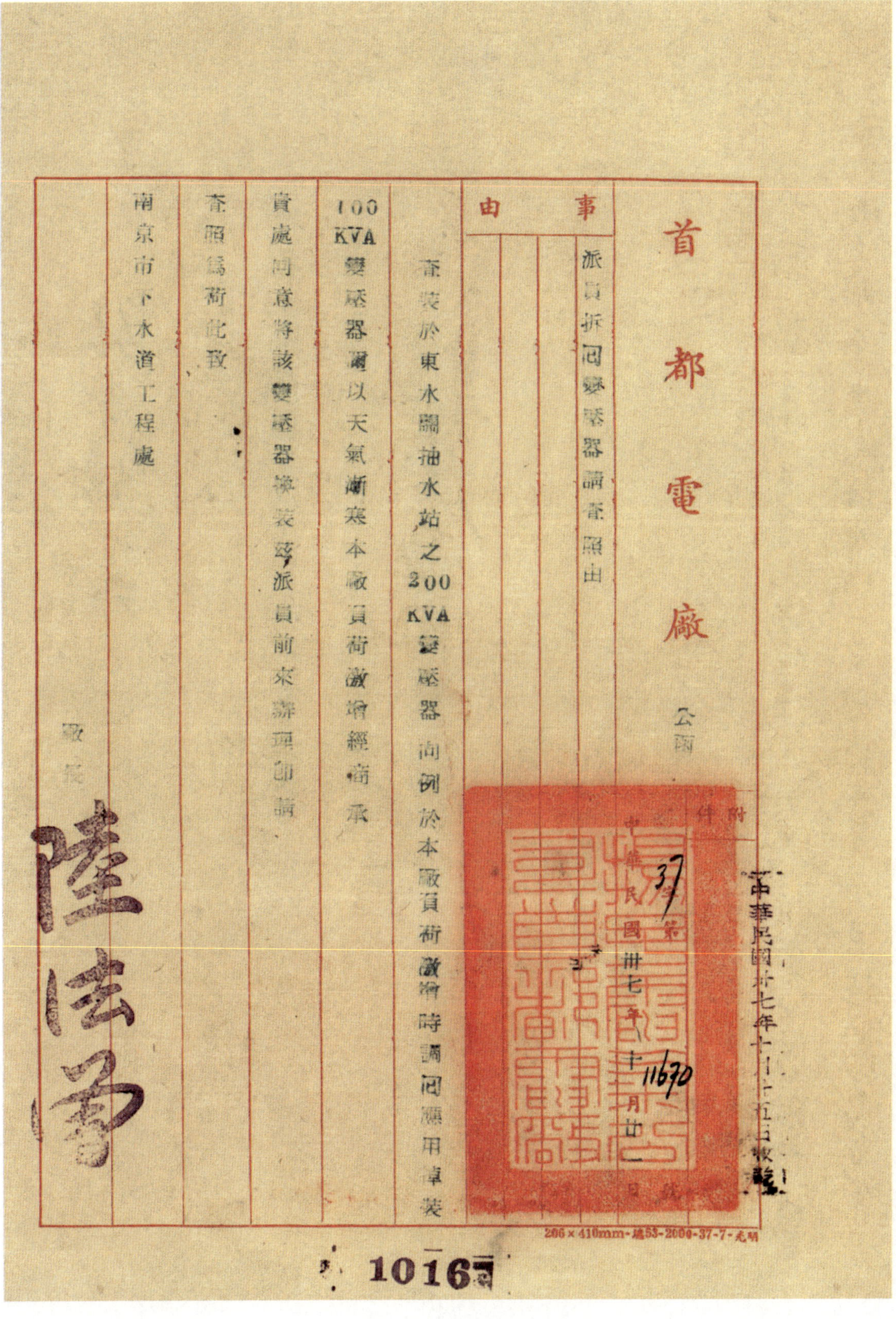

（二）南京市工務局下水道工程處致首都電廠的復函（一九四八年十月二十七日）

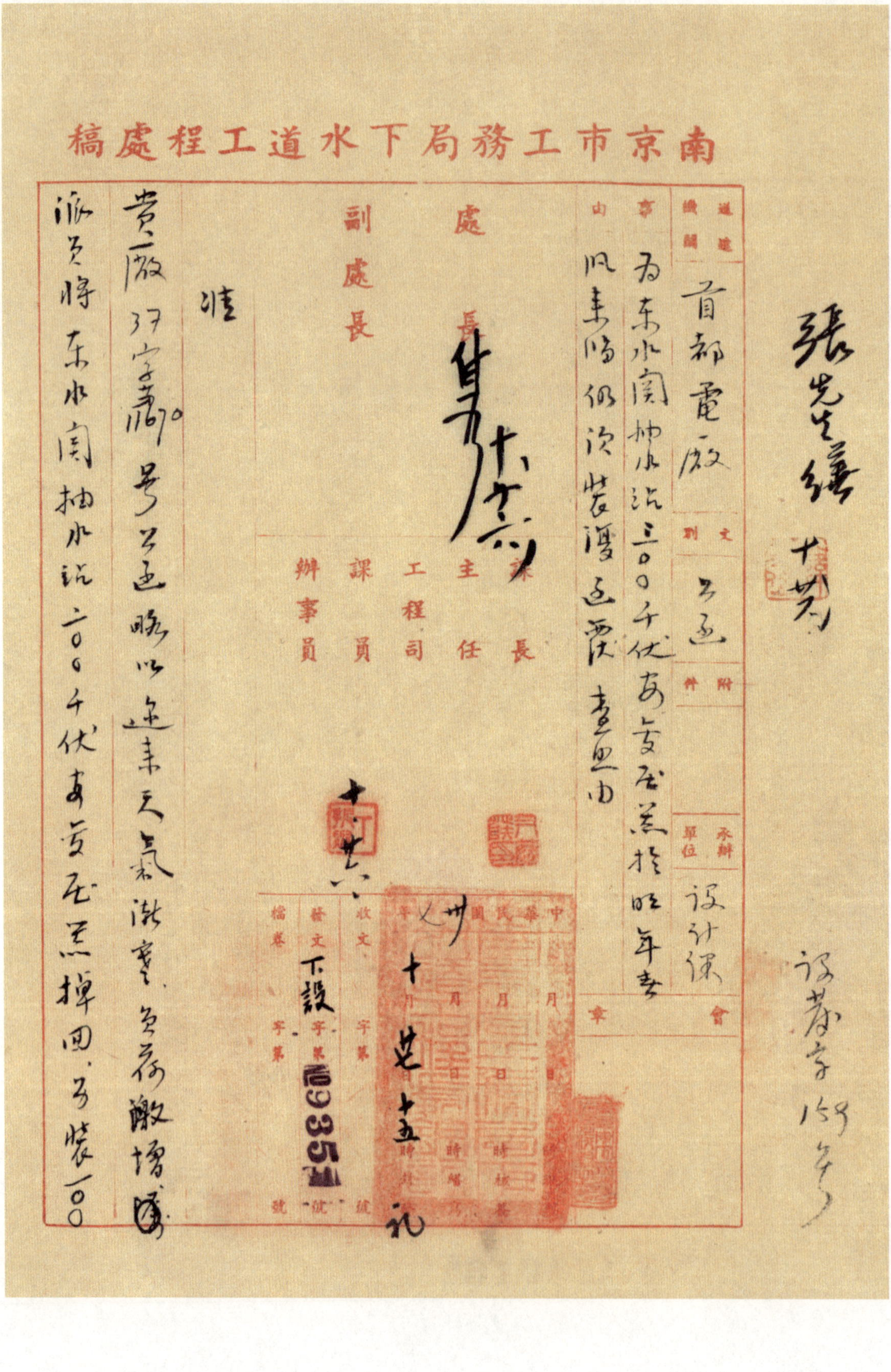

南京市工務局下水道工程處稿

受文機關：首都電廠

文別：公函

承辦單位：設計課

事由：為東水關抽水站三〇〇千伏安變壓器於明年春汛來臨仍須裝復函達查照由

處長　集[illegible]

副處長

課長

主任工程司

課員

辦事員

收文　字第　號

發文　下設字第0935號

檔卷　字第　號

逕啟者

貴廠丁字第一〇〇號公函略以近來天氣漸寒，負荷激增，請派員將東水關抽水站二〇〇千伏安變壓器拆回，另裝一〇〇

張先生鑒

千伏安變壓器已具應用之需，查照等由准此。查目
前汛期已過，自應照辦，惟一俟明年春汛來臨（卅四年三）前務裝
之三〇〇千伏安變壓器似請隨即裝復，將之前由拉
應需達保節
查照爲荷　此致
首都電廠

處長 [illegible]

（三）南京市工務局下水道工程處致市工務局的呈文（一九四八年十月二十七日）

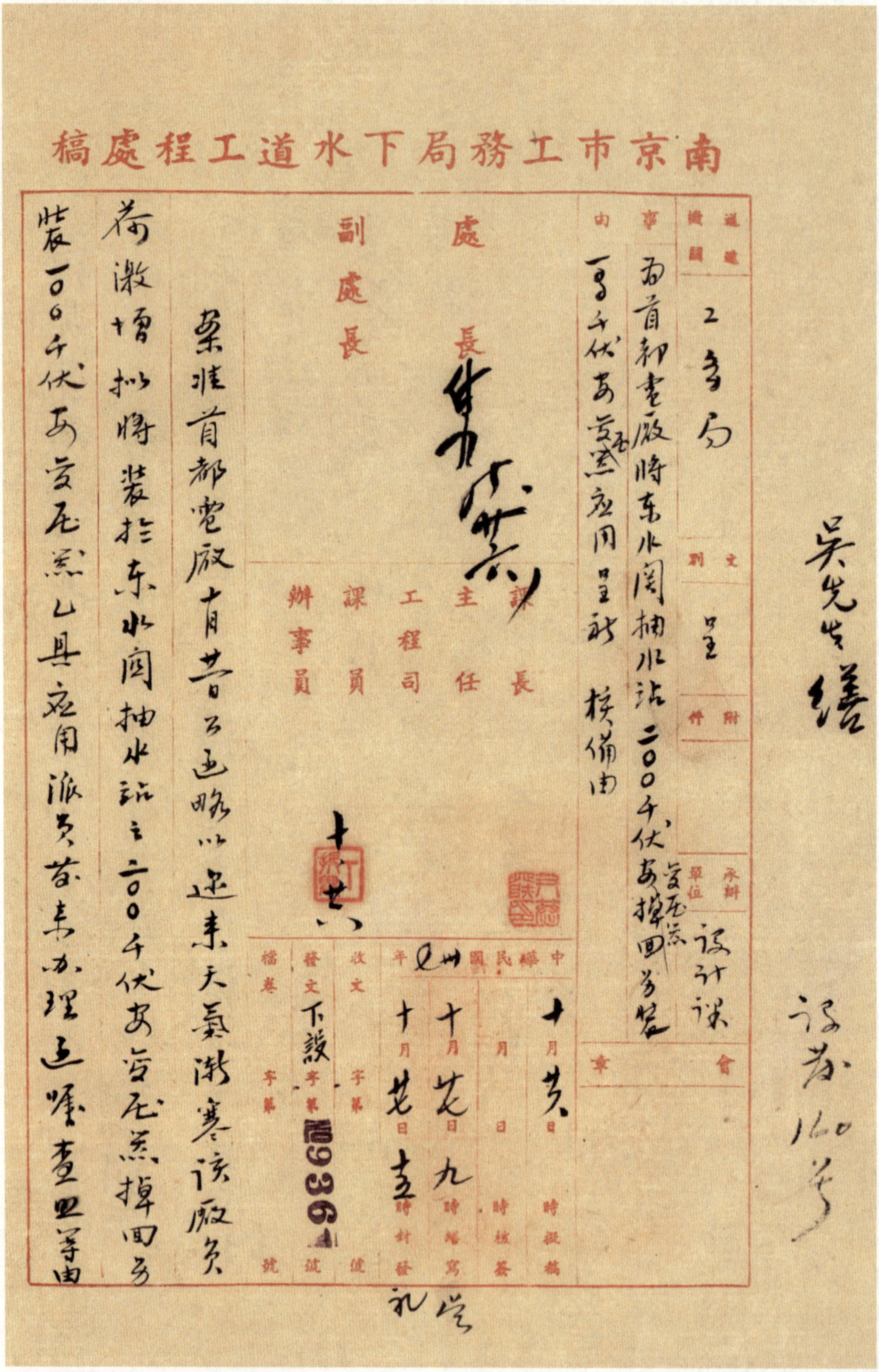

南京市工務局下水道工程處稿

送達機關：工务局

文別：呈

附件：

承辦單位：設計課

會章：

事由：为首都电厂将东水关抽水站二〇〇千伏安变压器应用呈祈 核备由（为首都电厂将东水关抽水站二〇〇千伏安变压器拆回另装）

處長

副處長

課長　主任工程司　課員　辦事員

中華民國卅七年
十月廿六日擬稿
十月　日核簽
十月廿九日繕寫
十月廿五日時封發

收文　字第　號
發文　下設字第0936號
檔卷　字第　號

案准首都电厂十月廿二日函略以："迩来天气渐寒，该厂负荷激增，拟将装于东水关抽水站之二〇〇千伏安变压器拆回，另装一〇〇千伏安变压器一具应用，派员前来办理"过嘱查照等由

吴先生缮

查目前汛期已過，該站抽水工作已不似以前之緊張，當免其暫〔擬維例〕行拆裝，俟嗣後該廠新購明年汛期前，似須將六〇千伏安〔安〕器送裝復外，理合呈請

鑒核備案。謹呈

局長原

下水道工程處處長 程

南京市工務局下水道工程處收文

事由	擬辦	批示
據呈以首都電廠將𠔌水閘抽水站二〇〇千伏安變壓器換回另裝一〇〇千伏安變壓器應用祈核備等情指令知照由	批併存 十一、二	

中華民國 年 月 日收 字第 號

設計課

設收105號

中華民國卅七年十一月二日收臨

1026

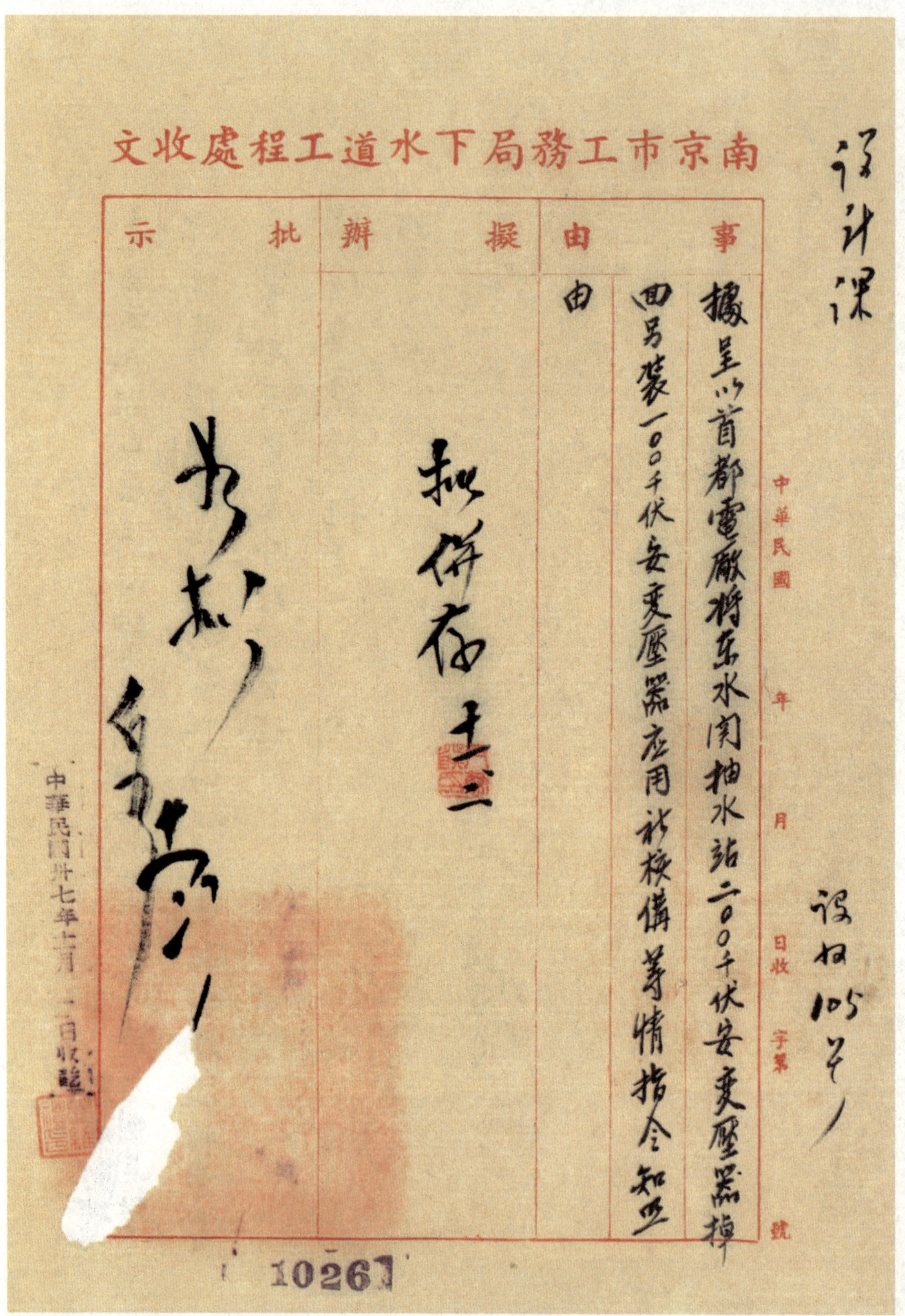

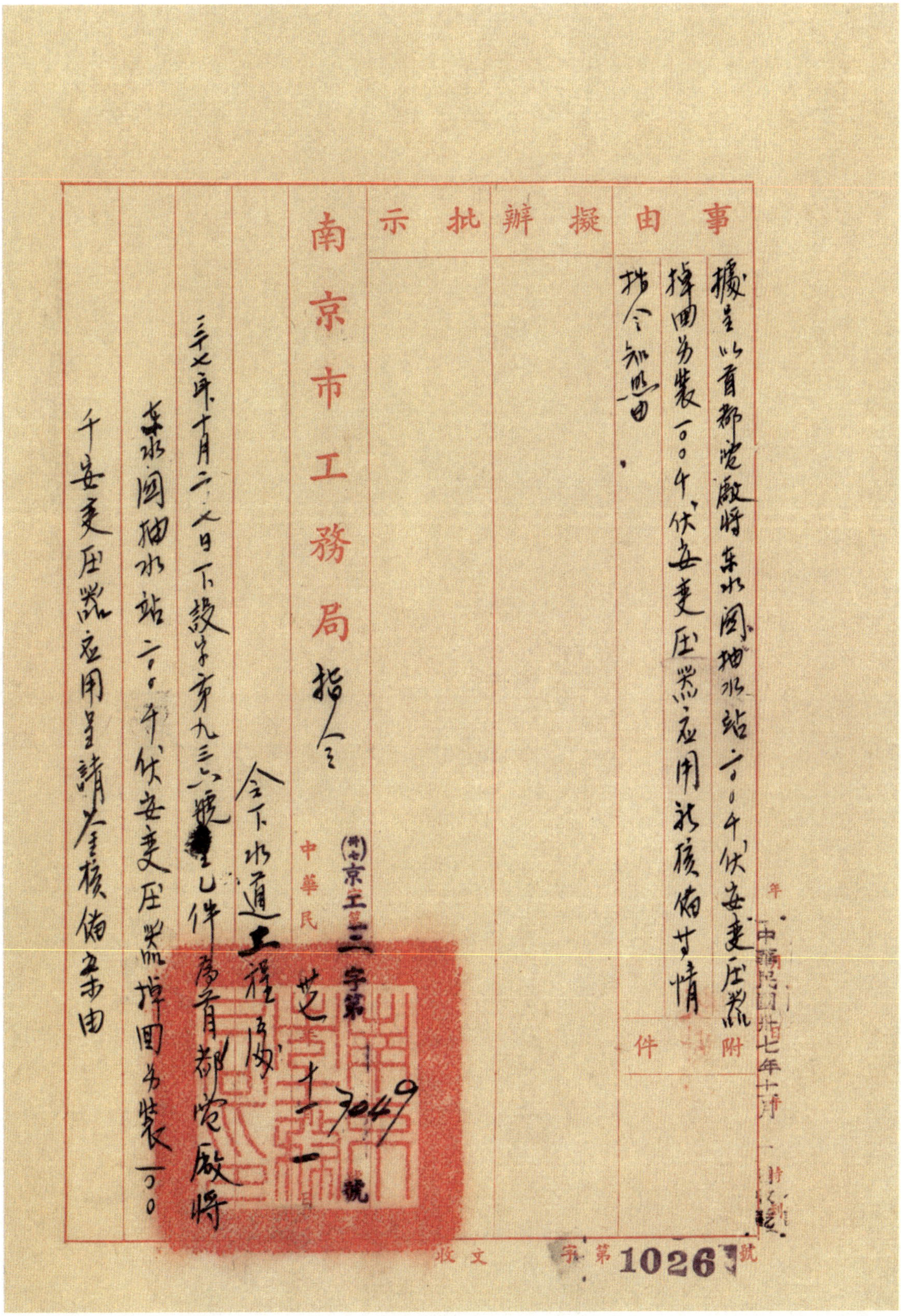

事由：據呈以首都電廠將東水關抽水站六〇千伏安變壓器拆回另裝一〇〇千伏安變壓器應用祈核備等情指令知照由。

附件

擬辦

批示

南京市工務局指令

中華民國卅七年十一月一日

（卅七）京工第三字第7049號

令下水道工程處

三十七年十月二十八日下設字第九三六號呈乙件爲首都電廠將東水關抽水站六〇千伏安變壓器拆回另裝一〇〇千安變壓器應用呈請鑒核備案由

中華民國卅七年十一月

收文 字第1026號

呈悉。准予備案。此令。

局長 原素欣

校對賈文錚

南京市工務局下水道工程處爲東水關抽水站不得入内參觀的布告（一九四九年二月二十八日）

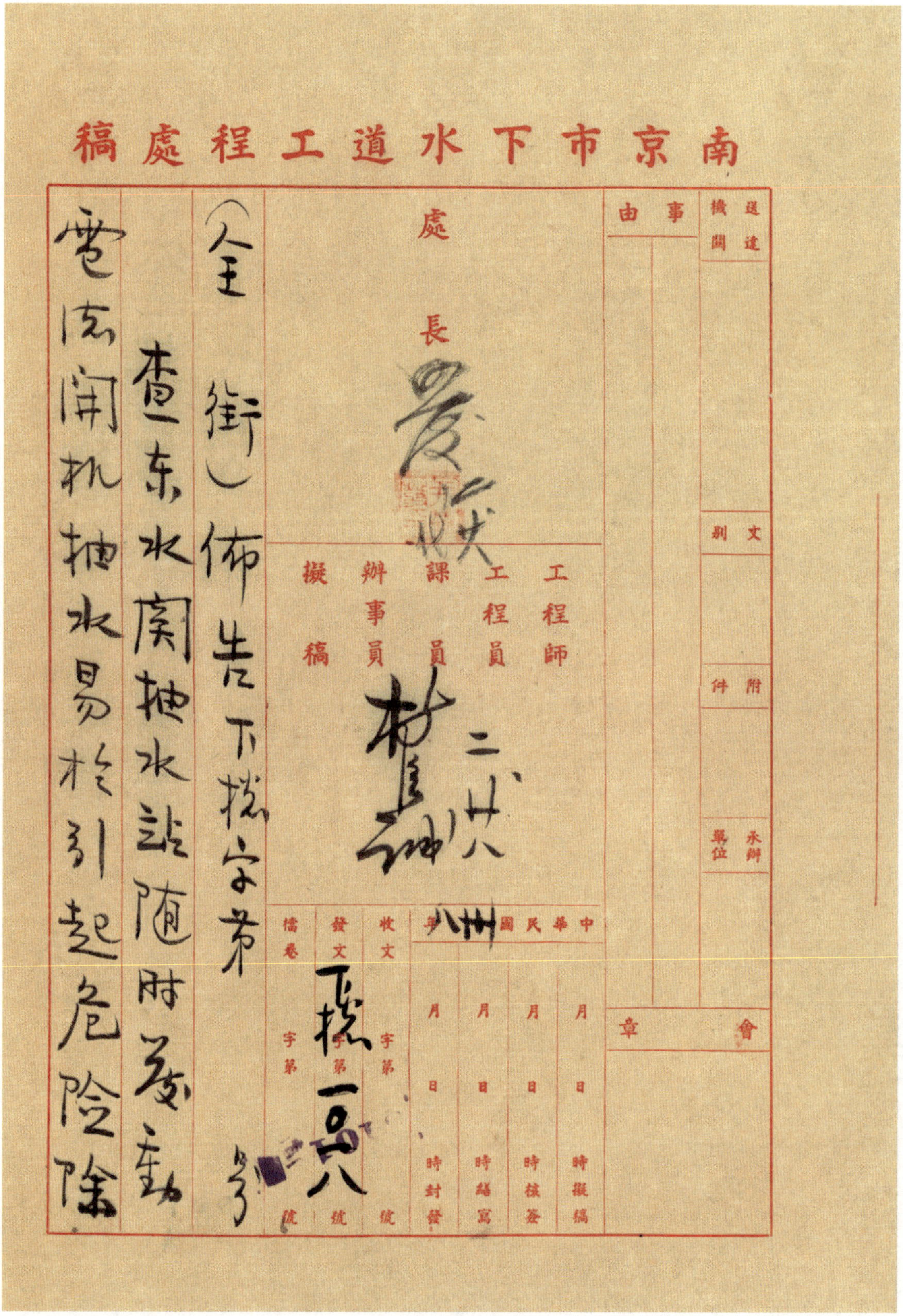
南京市下水道工程處稿

處長

工程師 工程員 課員 辦事員 擬稿

（全街）佈告 下總字第 號

查東水関抽水站隨時發動

電流開机抽水易於引起危險除

中華民國 二月廿八 年 月 日

收文 字第 號

發文 下總 字第 一五八 號

檔卷

時擬稿 時核簽 時繕寫 時封發

送達機關

文別

附件

承辦單位

事由

會章

談話工作人員外其他人士拒絕入內
參觀免遭影響一合亟佈告週知
此告

處長洪○○

南京市工務局下水道工程處爲東水關抽水站常有過往部隊駐扎請布告禁止以利工作事致市工務局的簽呈（一九四九年三月一日）

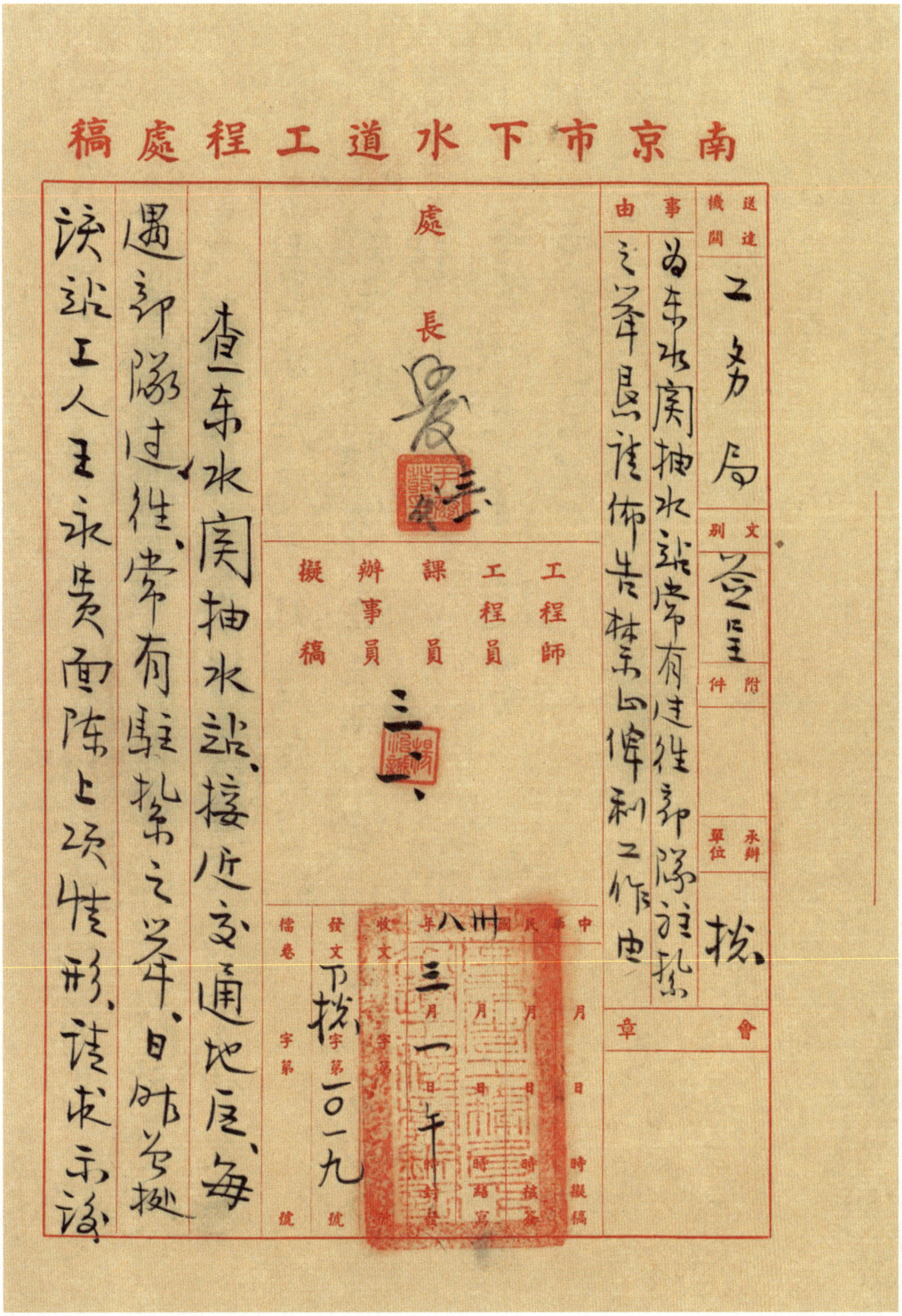

南京市下水道工程處稿

送達機關	工务局
文別	签呈
附件	
承辦單位	拟
事由	为东水関抽水站常有过往部队驻扎之举，恳请布告禁止，俾利工作由
會章	

處長 [signature] 三/一

工程師　工程員　課員　辦事員　擬稿 三/一

中華民國卅八年三月一日　時擬稿

發文 下 字第 一〇一九 號

查东水関抽水站接近交通地区，每遇部队过往，常有驻扎之举，日昨曾据该站工人王永贵面陈上项情形，请求示谕

禁止並刷素、当由本处该站随时劝阻

流、闸机抽水易於引起危险、除该站工作人

员以外、其他人等、一律谢绝入内参观、免遇

萬一、其語、揭示外、理合签请

钧座迅赐佈告禁止、俾利工作、当否？乞

鉴核示遵！谨呈

局長原。

下水道工程处处長 陆○○

南京城墙檔案

水關涵閘的管理與增修

叁

水閘的排水及關啓

朝天宫及西水關排水情形（摘自《南京市政府公報》）（一九三一年九月十五日）

朝天宫排水情形

西水關排水情形

（一）僞南京市自治委員會救濟課等擬具的實施方案（一九三八年四月八日）

四月八日提出

乙要改不[illegible]

謹將第一區何區長緝之在第二十四次常會提議（1）開放秦淮水閘檢查尸體及武器（2）本京偏僻街巷穢物及糞便處理兩案擬具實施方案呈請鑒核

第一項　開放秦淮西關水閘以便檢查尸體及武器辦法列後

(1) 如發現尸體應由救濟課萬字會辦理

(2) 槍械武器應呈繳特務機關處理

(3) 秦淮區域内該管一、二兩區及一、二兩警察局應協助進行

(4) 報請特務機關指定日期舉行並派員及憲兵到場監視

第二項　糞便應召商人包辦（須先交保證金四百元）該項糞便變賣所得之價充作招募大批清潔伕之工資此項清潔伕專司清理各偏僻街巷穢物之責由救濟課管理之

馬錫侯
王春生　擬具
何緝之

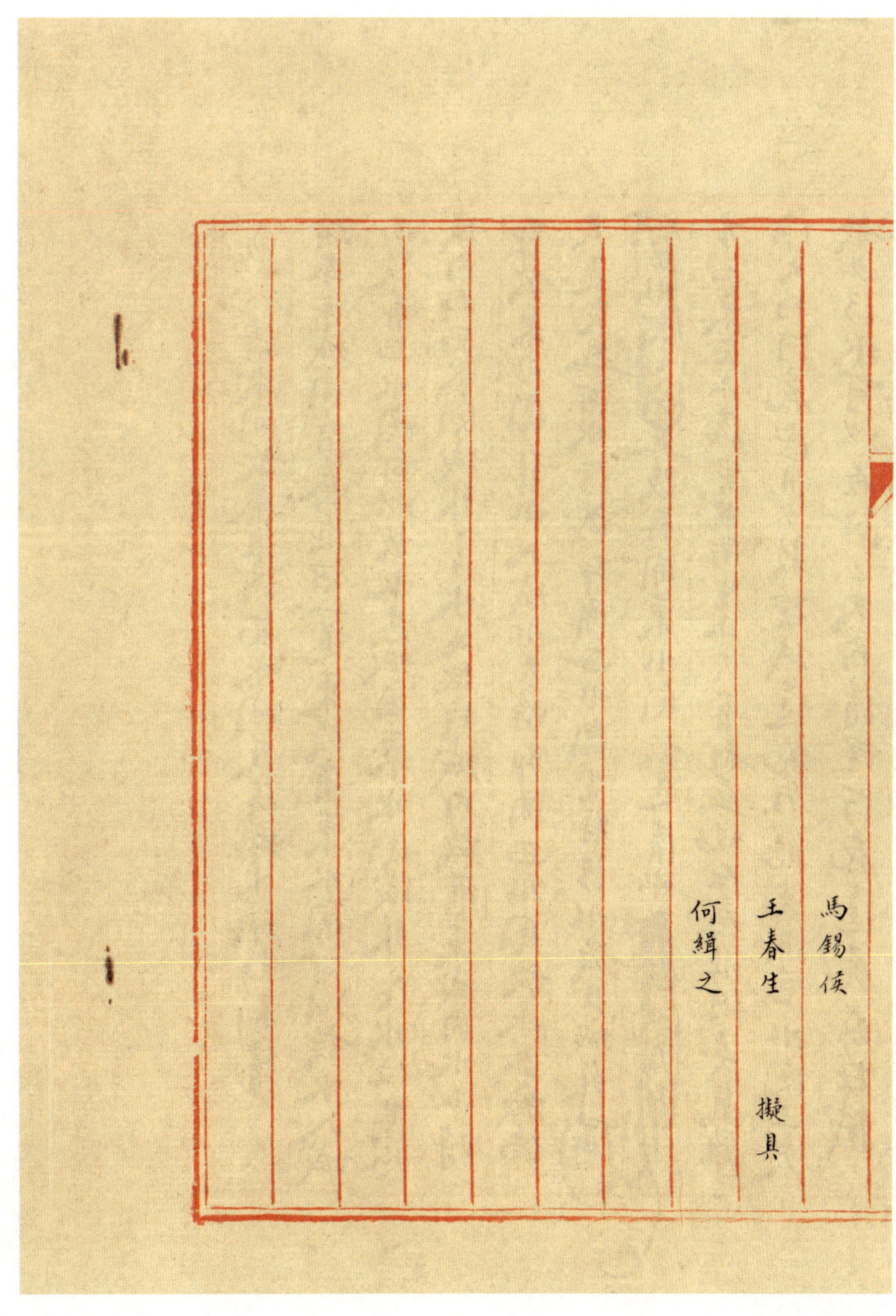

請求開放秦淮河西水關及後湖水閘計劃書

按本市城南有秦淮河一道東段有東水關可以放水入城西段有西水關可以放水出城因東水關城外之水位高於城内而西水關城外之水又低於城内故歷来城内水小時即放東水關引水入城水大時即開西水關放水出城備天氣炎热河水污穢即開西水關先將污水放出城外再開將西水關之閘然後再開東水關放進清水由河内污水沖出以為本市向来之办法實於衛生上大有利益現在秦淮河臭氣難聞大約河底尚有少數槍械遺尸故能先開西水關三天放出污水可以在此三天内清理河底遺屍及槍械

然後再開東水關放進清水
開放時應由本會各課派員會同警察所及第一二區公
所并憲兵隊到場施工并發現屍体即歸救濟課負責
掩埋如發現槍械即歸警察所檢拾繳呈憲兵隊關於
施工各種事宜則歸總務課雇工負責辦理并由第一二
區公所派員協助為要此辦法不但可以檢拾槍械清除死
屍又可以換進清水實是一舉二得之良法
東關之水只能將南城河內之污水冲洗出西關而城北
河內之污水仍舊因淤塞不能流出自明季相傳開東水關
後遲一二日內開放玄武閘即可將北城一帶河水污水

冲出西閘全市衛生均賴此湖水有數百年之歷史
不能照此辦理則衛生上之收莫大之效果謹呈此致
秘書處
救濟課課長馬錫侯
通知材料機關請其核定
除定期以便實施為荷

（三）僞督辦南京市政公署衛生處致督辦的簽呈（一九三八年五月六日）

督秘收 85號 五.六到

抄錄 登記

交工務處 交秘一科 簽

竊職處以開放秦淮河西關水閘事經召集本署各有關人員於本月五日上午十時三十分開談話會討論進行計出席者警察廳長王春生第一區長何緝之第二區長胡啓闓教育處長楊九鳴（即前自治會總務課長）工務處長趙公謹 余侃如代 均同時蒞會由職主席當開始討論公同決定辦法六項如次

(1) 決定自本月七日上午八時起開放西關水閘並定自八日上午八時半起至十日下午五時半止為開始清理河底時間必要時須延長一二日

(2) 全河計分十段復成橋—大中橋—東關頭—利涉橋—文德橋—武定橋—南門橋—新橋—上浮橋—下浮橋—閘口等十段

每段派工人十名並由各警察分局及區公所分派員警監視工作

(3)通知特務機關宣撫班及憲兵隊到場監視

(4)如河底發現屍體其在九、十、兩段者由本署派工掩埋其他各段發現者由紅萬字會派工掩埋如發現武器等件由警察廳繳存憲兵隊（照原案）

(5)應用伕役請由秘書處第一科指撥除照給工資外並每名每日發給草鞋一雙（由秘一科購發）所需工具亦由工務處籌辦

(6)掩埋時應用蘆蓆一百張繩索一百根石灰末二担請由秘書處第一科購發

以上議決辦法六項除職已面與宣撫班憲兵隊警察廳接洽派隊到場

監視並函請紅萬字會協助辦理外理合錄案呈報仰祈

鑒核謹呈

督辦任

衛生處處長徐仲仁

閱 五、六

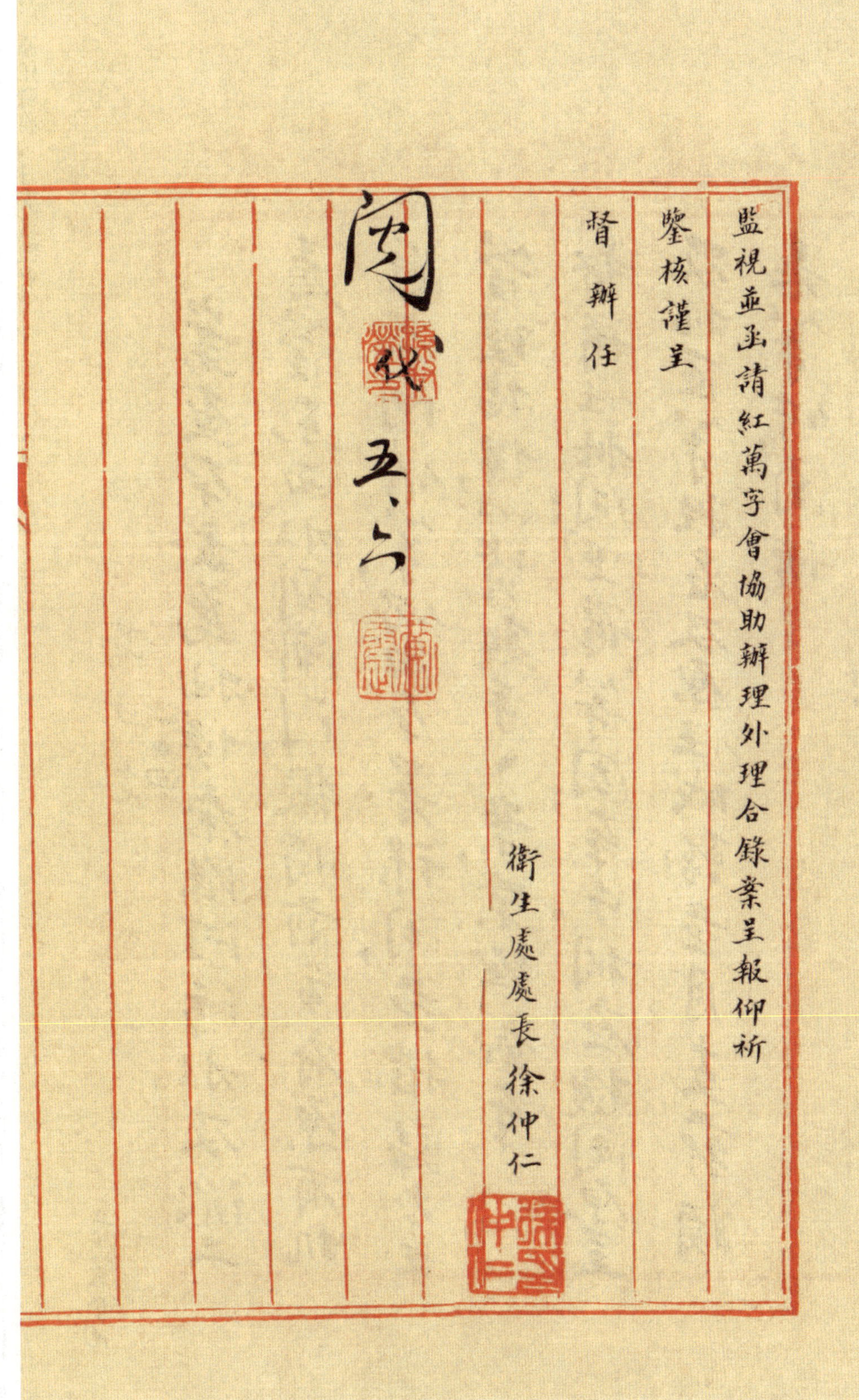

偽督辦南京市政公署工務處爲抽換秦淮河污水及派工看管東、西水關閘門等事致偽財政處的公函（附件：原簽呈及機匠等姓名、原任職務、月支薪額表）（一九三八年五月十六日）

督辦南京市政公署

文第三科

中華民國廿七年五月十七日

財政處收文第一〇四號

案查本處爲抽換秦淮河污水及派工看管東西水關閘門，擬將前市府原有机匠及閘伕等仍由本署録用，並撥歸本處管理指揮，以資熟手，業經簽奉

督辦佳批開：「照准」等因；奉此，相應檢同原呈及机匠等姓名及原任職務並月支薪額表等件，函請

查照登記爲荷！此致

工字第二卷第三號

核 五、十八 登記

督辦南京市政公署

財政局

附原德美及機匠等姓名原任職務月支薪額表一份

督辦南京市政公署總務處

函　五月十六日

簽呈 五月十四日

竊查本市秦淮河自經兵燹以後，河内淹沒死屍及其他污物甚多，以致河身淤積，臭氣熏々，衛生航運，均受妨碍！前為澈底清除起見，業經暂行招集原有工人開放閘門，放流污水在案，現夏令已届，亟應自通濟門外抽水站，抽换新水，惟該抽水站，純係電機装置（該電機現缺乏三匹馬力電動進油機一架，補加装置後，立可抽换秦淮河水）原有機匠，係飛利浦公司存於前市工務局録用者，對於該電機情形，知之最詳，又西水閞及東水閞閘門，均經前市府派有工人看管，按季節潮水漲落開閘閘門、現以該抽水諸及閘門照管無人，擬請將原有該機匠及閘伕等，仍由本署錄用，並撥歸本室管理指揮，以資熟手，是否有當，理合繕具該機匠等姓名及原任職務並月支薪額表一份，簽請

鈞署鑒核示遵！謹呈

督辦 任

附呈機匠等姓名及原任職務並月支薪額表一份

工務室室長 趙○○

職別	姓名	任務	原月薪額
機工	朱建章	管理通濟門外抽水站電機	四十元
	劉見才	仝	三十六元
	王長生	仝	二十八元
閘伕	王兆才	看守及開放東關水閘	十六元
	何長祿	仝	十六元
	劉永祥	仝	十六元
	李金生	仝	十六元
	胡振祥	看守及開放西關水閘	十六元
	孟憲棠	仝	十六元

韓文富　仝　十六九

孟相和　仝　十六九

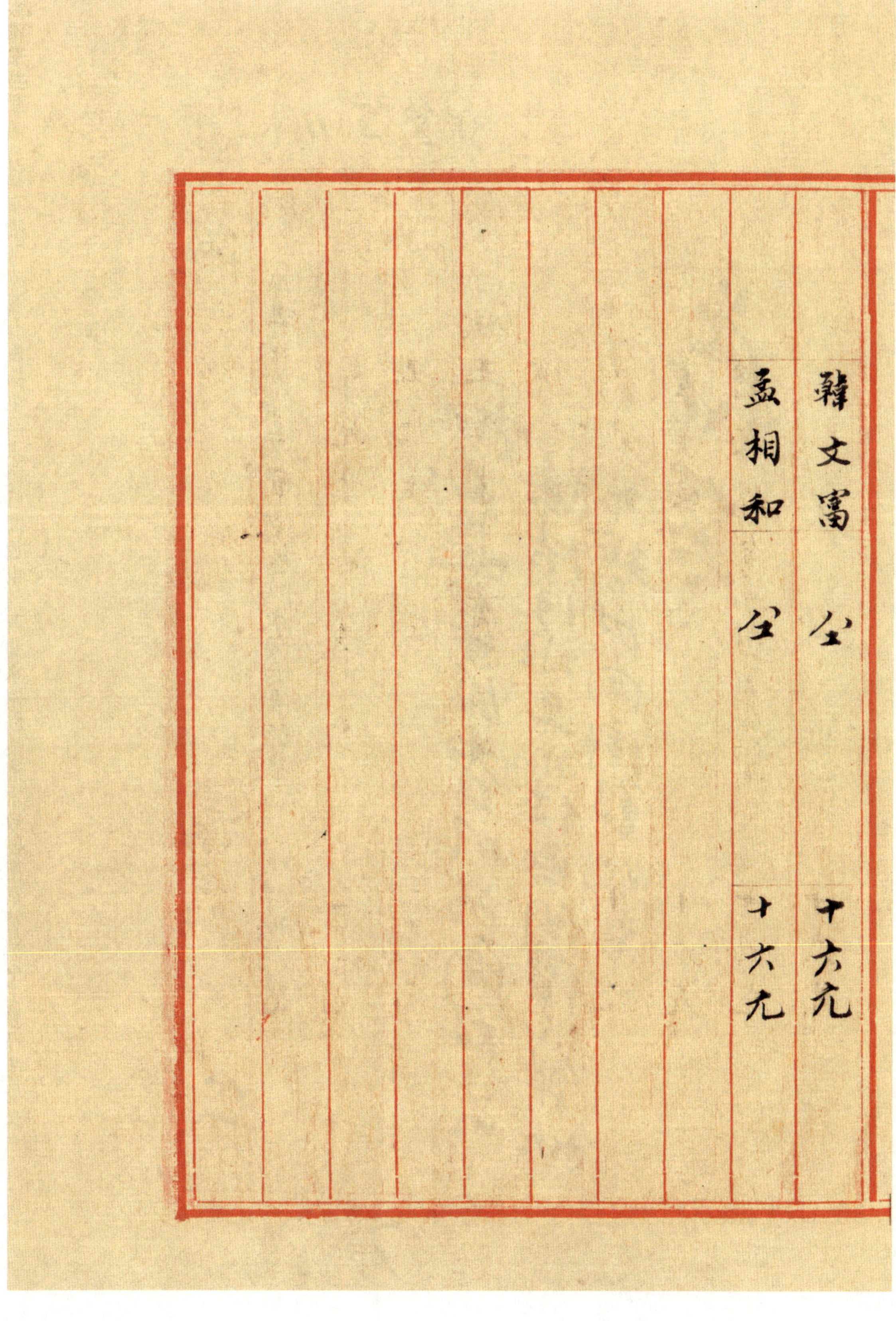

秦淮船業聯誼會爲秦淮河水濁有礙衛生請求同時開放東、西關水閘以換清水致僞南京特別市工務局的呈文（一九四二年七月三十一日）

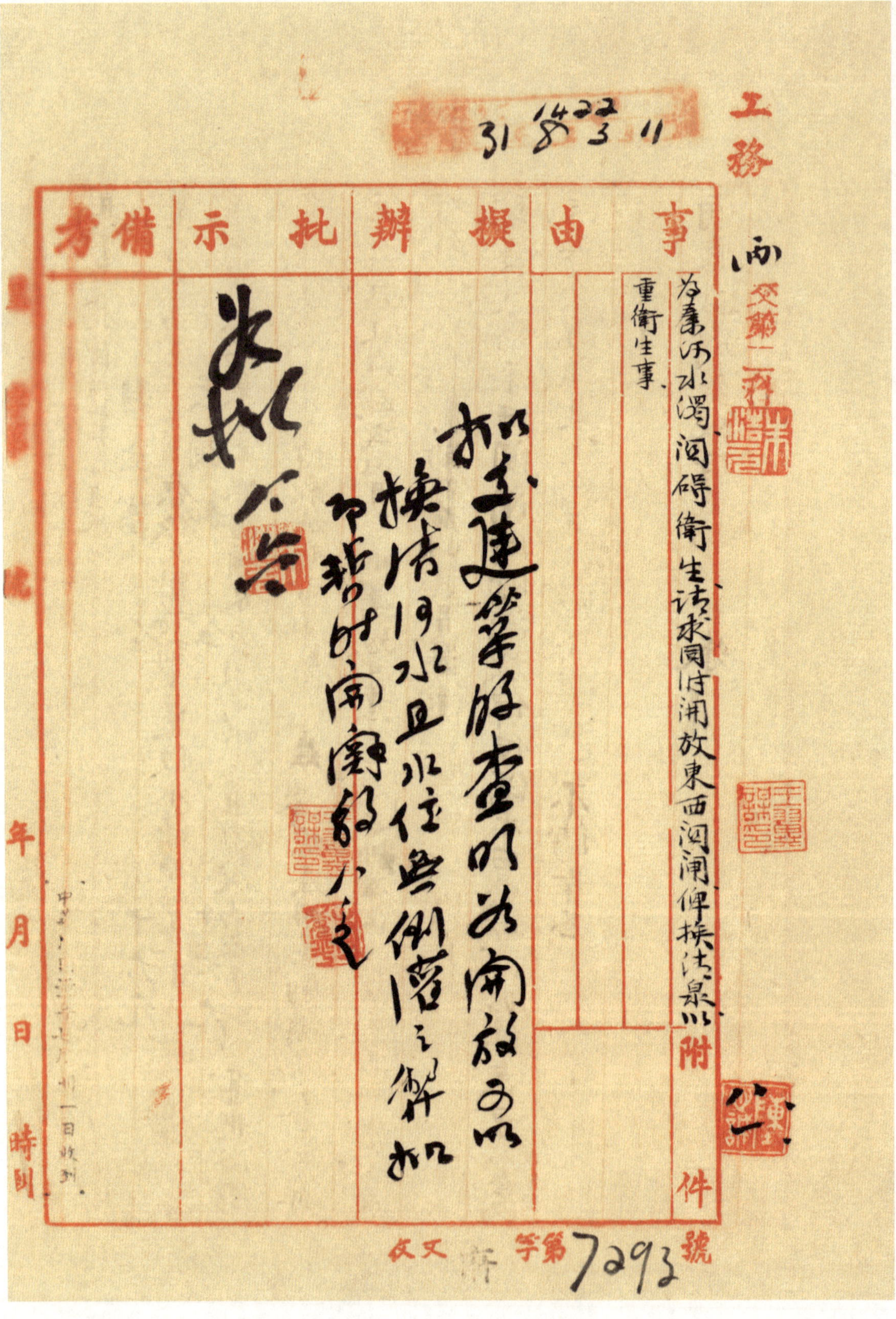

具呈人秦淮船業聯誼會

呈為京市秦淮河流、原依六朝勝跡之建設、水清照鏡、色彩光明、久為中外人仕所瞻仰。惠清泉之來源、藉賴東西閘閘呼吸水流、催濁水吸清泉、重衛生、去眼俗、備畫舫為名人遊覽、博歌繪助市面繁榮。茲敝會係秦淮畫舫團体、人民為舟子子孫孫、乃近者遊客、以目覩水濁、烈日薰蒸、夜午納凉、聞之掩鼻、長此以往、併慮有碍衛生、敝會畫舫甘為此具呈、請求

鈞長、迅將東西閘閘、同時閘放、俾使濁水西流城外、以清泉東入秦淮、從此清源流道、民樂康齡、合全市民眾、不勝幸甚、

謹呈

南京特別市政府工務局長朱

電核

秦淮船業聯誼會上

中華民國三十一年七月二十[illegible]日

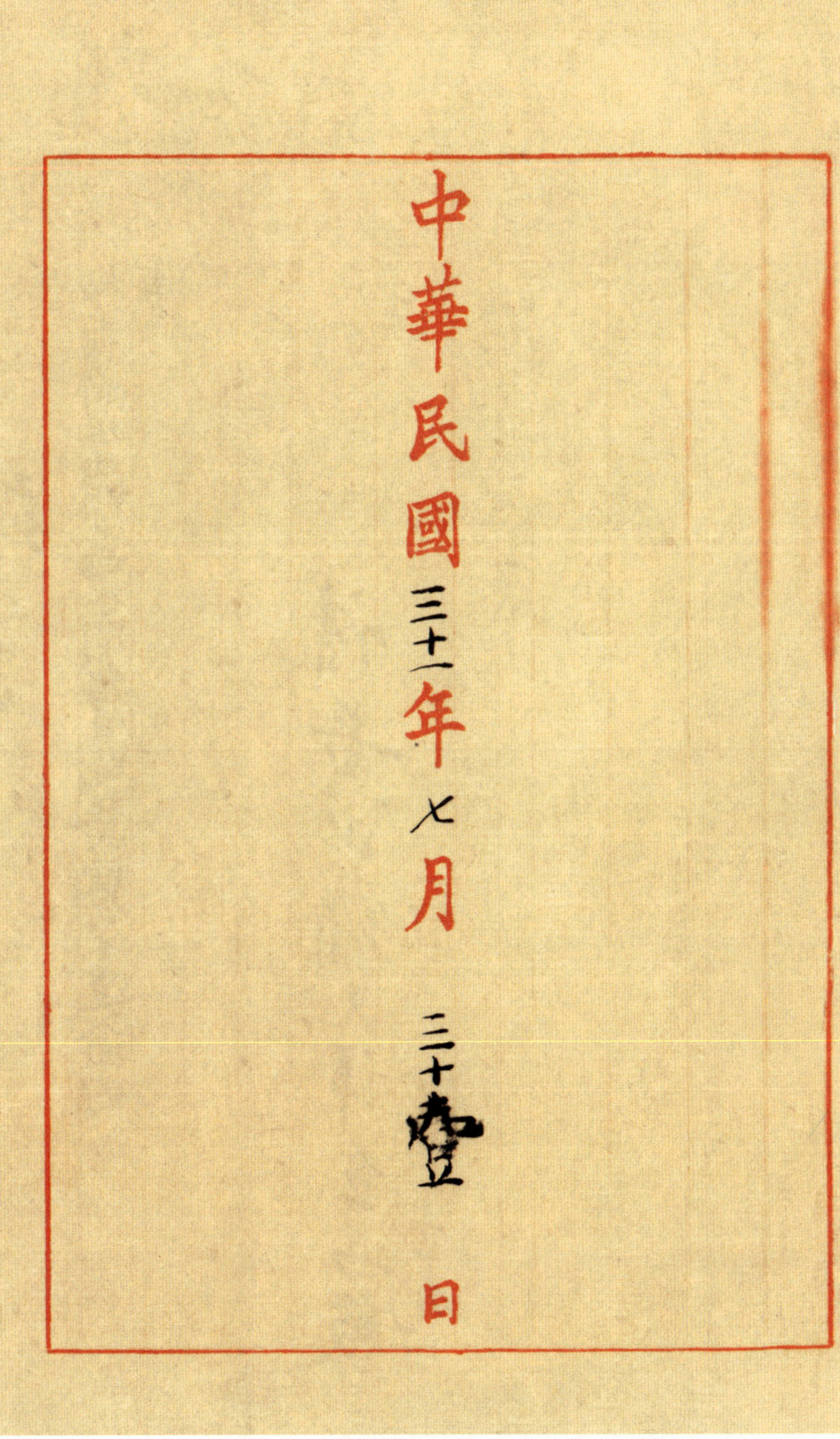

南京市社會局、南京市工務局與南京市樹木竹商業同業公會關于開放水西門西水關以便竹木運入城內事的一組文件

（一）南京市樹木竹商業同業公會致市社會局的呈文（一九四六年六月十五日）

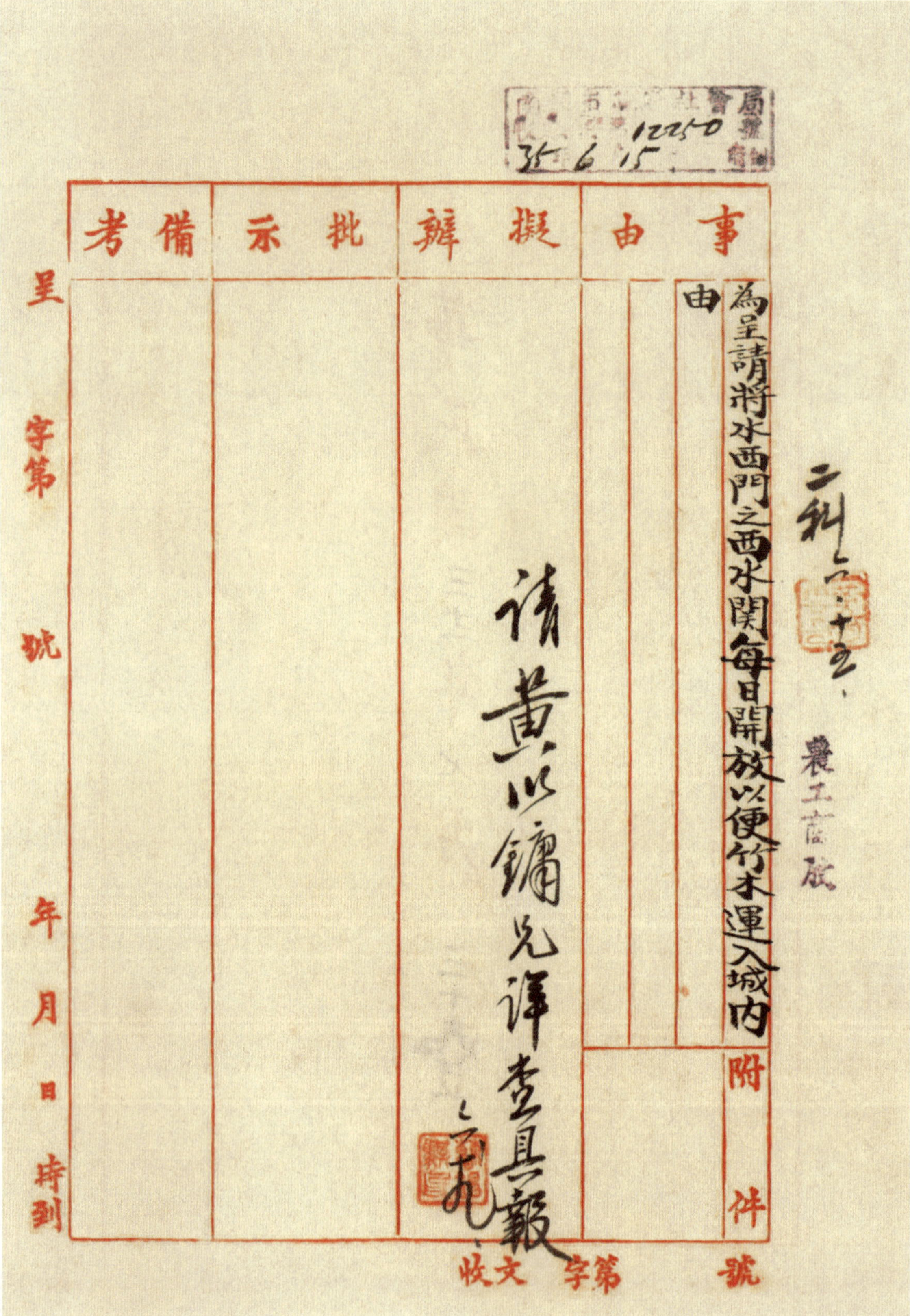
事由 擬辦 批示 備考

為呈請將水西門之西水関每日開放以便竹木運入城内由

附件

呈　字第　號　年　月　日　時到

收文　字第　號

12250
35 6 15

請黃以鏞兄詳查具報

呈為懇求將西水関河道水閘開放俾便竹木運輸事竊屬會據竹
木運輸工人等到會聲稱以水西門之西水関河道在二十六年以前每日早
晨八時將閘提起任竹木簰筏運入城內至十二時関閘下午二時開至五時関
閘所以運輸稱便殆至敵偽時期每日上午祇開二小時然看閘伕役暨警察
等以此為生財之道錢少則不準進閘儼然厘金関卡此在敵偽時期人民隱
痛莫訴現在　國家勝利政治已入正軌從前惡習一律掃除　政府對於
水陸交通無不積極整理使其便利現在水閘雖開時間不定其權操於看
閘伕役之手給其錢就開不與錢雖一二日亦不開且視進閘貨之多寡定
貨之價格高低擅做威福工人之力錢有限而看閘之伕等慾壑難填其進
閘之竹木如果稍多則勒賄至壹萬元之鉅貨少最低亦需三千元否則將閘

放下不準進閘似此勒賄朋分儼然厘金稅卡懇求轉呈　政府機関將西
水関水閘每日上午八時開放至下午五時閉閘以利交通而便運輸實爲感
禱等語到會據此查西水関水閘乃水路入城孔道且竹木扎成小簰運入城內既
省人力兼省費用且免由陸路車運損壞路面現因水西門外覓渡橋大修行
人且斷絕交通貨何能運大約再須兩個月尚不知可能修竣而河之西岸竹
木行號林立其橋已斷竹木全恃水閘之孔道運入城內再有懇者請每年以
四月一日起爲西水関開閘之始十月三十日止爲閉閘之期永爲定例蓋此
時期並不妨礙城內河水所有懇求將水西門西水関水閘每日上午八時開
放至下午五時閉閘以便竹木運輸而利商業緣由除分呈
首都警察廳外理合呈請　鑒核恩准施行並求批示祗遵實爲

德便，謹呈

南京市政府社會局局長

南京市樹木竹商業同業公會理事長孫武卿

常務理事唐立才

何佛緣

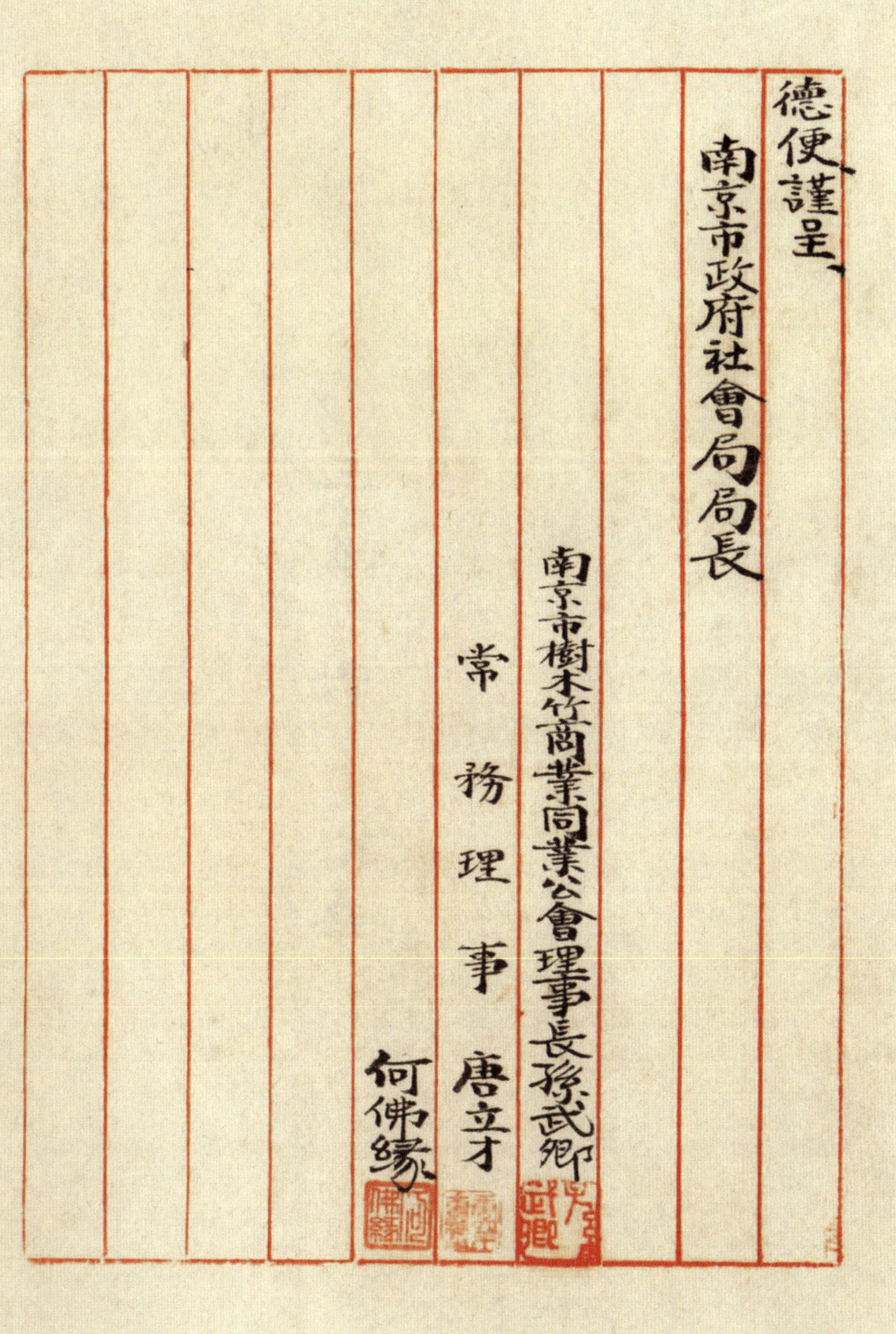

中華民國三十五年六月拾五日

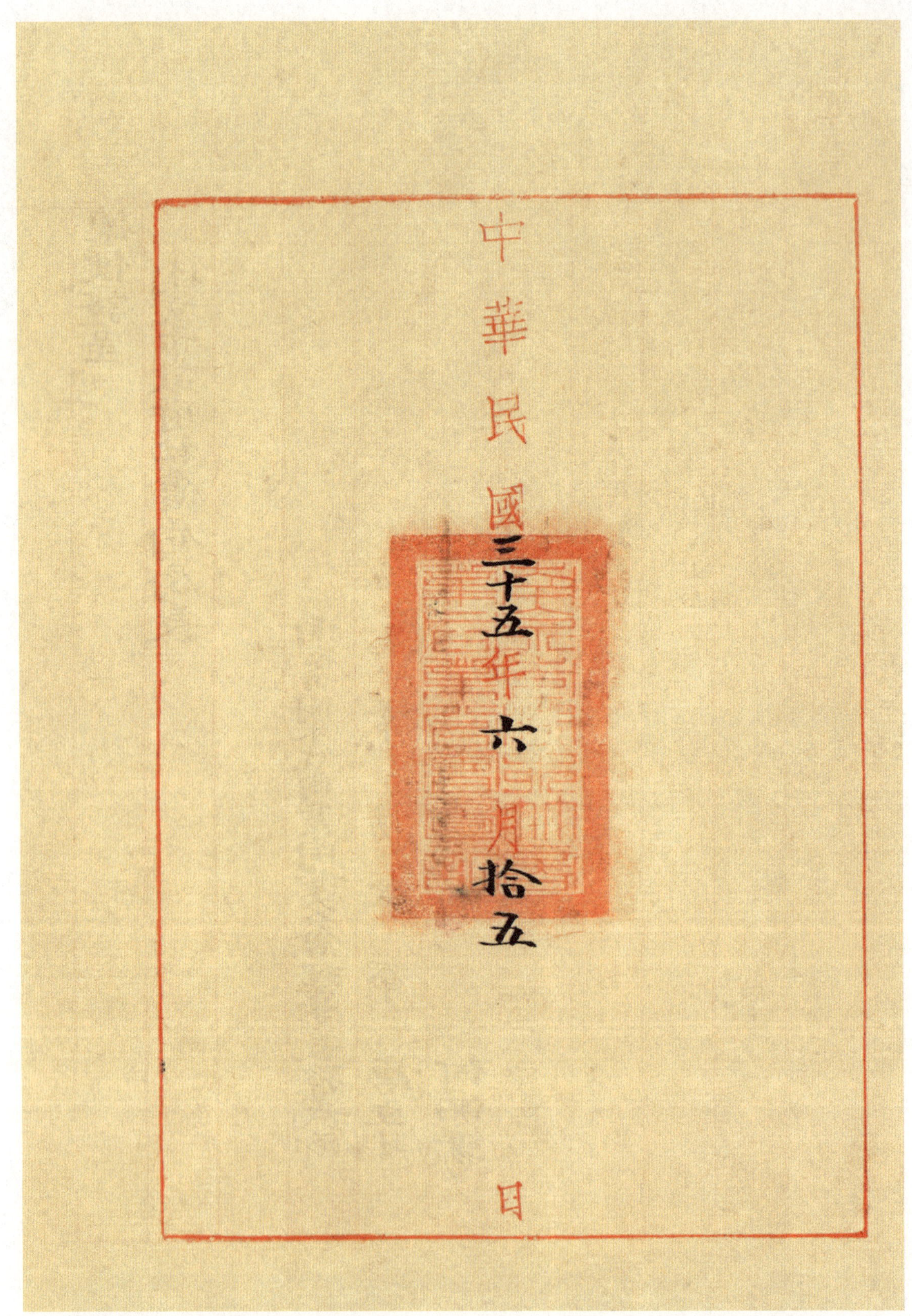

（二一）南京市社會局職員黃以鏞奉派調查事宜致局長的簽報（一九四六年六月二十一日）

速件

簽報　卅五、六、廿一

奉派調查樹木竹商同業公會呈請將水西門之西水關每日開放以便竹木運入城內一案，查西水關水閘之設旨在調節水量視城外河水之漲退而開閉。又秦淮河城內段流經市區，歷來不准貨物運輸以維持秩序而壯觀瞻，

目前水西門外之覓渡橋進行大修理，行人車馬不准通過，是以西門外之貨物運入城內者，或假道下關，或設法渡河入城，頗為不便。

當覓渡橋進行修理時，欲運竹木經過水閘

而入城圩，受看守侯之牵制而勒索之弊，殊属可慨。

该水闸之负责管理者，系本府工务局，该案拟

会工务局办，并拟于竟度桥修理期间准予开

放该闸而利货物之运输，是否可行，理合签请

鉴核

拟复情函请

工务局核办见复　职黄以镛谨呈

并先指复知照

照辦

（三）南京市社會局致市樹木竹商業同業公會的指令（一九四六年七月十九日）

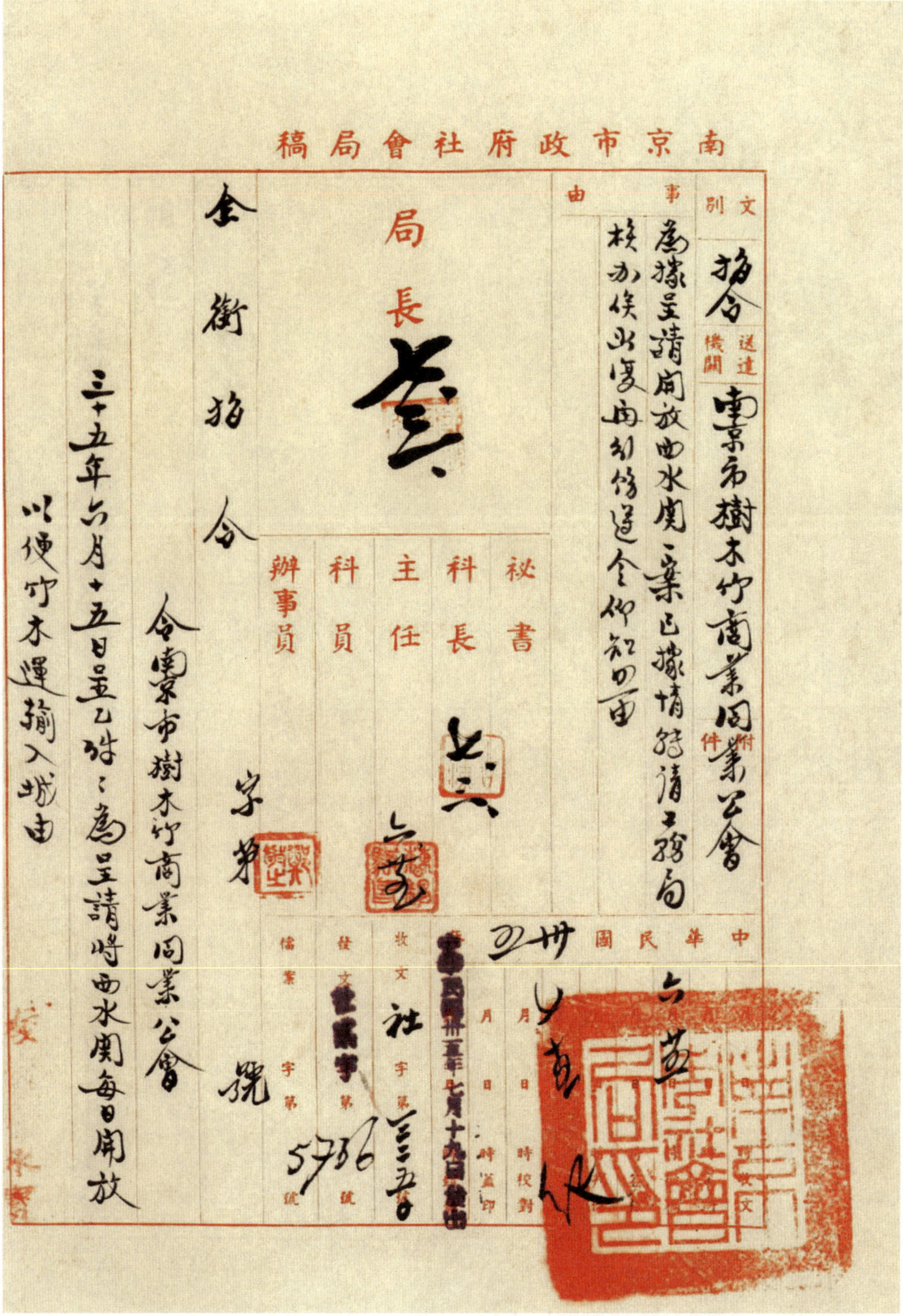

南京市政府社會局稿

文別：指令

送達機關：南京市樹木竹商業同業公會

附件

事由：為據呈請開放西水關一案已據情轉請工務局核辦俟出復再行飭遵仰知照由

局長 沈

秘書

科長

主任

科員

辦事員

全銜指令　字第　號

令南京市樹木竹商業同業公會

三十五年六月十五日呈乙件，為呈請將西水關每日開放以便竹木運輸入城由

中華民國卅五年六月　日

收文 社字第　號

發文 社孫字第5736號

中華民國卅五年七月十九日發出

呈悉。已據情轉請工務局核辦，俟函復後再行飭遵，仰

即知照。

此令。

局長陳〇〇

（四）南京市社会局致市工务局的公函（一九四六年七月十九日）

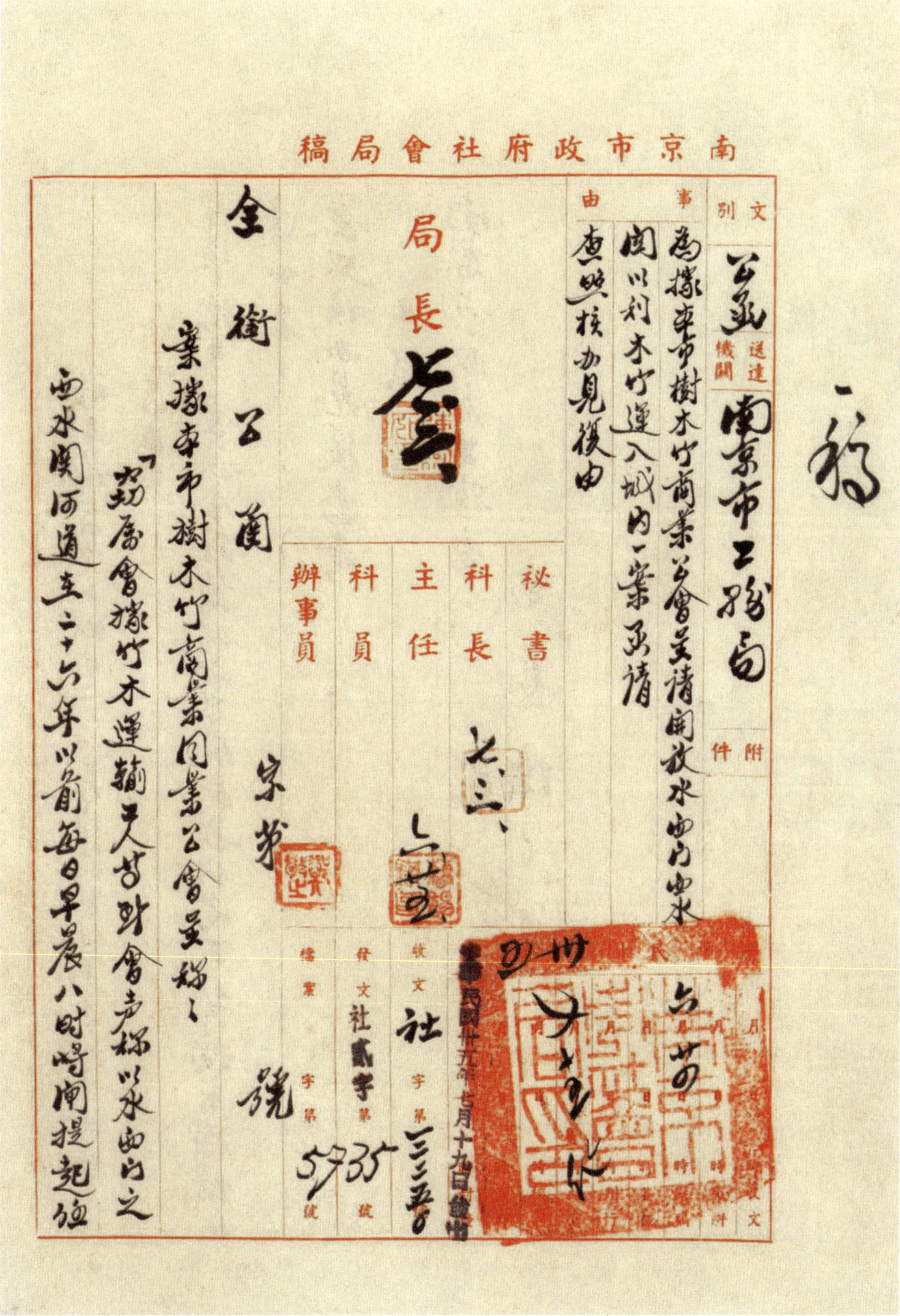

南京市政府社會局稿

文別：公函

送達機關：南京市工務局

事由：為據本市樹木竹商業公會呈請開放水西門水關以利木竹運入城内一案函請查照核辦見復由

附件

局長

秘書

科長 七、三、

主任

科員

辦事員

全銜 公函 字第 號

案據本市樹木竹商業同業公會呈稱：「竊屬會據竹木運輸工人等到會聲稱，以水西門之西水關河道在二十六年以前每日早晨八時啟閘提起

收文 社 字第 號

發文 社 字第 5735 號

檔案 字第 號

民國卅五年七月十九日

工務

竹木簰筏運入城內之弊，懇准施行，並求批示祇遵，實爲德便」

等情。據此，查該會所請將西水關開放，似尚可行，相應據情函

達，即希

查照核辦見復爲荷。

此致

南京市政府工務局

局長 陳○○

（五）南京市工務局致市社會局的公函（一九四六年九月三日）

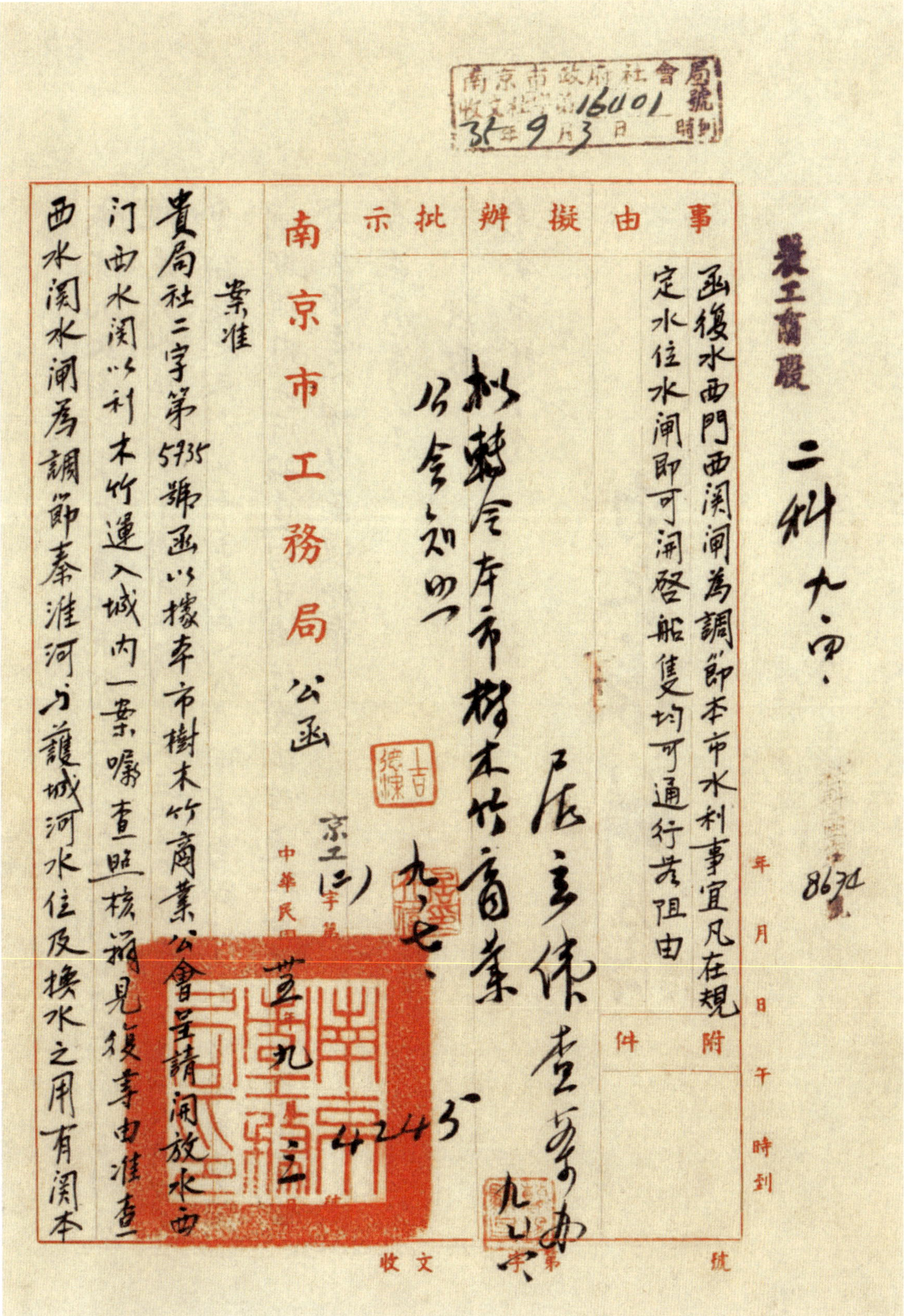
南京市政府社會局收文社字第16401號
35年9月3日 時到

發工商股

二科 九.四

事由	擬辦	批示
函復水西門西關閘為調節本市水利事宜凡在規定水位水閘即可開啓船隻均可通行並無阻由	抄錄令本市樹木竹商業公會知照 九.七	展主任查核 九.六

南京市工務局公函

京工（二）字第4245號

中華民國卅五年九月二日

案准

貴局社二字第5935號函以據本市樹木竹商業公會呈請開放水西門西水關以利木竹運入城內一案囑查照核辦見復等由准查西水關水閘為調節秦淮河與護城河水位及換水之用有關本

市防汛及衛生事宜值此汛期水閘之啓閉概由本局管制茲規定凡水位在本市通用水標準尺五二·〇〇至五三·〇〇公尺或楊委會新設水尺六·七五至七·五七公尺間本局即可考慮開閘在開閘期間內任何船隻均可通行並阻除通知本市樹竹木商業公會及佈告外相應函復即希

查照爲荷。

此致

南京市社會局

局長張劍鳴

監印王大昭

校對賈文傑

（六）南京市社會局致市樹木竹商業同業公會的訓令（一九四六年九月十六日）

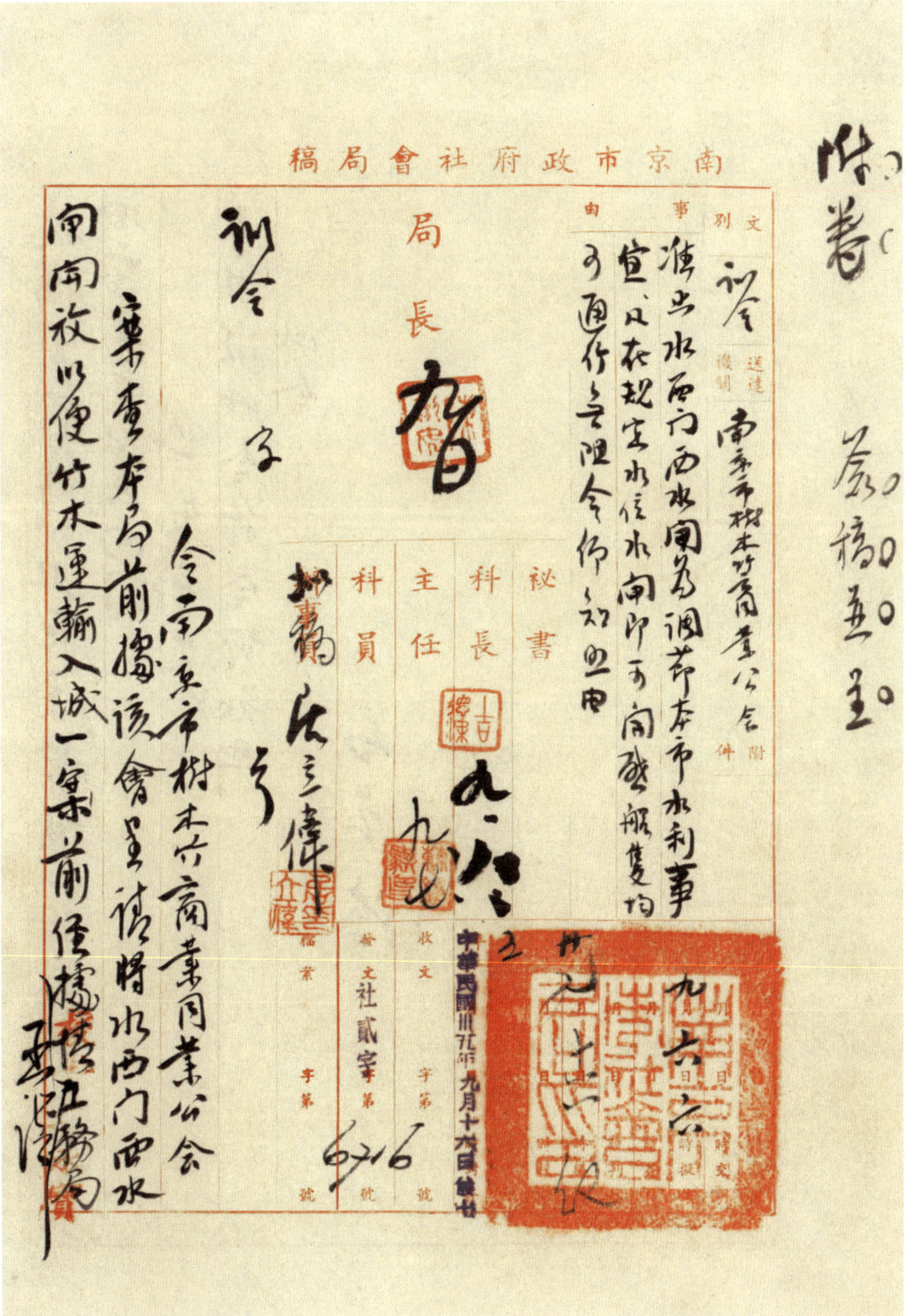
南京市政府社會局稿

文別：訓令
送達機關：南京市樹木竹商業同業公會
附件：
事由：准出水西門西水關為調節本市水利事宜，又在規定水位水閘即可開啟船隻均可通行，合亟令仰知照由

局長
秘書
科長
主任
科員
擬稿

收文　字第　號
發文　社貳字第6216號
檔案　字第　號
中華民國卅五年九月十六日

訓令　字

令南京市樹木竹商業同業公會
案查本局前據該會呈請將水西門西水閘開放以便竹木運輸入城一案，前經據情

核辦并指復知照在案，茲准工務局京工二字第
四二四五号公函內開
照叙原文
等由，准此，令行令仰知照。
此令！
局長 陳○○

南京市衛生局清潔總隊、南京市工務局關于開放東、西水關水閘抽換秦淮河污水的一組文件

（一）南京市衛生局清潔總隊致市衛生局轉市政府的簽呈（一九四六年九月二十六日）

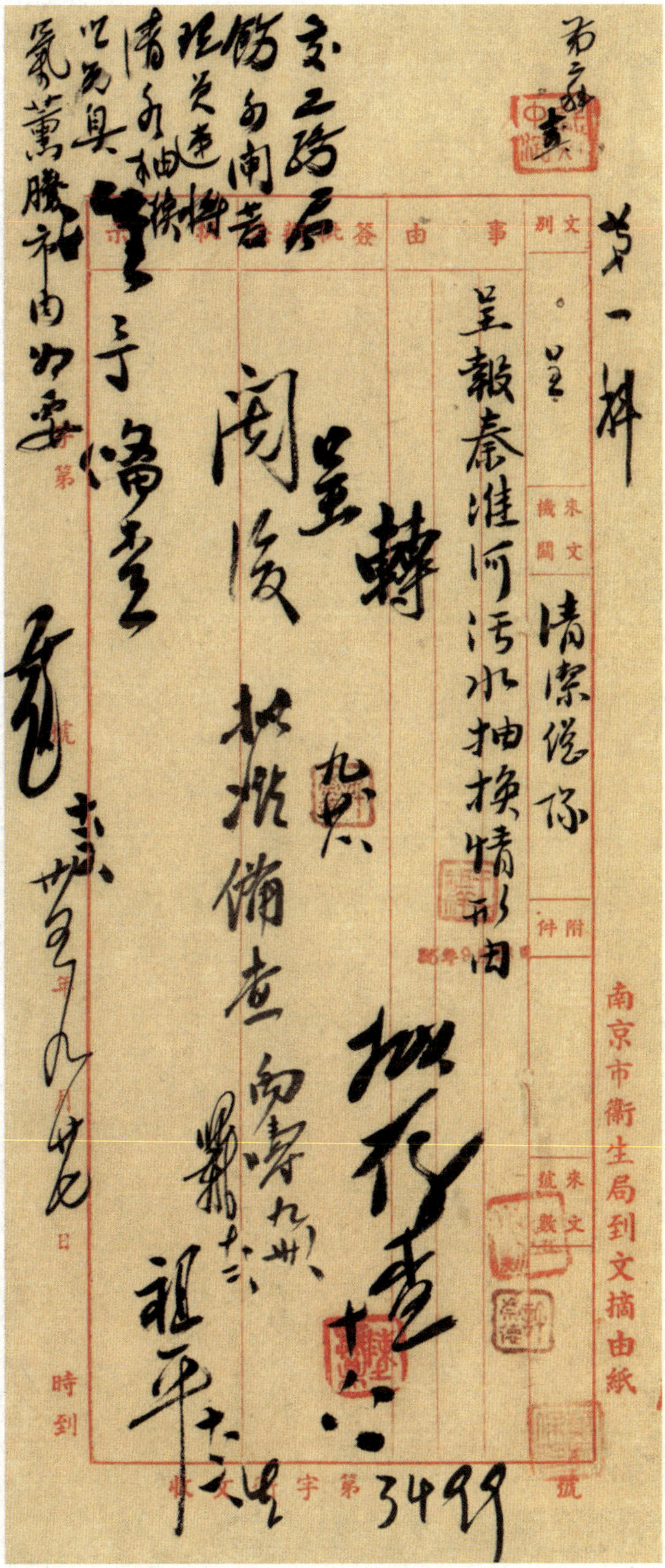
南京市衛生局到文摘由紙
文別 呈
來文機關 清潔總隊
事由 呈報秦淮河污水抽換情形由
轉
閱後 擬批備查
收文 字第3499號

最速件

簽呈 三十五年九月二十日於清潔總隊

清管字第1738號

檢衛簽　號

前奉

市長諭：「秦淮河污水着即抽換以重清潔」等因遵即派員分赴東西關水閘查勘并與工務局駐閘工程師程邦德會商旋據報稱據駐閘工程師程邦德聲稱現時城內水位五二、九八公尺城外水位五二、八五公尺內河水位高於外河現已逐日開放二次抽換秦淮河污水為免內河水位低落故不能終日開放以保持內河水位五三公尺水準嗣後如遇天雨水位增高自當全部開放并延長開放時間使河水澈底換清等情奉諭前因理合據情簽請

鑒核

謹呈

查秦淮河水位近於五三公尺時，即行開放東、西兩閘，藉以抽換污水，但惟恐枯水期間，河水過於枯乾，對於舟行及衛生，兼有不利，故東西水閘未便長期開放。十六

送程邦德為生　十七

市收文工字第2142號
35年10月4日

科收文　字第　號

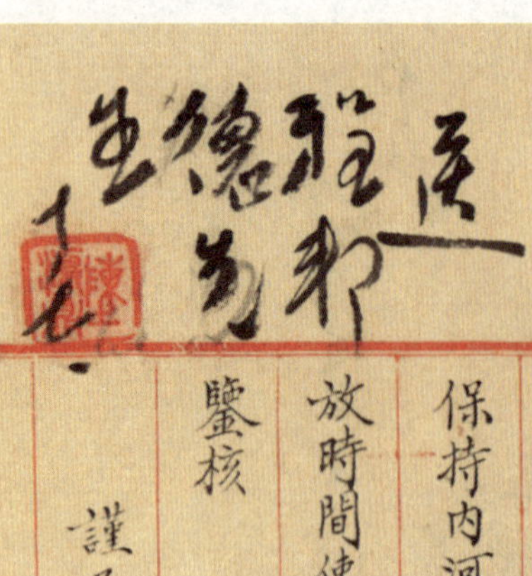

局長王　轉呈

35年9月28

市長馬

副市長馬

清潔總隊總隊長金國柱

副總隊長李人虎

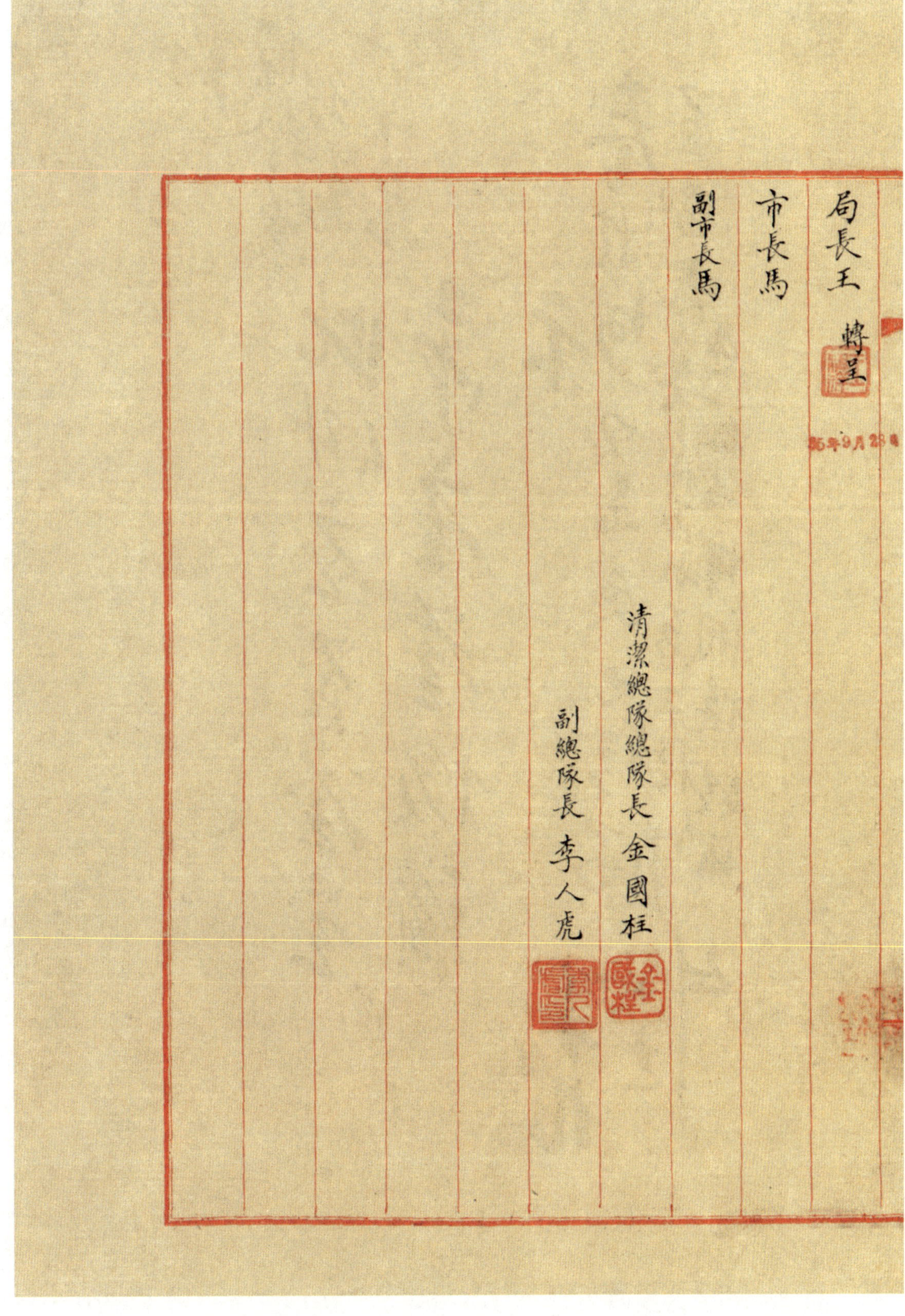

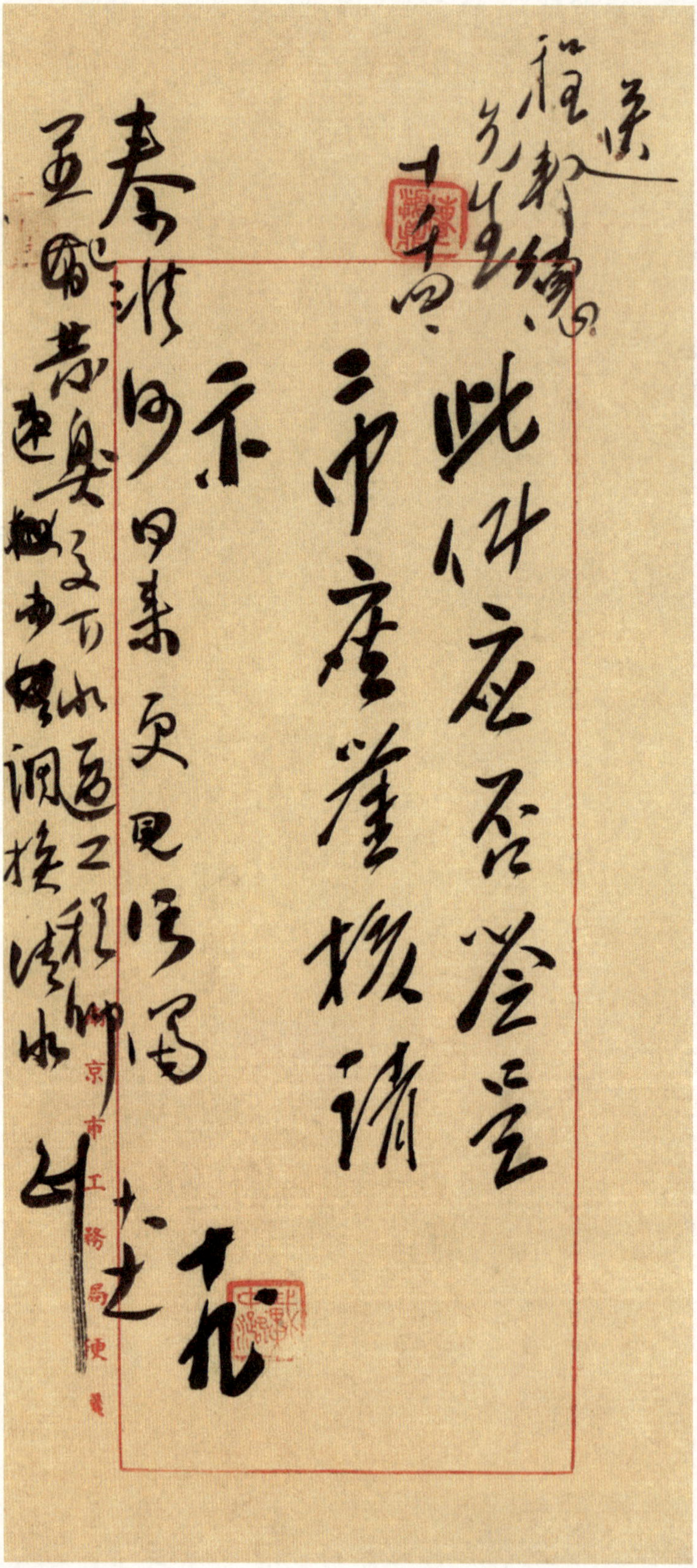
此件應否簽呈市座鑒核請示

南京市工務局便箋

（二）南京市工務局的簽批（一九四六年十月十四日）

（三）南京市工務局職員程邦德致局長的簽呈（一九四六年十月十七日）

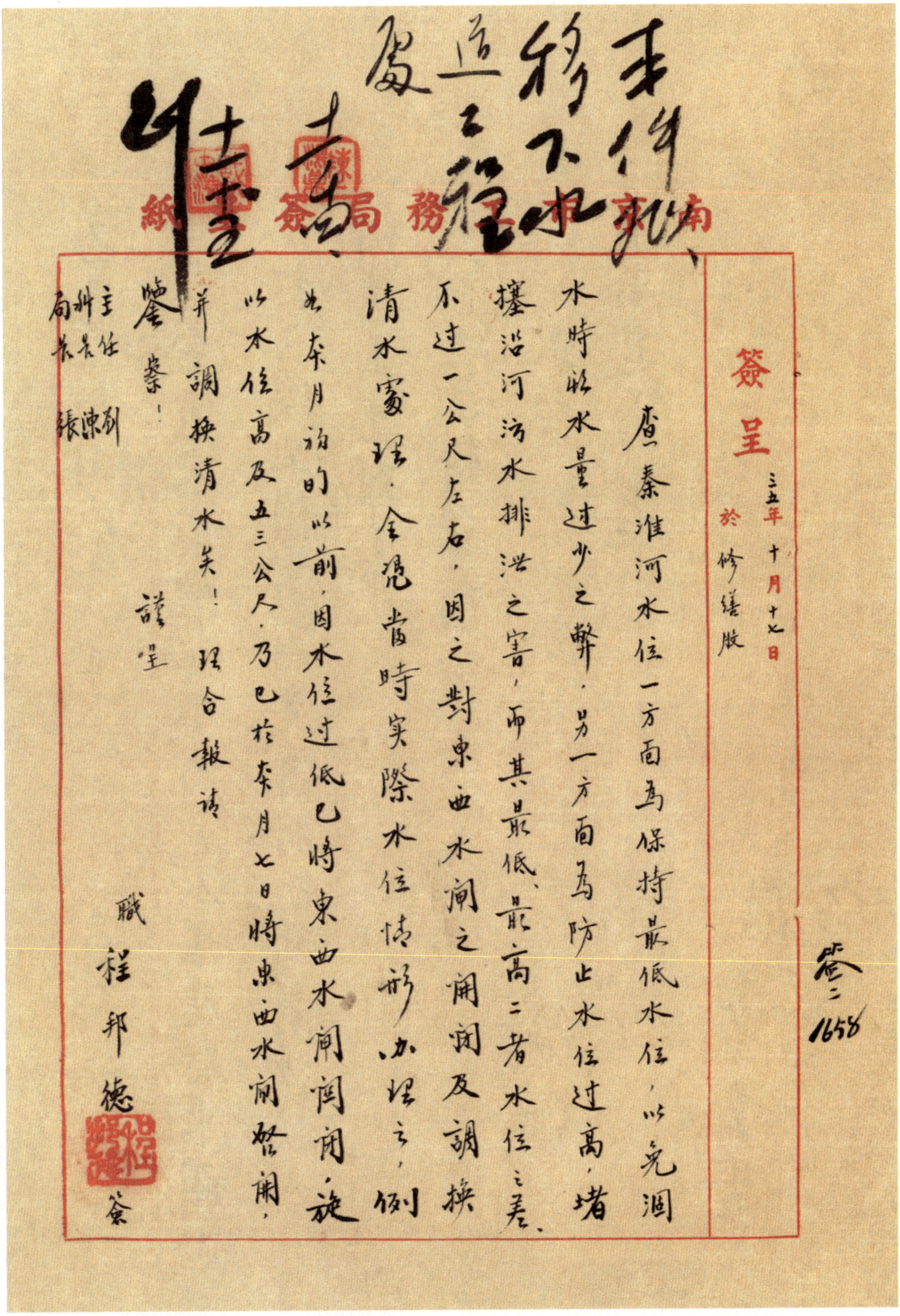

南京市工務局簽呈紙

簽呈　於修繕股　三五年十月十七日

查秦淮河水位一方面為保持最低水位，以免涸水時的水量过少之弊，另一方面為防止水位过高，堵塞沿河污水排泄之害，而其最低、最高二者水位之差不过一公尺左右，因之對東西水閘之開閉及調換清水處理，全憑當時实際水位情形办理之，例如本月初旬以前，因水位过低，已將東西水閘閉閘，旋以水位高及五三公尺，乃已於本月七日將東西水閘啓開，并調換清水矣！理合報請

鑒核！

謹呈

主任　劉

科長　陳

局長　張

職　程邦德　簽

簽二 1658

南京市工務局用箋

已遵办抄存 十一.廿

京工(二) 5545

查邇來秦淮河水污臭不堪應將東關水打入俟至相當高度再將西關閘放換水相應函達即希

查照迅予辦理為荷

此致

下水道工程處

南京市工務局啟

十一月十二日

南京市工務局下水道工程處爲報曹榮林等請求速關西水關水閘以資儲水防備火灾等致市工務局轉市政府的報告

（一九四七年三月二十五日）

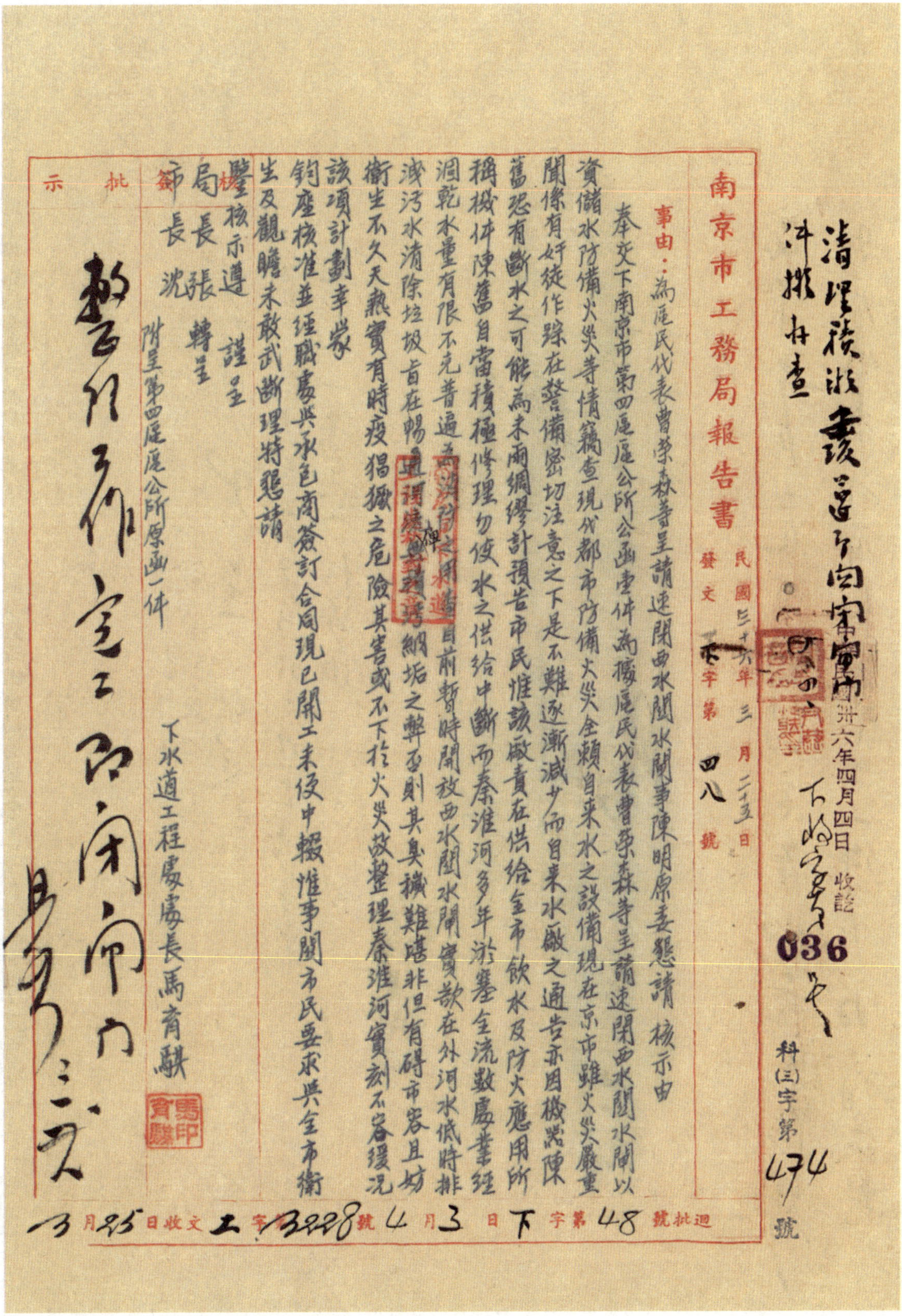

清理積淤簽呈市府

南京市工務局報告書

事由：為區民代表曹榮林等呈請速閉西水關水閘事陳明原委懇請 核示由

民國三十六年三月二十五日 發文 下字第四八號

奉交下南京市第四區區公所公函壹件為據區民代表曹榮林等呈請速閉西水關水閘以資儲水防備火災等情竊查現代都市防備火災全賴自來水之設備現在京市雖火災嚴重聞係有奸徒作祟在警備密切注意之下是不難逐漸減少而自來水廠之通告亦因機器陳舊恐有斷水之可能為未雨綢繆計預告市民惟該廠責在供給全市飲水及防火應用所損機件陳舊自當積極修理勿使水之供給中斷而秦淮河多年淤塞全流數處業經涸乾水量有限不克普遍[illegible]目前暫時開放西水關水閘實款在外河水低時排洩污水清除垃圾旨在暢通[illegible]網垢之弊否則其臭穢難堪非但有礙市容且妨衛生不久天熱實有時疫猖獗之危險其害或不下於火災故整理秦淮河實刻不容緩況鈞座核准並經職處與承包商簽訂合同現已開工未便中輟惟事關市民要求與全市衛生及觀瞻未敢武斷理特懇請

該項計劃幸祭

鑒核示遵 謹呈

局長張 轉呈

市長沈

附呈第四區區公所原函一件

下水道工程處處長馬育騏

批示

卅六年四月四日 收訖

036

科(三)字第474號

3月25日收文工字3228號 4月3日下字第48號迴批

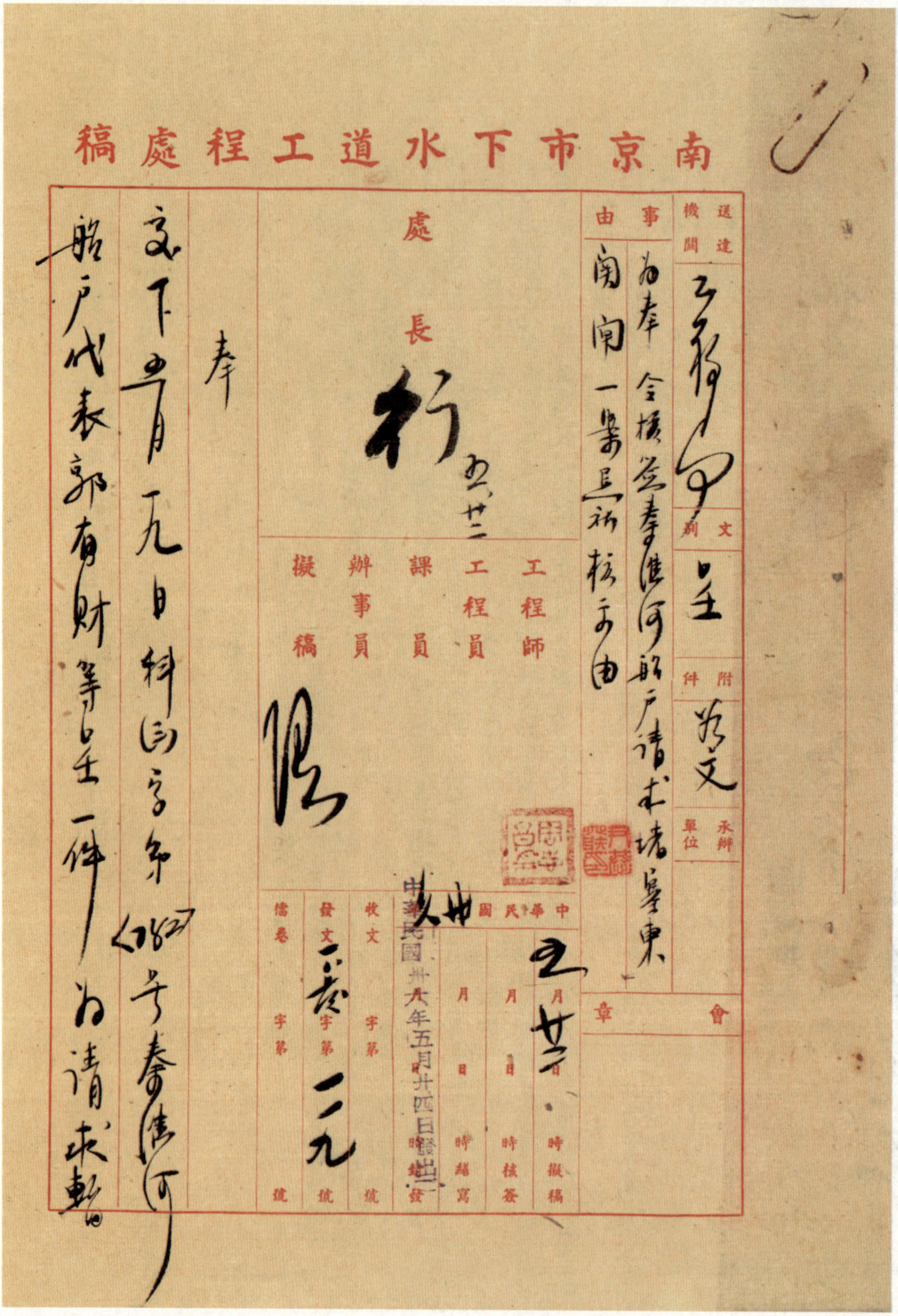

南京市工務局下水道工程處爲秦淮河船户請求堵塞東關閘事致市工務局的呈文（一九四七年五月二十四日）

將東關閘壩堵塞以保障水事飭核簽

等因奉此查城外護城河水已日漸高漲由河水為

能倒貫入城以濟自構閘門續開可使河

流暢通似無關閉必要擬是

擬情批示該船戶代表等知照是否有當理合簽請

鑒核

謹呈

局長徐

附呈原文件一件

下水道工程處處長馬

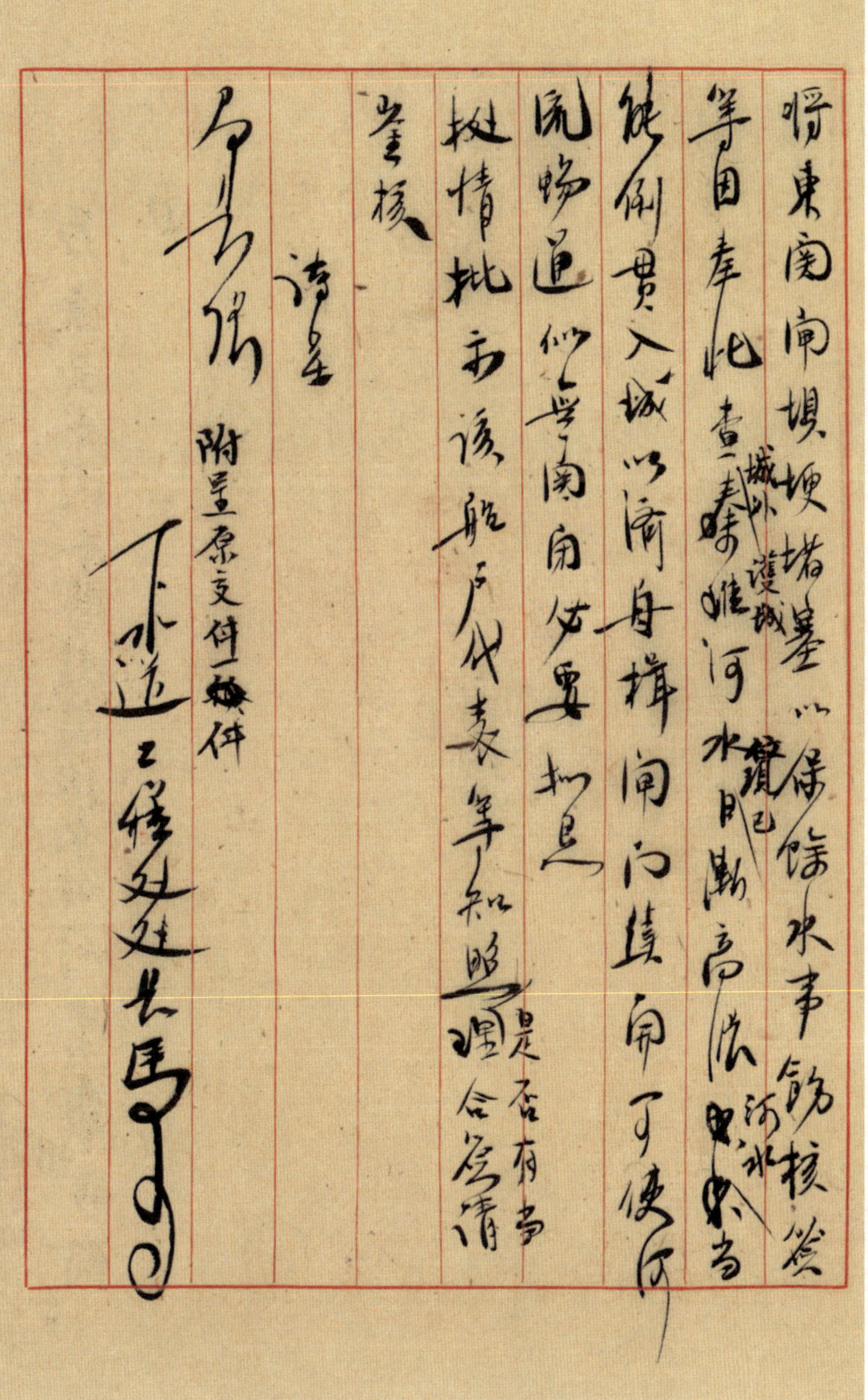

南京市工務局下水道工程處爲遵諭擬定東、西水關同時閉閘抽水時間致市工務局的簽呈（一九四七年八月二十二日）

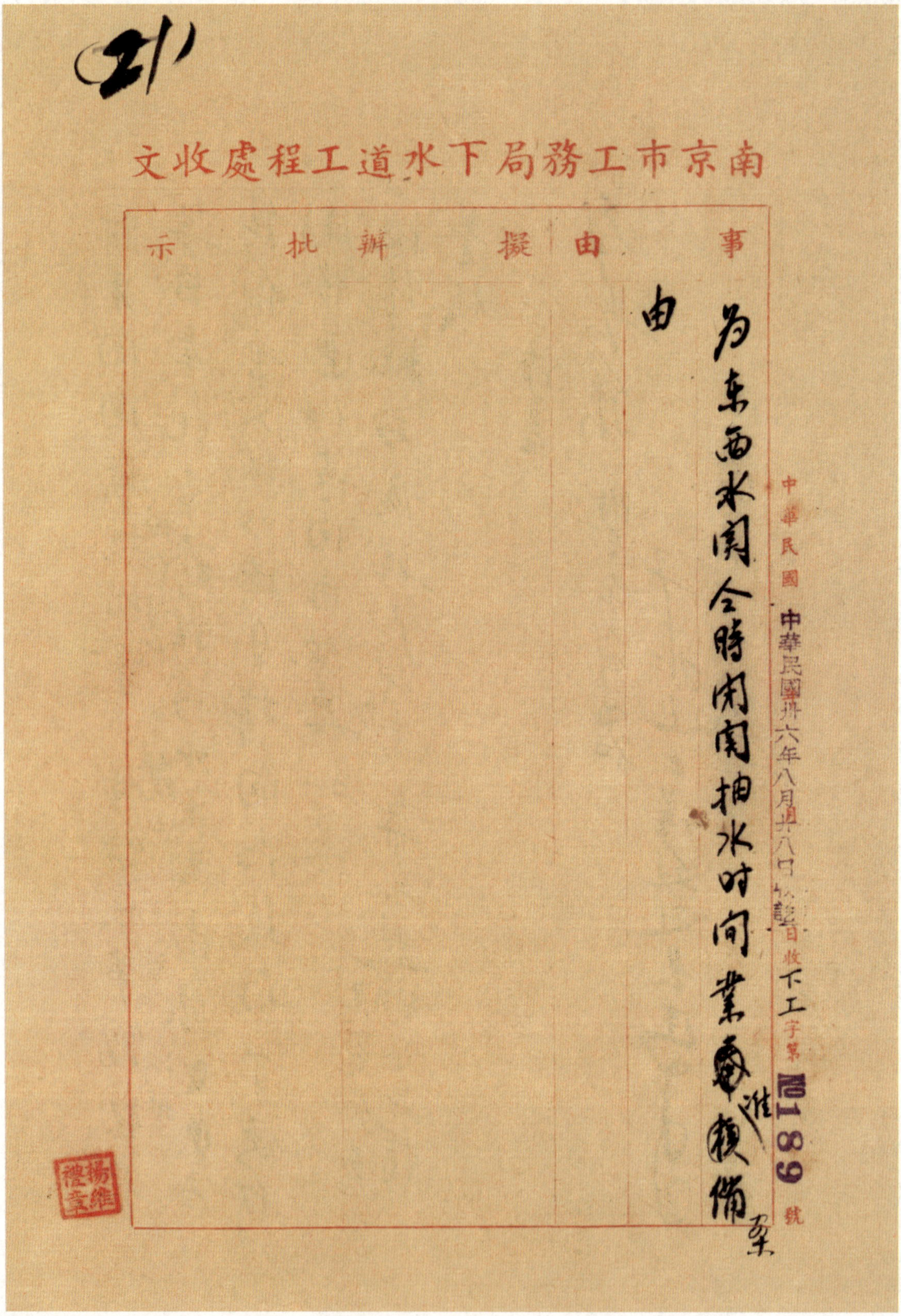

211

南京市工務局下水道工程處收文

事由	擬辦	批示
為東西水閘仝時閉閘抽水時間業奉准核備案 由		

中華民國卅六年八月廿八日收 下工字第No1189號

楊維禮章

中華民國卅六年八月廿八日收訖 No 1189

科(三)字第1566號

南京市工務局簽呈

事由：為遵諭擬定東西水閘全時開閉抽水時間簽復鑒核備案由

民國 中華民國卅六年八月廿一日收訖

發文 下工字第 No2118 號

奉八月二十日

手諭：「待西水閘抽水機裝好即定期開閘，東西水閘同時抽水，抽水時間東閘可在零時至十八時，先電話洽電廠連抽三天，逐日紀載水尺，視其出水情形再定續抽否，何日開始，前三日告知以便發表新聞」等因，奉此，查西水閘新設柴油抽水機兩座，現正在試車中，日內即可工作，茲擬於下星期二（八月廿六日）八時起東西水閘同時開閘，東西兩閘抽水連抽三天，惟東水閘馬達兩座須更換開車，奉諭前因，除逕以電話洽知電廠外，理合先行簽呈

鑒核備查。謹呈

局長張

下水道工程處處長張人隽

副處長鄭裕峰

核簽

批示

閱 已發表新聞 [illegible]

迴批號 字第 日 月 號 字第 收文日 月

（附）

南京市工務局下水道工程處收文

工務課

事由	擬辦	批示
為東西水閘同時閉閘抽水情形檢送工作記載表四紙仰祈核備業准備案由	擬備存 九、四	存 九、四

中華民國卅六年九月四日收

收下工字第No1197號

南京市工務局下水道工程處爲報東、西水關同時閉閘抽水情形檢送工作記載表致市工務局的簽呈（附件：東、西水關抽水站工作記載表）（一九四七年八月三十日）

中華民國卅六年九月四日收訖

陌1971

科(三)字第1305號

南京市工務局簽呈

民國三十六年八月三十日

發文下工字第二三七號

事由：為簽報東西水關同時閉閘抽水情形檢送工作記載表四紙仰祈鑒核備查由

查東西水關同時閉閘抽水連抽三天業奉

鈞長批准於八月二十六日上午開始，遵經派本處正工程師尹恭發率同技術人員按時分往視導，茲據該員等報稱：

(一)東水關抽水站照原定計劃於八月二十六日上午十時開始工作，抽水情形良好，迄至二十七日十八時止，共工作三十六小時，先後相較秦淮河水位僅降低九公厘，後於二十八日零時至十八時再開動十八小時，水位反升高十一公厘，查其原因，諒係雨水及污水之注入，而地下水之滲透更屬最大原因。

(二)西水關新設柴油機兩座，於八月二十六日上午八時僅能開動一座，而開動未及一

核	簽	批	示

迴批　號　字第　日　月　號　字第8007　二　收文日　1　月9

南京市工務局簽呈

民國　年　月　日
發文　字第　號

事由：

時該機皮帶忽斷，延至下午二時○五分始修好開車出水，歷十八小時關內外水位相差四公厘，迨至二十七日上午八時該機之皮帶及抽水機均告損壞，迄未能再開，詢據該機系承包商蔣機匠所構，已派人往常州取零件，約二十九日上午可回京再行試車。

等情，附工作記載表四紙前來。據此，理合將抽水經過情形，檢同工作記載表四紙一併簽報，仰祈

鑒核備查。謹呈

局長張

附抽水站工作記載表四紙

下水道工程處處長張人雋

副處長鄭祐峰

局提存

核簽批示：

閱

[illegible]

迴批　號　字第　日　月　號　字第　文收日　月

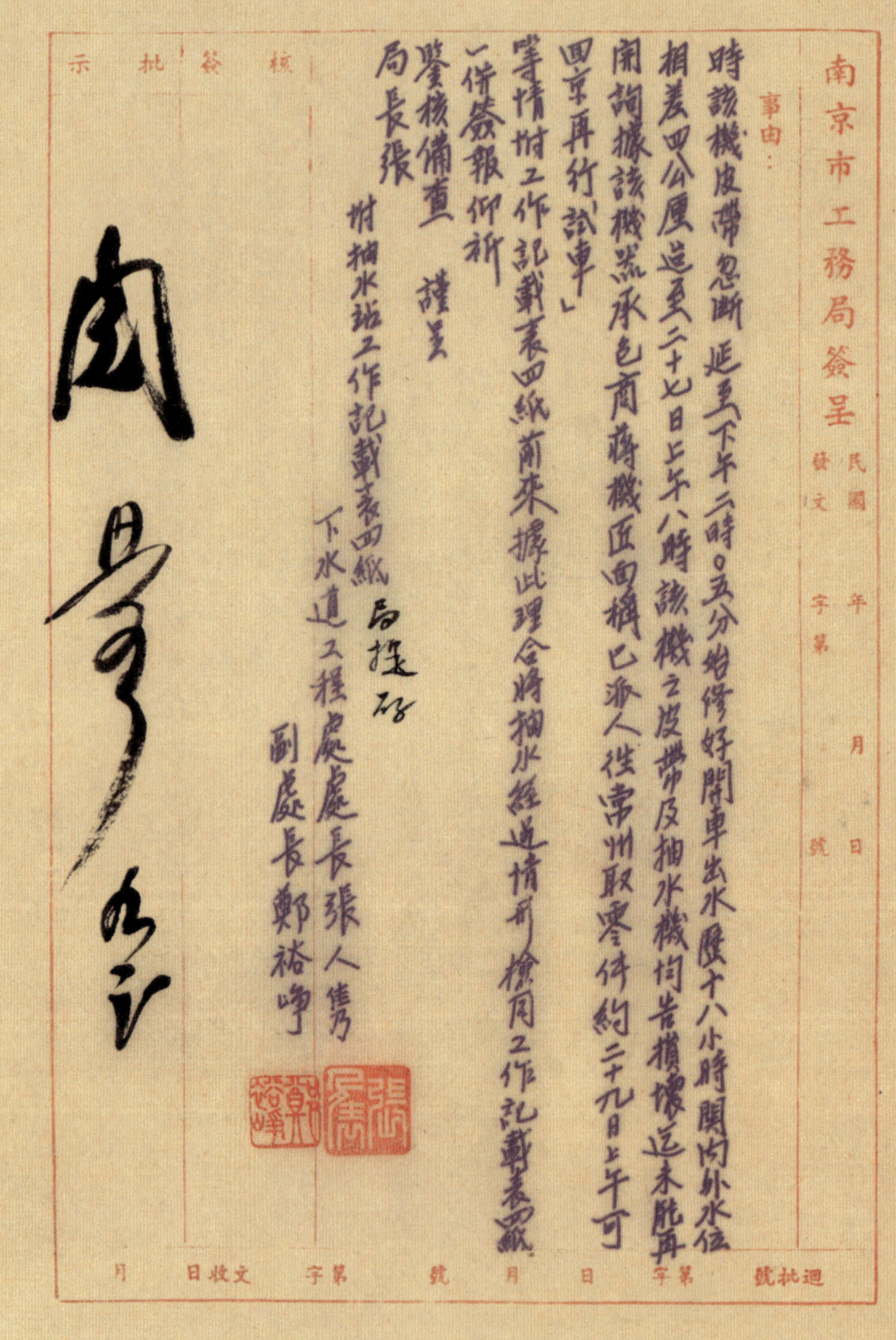

東水関抽水站工作紀載表

三十六年八月二十六日

時間	水位高度公尺 閘内	閘外	抽水機馬力		電表号碼	備註
0						
1						
2						
3						
4						
5						
6						
7						
8						
9						
10	52.95	52.95	115匹		2544.5	
11	52.94	52.95		75匹	2545.7	
12	52.93	52.94		〃	2546.4	
13	52.93	52.94		〃	2547.0	
14	52.92	52.94	115匹		2548.2	
15	52.92	52.94		75匹	2548.7	至15.20时停止供電
16	52.92	52.91		〃		
17	52.91	52.94		〃	2549.2	
18	52.91	52.94	115匹		2550.2	
19						停止工作
20						〃
21						〃
22						〃
23						〃

本日最高水位 高度 閘内52.95公尺 閘外52.95公尺 时間 10时

填表人 朱建章

東水閘抽水站工作紀載表

三十六年八月二十七日

時間	水位高度（尺）閘內	閘外	抽水機馬力		電表號碼	備註
0			115匹		2550.2	夜間水位無法紀載
1			〃		2551.4	〃
2			〃		2552.8	〃
3				75匹	2553.3	〃
4				〃	2554.1	〃
5			115匹		2555.2	〃
6				75匹	2555.8	〃
7	52.89	52.93		〃	2556.2	停電
8	52.89	52.93				〃
9	52.90	52.93				〃
10	52.90	53.00				〃
11	52.89	53.04	115匹		2557.3	由10.15供電
12	52.88	53.04		75匹	2557.9	
13	52.88	53.04		〃	2558.5	
14	52.87	53.04		〃	2559.1	
15	52.87	53.04	115匹		2560.2	
16	52.87	53.00		75匹	2560.8	
17	52.86	52.95		〃	2561.4	
18	52.86	52.95		〃	2561.9	
19						停止工作
20						〃
21						〃
22						〃
23						〃
本日最高水位	高度 閘內 52.90尺 閘外 53.04尺 時間 9.10時 11-15時					

填表人 朱建章

東水閘抽水站工作紀載表

三十六年八月二十八日

时间	水位高度（公尺）		抽水機馬力		電表字碼	備註
	閘内	閘外				
0			115匹		2561.9	閘内水位無法紀載
1			〃		2563.0	〃
2			〃		2563.9	〃
3				75匹	2564.7	〃
4				〃	2565.2	〃
5				〃	2566.9	〃
6			115匹		2567.4	〃
7	52.84	52.78		75匹	2568.0	
8	52.84	52.98		〃	2568.6	
9	52.84	52.98		〃	2569.5	
10	52.92	53.05		〃	2570.0	
11	52.92	53.06		〃	2570.7	
12	52.94	53.06				停電
13	52.94	53.06				〃
14	52.96	53.07		75匹	2571.0	
15	52.96	53.07		〃	2571.5	
16	52.98	53.10	115匹		2572.5	
17	52.97	53.08		75匹	2573.1	
18	52.97	53.06		〃	2573.7	
19						停止工作
20						〃
21						〃
22						〃
23						〃

本日最高水位　高度　閘内52.98公尺　閘外53.10公尺
　　　　　　时间　16　16

填表人　宋建章

西水闸抽水站工作纪载表

三十六年八月二十六日

时间	水位高度公尺 闸内	闸外	抽水机马力	备註
0				
1				
2				
3				
4				
5				
6				
7	53.04	53.04	25匹	开行约一小时内外水位
8			〃	无变动後因皮带中断
9	53.04	53.04	〃	停止工作
10	53.04	53.04	〃	
11	53.04	53.04	〃	
12	53.04	53.04	〃	
13	53.04	53.04	〃	
14	53.00	53.04	〃	14.05时重行开车
15	52.99	53.00	〃	
16	52.98	53.00	〃	
17	52.97	53.00	〃	
18	52.96	53.00	〃	
19	52.98			
20	52.98			
21	52.98			
22	52.98			
23	52.98			

本日最高水位 高度 闸内53.04公尺 闸外53.04公尺 时间 7时

填表人 孟宪和

南京市工務局下水道工程處關于請准許開放東、西兩水閘以泄秦淮河污水的兩份簽呈

（一）南京市工務局下水道工程處致市工務局的簽呈（一九四七年十一月二十二日）

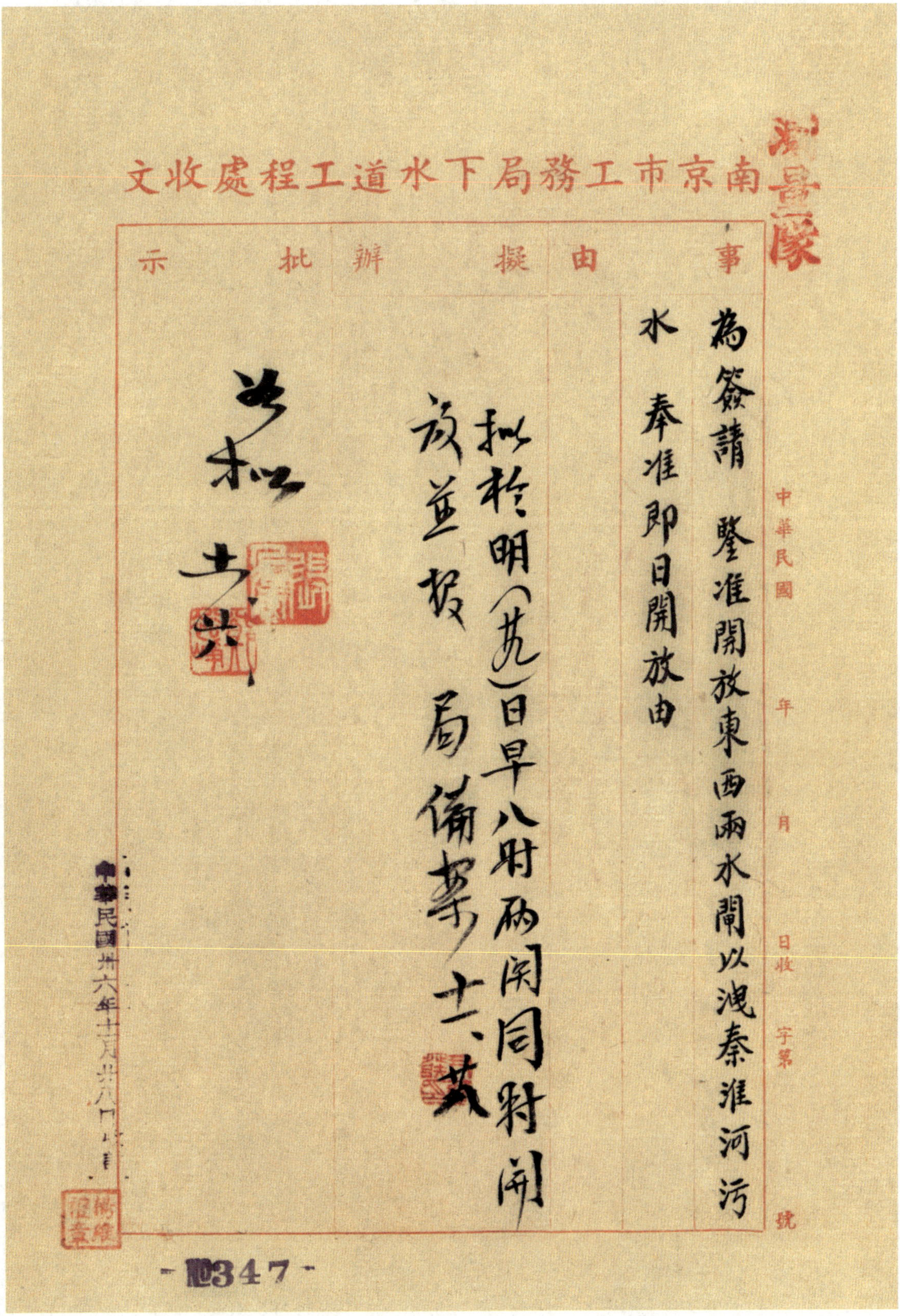

南京市工務局下水道工程處收文

中華民國　年　月　日收　字第　號

事由
為簽請鑒准開放東西兩水閘以洩秦淮河污水奉准即日開放由

擬辦：擬於明（廿九）日早八时兩閘同時開放並報局備案 十一、廿八

批示：如擬 十一、廿八

中華民國卅六年十一月廿八日

0347

南京市工務局簽呈

發文下渠字第No3727號
中華民國卅六年十二月廿二日發出

事由：為簽請 鑒准開放東西兩水閘以洩秦淮河污水由

查城內秦淮河現為城南區下水出口總匯久未疏浚河床淤淺致污穢沉積臭氣四溢影响環境衛生至鉅本年春間曾僱工開挖河槽並將東西兩水閘長期開啓以暢水流致秦淮河中臭氣稍得減少前本處以測量該河斷面為工作便利計曾奉諭暫將兩閘關閉茲測量工作經兩月餘之趕工已完成泰半際此枯水時期雨水固少而滿河盡屬污穢實有宣洩之必要擬懇鑒准即日開閘並賜先行登報通告週知以正視聽可否之處仍祈示遵

謹呈

局長張

下水道工程處處長 張人傑

副處長 鄭裕峰

核簽批示：即開放具覆 十二 劉

中華民國卅六年十二月廿八日收

收文工字第10694號 11月廿日

迴批 字第 號 月 日

科(三)字第1783號

下收字第347

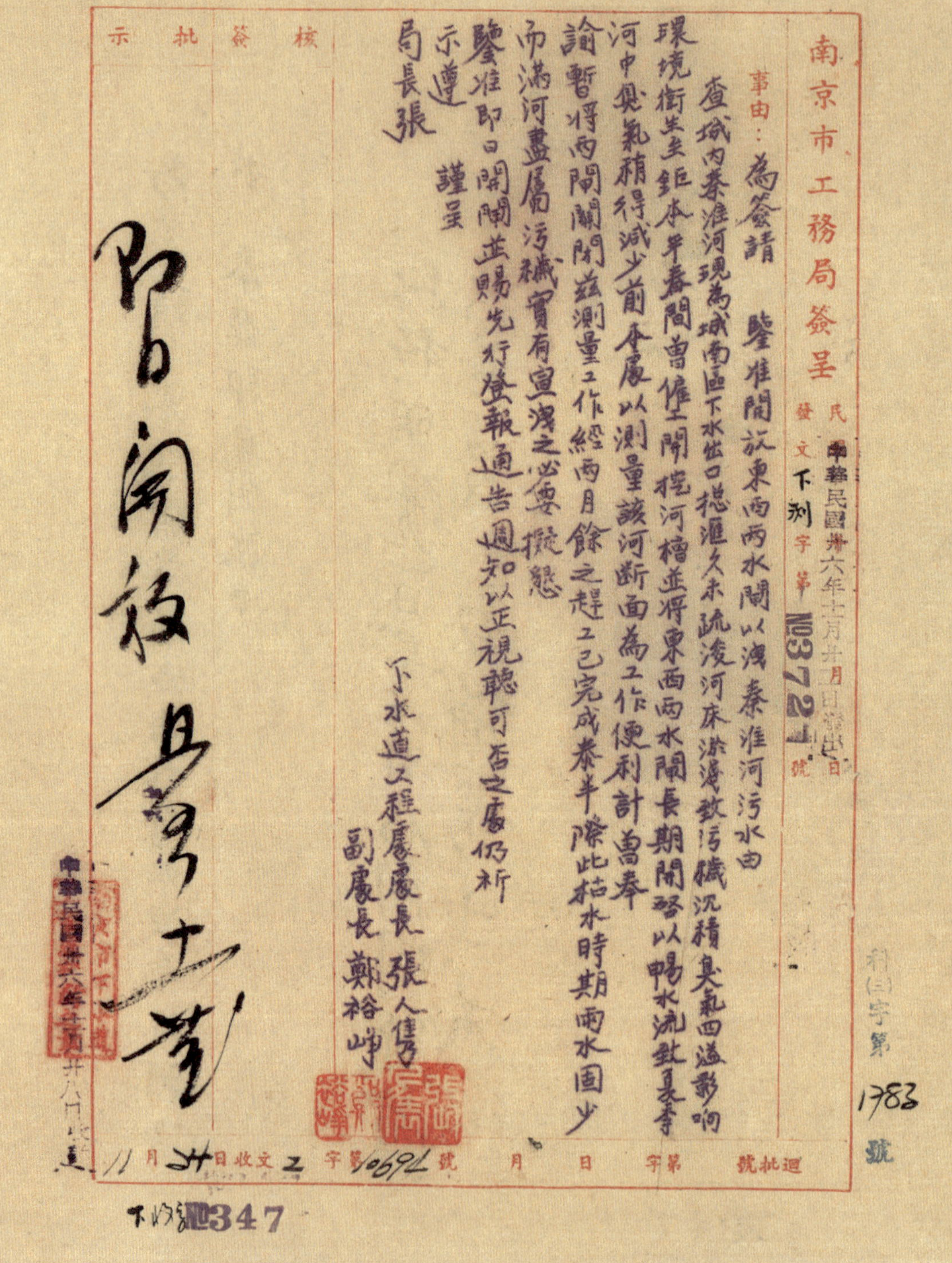

（二）南京市工務局下水道工程處致市工務局的簽呈（一九四七年十一月二十八日）

(43)

南京市工務局下水道工程處收文

事由：為東西水關兩水閘業於本月二十九日開放簽祈備查
業奉開溝浚渠污水即計劃由

擬辦：併案存 十一、廿九

批示：尹工程司擬具計劃 十二、一

中華民國卅六年十一月卅日收

10361

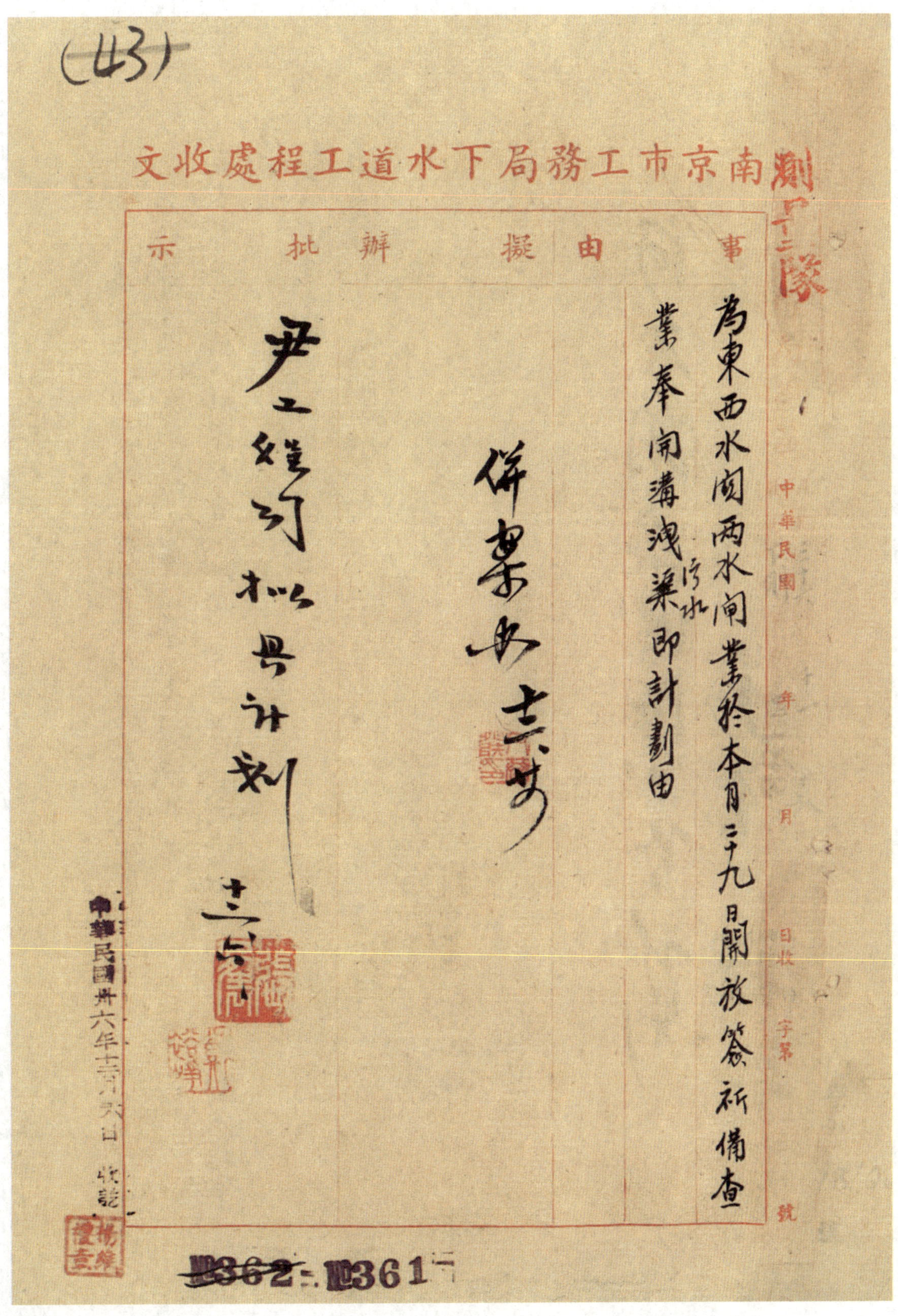

事由：為東西水閘西水閘業於本月二十九日開放簽祈備查由

查開放東西水閘兩水閘以宣洩秦淮河污穢業奉

鈞長十一月二十五日批示即日開放茲因除遵於明（二十九）日上午八時開放理合

簽祈

鑒核備查　謹呈

局長張

下水道工程處處長張人傑

副處長鄭裕峥

核簽批示

問秦閘應照原計劃

馬青

工

中華民國卅六年十二月六日　收訖

11月29日收文　工字第10883號　月　日　字第　號

~~1362~~　1361

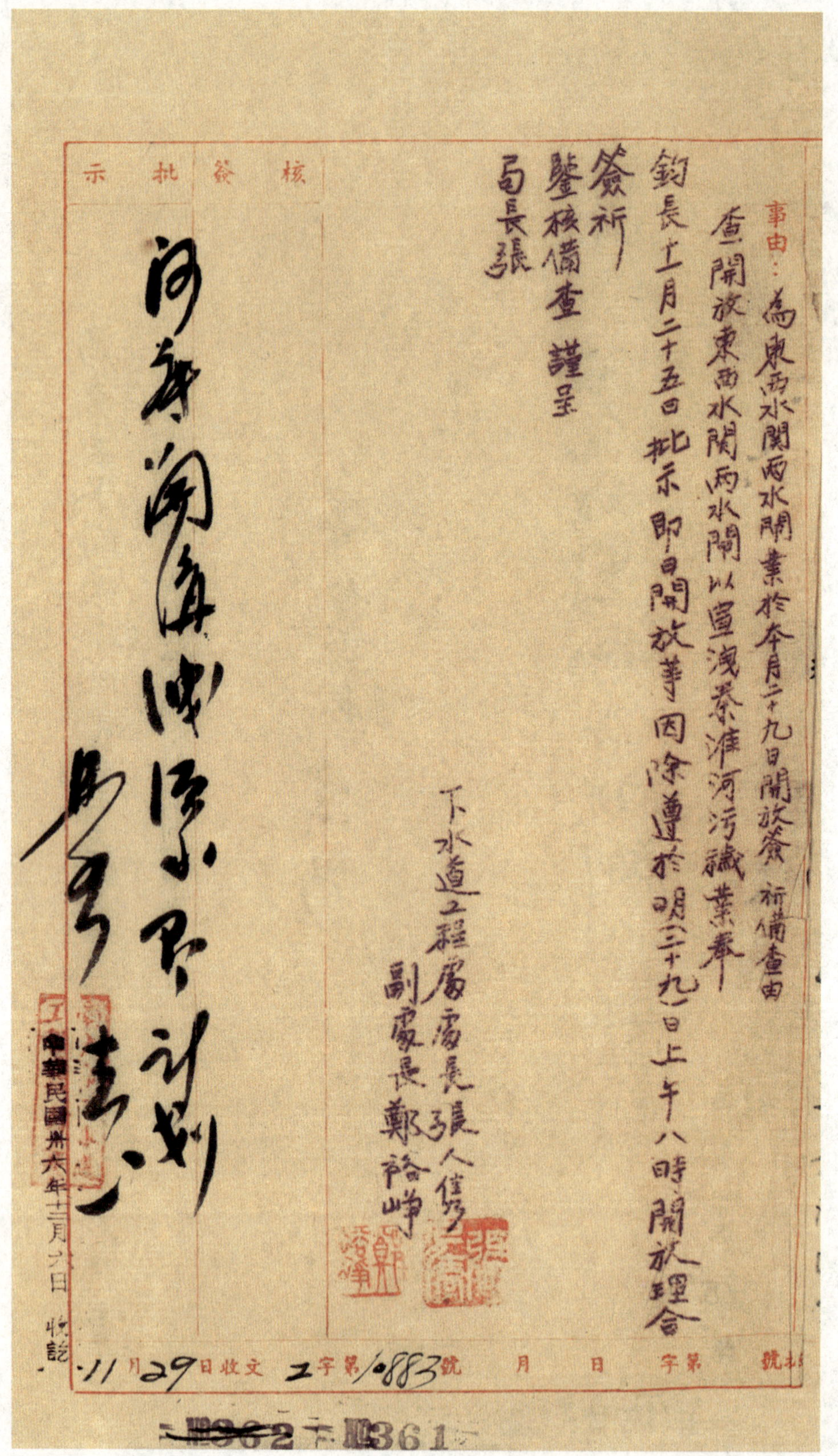

聯合勤務總司令部兵工署第六十工廠、南京市工務局下水道工程處關于開啓東、西水關水閘疏放秦淮河污水的一組文件

（一）聯合勤務總司令部兵工署第六十工廠致南京市工務局的公函（一九四七年十二月十三日）

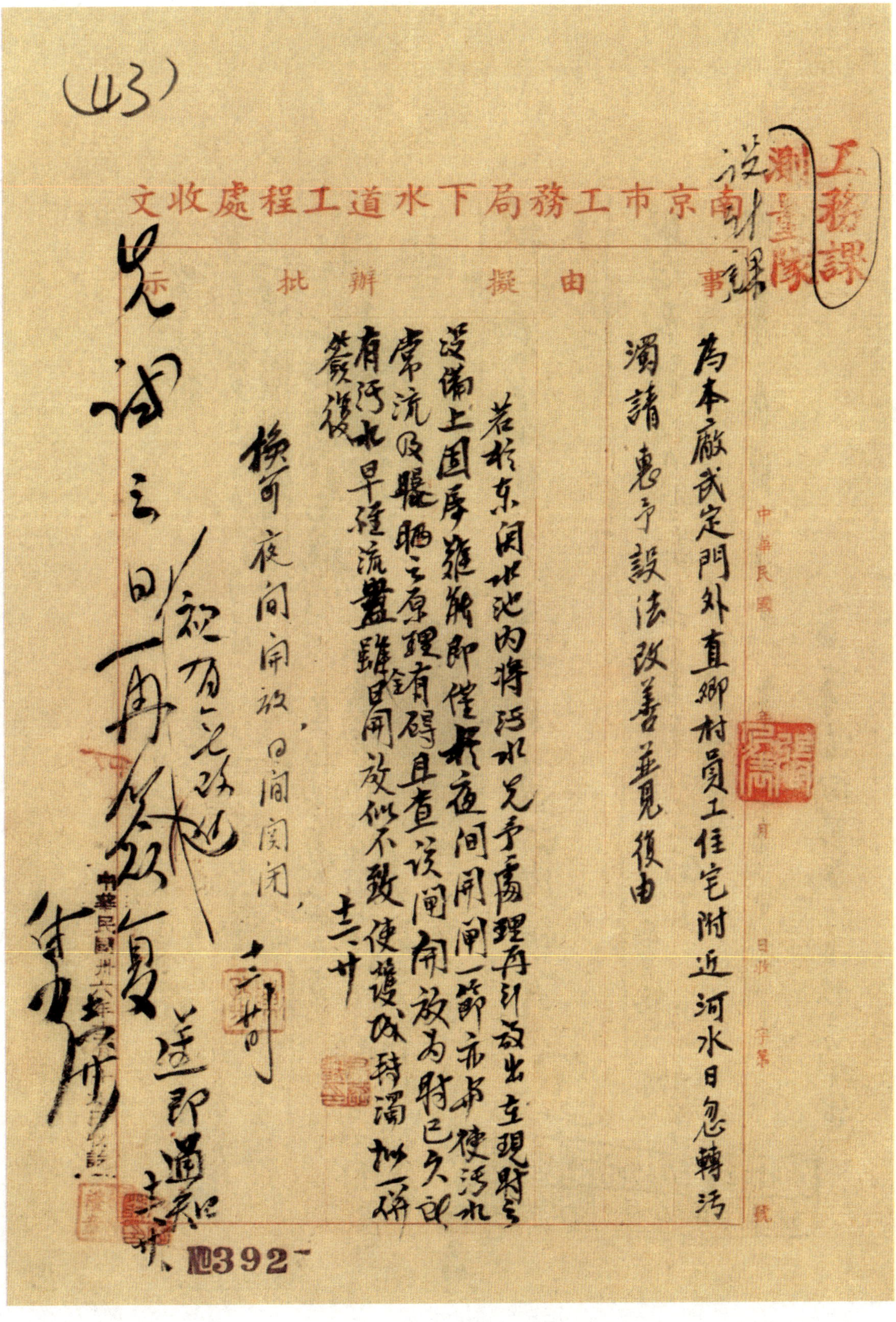
南京市工務局下水道工程處收文

事由：為本廠武定門外直鄉村員工住宅附近河水日急轉污囑請惠予設法改善並見復由

擬辦：擬可夜間開放，日間關閉

批示

第二科

中華民國卅六年十二月十九日

（西籍文號呈來文月日及字號）

23792

事由	為本廠武定门外直鄉村員工住宅附近河水近日忽轉污濁請惠予設法改善並見復由
擬辦	二科蔡科長核（十二.廿七） 「移第二科」 金科長簽（十二.廿七） 「據城河水近來情形混濁乃因本廠前向廠放水之故經本廠水池予以處理事實上極難辦至日向廠向夜向廠向人以嚴予行」
批示	局長批：「交下好道處研究」（十二.廿二）

聯合勤務總司令部兵工署第六十工廠公函

京廠共總字第1758號

中華民國三十六年十二月十三日

中華民國卅六年十二月於三日發出

局收文工字第11390號
36年12月16日

科收文 字 號
擬 1979號

查本廠直轄村員工住宅位於本京武定門外所住員工眷屬達三佰餘戶日用水均取之於附近護城河內近日該處河水忽轉污濁至屬有礙衛生經查係東水關下水道污水向外宣洩未經處理所致特請貴局惠擇該項污水先至該地原有之大處理池內加以處理然後放出或改於晚八時至次日晨三時內放水俾日間可保持河水清潔以重衛生相應函達至希查照見復為荷　此致

南京市工務局

廠長　孫[illegible]

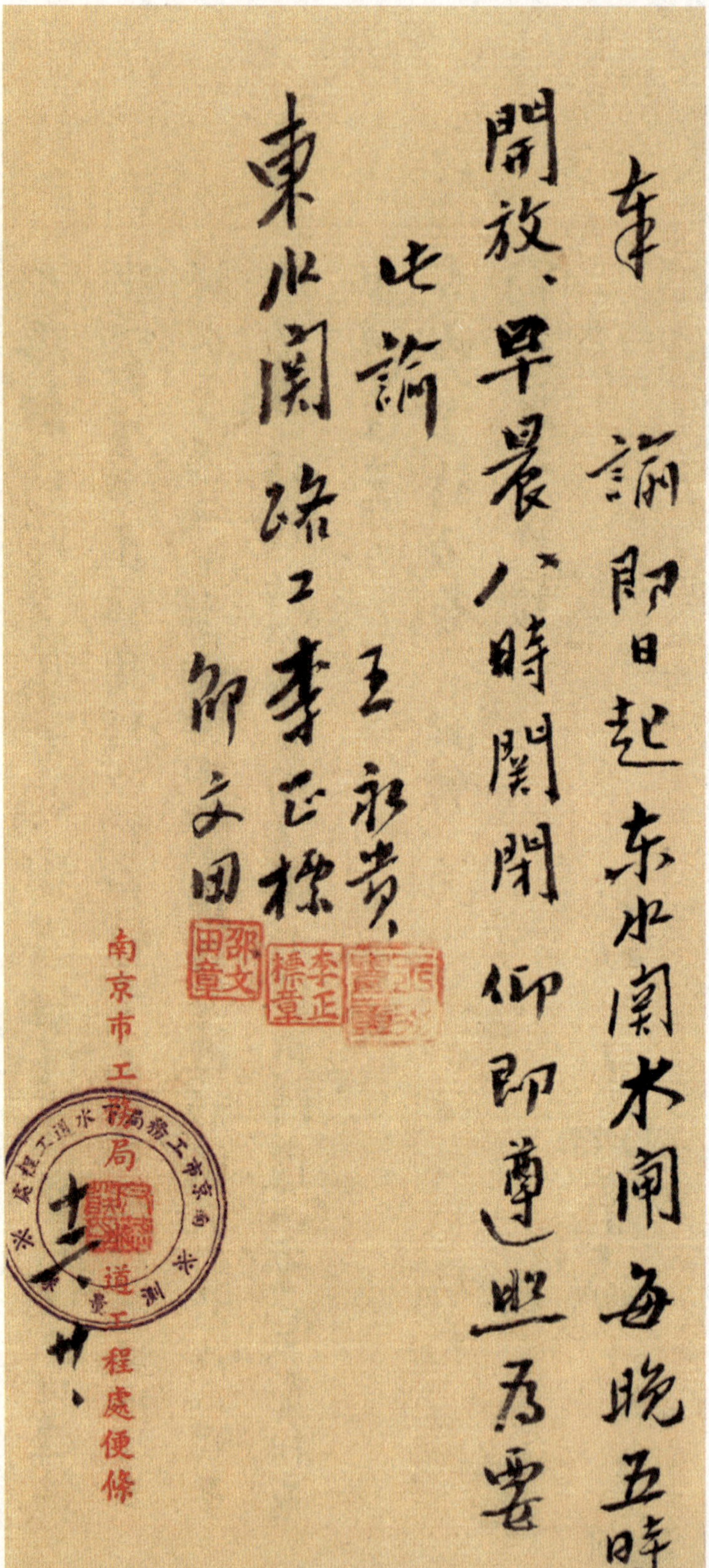
奉
諭即日起東水關水閘每晚五時
開放，早晨八時關閉，仰即遵照爲要
此諭
東水關路工 王永貴、李正標、邵文田
十二、廿。
南京市工務局下水道工程處便條

（二）南京市工務局下水道工程處致東水關路工的訓令（一九四七年十二月二十日）

（三）南京市工務局下水道工程處致市工務局的簽呈（一九四七年十二月二十五日）

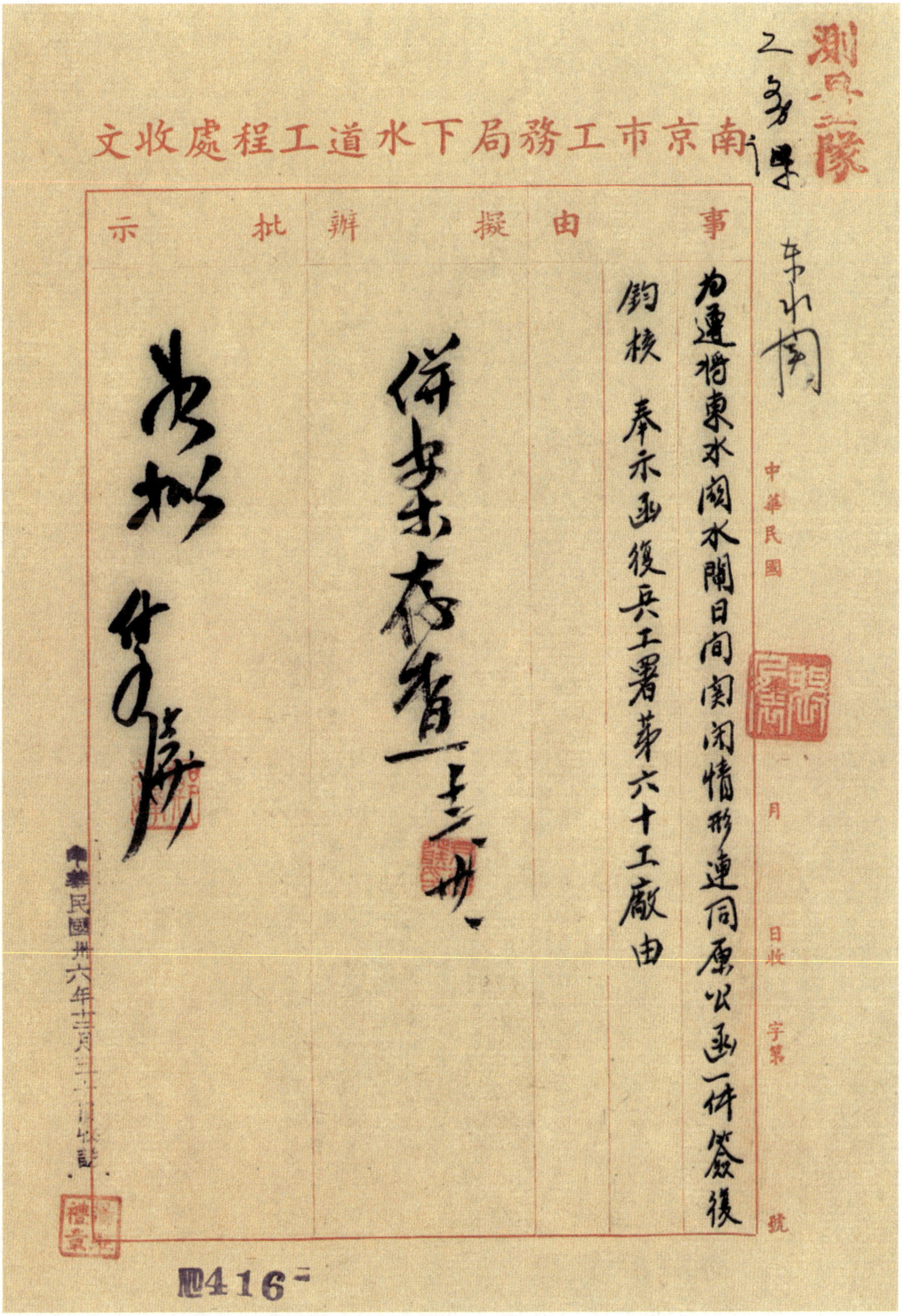

南京市工務局下水道工程處收文

測量隊

東水關

事由：為遵將東水關水閘日間啟閉情形連同原公函一件簽復鈞核　奉示函復兵工署第六十工廠由

擬辦：併案存查　十二、卅

批示：如擬

中華民國卅六年十二月

416

南京市工務局簽呈

民國三十六年十二月二十五日
發文下測字第4367號

事由：為遵將東水關水閘日間開閉情形/連同原公函一件簽復
鈞核由

奉
交下聯勤總部兵工署第六十工廠公函一件略以護城河水近因東水關閘閘洩污忽轉混濁影
響居住附近之該廠員工眷屬衛生請將污水處理後放出或改於夜間開閘放水等由奉
批以先加處理再行放出事所難能飭即改於日間閉閘夜間開放等因遵經轉飭東水關
水閘開工自本月二十日起每晚五時開閘至晨八時閉閘試行至今已三日茲據該閘工報稱日
間閉閘達九小時之久閘內污水停積致內外水位相差高達一公尺以上故每次開閘後水流較激
外河之混濁情形較整日開放使污水緩流入河得以盡量稀釋反為更甚等情查所稱
屬寔且在秦淮河未得澈底整治以前污水宜盡量排除河床可獲充分曝曬為此東
水閘水閘擬請
准自即日起仍整日開放又本處城內秦淮河測量業經全部竣事所獲成果正與毛理尓
顧問研討整治計劃中奉 批前因理合將遵辦情形/連同原公函一件簽復

核 簽 批 示

知

一

南京市政府收文 民國三十六年十二月二十六日收

科(三)字第1961號

迴批號 第 字 日 月 號

收文 12月25日 工字第11651號

4416

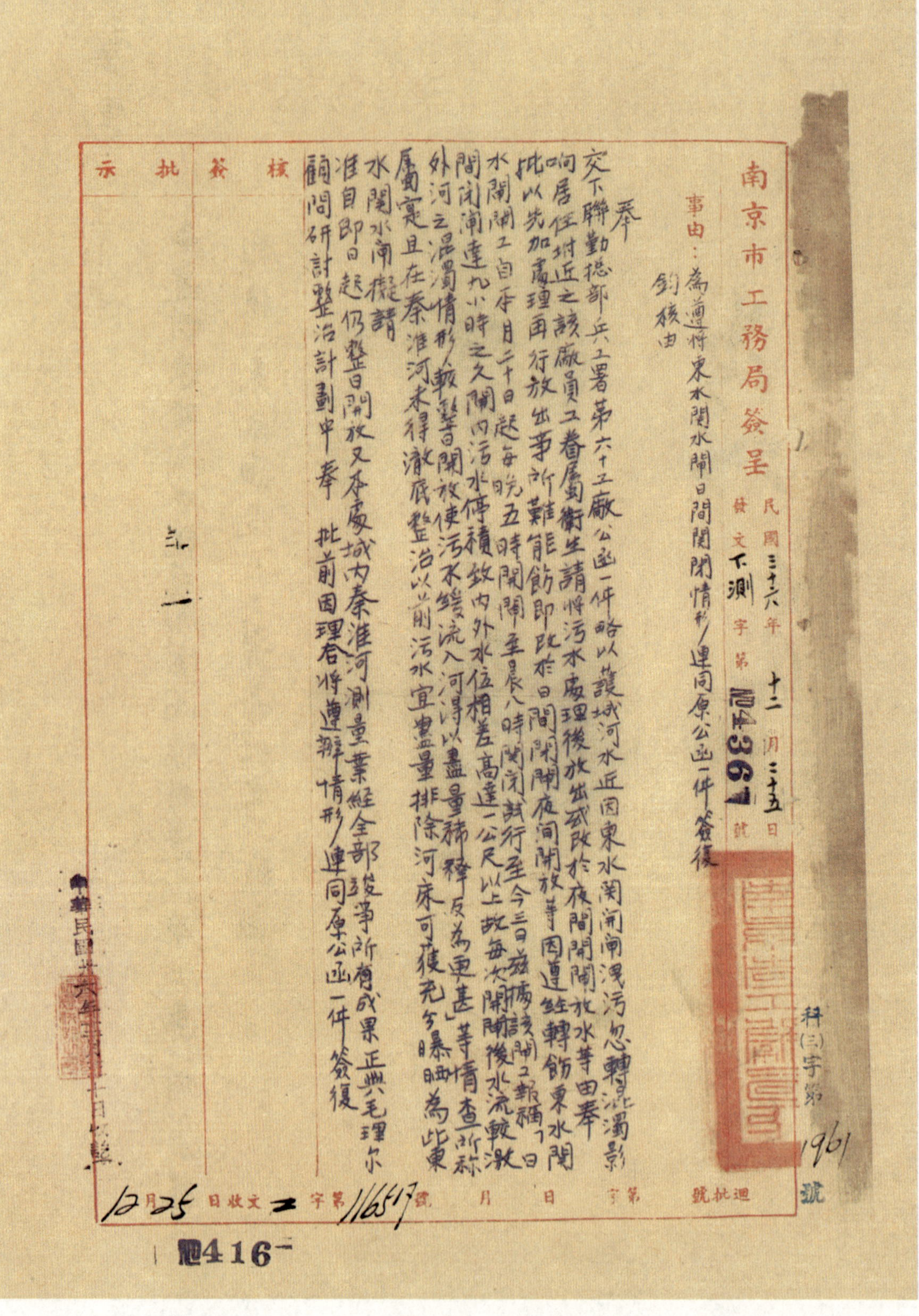

南京市工務局簽呈

民國　年　月　日

發文　字第　號

事由：

謹呈

附還聯勤總部兵工署第六十工廠公函一件

下水道工程處處長張人雋

副處長鄭裕峥

鈞核

局長張

核簽

擬據函復兵工署第六十工廠

金啟　十二、廿六

批示

可　十二、廿七

迴批　字第　號　月　日

收文　字第　號　月　日

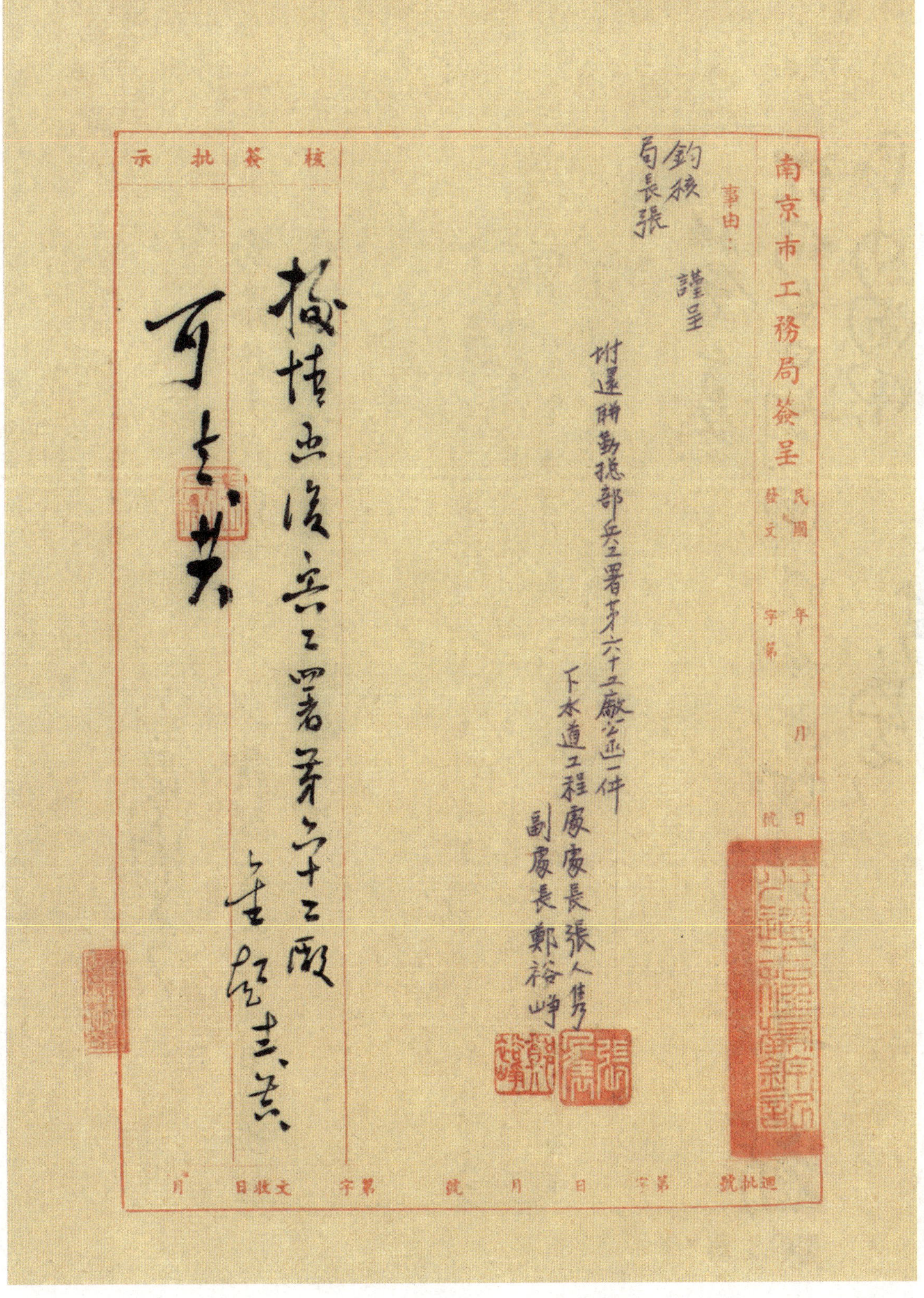

（四）聯合勤務總司令部兵工署第六十工廠致南京市工務局的公函（一九四八年三月二十三日）

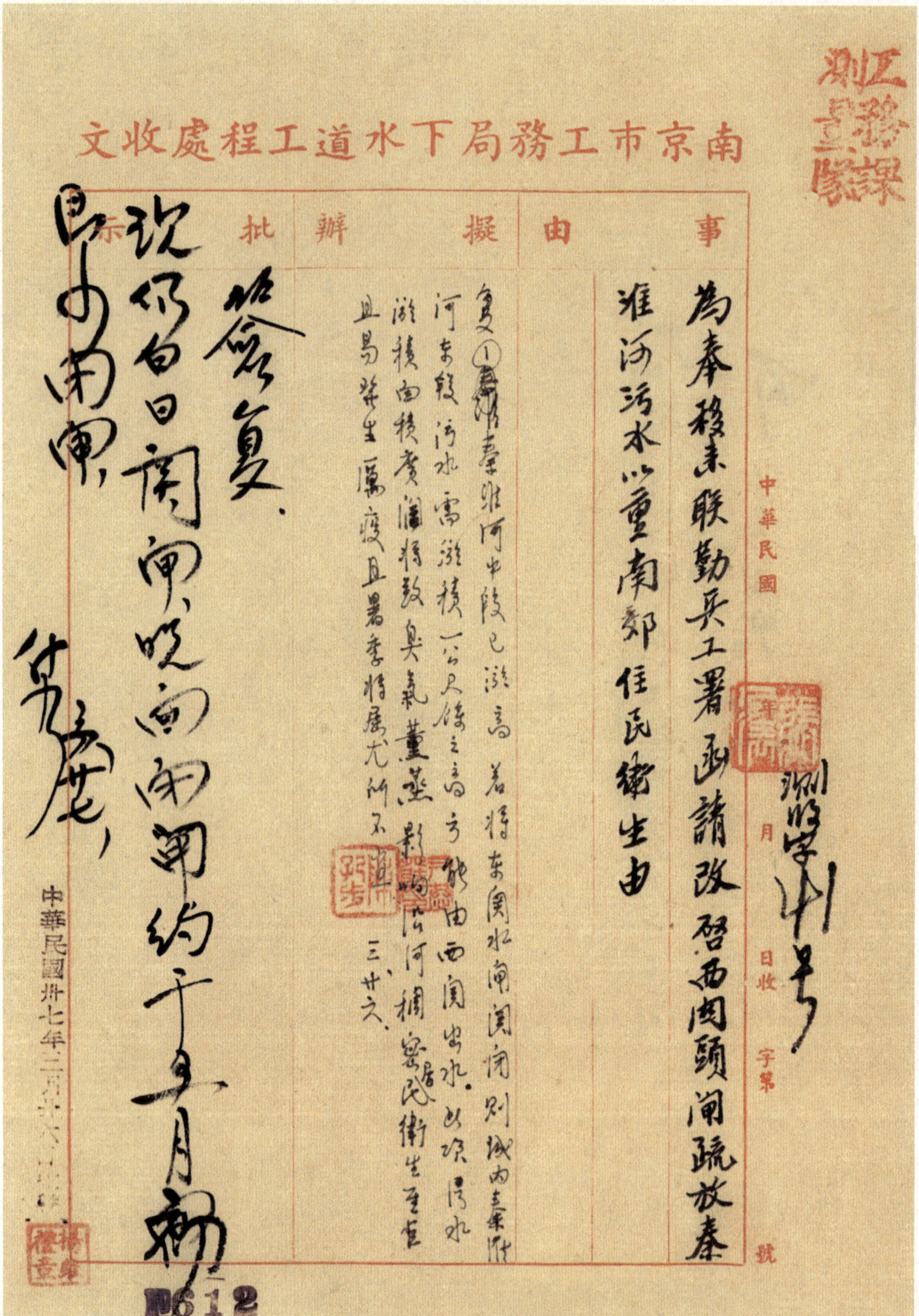

南京市工務局下水道工程處收文

中華民國　年　月　日收　字第　號

事由：為奉移來聯勤兵工署函請改習西閘頭閘疏放秦淮河污水以重南郊住民衛生由

擬辦：复①秦淮河中段已淤高，若將東關水關閘閉，則城内秦淮河东段污水需淤積一公尺餘之高方能由西關出水，此項污水淤積面積廣闊，將致臭氣薰蒸，影响沿河兩岸居民衛生至甚，且易滋生瘟疫，且暑季將屆，尤所不宜。三廿六。

批示：准答复。

此係白日關閘，晚間開閘，約于五月[illegible]即可開閘。[illegible]

中華民國卅七年三月廿六日

612

南京市工務局摘由紙

姓名或機關	聯勤兵工署第六十工廠
文別	公函
件數	
收文	年 月 日 時
摘由	函請疏通西關頭閘疏浚秦淮河活水以資南部住民
由	請查由
擬辦	可交下水道工程處簽復 金科長三、廿三日簽准
批示	

局收文工字第2436號	科收文	三字442號
37年3月23日		字 號
		字 號

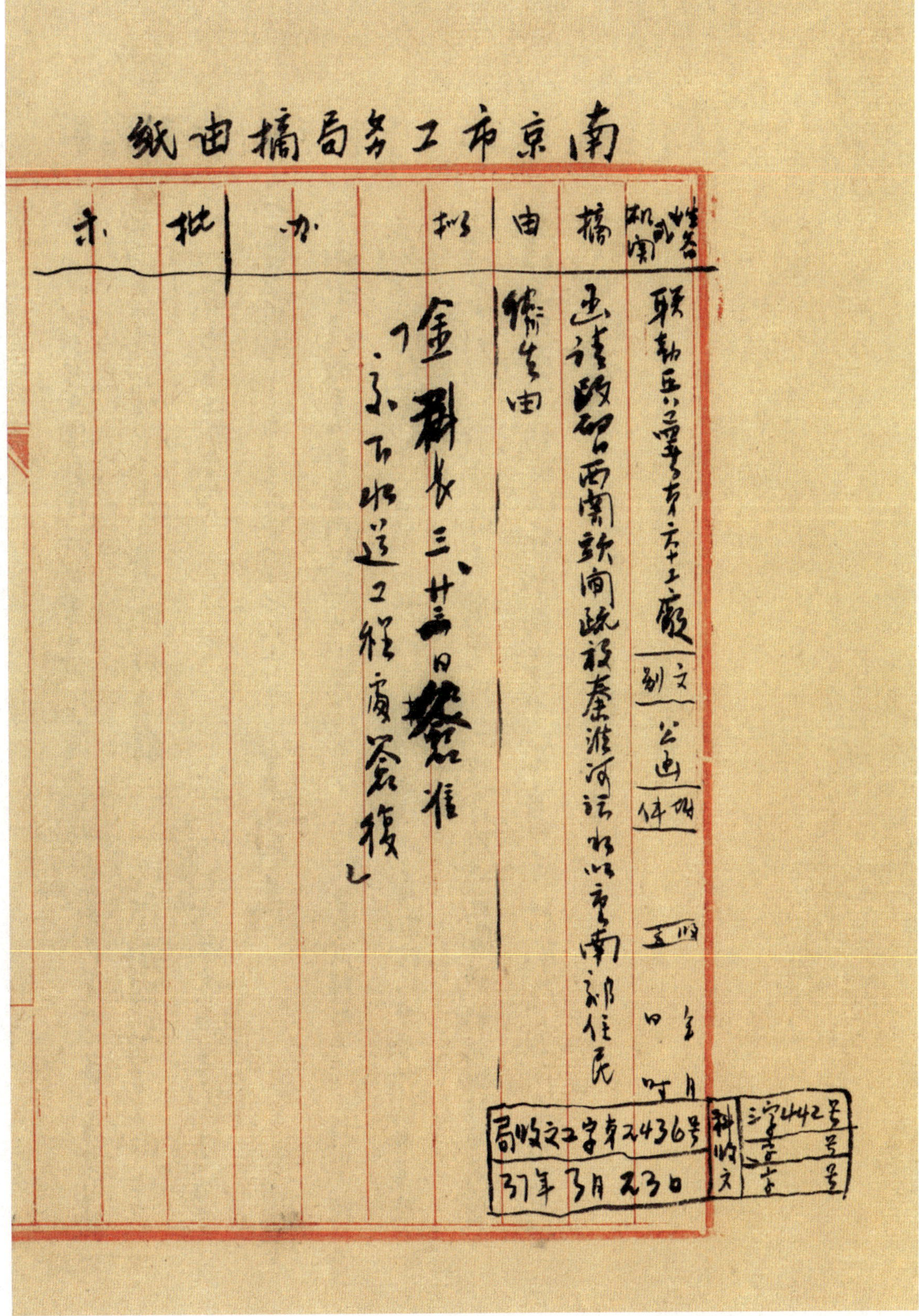

联合勤务总司令部兵工署第六十工厂（公五）

事由：建议改由西关铁闸放秦淮河污水以重南郊住民之卫生请鉴核见复

受文者：南京市工务局

（日期）中华民国卅七年三月廿三日发出

（字号）京厂（卅）总字第622号

（发文地）南京中华门外正学路

一、查前准（三七）京工三字第七九三一号复函敬悉。

二、承示请改善武定门附近河水污浊一案，俟秦淮河整浚工程实施始可解除等由。本日准双桥门一带居民暨各机关宴厂推派代表来本厂请为设法。因思若将东关铁闸关闭，改由西关铁闸放水，则污水可以畅经过中华门内外城河，南郊一带居民即可解除食用秽水之苦。

谨函建议，至希惠酌见复为荷。

厂长 孙学斌

（五）南京市工務局下水道工程處致市工務局的簽呈（一九四八年三月三十日）

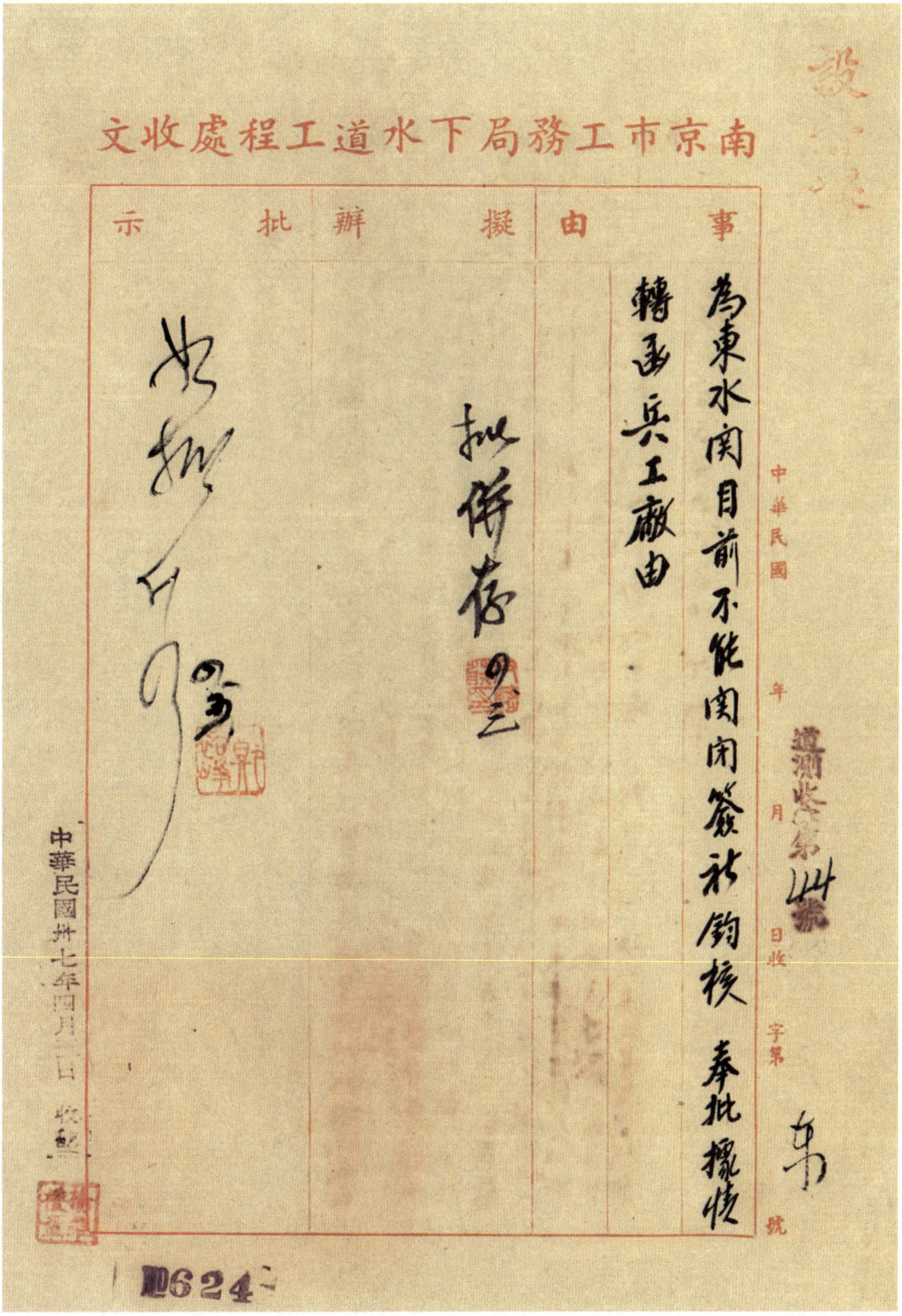

南京市工務局下水道工程處收文

事由	擬辦	批示
為東水閘目前不能閘閉簽祈鈞核 奉批擬復轉函兵工廠由	批 俟存 四／三	如擬

中華民國　年　月　日收　道測收字第144號

中華民國卅七年四月二日收

0624

南京市工務局簽呈

民國三十七年三月三十日 發文下設字第607號

事由：為東水閘目前不能關閉簽祈 鈞核由

奉

交下聯勤總部兵工署第六〇工廠京廠(卅七)總字第六三三號公函一件，略以為改善武定門城近河水污濁，建議將東水閘關閉，改由西水閘放水，批飭簽復等因。查其致濁之源，城內污水之注入不無影響，而長江水位漸高，護城河水不能暢流，形成死水，實為主因。是以關閉東水閘並不足以清除污濁。且查城內秦淮河南段河床高程在東水閘僅為四·九八七〇公尺，而最高點在新橋西側則為五·一四五〇公尺，兩點相距長達二八五五公尺，沿岸屋宇櫛比，人烟稠密，若將東閘關閉，僅由西閘放水，則此段之污水勢將長期積深一公尺以上，不能排除，為害之深當不堪想像。欲使河水清澈，實有待秦淮河全盤整浚工程之實施。本處為減輕外河污濁，前已飭東閘閘工夜間開閘放水，日間關閉，並報請鑒核，轉知該廠在案。該廠建議關閘擬展至五月間再行實施。奉令前因，理合檢同原件簽復

鈞核

核 簽 批 示

中華民國卅七年四月三一

3月31日收文工字第2672號 4月2日下設字第607號迴批

607

491

624

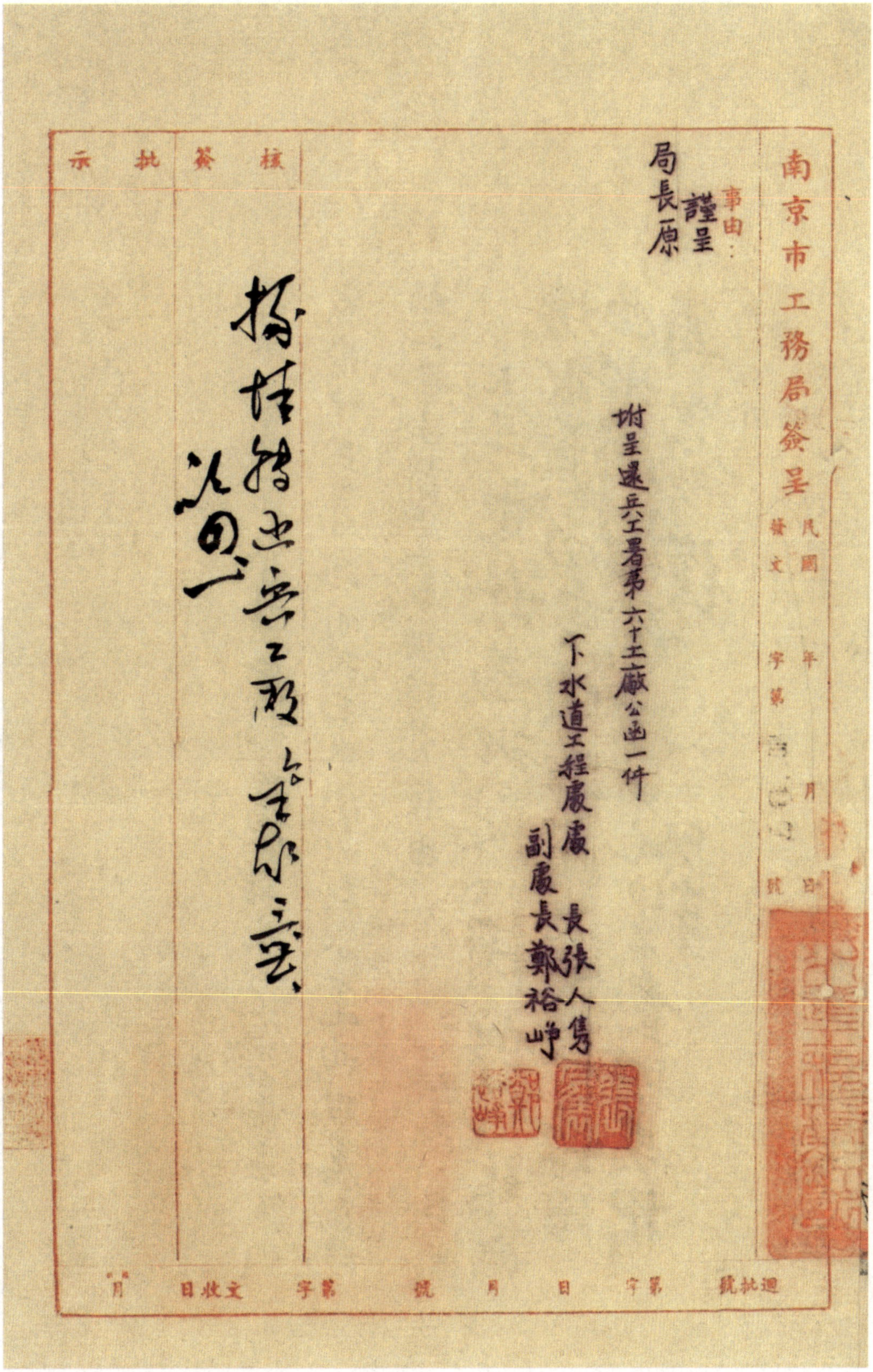

南京市工務局簽呈

民國　年　月　日

發文　字第　號

事由：

謹呈

局長原

附呈退兵工署第六十工廠公函一件

下水道工程處處長張人雋

副處長鄭裕峥

核簽　批示

迴批號　第　字　日　月　號　第　字　文收日　月

南京市參議會、南京市工務局下水道工程處關于區民代表要求開放西水關以利運輸等的一組文件

（一）南京市參議會致市政府的公函（附件：區民代表等原呈）（一九四八年四月五日）

設計課
工务課

南京市工務局下水道工程處收文

事由	為奉移來京參議會秘書處據本市第四區區民代表張仲宣等為開放西水関以利水運而維農民請願一案函請查照辦理見復由
擬辦	查此係西水関、閉似係指城墻水道而言，亂非本處管理之西水閘，擬派丁兄生查明具報再簽復
批示	宗如

中華民國　年　月　日收道測收字第47號

中華民國卅七年四月

No644

科　南京市政府摘由紙

工務局　擬函府稿

趙秘書

機關：京參議會秘書處　　文別：公函　　附件：抄件乙份　　收文日期：卅七、四、七、

摘由：據本市第八區區民代表鄧仲宣等為開放西水關以利水運而維農田請賜一籌函請查照辦理見復由

擬辦：西水關應否開放以先請三科簽注意見　黃玉珊　四、十一

批示：移下水道工程處核簽　[印]　原[illegible]　四、十六

收文工字2957號　科　[illegible]　37.4.8.文

收文科字278　37.4.[illegible]到

南京市参议会秘书处公函　　（卅七）京议经五字第〇三六〇四号

中华民国卅七年四月五日发

摘由：据本市第四区区民代表张仲宣等为开放西水关以利水运而维农民请愿一案函请查照办理见复由

据本市区区民代表张仲宣等送来请愿书一件为请按时开放西水关以利水运而维农民由经签请提交本会第一届第五次大会讨论决议："照转有关机关办理"纪录在卷除通知请愿人并分函外相应抄同原呈乙件录案函请查照办理见复为荷

此致

南京市政府

附抄原呈乙件

秘書長俞

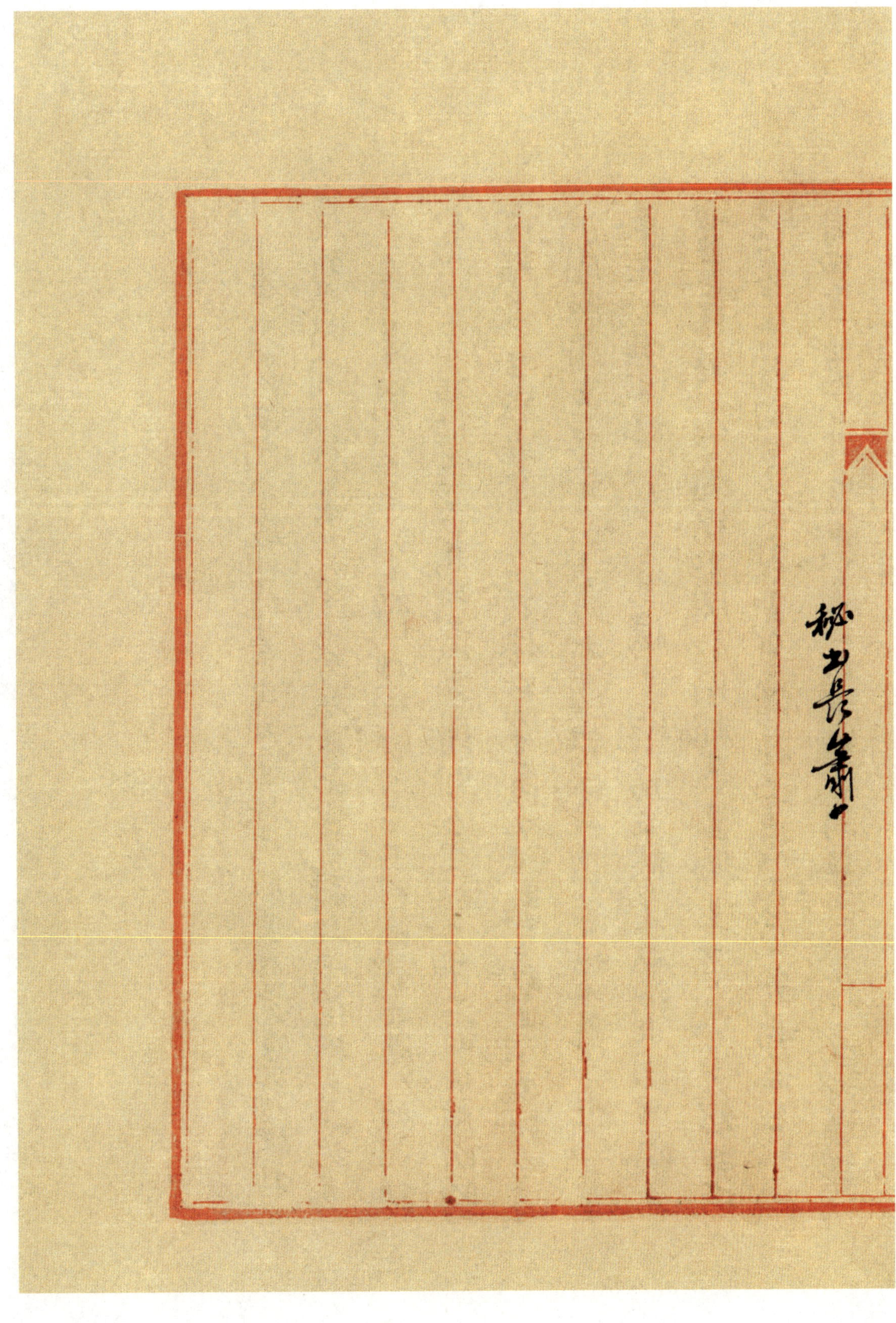

查水西门西關水道内接秦淮外通江流船只往来運輸便利
抗戰以前關口設有水上警察檢查所專司啟閉關柵并檢查
進出口船只時間與城门啟閉相同計上午六时開放下午八时閉柵
習以為常相沿已久届戒嚴期間則上午六时下午六时為啟閉時
間船只来往物貨運輸依此為生者不下數百餘家不期今年
水關啟閉迄無定时来往船只須守候終日恒以進出水關為苦
曾派代表向挹江门駐守憲兵檢查所請求規定啟閉水關時間并
蒙具体解答謂緣水關啟閉非其專職且無明令難以批
謹案夫開閉無定足以交通滯頓工商不前影响民生防礙
自由交通自本年三月十六日起即由水西门駐守憲兵檢查所實施關

閉禁止任何船隻出入，水上交通已令完全停頓，妻交通亂
道。水、旱城門既有規定時刻啟閉，水關亦應同有規定
時間，更不能封閉不開，為維持交通，解民倒懸計，擬請
鈞會主持公道，救濟民生，向有關機關暨首都衛戍司令部
及首都警察廳交涉，作有力之協助，務祈即日按時開放
西水關，以利工農而維水道交通，實為公便。臨呈不勝屏營
待命之至。

謹呈

南京市參議會

具呈人第四區區民代表 諸仲宣 曹葉水桃
駁船業代表 韓啟興 胡正祥
鄉農代表 陸興銘 孫紀昌

通訊處西門外十七號

（二一）南京市工務局下水道工程處職員丁振舉致課長轉處長的簽呈（一九四八年四月十五日）

竊於本日遵

飭前往西水閘勘查該水閘啓閉情形，經面詢據該地區民代表曹榮森（即具呈參議會請求按時啓閘者之一）聲稱彼等因水閘常閉，交通受阻，曾經呈請政府規定時間逐日開啓，以維水運，惟所指水閘係通過城墻之水道，並非本處經管之水閘，查該閘之啓閉向由治安機關負責，不屬本處管轄，奉令前因，除面向該代表解釋外，理合將查勘情形簽復，謹呈

鈞核，轉呈

課長尹

處長鄭

職丁振舉謹簽　四、十五、

呈悉
[illegible]

南京市工務局下水道工程處便條

（三）南京市工務局下水道工程處致市工務局的簽呈（一九四八年四月十七日）

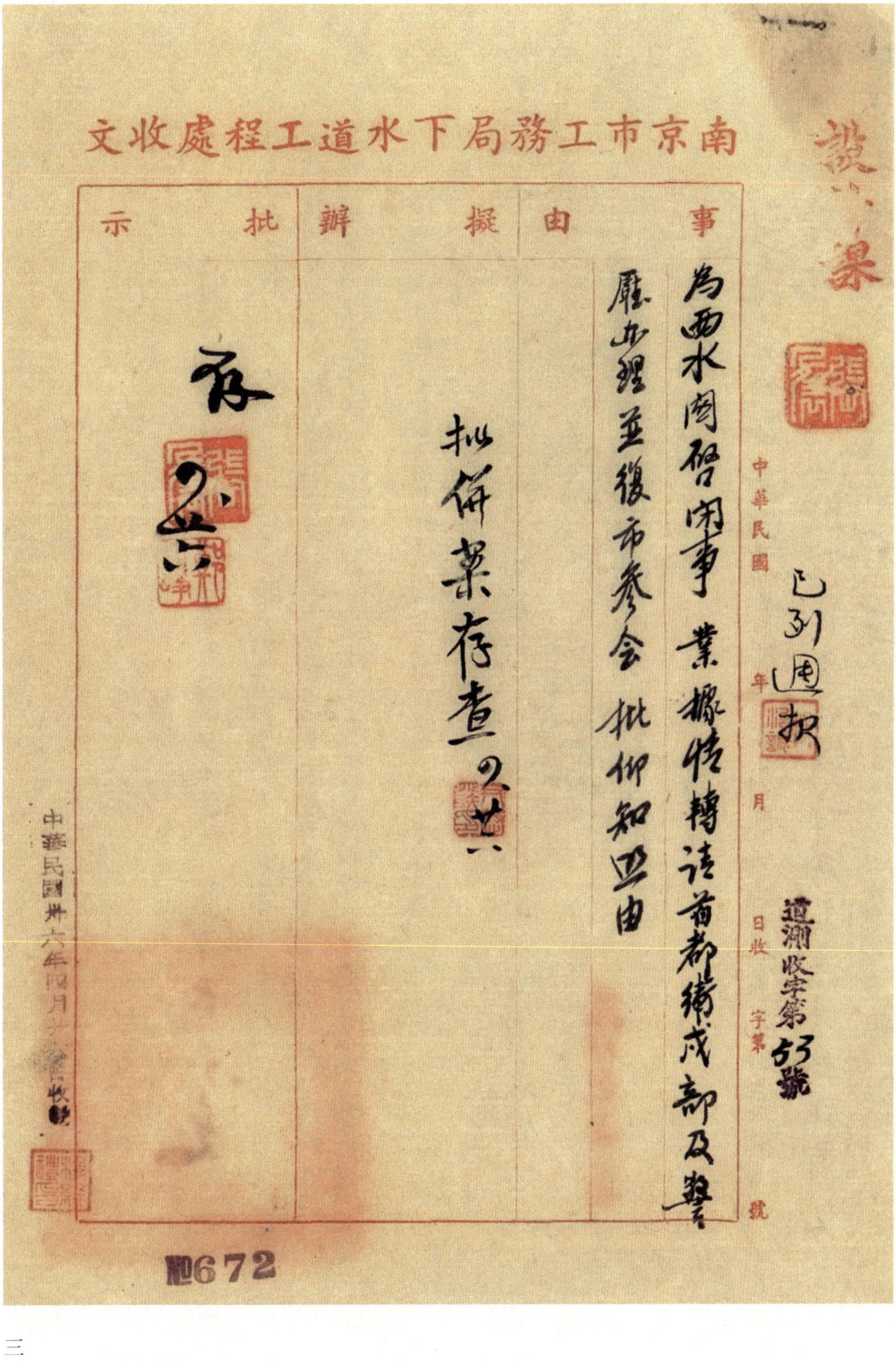

南京市工務局下水道工程處收文

事由	擬辦	批示
為西水關啓閉事業據情轉請首都衛戍部及警廳查照並復市參会 批仰知照由	擬併案存查 四、廿六	存 四、廿六

簽呈

中華民國 年 月 日收 字第 號

已列週報

道測收字第53號

中華民國卅六年四月[illegible]日收[illegible]

№672

南京市工務局簽呈

民國三十七年四月十七日

發文下設字第0645號

事由：為開放西水閘係屬治安機關職司，檢同原件簽復鈞核由

奉

交下市參議會秘書處(卅七)京議經三字第三六〇四號公函一件，以據第四區區民代表張仲寔等呈請務將開放西水閘以維水道而利農工函請查辦核簽等因。查該區民代表等所請開放之西水閘係指城墻下之孔道，向由治安機關負司啓閉，業經派員前往查明屬實，本案擬請

轉復該處改函警察廳暨衛戍司令部核辦，當否？理合檢同原件簽復

鈞核。

謹呈

局長原

附呈還市參議會秘書處公函一件

下水道工程處 處長張人傑

副處長鄭裕嶸

核簽

批示

已據情代擬府稿函請首都衛戍總司令部暨電知首都警察廳特將按時啓閉，並函復市參議會查照，仰即知照。

四月廿一日

中華民國卅六年四月廿□日收到

收文 4月19日 之字第3341號

月 日 字第 號 迴批號

收672

道發字第59號

科(三)字第592號

南京市工務局下水道工程處關于東水關可否整日開閘放水以利疏浚的一組文件

（一）南京市工務局下水道工程處職員陳孔步致處長的報告（一九四八年五月五日）

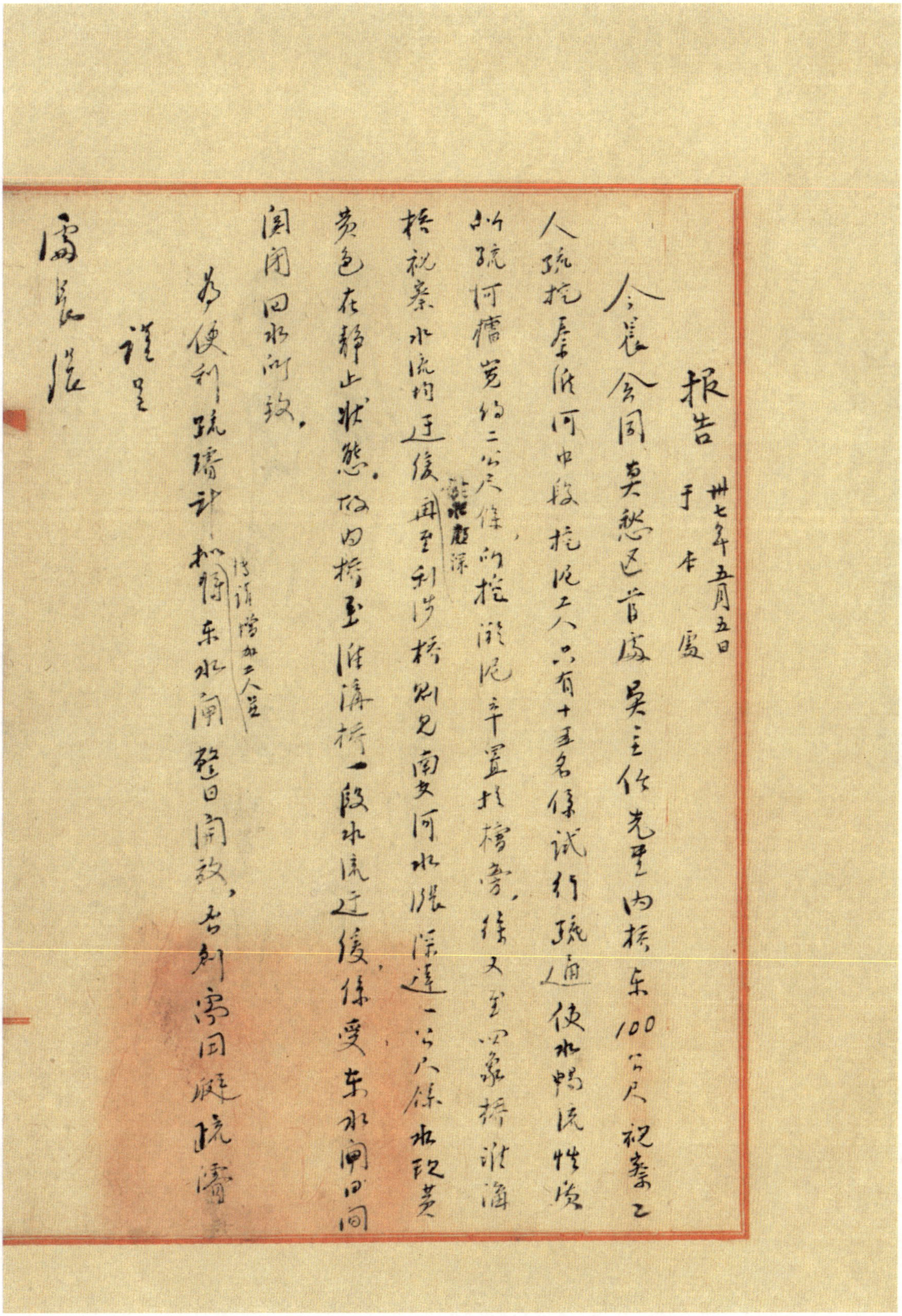

報告　卅七年五月五日　于本處

今晨會同莫愁區首處吳主任先至內橋東100公尺視察工人疏挖秦淮河中段，挖泥工人只有十五名，係試行疏通使水暢流性質，所疏河槽寬約二公尺，係將所挖淤泥平置於槽旁，繼又至四象橋、淮清橋視察，水流均遲緩，再至利涉橋則見南岸河水淺深達一公尺，係水成黃色在靜止狀態。由內橋至淮清橋一段水流遲緩，係受東水閘日間關閉回水所致。

為便利疏濬計，擬將東水閘整日開放，否則需同擬疏濬

仍請增加工人呈

謹呈

處長張

副官長鄭

可開閘入試並擬
而備安去
[illegible]

職陳兆方
[illegible]

五月六日水位 东闸外五一、二〇
东闸内五一、八五

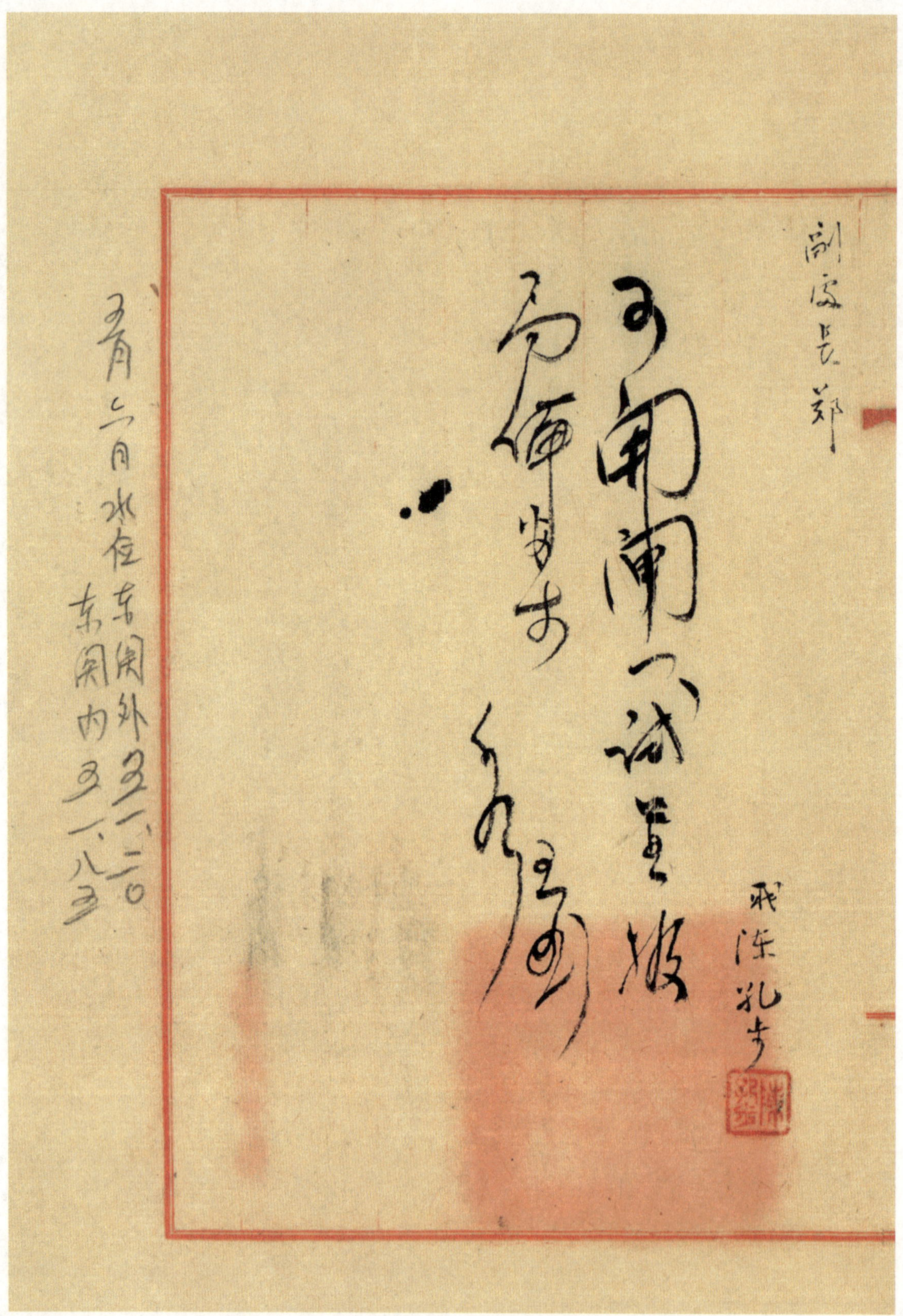

（二一）南京市工務局下水道工程處職員尹恭發致處長的簽呈（一九四八年五月七日）

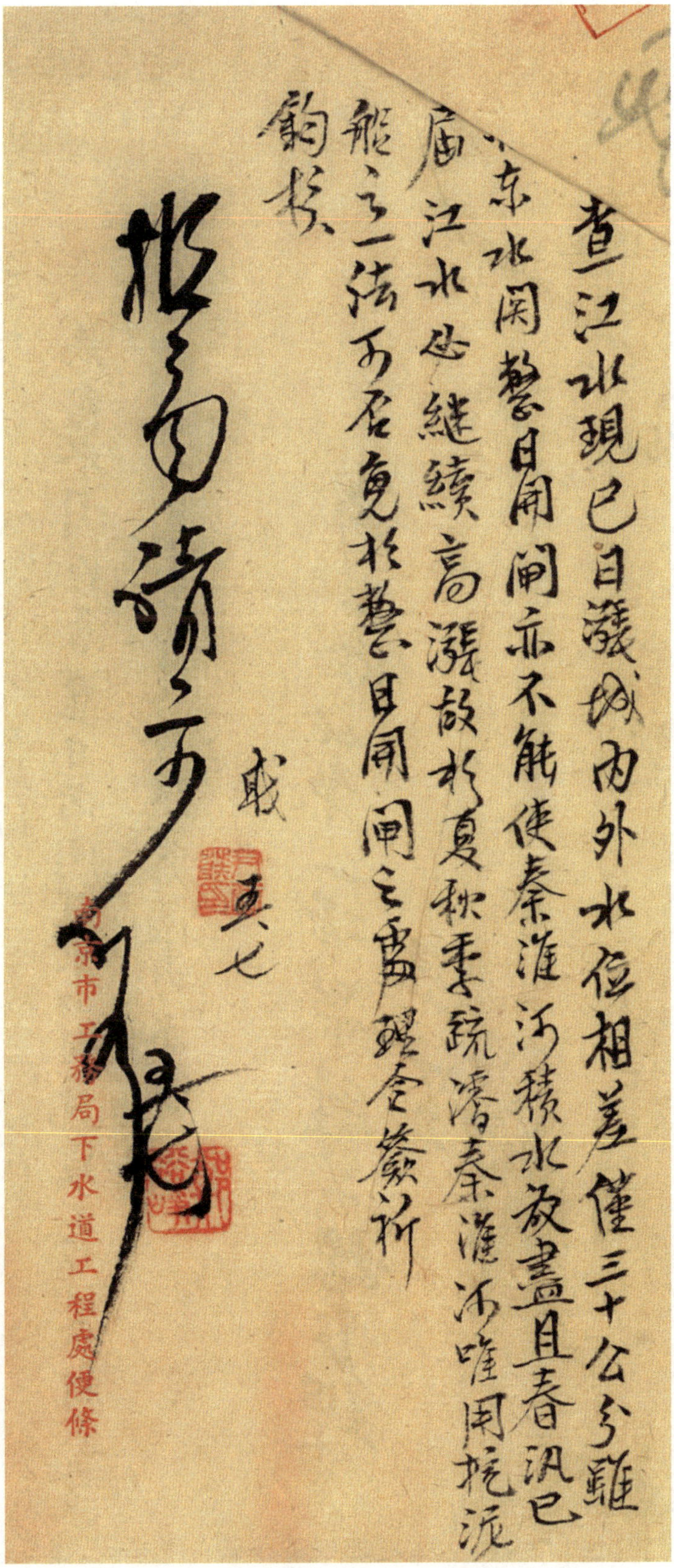
查江水現已日漲，城內外水位相差僅三十公分，雖[illegible]東水關暫日開閘，亦不能使秦淮河積水放盡，且春汛已屆，江水必繼續高漲，故於夏秋季疏濬秦淮河，唯用挖泥船之一法，可否免於暫日開閘之處理，理合簽祈
鈞核
職尹恭發 五七

擬如請之可

南京市工務局下水道工程處便條

（三）南京市工務局下水道工程處致市工務局的簽呈（一九四八年五月七日）

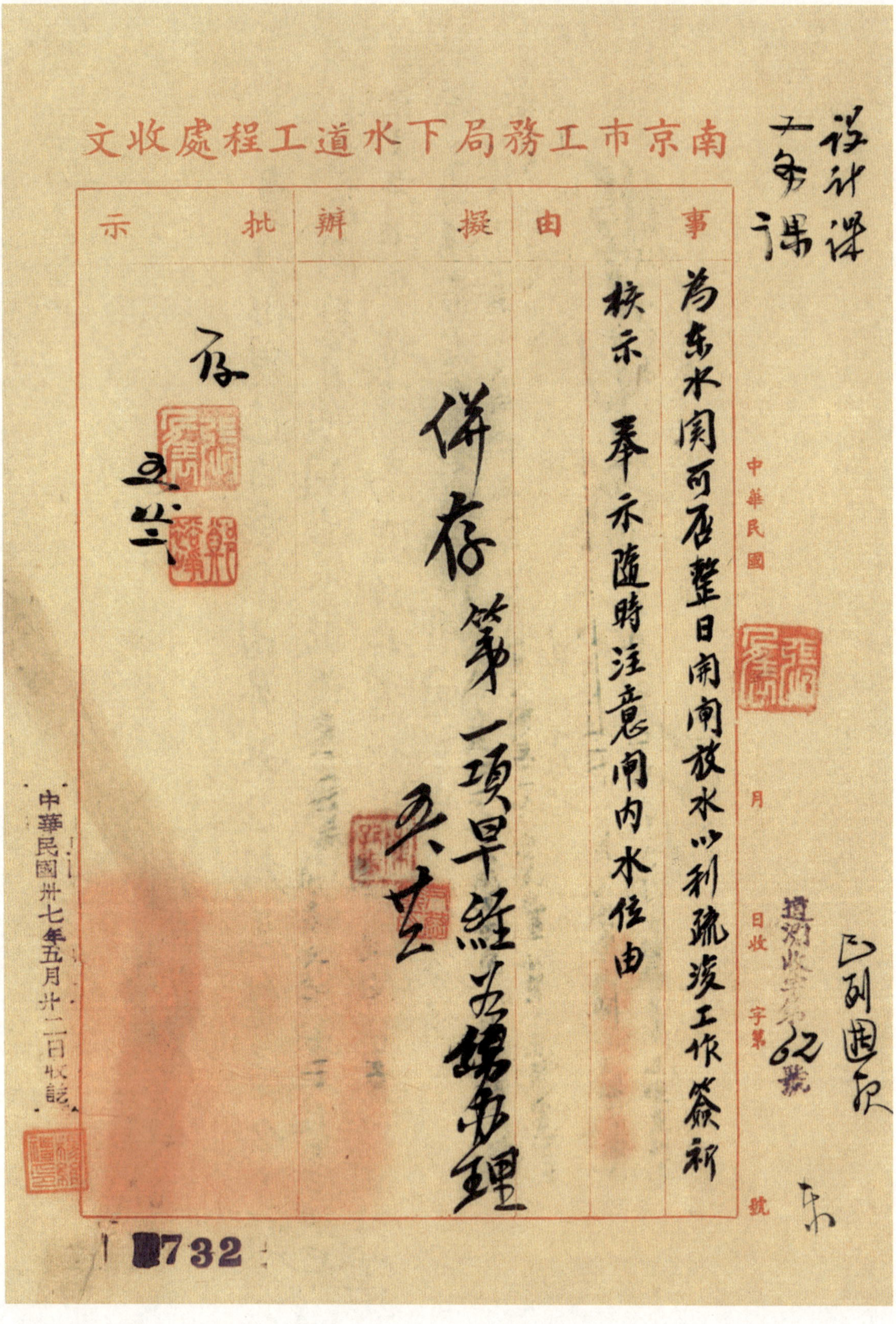

南京市工務局下水道工程處收文

設計課

工务課

事由：為东水閘可否整日開閘放水以利疏浚工作簽祈
核示 奉示隨時注意閘內水位由

中華民國　月　日收　字第　號

擬辦：併存 第一項早經若錫處理 五、廿

批示：存 五、廿一

中華民國卅七年五月廿二日收訖

732

擬辦收字第62號

已列週報

東

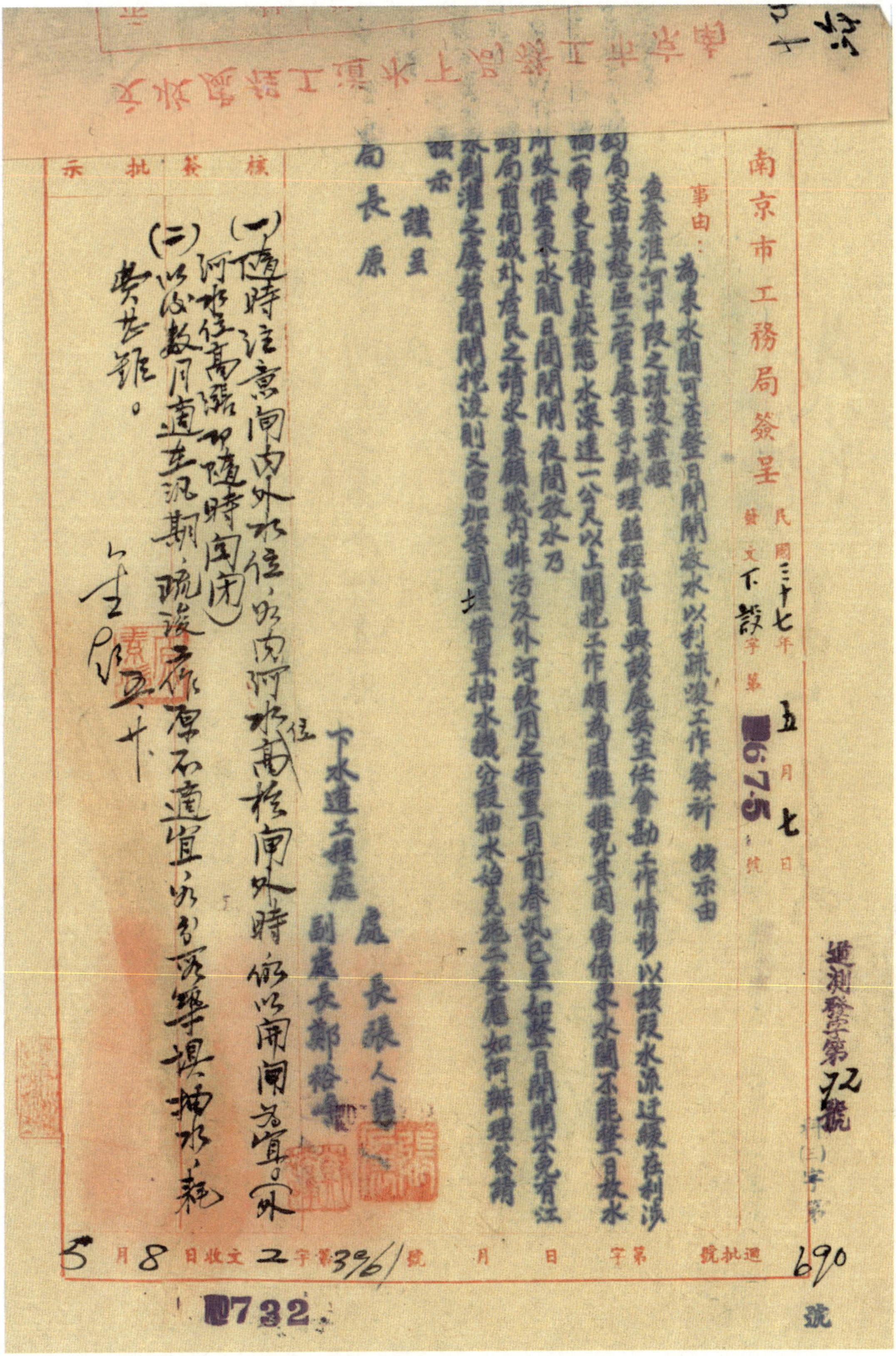

南京市工務局下水道工程處收文

南京市工務局簽呈

民國三十七年五月七日

發文下設字第675號

事由：為東水關可否整日開閘放水以利疏浚工作簽祈 核示由

查秦淮河中段之疏浚業經

鈞局交由第七區工管處着手辦理並經派員與該處吳主任會勘工作情形以該段水流迂緩應利涉橋一帶更呈靜止狀態水深達一公尺以上開挖工作頗為困難推究其因實係東水關不能整日放水所致惟查東水關日間開閘夜間放水乃

鈞局前徇城外居民之請以求兼顧城內排污及外河飲用之措置目前春汛已至如整日開閘不免有江水倒灌之虞若關閘挖泥則又需加築圍埝借業抽水機分段抽水始克施工究應如何辦理簽請

核示

謹呈

局長原

下水道工程處　處長張人隽　副處長鄭裕

核簽批示

（一）隨時注意閘內外水位，以內河水位高於閘外時，仍以開閘為宜。（外河水位高漲，即隨時關閉）

（二）以後數月適在汛期，疏浚工作原不適宜，如需築埂抽水，耗費甚鉅。

原　五十

5月8日收文工字第3961號　月　日　字第　遵批號

遵測發字第72號

690號

0732

南京市工務局與下水道工程處關于首都警察廳電囑派工負責啓閉西水關洋橋水閘事的往來文件

（一）南京市工務局致下水道工程處的訓令（一九四八年五月六日）

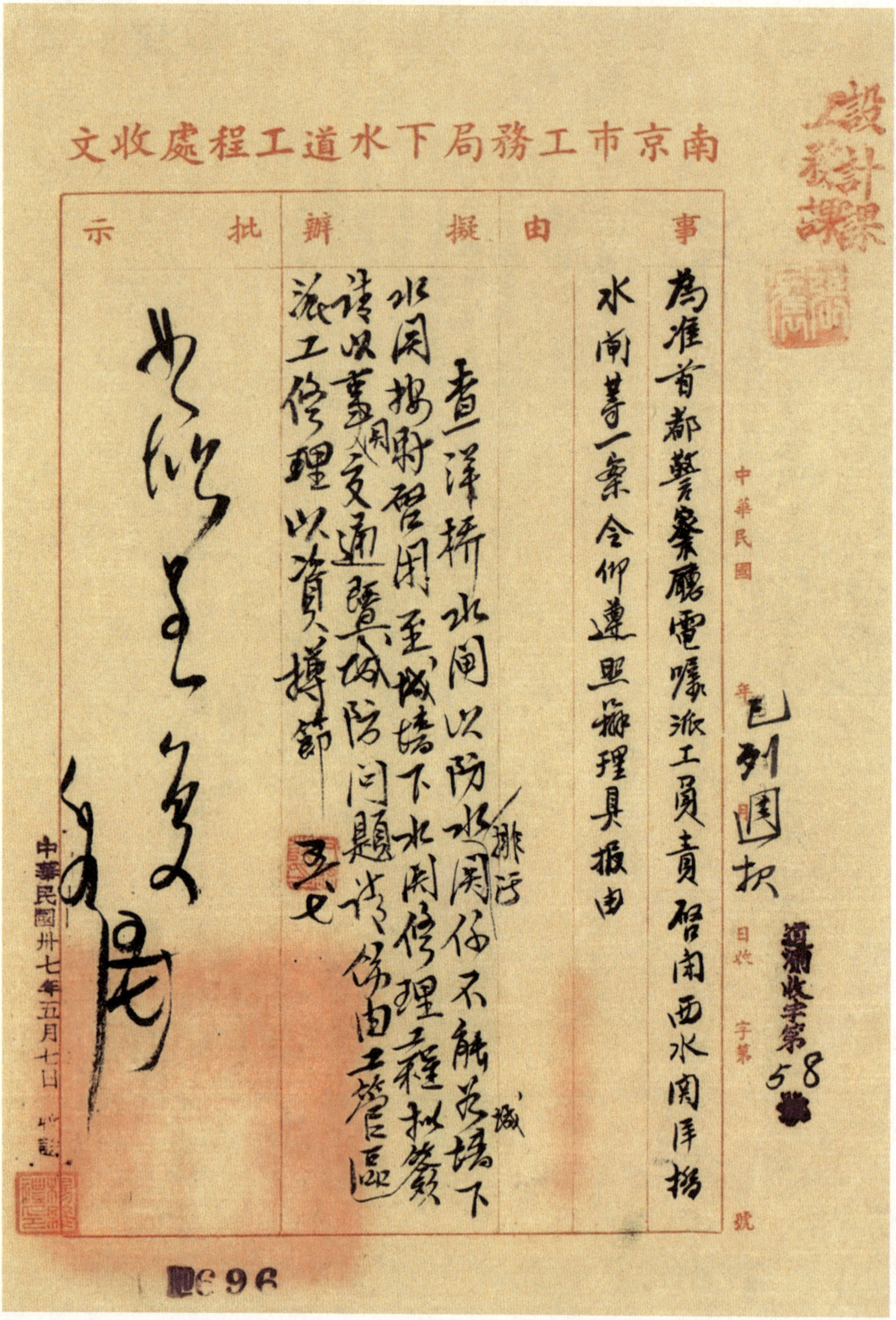
南京市工務局下水道工程處收文

事由：為准首都警察廳電囑派工員責啓閉西水關洋橋水閘等一案令仰遵照辦理具報由

擬辦

批示

中華民國卅七年五月七日

道濟收字第58號

E96

事由：爲准首都警察廳電嘱派工負責西關西水關洋擋水閘等一案令仰遵照办理具報由

附件

擬辦

批示

年 月 日 午 時到

字第1696號

南京市工務局訓令

(卅七)京工三字第2979號

中華民國卅七年五月六日

令下水道工程處

案准首都警察廳本年四月二十九日珍督倫字第八九六號代電内開：「案奉首都衛戍總司令部卅七年四月廿三日戌利二志字第一二三〇號代電略以水西門西關水閘開放時

閘改定為每日上午十時至下午二時請貴廠轉飭水上警
察局派必要員警經常駐紮該地附近負責水閘啟閉
及檢查事宜等因奉此除飭道照办理外查：洋橋水閘
向由貴局派有工人二名經常駐守負責啟閉仍請繼續
負責办理：水閘年久失修不堪使用擬請迅予修理以上二
項相應電達查照办理見覆」等由准此自應照办令行
令仰該處遵照办理並具報為要此令

代理局長 原素欣

監印 容馨蘇

校對 賈文傑

（二一）南京市工務局下水道工程處致市工務局的簽呈（一九四八年五月八日）

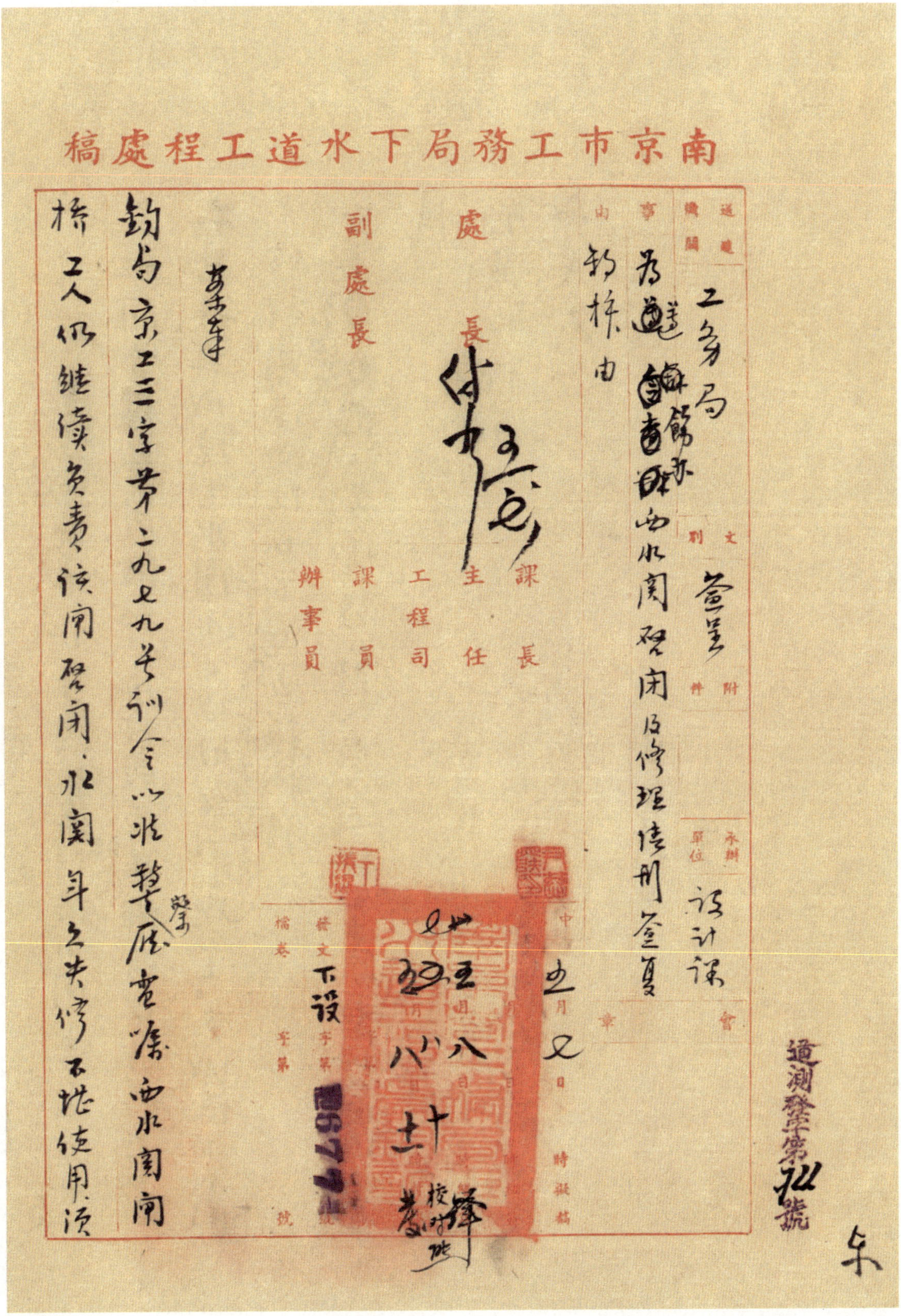

南京市工務局下水道工程處稿

送達機關：工務局

事由：為遵飭查勘西水關啓閉及修理情形簽復

由：鈞核由

文別：簽呈

承辦單位：設計課

處長　副處長

課長　主任　工程司　課員　辦事員

發文　下設字第號

中華民國卅七年五月八日

案奉

鈞局京工三字第二九七九號訓令以准警察局查據西水關南

橋工人仍繼續負責該閘啓閉，水關年久失修不堪使用，須予修理，令饬遵具报等因。查洋桥水闸，本处派有二人名驻闸专司启闭，惟启闭时间须与排污及防汛之需要配合，不能依照城墙下水闸逐日按时启闭之规定。至城墙下水闸之修理，闸係城防区域，及亦通至[illegible]距，拟请

印发、[illegible]之当处，提节以资遵循。奉 令前因，理合呈

复

钧核 谨呈

局长

衔 姚〇〇 郑〇〇

南京市工務局成賢區工務管理處爲請暫封玄武湖武廟閘致市園林管理處的箋函（一九四八年七月十二日）

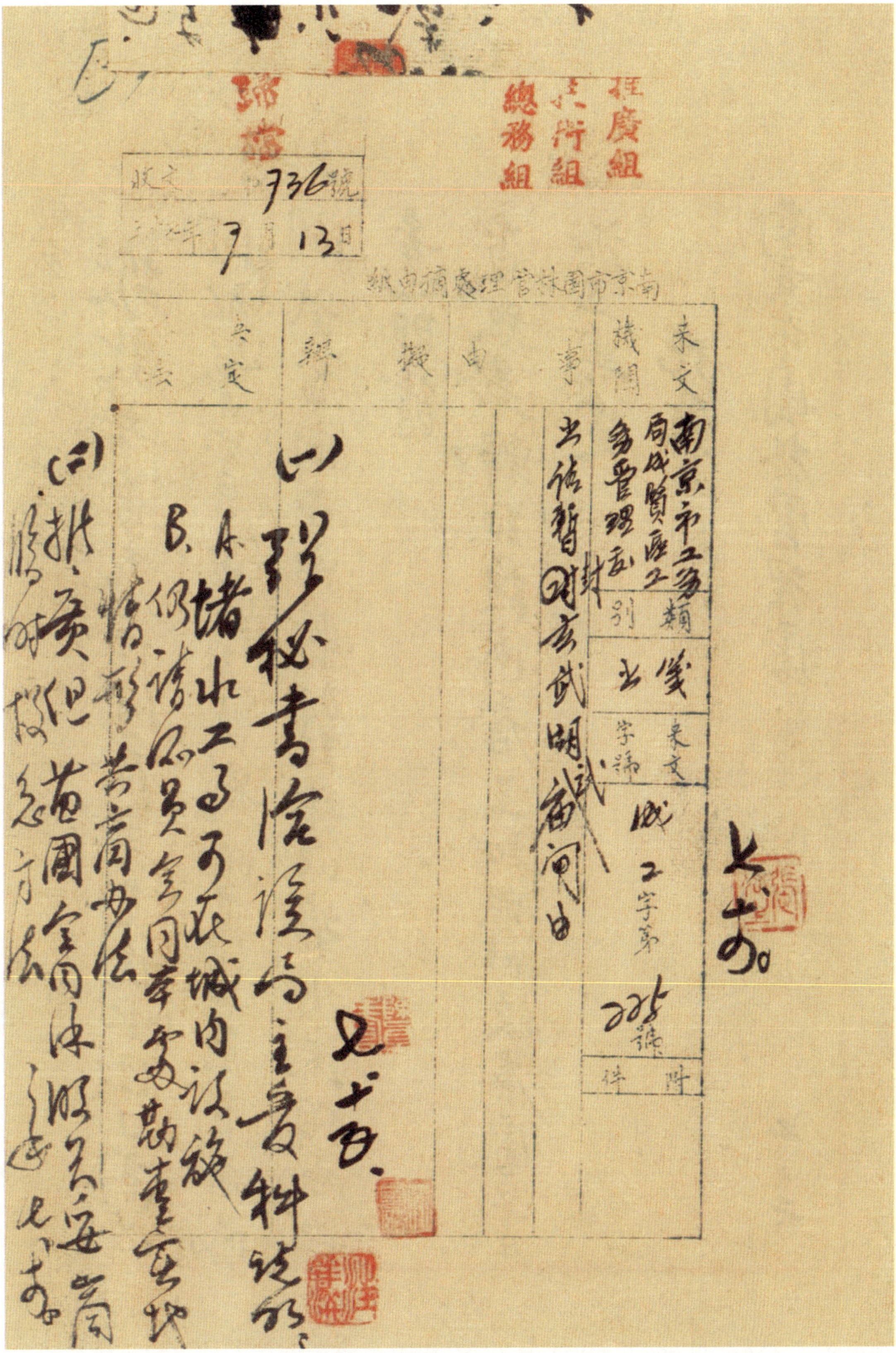

南京市工務局成賢區工務管理處用箋

成字第0二二五號 第 頁

敬啟者，查秦淮河及其支流水位日高，沿河被淹房屋田地不少，影響民生至巨，玄武湖武廟閘亟需暫加封堵，以節水流，相應函達，即請查照並轉知該閘看守知照，以便本處早日派工興建。此致

南京市園林管理處

中華民國 年 七 月 十六 日

南京市工務局下水道工程處與南京市糞便處理所關于將西水關水閘關閉一月以便糞便運出的往來公函

（一）南京市糞便處理所致市工務局下水道工程處的公函（一九四八年十月二十五日）

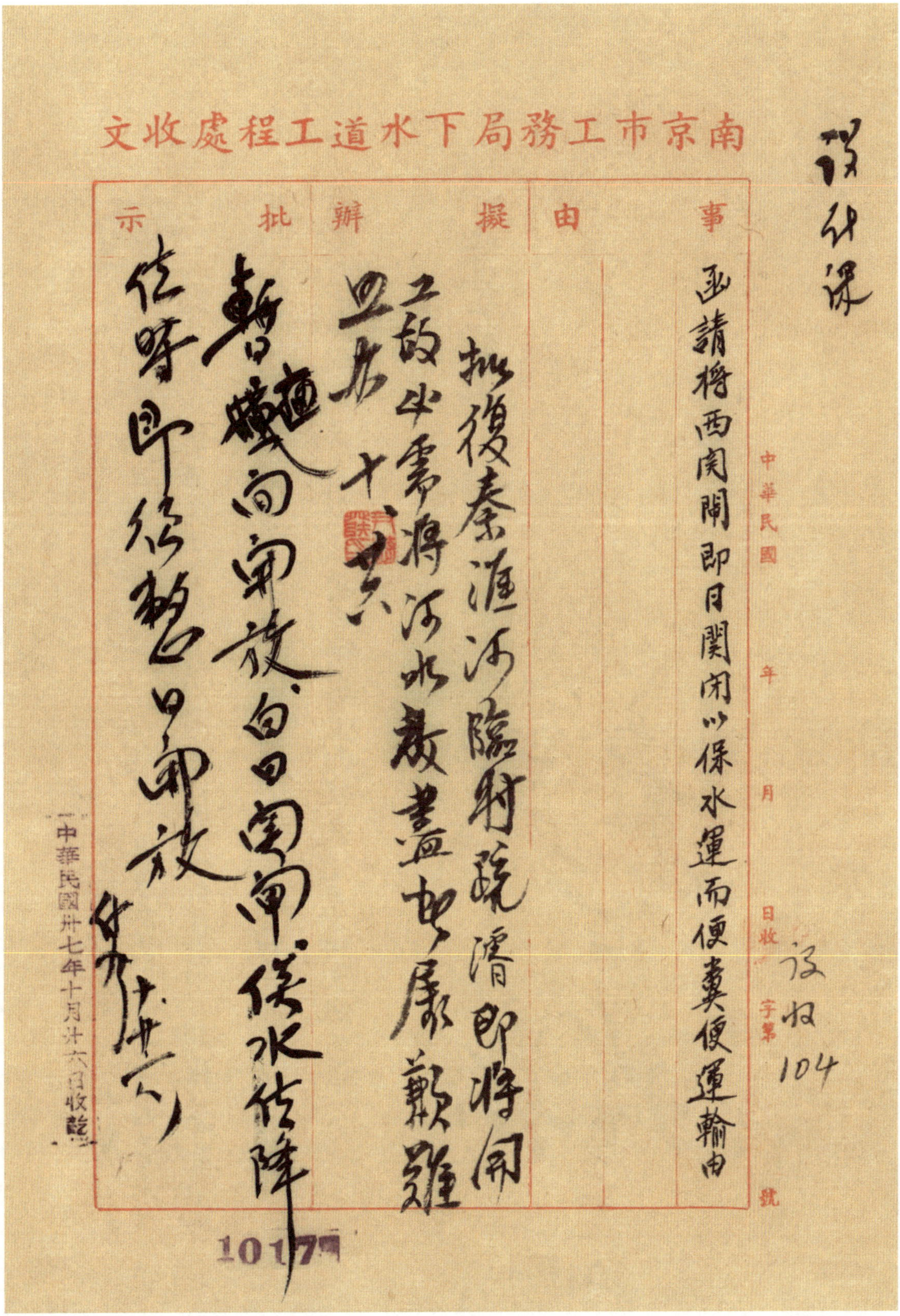
設計課

南京市工務局下水道工程處收文

事由：函請將西水關閘即日關閉以保水運而便糞便運輸由

中華民國　年　月　日收　設收字第104號

擬辦：批復秦淮河臨時疏濬即將開工，故必需將河水放盡，恐屬艱難。十、廿六

批示：暫緩開閘，自即日閘閉，俟水位降低時即行整日開放。卅七、十、廿六

中華民國卅七年十月廿六日收

10178

南京市糞便處理所 公函

京林技字第二七三號

中華民國三十七年十月二十五日

逕啓者本所處理京市糞便在內河三條巷復成橋附近闢設蓄糞池每日用小船將池內糞便轉運出西關近日內河水小日甚一日船隻運行困難請

貴處將西關閘即日閉閘以保持內河水量而便糞便運輸至紉公誼

此致

下水道工程處

主任

中華民國卅七年十月廿六日收

第　頁

1017

（一二）南京市工務局下水道工程處致市糞便處理所的復函（一九四八年十月二十七日）

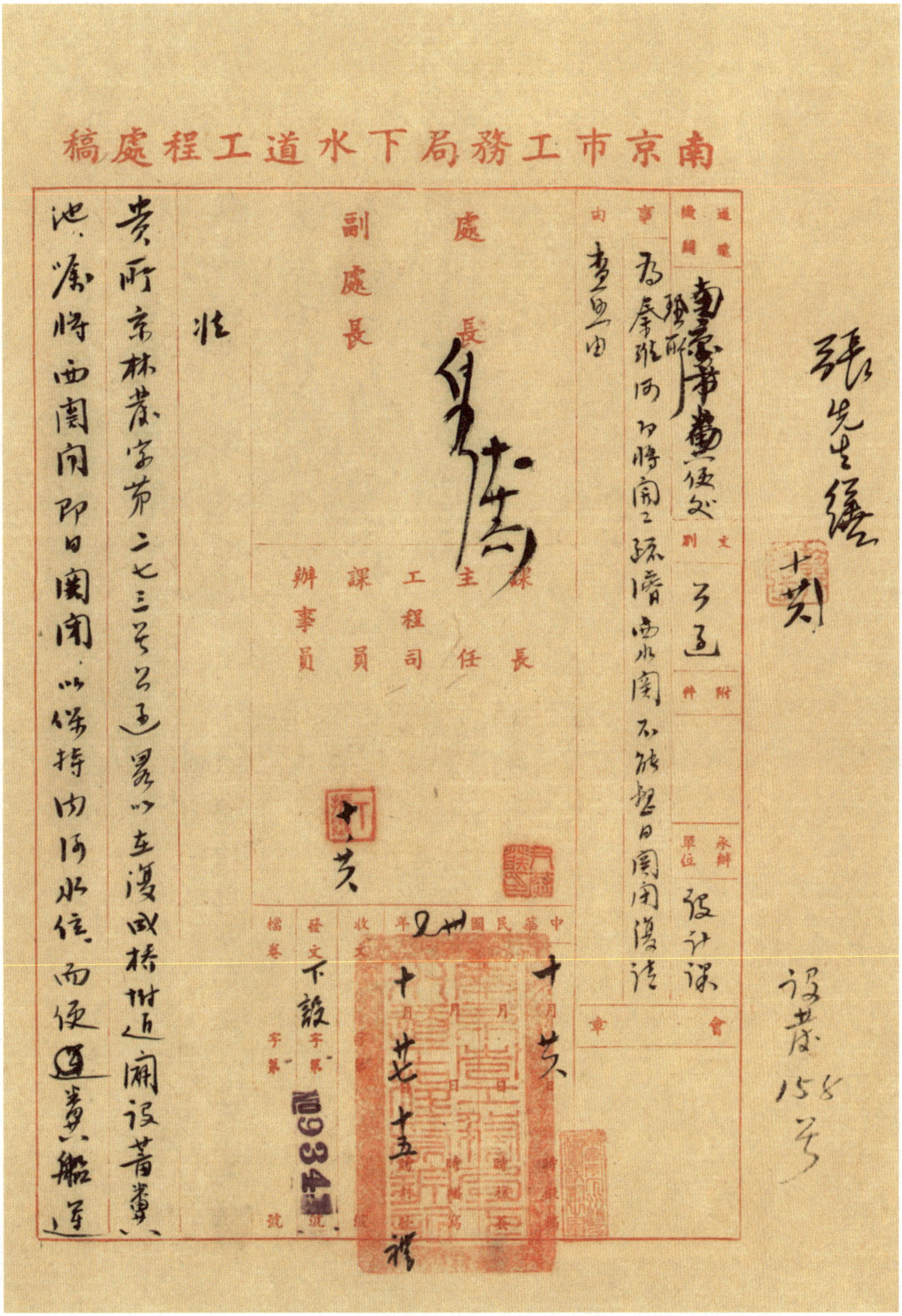

南京市工務局下水道工程處稿

受文者：南京市糞便處理所

事由：為奉張所長函以將閘之踪濟西水閘不能暫日關閉復請　查照由

文別：公函

承辦單位：設計課

處長　副處長

課長　主任工程司　課員　辦事員

中華民國卅七年十月廿七日

發文：下簽字第0934號

貴所京林業字第二七三號公函，嘱以在復成橋附近開設蓄糞池，屬將西閘門即日關閉，以保持內河水位，而便運糞船運

張先生繕

設業158號

行蓄,查城內秦淮河本處即將開工疏濬,為便利工作,河水必須儘量外洩,亦為維持貴處隣近船隻運輸,西水閘暫可於夜間開閘放,白日關閉,惟一俟河水稍降,仍須擇日開放,以便開工,准函前由,相應復請

查照為荷　此致

南京市糞便處所

處長張[illegible]

（三）南京市糞便處理所致市工務局下水道工程處的公函（一九四八年十一月五日）

設計課

南京市工務局下水道工程處收文

事由	擬辦	批示
為函請西閘水閘關閉一月以便糞便運出由	早經函復該閘於日間關閉夜間開放此次請關閉一个月一節勢難照辦 十一 五	存 ［illegible］

中華民國 年 月 日收 設字第 108 號

中華民國卅七年十一月五日收訖

10331

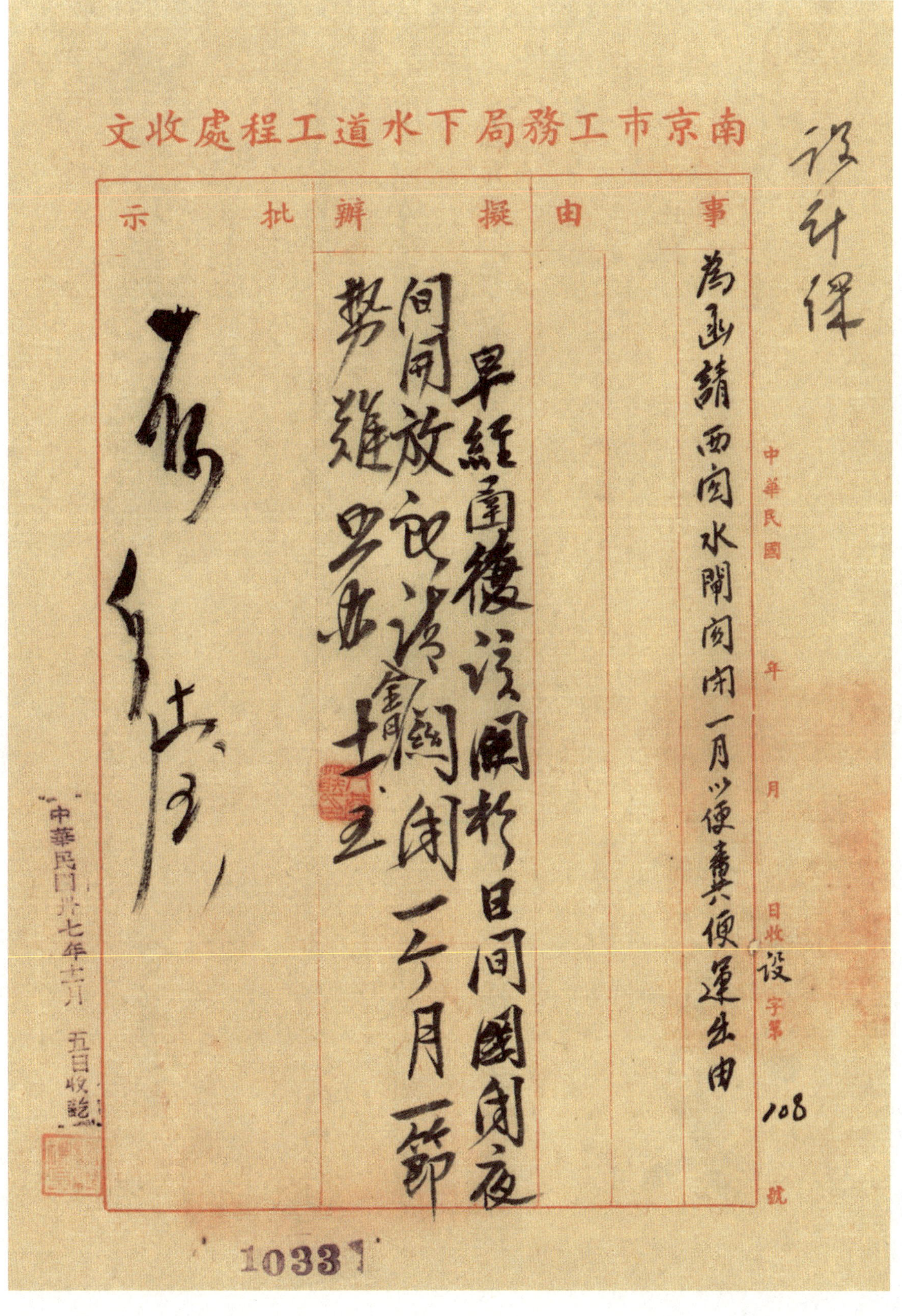

南京市糞便處理所 公函

京林叢字第二八三號

中華民國三十七年十一月五日

敬啓者本所前請

貴處放西關頭閘門荷承惠諾至深感激惟以本所三條巷積糞太多亟須用船運輸出城若不關閉閘門則內河水太淺不能運送特再函達務請將西關水閘關閉一月晚上亦不開啓以留水位俾將積糞從速運出事關公共衛生請予惠允

為荷

此致

下水道工程處

主任

中華民國卅七年十一月五日收到

1033

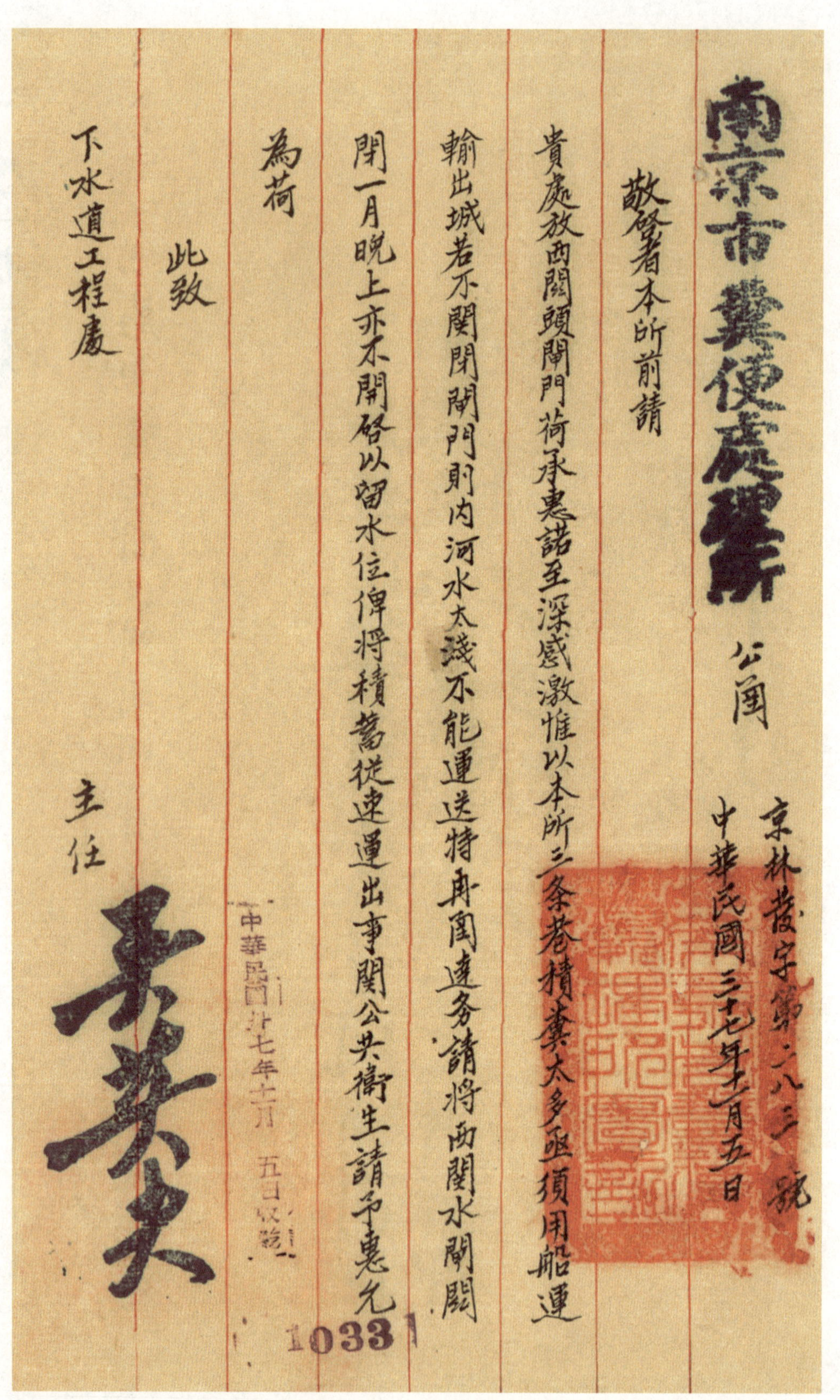

市民劉建宗爲請關閉秦淮河水閘事致南京市工務局的呈文（一九四八年十一月十六日）

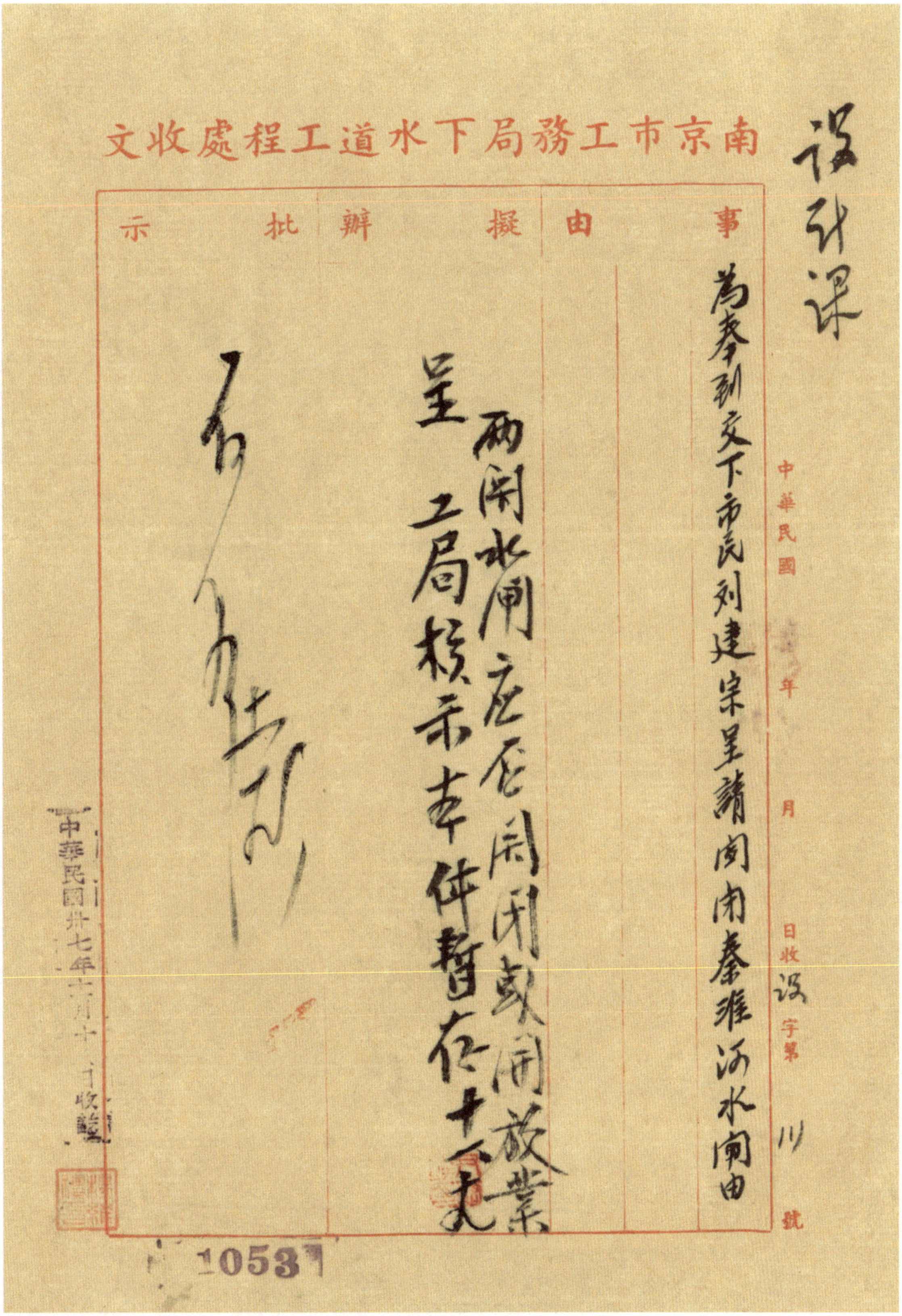

南京市工務局下水道工程處收文

設計課

事由	擬辦	批示
爲奉到交下市民劉建宗呈請關閉秦淮河水閘由	兩閘水閘應否關閉或開放業呈 工局核示本件暫存 十一.十六	[illegible]

中華民國　年　月　日收　設字第　川　號

中華民國卅七年十一月十[illegible]日收

10537

第三科 土木

南京市工務局摘由紙

姓名或機關	摘由	擬辦	批示
劉建宗	呈請開閉秦淮河水閘由	擬交下水道工程處照辦 年 月十六	
文別：呈		照辦 十六 十七	
附件：			
收文年月日時：			
號 第 字 總收文			

中華民國卅七年十一月十一日收訖

10533

局收文	工字第9858號	打	字 2027
37年11月16日		收文	字

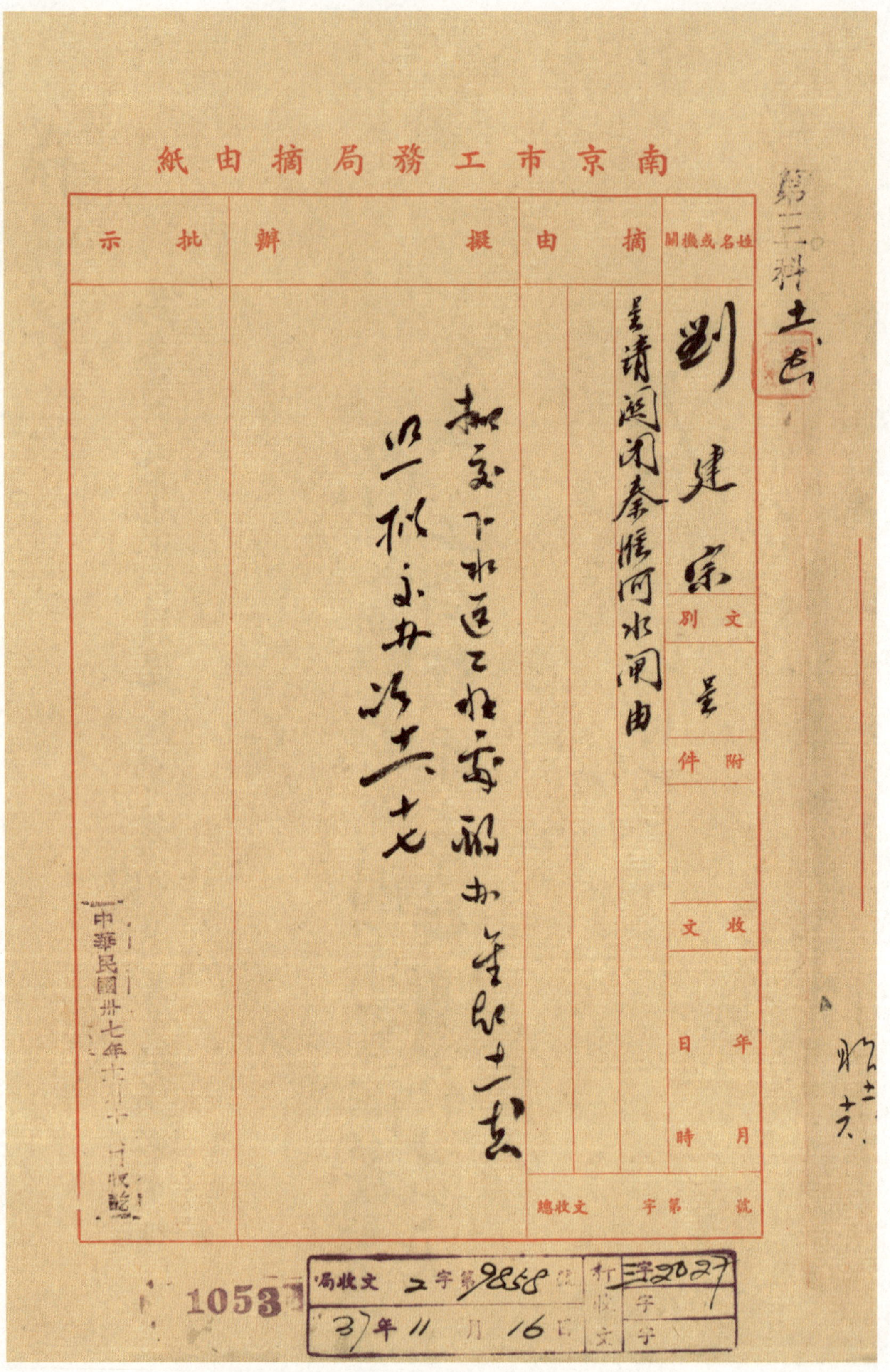

呈請市政府工務局管理處鑒閱啟者
情因本市在冬防近期而生活混亂
人民無有保障望求當局視察秦淮河
沿途水位邊岸冬水歸潮關閘開放落
成陸地對以觀象慚愧更便利盜案投
機妨害人民失物安眠望當局速即關閘
保留水量衛生時期已過層来都是污水
不能復轉春潮流通枯水到臨重要防備失
盜責任保障安寧存在　此致請求
貴局鈞啓　呈請　劉建宗

南京城墙檔案

水關涵閘的管理與增修

肆

水位觀測

本市城内城外逐日水位比較表及西水關内外水位漲落圖（摘自《南京市政府公報》）（一九三一年九月三十日）

市立民眾圖書館	夫子廟	1	4	340	9	內分閱書室，兒童閱覽室，閱覽公報雜誌報章室三部
市立民衆科學館	奇望街	1	3	486	6	內分博物部，科學圖書部，人體生理衛生部，新時代科學器械部，科學實驗部教材掛圖等六部
市立歷史博物館	第一公園	1	3	400	9	內設歷史博物館，圖書室，彈子房，運動場等
市立圖書館籌備處	府西街	1	4	306	10	在籌備期內暫分典藏，閱覽兩室先行開放俟復成倉新館址落成再行正式開放
市立游泳場	通濟門外	1	2	77.7	2	岸上更設衣室休息室等池中備救生船二艘
市立第一簡易體育場	夫子廟小學內	1	2	27	—	
市立第二簡易體育場	興中門小學內	1	2	27	—	
市立民衆閱報室	附設各公共機關內	12	12	140	9	逐日陳列本京及上海各種日報
民衆閱報牌	本市城廂內外	28	28	27	—	逐日張貼本京及上海各種日報
通俗演講團	——	1	4	—	—	暫分巡迴演講特約演講無線電播音演講三種
市立職業指導所	奇望街	1	1	95.84	1	現有事業分升學指導就業指導人材介紹職業談話四項

本市城內城外逐日水位比較表

（二十年八月三十日至九月十六日）工務局調製

月	日	時	城外水位	城內水位
八	三〇	〇	五四·三三	五四◦三六
八	三〇	六	五四·三三	五四·三五
八	三〇	一二	五四·三五	五四·三三

南京市政府公報　統計　一〇九

八	三〇	一八	五四・三四	五四・三四
八	三一	〇	五四・三七	五四・三三
八	三一	六	五四・三八	五四・三二
八	三一	一二	五四・三八	五四・三二
八	三一	一八	五四・四五	五四・三二
九	一	〇	五四・三九	五四・三三
九	一	六	五四・四一	五四・三二
九	一	一二	五四・四五	五四・三二
九	一	一八	五四・四五	五四・三二
九	二	〇	五四・四四	五四・三二
九	二	六	五四・四八	五四・三一
九	二	一二	五四・四六	五四・三一
九	二	一八	五四・五〇	五四・三〇
九	三	〇	五四・四三	五四・三〇
九	三	六	五四・四三	五四・二九
九	三	一二	五四・四一	五四・二九
九	三	一八	五四・四四	五四・二九
九	四	〇	五四・四二	五四・二九
九	四	六	五四・四六	五四・二八
九	四	一二	五四・四五	五四・二七

九	四	一八	五四·四七	五四·二七
九	五	〇	五四·四四	五四·二六
九	五	六	五四·四四	五四·二七
九	五	一二	五四·四七	五四·二五
九	五	一八	五四·四五	五四·一四
九	六	〇	五四·四二	五四·一四
九	六	六	五四·四五	五四·一四
九	六	一二	五四·四五	五四·二三
九	六	一八	五四·四三	五四·二三
九	七	〇	五四·四二	五四·二二
九	七	六	五四·四三	五四·二二
九	七	一二	五四·四五	五四·二一
九	七	一八	五四·四三	五四·二一
九	八	〇	五四·四三	五四·二〇
九	八	六	五四·四二	五四·一九
九	八	一二	五四·四三	五四·一九
九	八	一八	五四·四三	五四·一九
九	九	〇	五四·四二	五四·一八
九	九	六	五四·四二	五四·一七
九	九	一二	五四·四六	五四·一七

九	九	一八	五四・四五	五四・一六
九	一○	○	五四・四五	五四・一六
九	一○	六	五四・四四	五四・一五
九	一○	一二	五四・五三	五四・[illegible]
九	一○	一八	五四・五二	五四・一四
九	一一	○	五四・五二	五四・一四
九	一一	六	五四・五○	五四・一四
九	一一	一二	五四・五六	五四・一三
九	一一	一八	五四・五五	五四・一三
九	一二	○	五四・五二	五四・一二
九	一二	六	五四・五○	五四・一二
九	一二	一二	五四・五三	五四・一二
九	一二	一八	五四・五六	五四・一一
九	一三	○	五四・五七	五四・一○
九	一三	六	五四・五八	五四・一○
九	一三	一二	五四・五七	五四・一○
九	一三	一八	五四・六二	五四・○九
九	一四	○	五四・五七	五四・○九
九	一四	六	五四・六○	五四・○八
九	一四	一二	五四・五八	五四・○八

九	一四	一八	五四·六四	五四·〇七
九	一五	〇	五四·五九	五四·〇七
九	一五	六	五四·六七	五四·一〇
九	一五	六	五四·六七	五四·一〇
九	一五	一二	五四·六六	五四·一三
九	一五	一八	五四·六九	五四·一四
九	一六	〇	五四·六七	五四·一四
九	一六	六	五四·七一	五四·一四

說明：自八月三十日起，至九月十六日止，本京城內外水位，漲落不定，工務局特派專員，負責紀載，每三小時報告一次，以備查考。

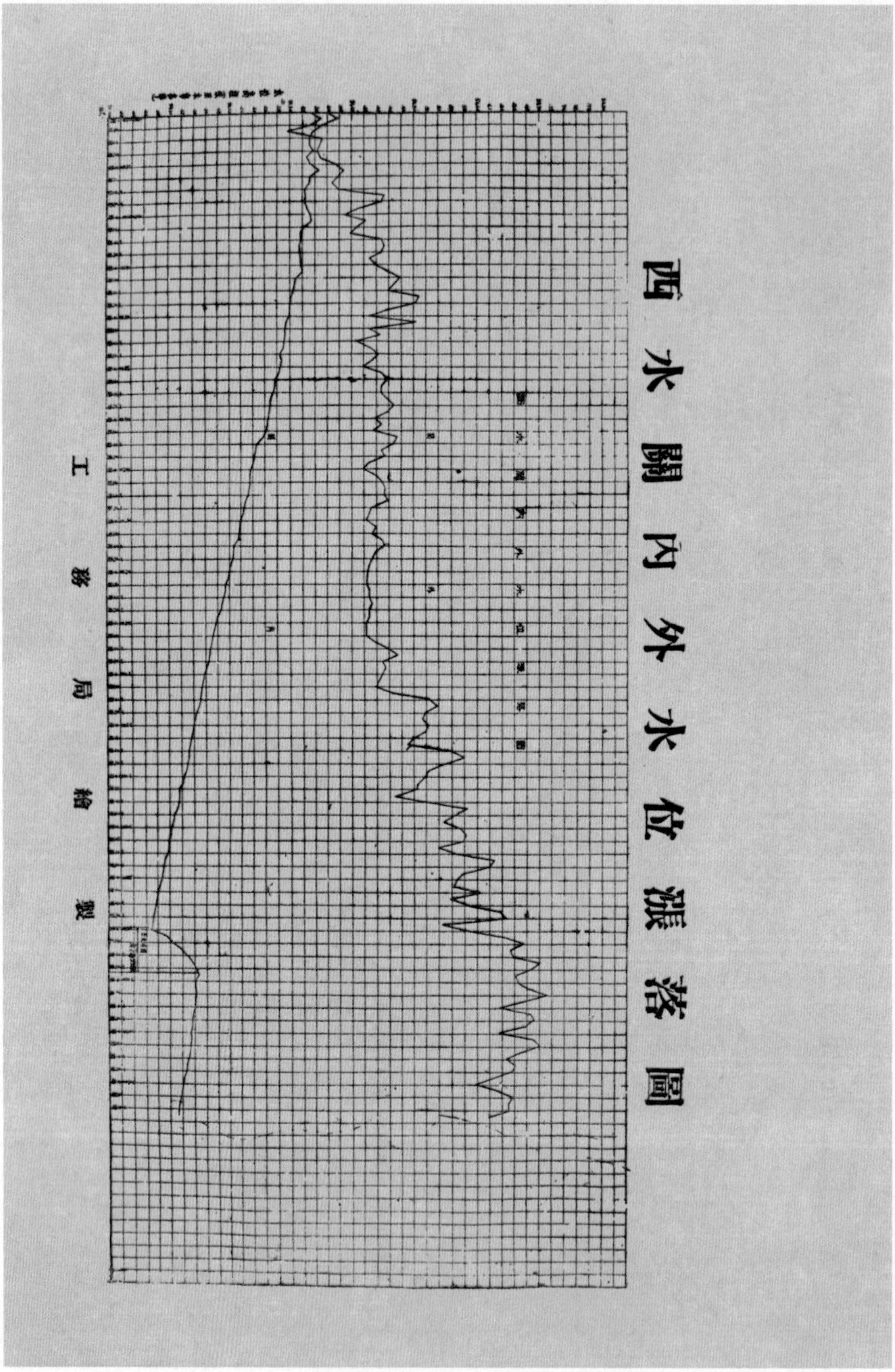
西水關內外水位漲落圖
工務局繪製

水利部爲批准恢復設置東水關水位站觀測秦淮河水位致南京市政府的代電（一九四七年八月十日）

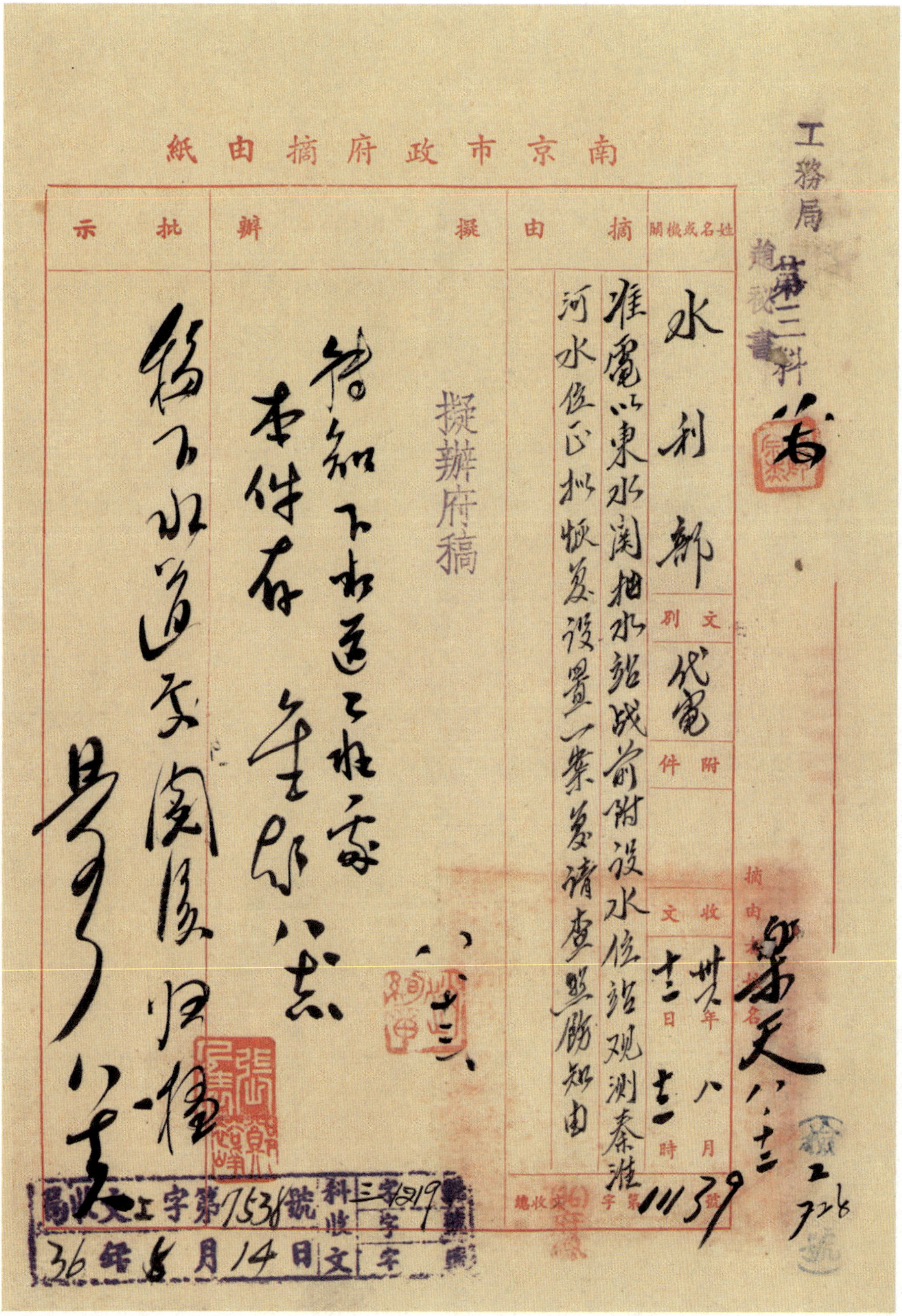

南京市政府摘由紙

姓名或機關	水利部
摘由	准電以東水關抽水站戰前附設水位站觀測秦淮河水位，現擬恢復設置一案，復請查照勝知由
文別	代電
附件	
收文	卅六年八月十三日十一時
總收文字第	11139號
擬辦	擬辦府稿
批示	轉知下水道工程處 本件存 [illegible] 八.十三

轉下水道處閱後歸檔 [illegible] 八.十五

工務局第三科

局收文工字第7538號 36年8月14日

水利部代電

事由：准電以東水關抽水站戰前附設水位站觀測秦淮河水位正擬恢復設置一案復請查照飭知由

南京市政府公鑒：案准貴市政府（卅六）府總工字第五七九四號巳文代電，以東水關抽水站，戰前曾附設水位站觀測秦淮河水位，正擬恢復設置等由；查該水位站亟應從早恢復，除令長江水利工程總局就便派員前往設站觀測，並飭逕與貴市政府工務局洽取聯繫外，相應電復，即請查照飭知為荷。水利

部長 篤弼 印

附

發文（卅六）水部政字第0390號

中華民國卅六年八月拾 日發出

收文 字第 號

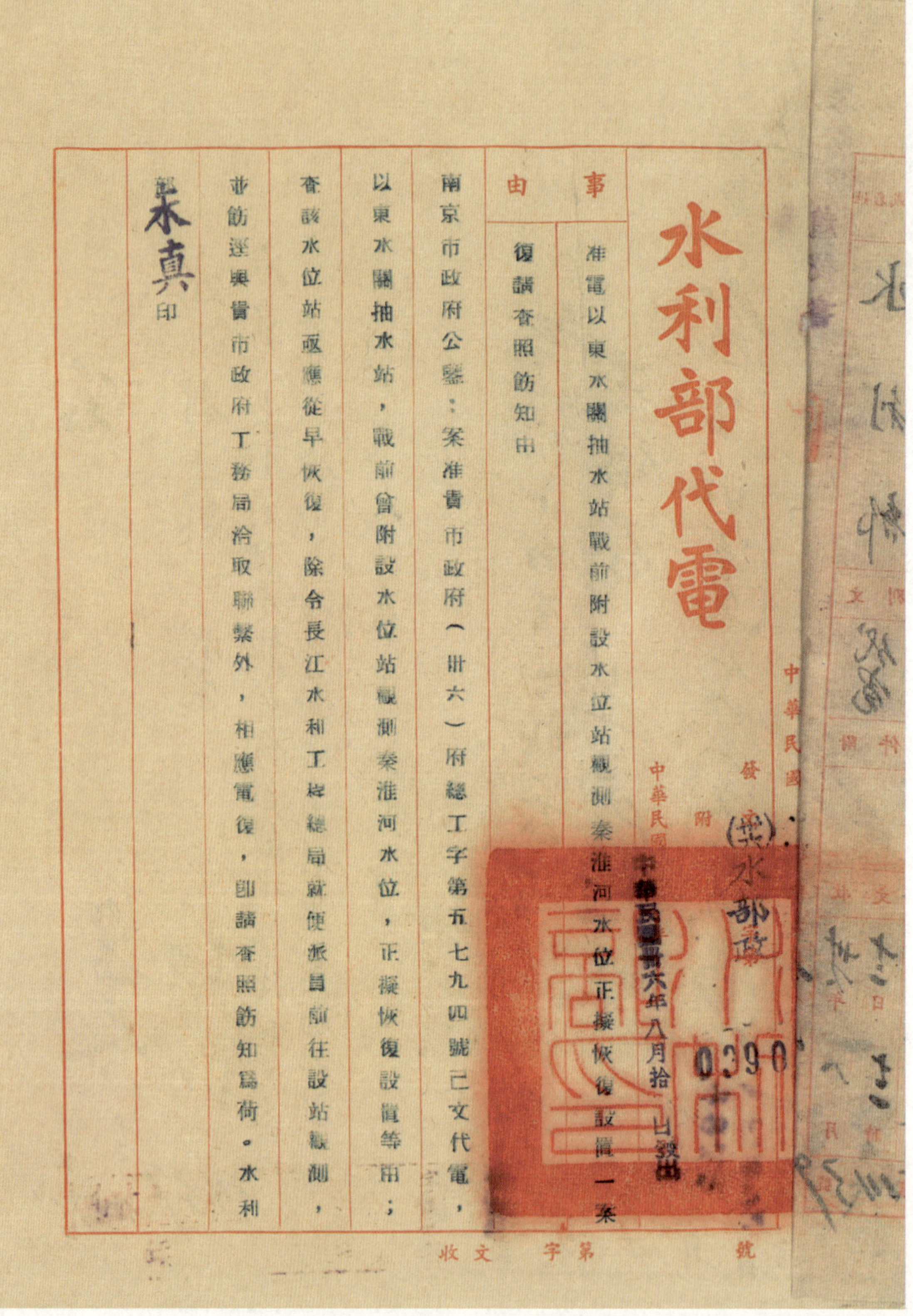

長江水利工程總局堵口復堤工程總處與南京市工務局下水道工程處關于抄送東水關外河水尺讀數的往來公函

（一）長江水利工程總局堵口復堤工程總處致南京市工務局下水道工程處的公函（一九四七年十一月十一日）

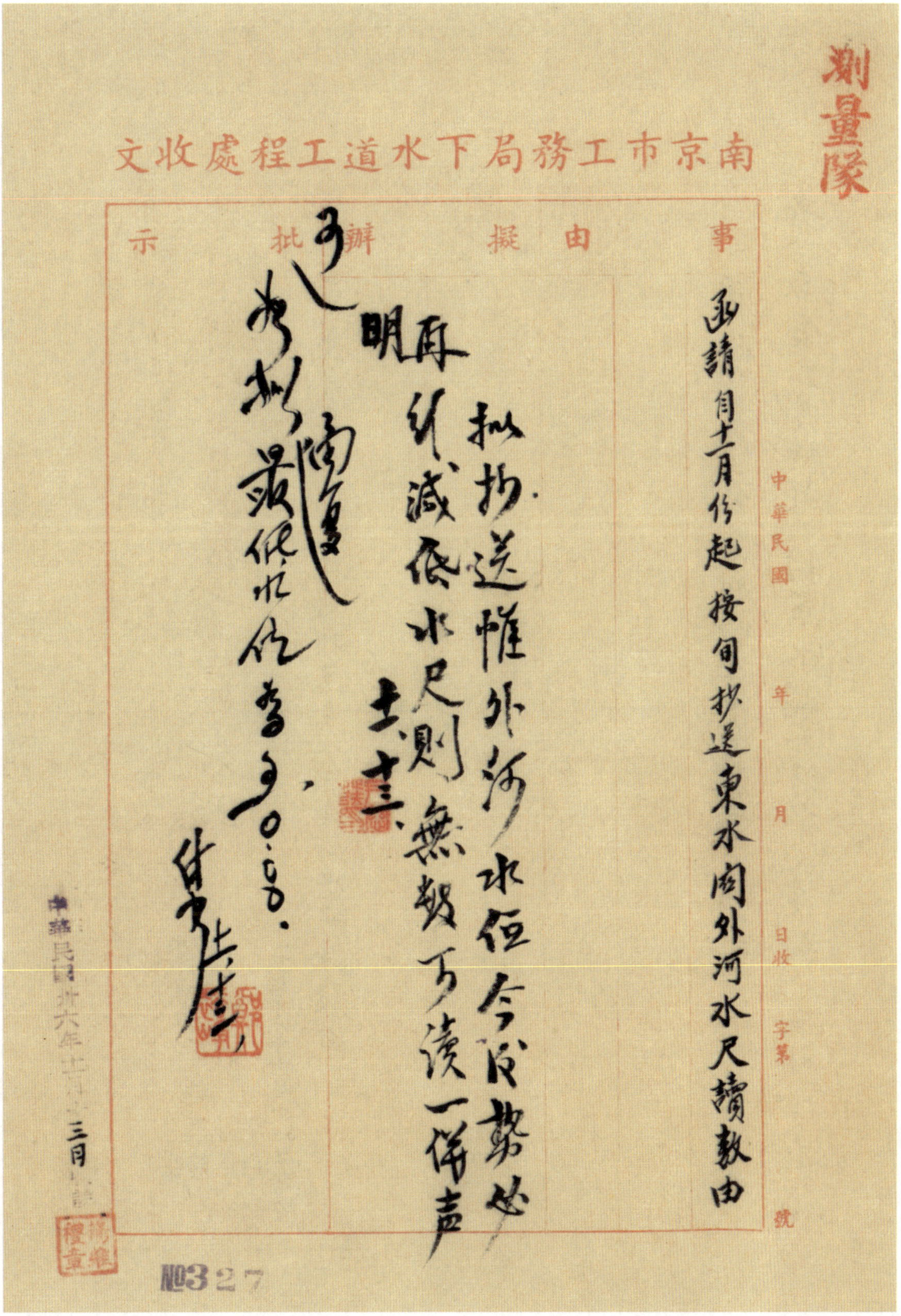
南京市工務局下水道工程處收文

事由：函請自十一月份起按旬抄送東水關外河水尺讀數由

擬辦：擬抄送。惟外河水位今屆勢必再行減低，水尺則無數可讀，一併聲明。十一、十三。

批示：可。

中華民國　　年　　月　　日收　　字第　　號

測量隊

0327

長江水利工程總局堵口復堤工程總處公函

中華民國卅六年十一月　日收到

發文（卅六）提工字第0484號

附件

中華民國　年　月　日發

民國卅六年十一月十一日發出

事由	擬辦	批示
函請自十一月份起按旬抄送东水關外河水位尺讀數由		

逕啟者，茲為明瞭秦淮河水位情形，擬請

貴處自十一月份起，將东水關外河水尺讀數，按旬抄送一份，

收文　字第[illegible]327號

以資應用為荷！

此致

南京市工務局下水道工程處

兼處長 朱□

監印 校對 彭平 智

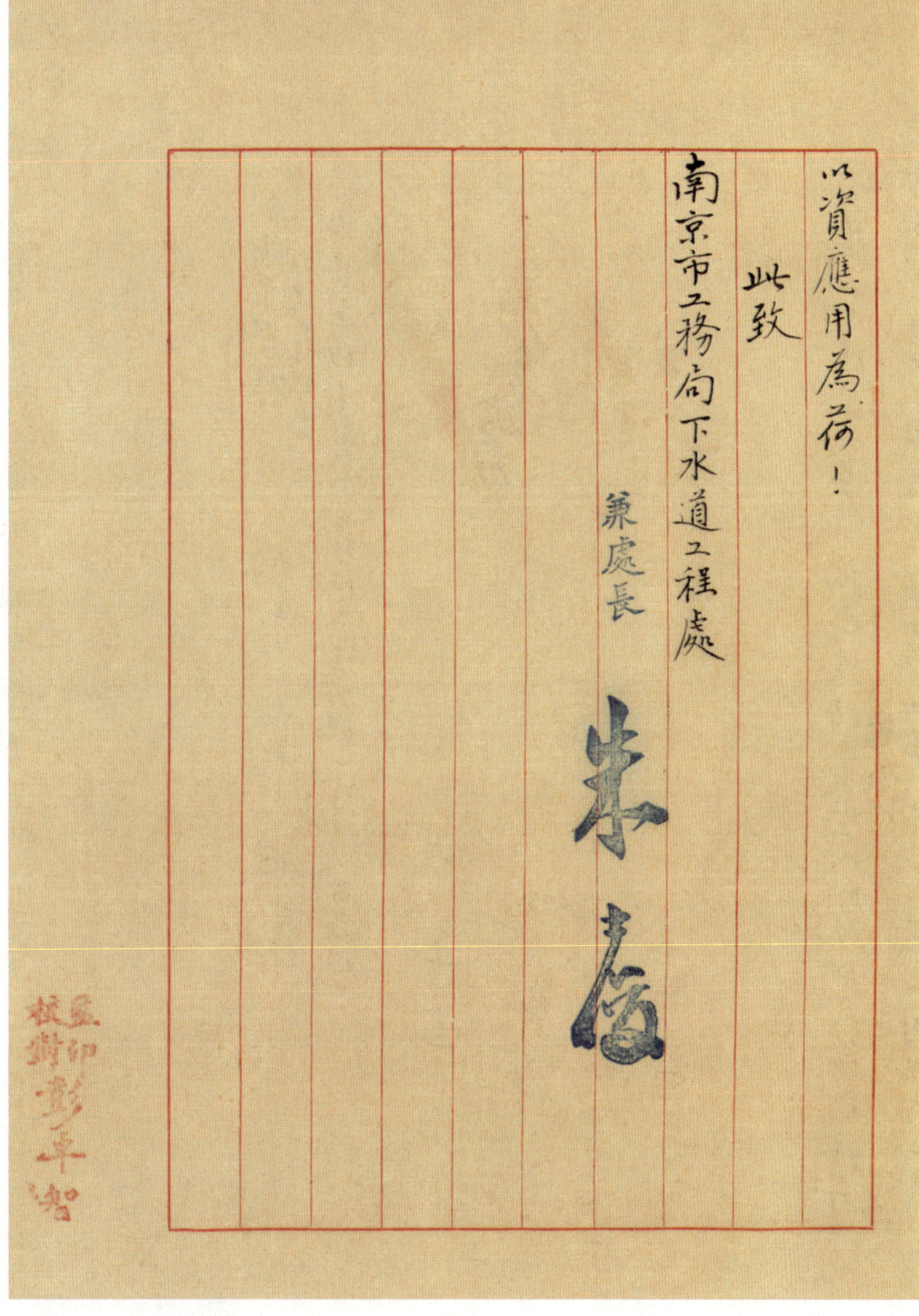

（二）南京市工務局下水道工程處致長江水利工程總局堵口復堤工程總處的復函（附件：一九四七年十一月上旬東水關外河水位記載表）（一九四七年十一月十四日）

（135）

南京市工務局下水道工程處稿

送達機關	長江水利工程總局堵口復堤工程總處
文別	公函
附件	如文
承辦單位	測量隊
會章	
事由	為准函抄送東水關外河水位記載一份請查收由

處長 （簽）

副處長 裕峰 十一、十四

課長 主任工程司 課員 辦事員

中華民國卅六年十一月十三日

發文 下測字第363號

中華民國卅六年十一月十四日

准

貴處卅六堤工字第四八四四號函囑將東水關外河水尺讀數按月抄送一份等由准此茲檢送本（十一）月上旬記載一份

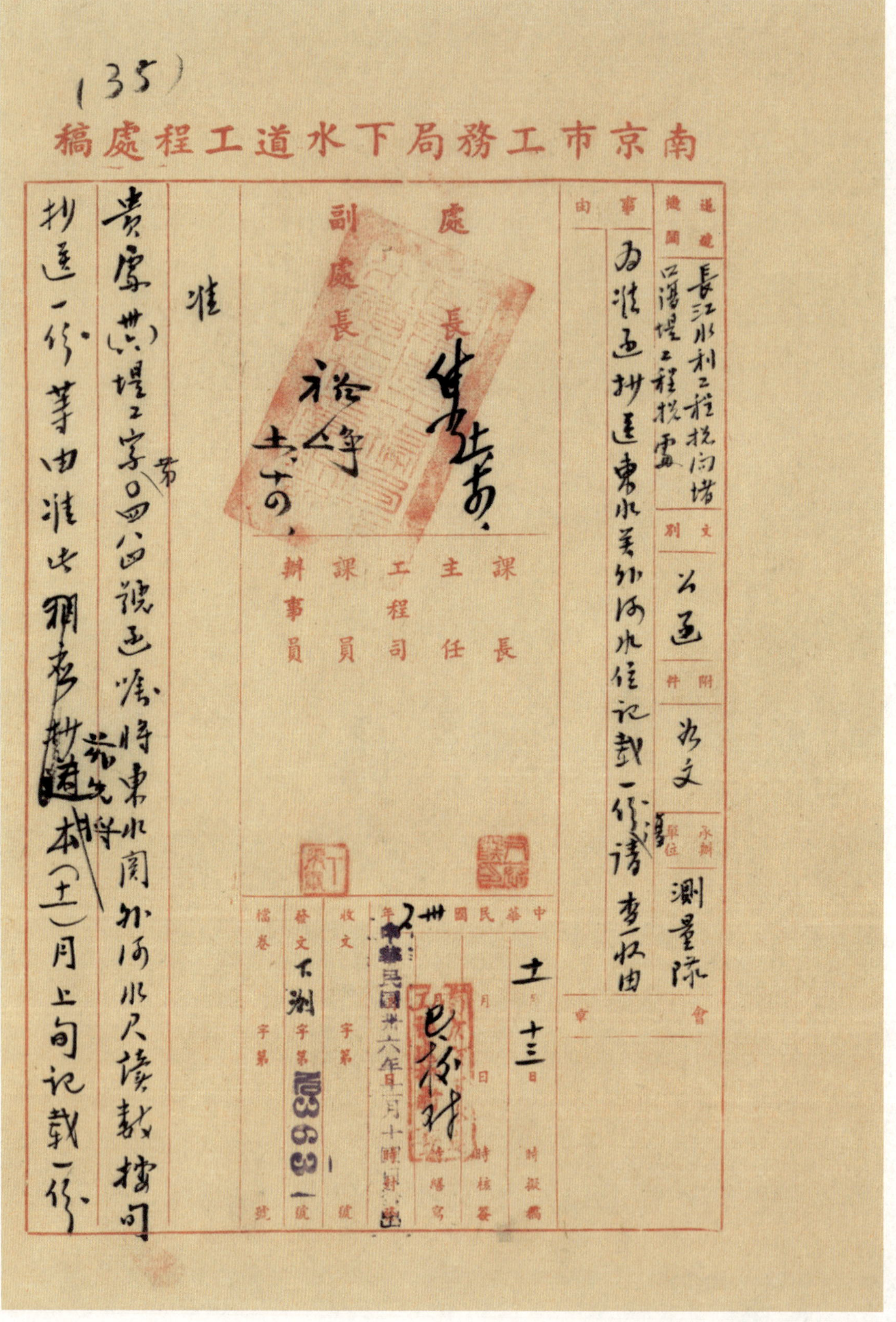

逕送
請
查收。惟該處地形關係水尺最低讀數為五·〇〇公尺，倘水位降至
四·〇〇公尺以下則無記載，特先述明，並請
鑒照為荷。此致
長江水利工程總局
堵口復堤工程總處
附十月上旬水位記載表一份（東水關外河）
處長許〇〇
副處長鄭〇〇

三十六年十一月上旬東水閘外河水位記載表(根據京滬路26E號水準基點為準)

存備

日期	時刻	水位	日期	時刻	水位
1	6	50.8	1	14	50.96
	7	50.8		15	50.99
	8	50.8		16	51
	9	50.85		17	51
	10	50.88		18	50.85
	11	50.9	2	6	50.8
	12	50.9		7	508
	13	50.9		8	50.8
2	9	50.8	2	18	50.8
	10	50.85	3	6	50.82
	11	50.85		7	50.82
	12	50.92		8	50.82
	13	50.92		9	50.82
	14	50.92		10	50.86
	15	50.92		11	50.86
	16	50.91		12	5086
	17	50.9		13	50.9

日期	時刻	水位	日期	時刻	水位
3	14	50.9	4	10	50.8
	15	50.92		11	50.85
	16	50.92		12	50.85
	17	50.88		13	50.9
	18	50.83		14	50.92
4	6	50.78		15	50.84
	7	50.78		16	50.81
	8	50.78		17	50.78
	9	50.78		18	50.72

日期	時刻	水位	日期	時刻	水位
5	6	50.7	5	15	50.66
	7	50.7		16	50.65
	8	50.7		17	50.65
	9	50.7		18	50.65
	10	50.72	6	6	50.6
	11	50.68		7	50.6
	12	50.66		8	50.6
	13	50.66		9	50.6
	14	50.66		10	50.6

日期	時刻	水位	日期	時刻	水位
6	11	50.58	7	7	50.46
	12	50.58		8	50.46
	13	50.58		9	50.46
	14	50.58		10	50.46
	15	50.46		11	50.46
	16	50.46		12	50.46
	17	50.46		13	50.4
	18	50.46		14	50.4
7	6	50.46		15	50.38

日期	時刻	水位	日期	時刻	水位
7	16	50.38	8	12	50.38
	17	50.38		13	50.38
	18	50.38		14	50.38
8	6	50.38		15	50.36
	7	50.38		16	50.36
	8	50.38		17	50.36
	9	50.38		18	50.36
	10	50.38	9	6	50.28
	11	50.38		7	50.28

日期	时刻	水位	日期	时刻	水位
9	8	50.28	9	17	50.25
	9	50.26		18	50.25
	10	50.26	10	6	50.28
	11	50.26		7	50.28
	12	50.26		8	50.28
	13	50.26		9	50.28
	14	50.26		10	50.28
	15	50.25		11	50.29
	16	50.25		12	50.31

日期	時刻	水位
10	13	50.31
	14	50.32
	15	50.32
	16	50.28
	17	50.28
	18	50.28

一組西水閘水位記載表

（二）一九四六年十一月水位記載表（一九四六年十一月）

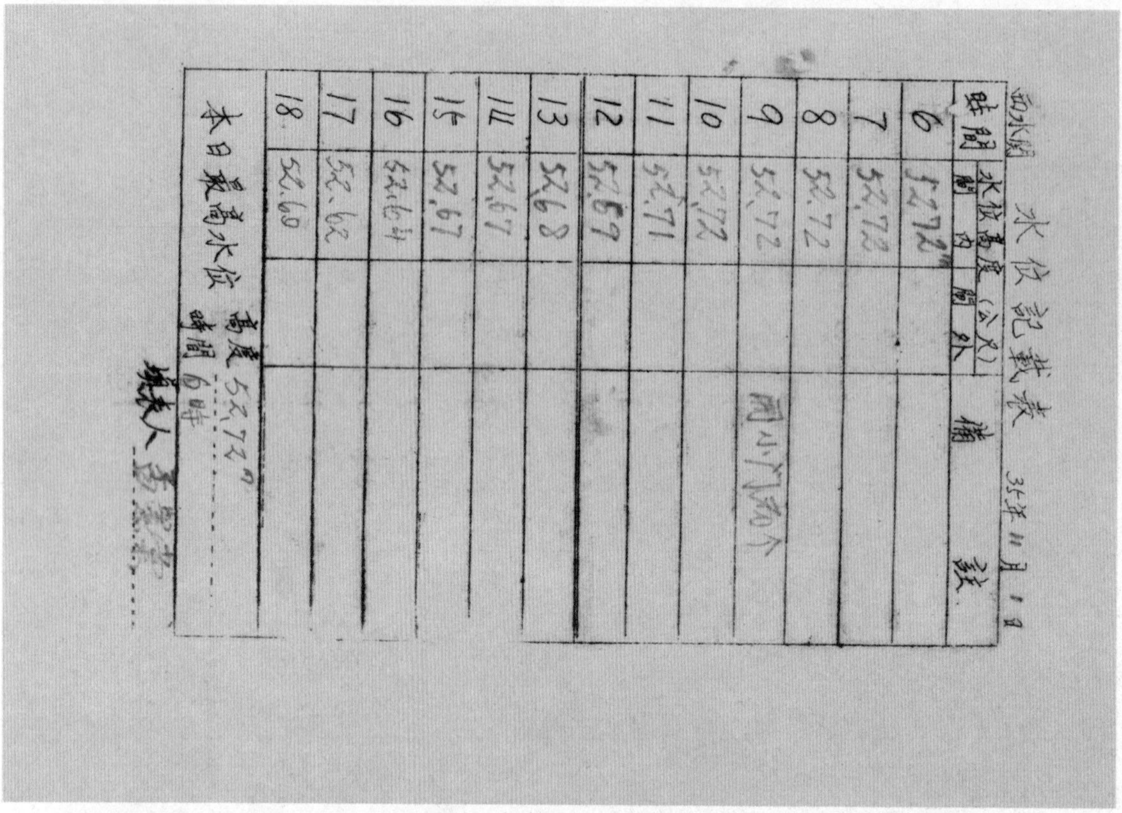

西水閘　水位記載表　35年11月1日

時間	水位高度（公尺）閘內	閘外	備註
6	52.72m		
7	52.72		
8	52.72		
9	52.72		開小門兩個
10	52.72		
11	52.71		
12	52.69		
13	52.68		
14	52.67		
15	52.67		
16	52.64		
17	52.62		
18	52.60		

本日最高水位　高度52.72m　時間6時

填表人 [illegible]

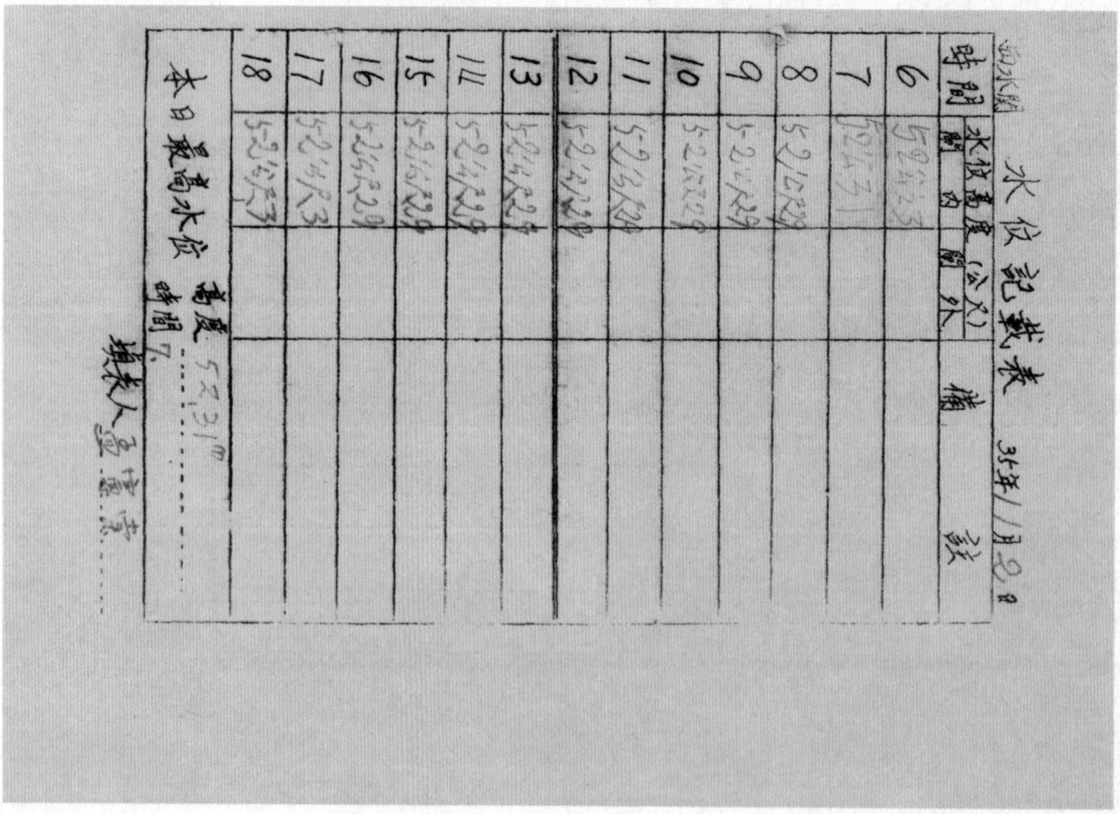

西水閘　水位記載表　35年11月2日

時間	水位高度（公尺）閘內	閘外	備註
6	52公尺23		
7	52公尺31		
8	52公尺29		
9	52公尺29		
10	52公尺29		
11	52公尺24		
12	52公尺29		
13	52公尺29		
14	52公尺29		
15	52公尺29		
16	52公尺29		
17	52公尺13		
18	52公尺23		

本日最高水位　高度52.31m　時間7

填表人 [illegible]

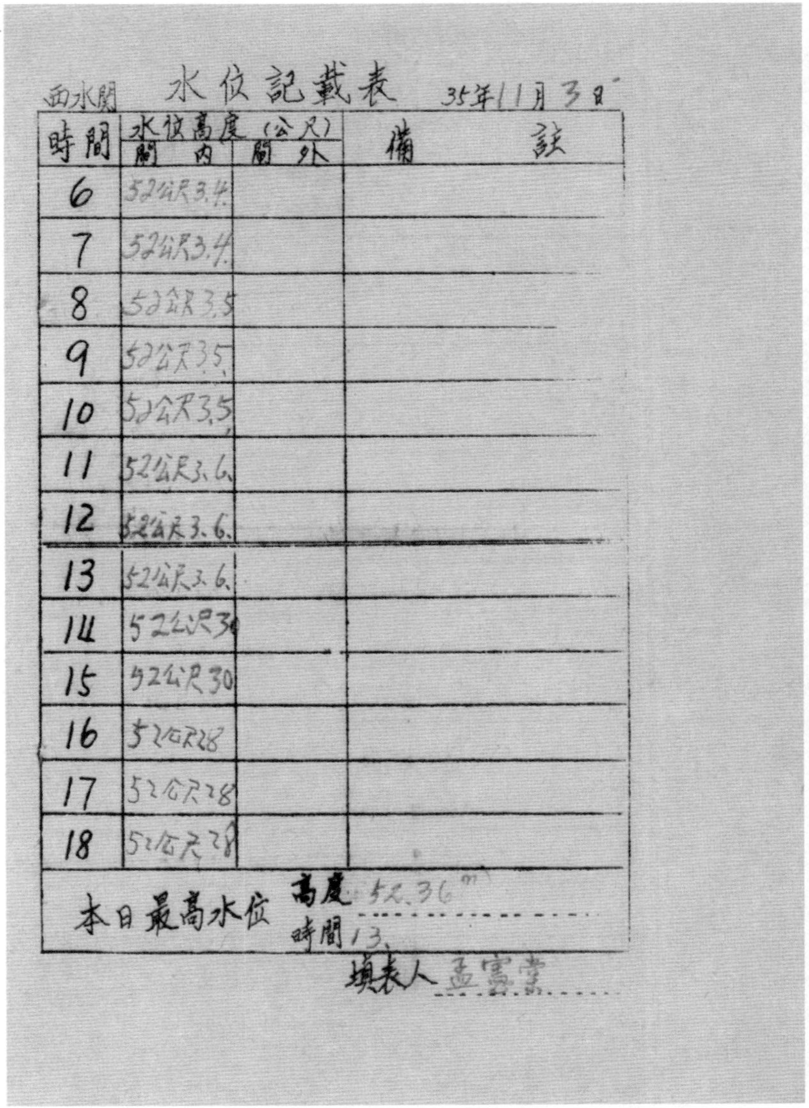

西水關　水位記載表　35年11月3日

時間	水位高度（公尺） 閘內	閘外	備註
6	52公尺3.4		
7	52公尺3.4		
8	52公尺3.5		
9	52公尺3.5		
10	52公尺3.5		
11	52公尺3.6		
12	52公尺3.6		
13	52公尺3.6		
14	52公尺30		
15	52公尺30		
16	52公尺28		
17	52公尺28		
18	52公尺28		

本日最高水位　高度 52.36m　時間 13

填表人 孟寰棠

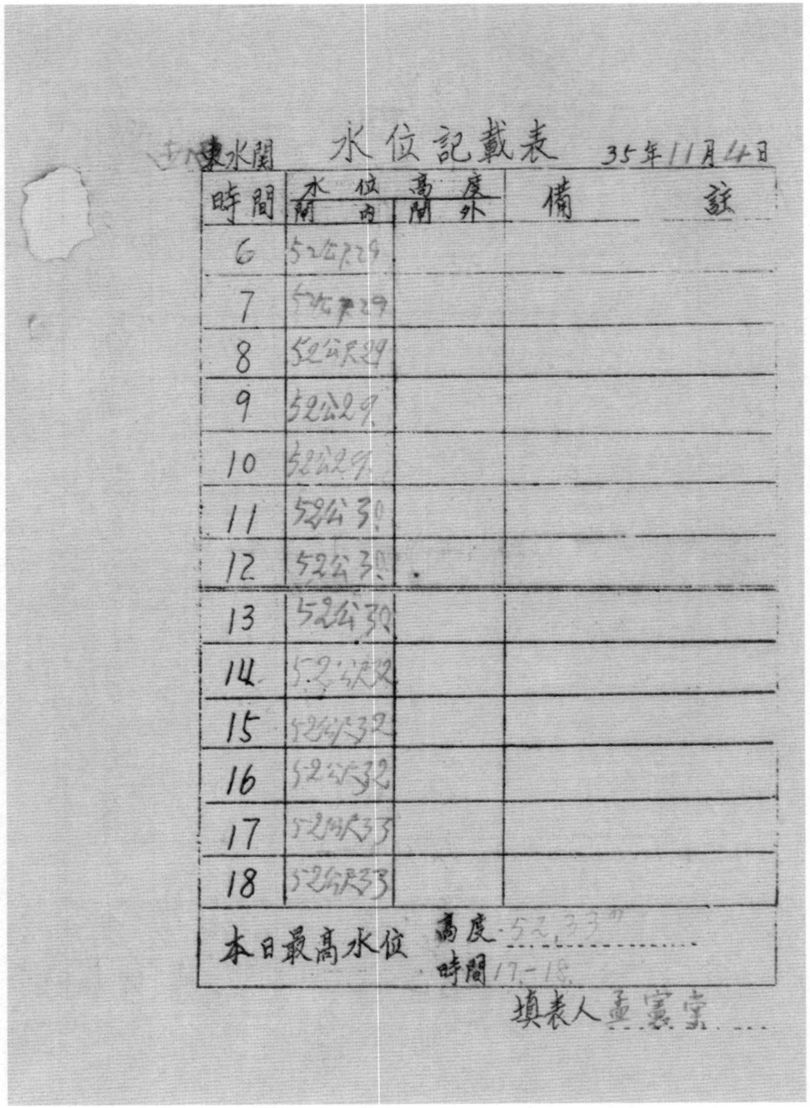

東水關　水位記載表　35年11月4日

時間	水位高度 閘內	閘外	備註
6	52公尺29		
7	52公尺29		
8	52公尺29		
9	52公29		
10	52公29		
11	52公30		
12	52公30		
13	52公30		
14	52公尺32		
15	52公尺32		
16	52公尺32		
17	52公尺33		
18	52公尺33		

本日最高水位　高度 52.33m　時間 17-18

填表人 孟寰棠

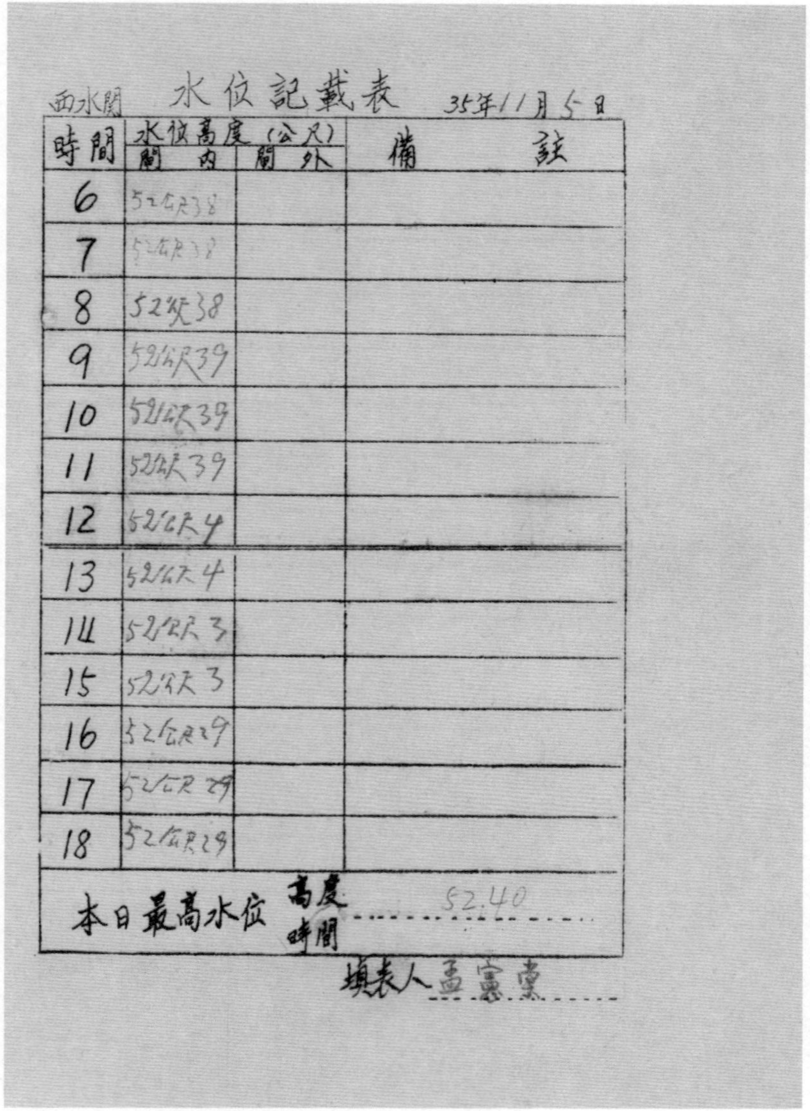

西水閘　水位記載表　35年11月5日

時間	水位高度（公尺）閘内	水位高度（公尺）閘外	備註
6	52公尺38		
7	52公尺38		
8	52公尺38		
9	52公尺39		
10	52公尺39		
11	52公尺39		
12	52公尺4		
13	52公尺4		
14	52公尺3		
15	52公尺3		
16	52公尺29		
17	52公尺29		
18	52公尺29		

本日最高水位　高度 52.40　時間

填表人　孟憲棠

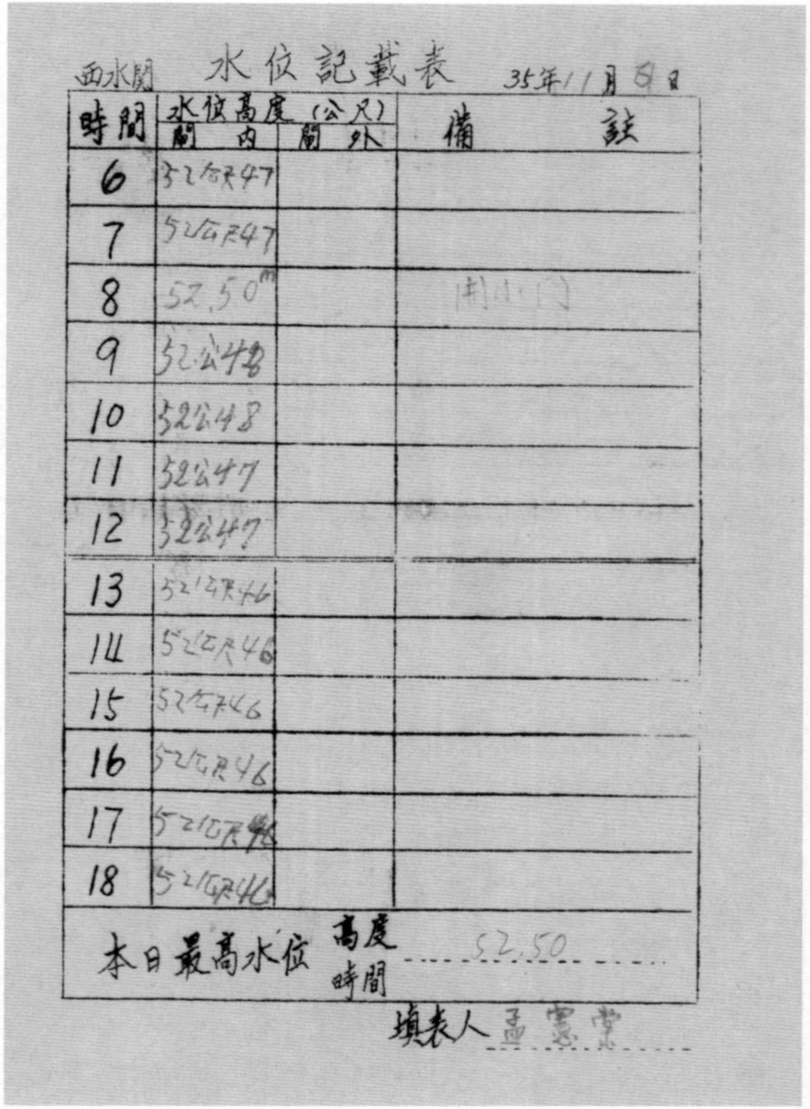

西水閘　水位記載表　35年11月8日

時間	水位高度（公尺）閘内	水位高度（公尺）閘外	備註
6	52公尺47		
7	52公尺47		
8	52.50m		開11門
9	52公48		
10	52公48		
11	52公47		
12	52公47		
13	52公尺46		
14	52公尺46		
15	52公尺46		
16	52公尺46		
17	52公尺46		
18	52公尺46		

本日最高水位　高度 52.50　時間

填表人　孟憲棠

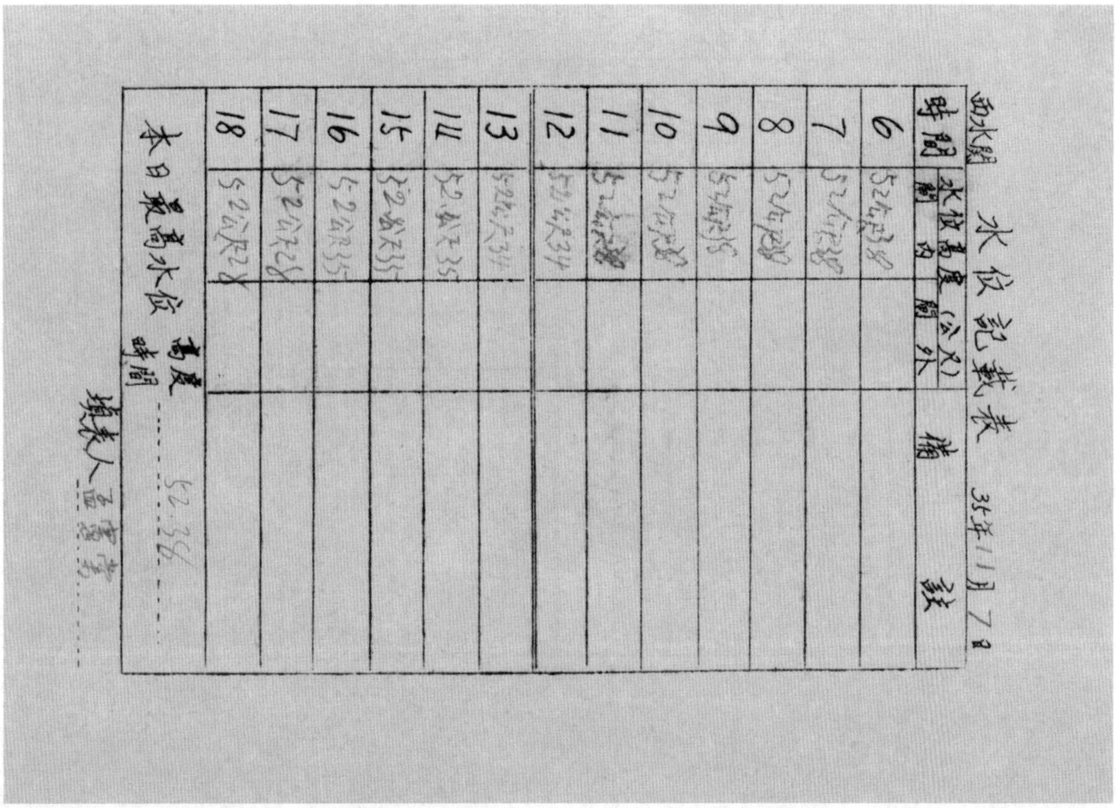

西水關　水位記載表　35年11月7日

時間	水位高度（公尺）閘內	閘外	備　　考
6	52公尺36		
7	52公尺36		
8	52公尺36		
9	52公尺35		
10	52公尺36		
11	[illegible]		
12	52公尺34		
13	52公尺34		
14	52公尺35		
15	52公尺35		
16	52公尺35		
17	52公尺28		
18	52公尺28		

本日最高水位　高度 ……52.36……
　　　　　　　時間 ……………
填表人……孟憲章……

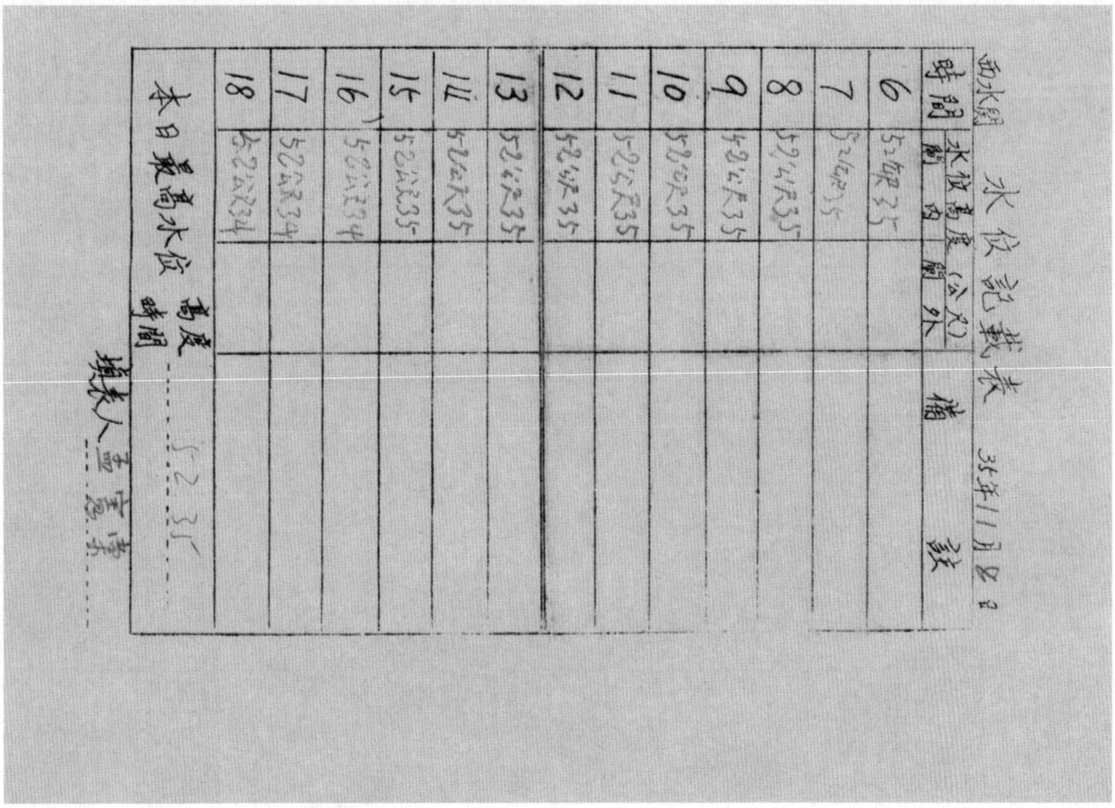

西水關　水位記載表　35年11月8日

時間	水位高度（公尺）閘內	閘外	備　　考
6	52公尺35		
7	52公尺35		
8	52公尺35		
9	52公尺35		
10	52公尺35		
11	52公尺35		
12	52公尺35		
13	52公尺35		
14	52公尺35		
15	52公尺35		
16	52公尺34		
17	52公尺34		
18	52公尺34		

本日最高水位　高度 ……52.35……
　　　　　　　時間 ……………
填表人……孟憲章……

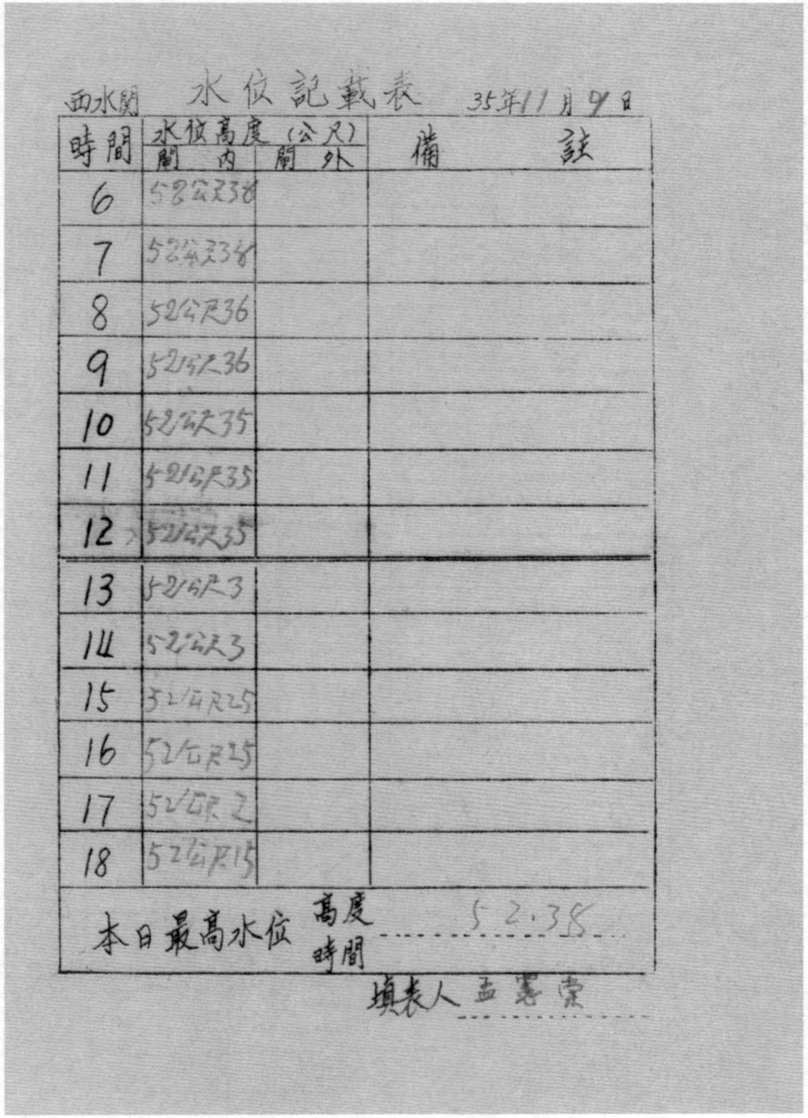

西水關 水位記載表 35年11月9日

時間	水位高度（公尺）閘內	水位高度（公尺）閘外	備註
6	52公尺38		
7	52公尺38		
8	52公尺36		
9	52公尺36		
10	52公尺35		
11	52公尺35		
12	52公尺35		
13	52公尺3		
14	52公尺3		
15	52公尺25		
16	52公尺25		
17	52公尺2		
18	52公尺15		

本日最高水位 高度 52.38 時間

填表人 孟憲棠

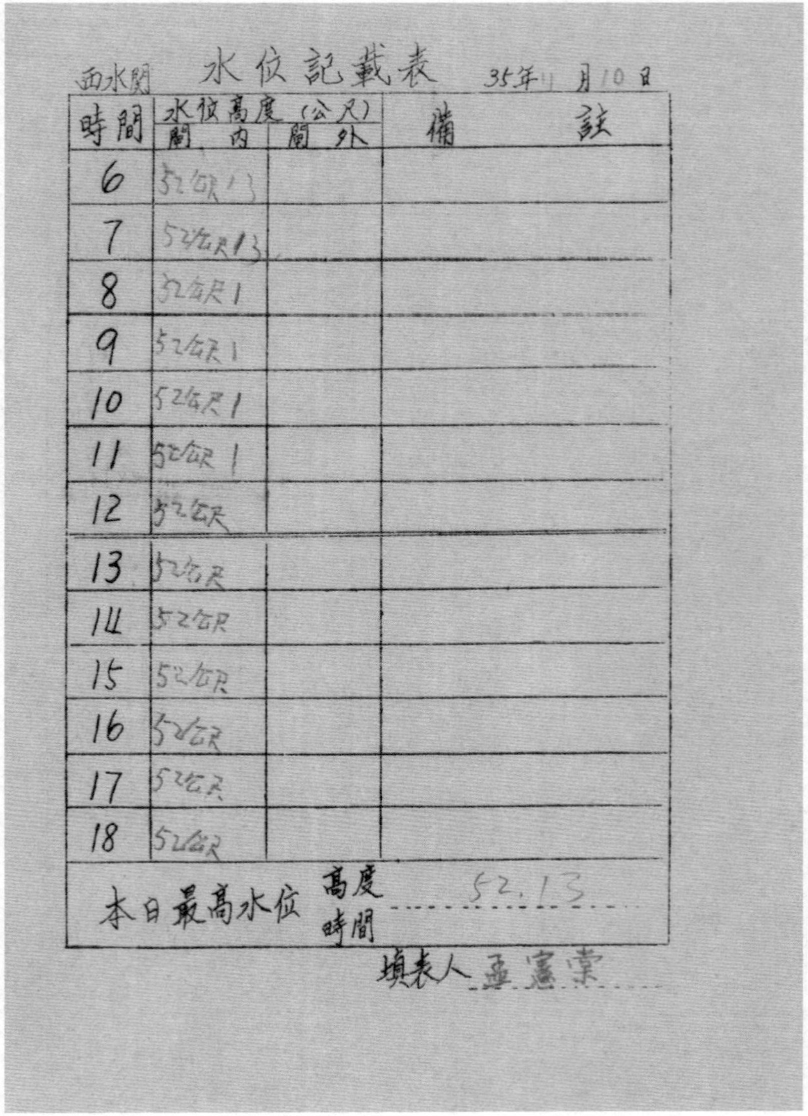

西水關 水位記載表 35年11月10日

時間	水位高度（公尺）閘內	水位高度（公尺）閘外	備註
6	52公尺13		
7	52公尺13		
8	52公尺1		
9	52公尺1		
10	52公尺1		
11	52公尺1		
12	52公尺		
13	52公尺		
14	52公尺		
15	52公尺		
16	52公尺		
17	52公尺		
18	52公尺		

本日最高水位 高度 52.13 時間

填表人 孟憲棠

西水關　水位記載表　35年11月11日

時間	水位高度（公尺）閘内	閘外	備註
6	52公尺18		
7	52公尺18		
8	52公尺18		
9	52公尺15		
10	52公尺15		
11	52公尺		
12	52公尺		
13	52公尺		
14	52公尺		
15	52公尺		
16	52公尺		
17	52公尺		
18	52公尺		
本日最高水位	高度 52.18	時間	

填表人　孟憲棠

西水關　水位記載表　35年11月12日

時間	水位高度（公尺）閘内	閘外	備註
6	52公尺23		
7	52公尺23		
8	52公尺23		
9	52公尺22		
10	52公尺22		
11	52公尺22		
12	52公尺22		
13	52公尺		
14	52公尺		
15	52公尺		
16	52公尺		
17	52公尺		
18	52公尺		
本日最高水位	高度 52.23	時間	

填表人　孟憲棠

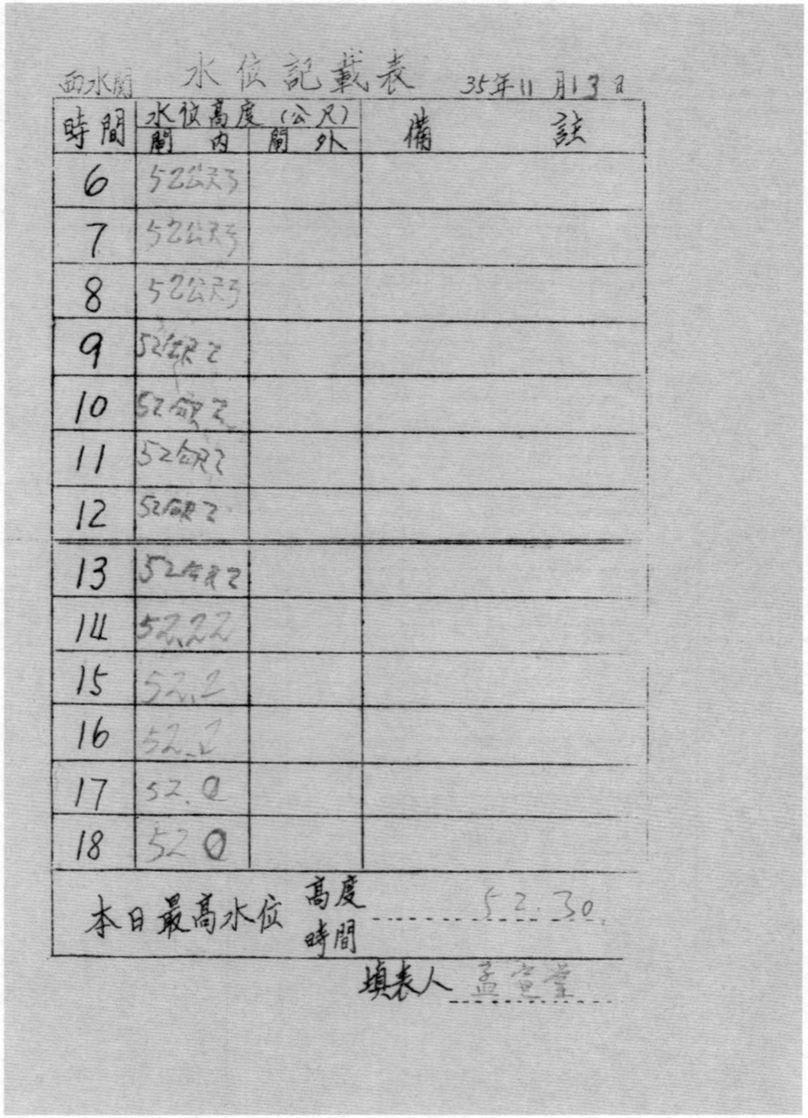

西水閘　水位記載表　35年11月13日

時間	水位高度（公尺）閘内	閘外	備註
6	52公尺3		
7	52公尺3		
8	52公尺3		
9	52公尺2		
10	52公尺2		
11	52公尺2		
12	52公尺2		
13	52公尺2		
14	52.22		
15	52.2		
16	52.2		
17	52.0		
18	52.0		

本日最高水位　高度 52.30.　時間

填表人 孟憲棠

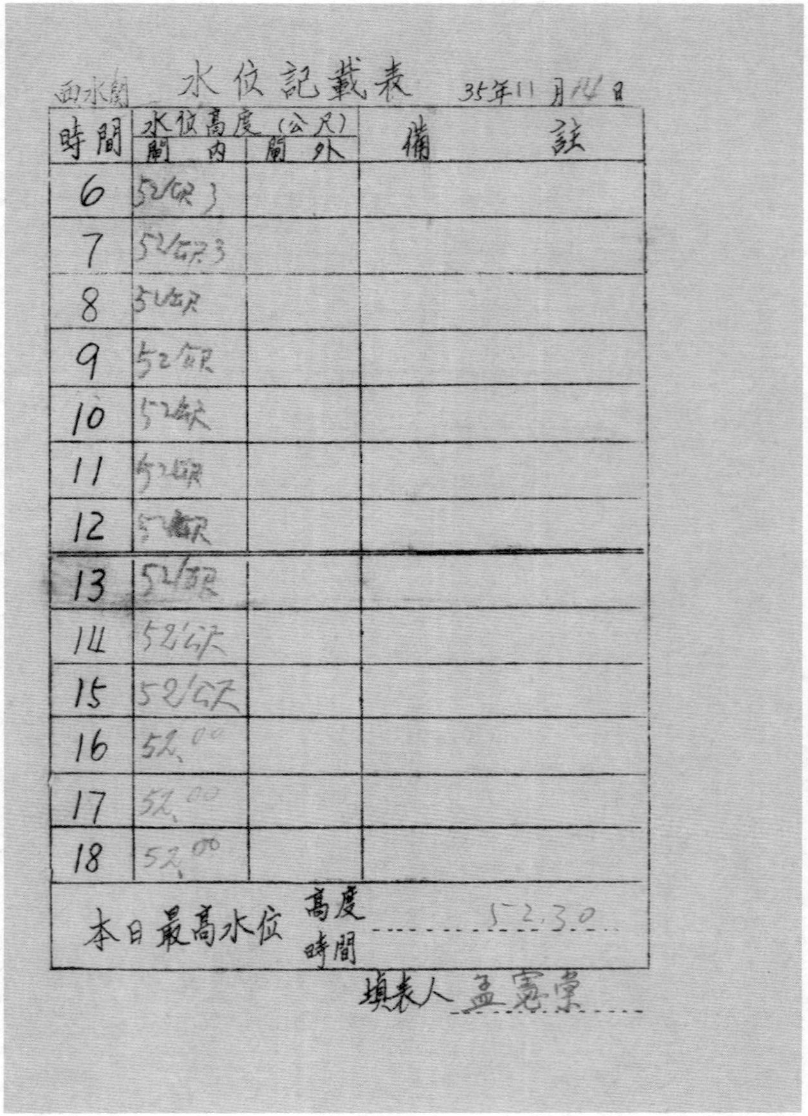

西水閘　水位記載表　35年11月14日

時間	水位高度（公尺）閘内	閘外	備註
6	52公尺3		
7	52公尺3		
8	52公尺		
9	52公尺		
10	52公尺		
11	52公尺		
12	52公尺		
13	52公尺		
14	52公尺		
15	52公尺		
16	52.00		
17	52.00		
18	52.00		

本日最高水位　高度 52.30　時間

填表人 孟憲棠

西水關 水位記載表 35年11月15日

時間	水位高度（公尺）閘內	閘外	備註
6	51公尺8		
7	51公尺8		
8	51公尺5		
9	51公尺5		
10	51公尺5		
11	51公尺5		
12	51公尺5		
13	51公尺5		
14	51公尺5		
15	51公尺5		
16	51公尺5		
17	51公尺5		
18	51公尺5		

本日最高水位 高度 51.80 時間

填表人 孟憲棠

西水關 水位記載表 35年11月16日

時間	水位高度（公尺）閘內	閘外	備註
6	51公尺5		
7	51公尺5		
8	51公尺5		
9	51公尺5		
10	51公尺5		
11	51公尺5		
12	51公尺5		
13	51公尺5		
14	51公尺5		
15	51公尺5		
16	51公尺5		
17	51公尺5		
18	51公尺5		

本日最高水位 高度 51.50 時間

填表人 孟憲棠

西水閘 水位記載表 35年11月17日

時間	水位高度（公尺）閘內	水位高度（公尺）閘外	備註
6	51公尺5		
7	51公尺5		
8	51公尺5		
9	51公尺5		
10	51公尺5		
11	51公尺5		
12	51公尺5		
13	51公尺5		
14	51公尺5		
15	51公尺5		
16	51公尺5		
17	51公尺5		
18	51公尺5		
本日最高水位	高度 51.50	時間	

填表人 孟憲棠

西水閘 水位記載表 35年11月18日

時間	水位高度（公尺）閘內	水位高度（公尺）閘外	備註
6	51公尺5		
7	51公尺5		
8	51公尺5		
9	51公尺5		
10	51公尺5		
11	51公尺5		
12	51公尺5		
13	51公尺5		
14	51公尺5		
15	51公尺5		
16	51公尺5		
17	51公尺5		
18	51公尺5		
本日最高水位	高度 51.50	時間	

填表人 孟憲棠

西水關　水位記載表　35年11月19日

時間	水位高度（公尺）閘内	水位高度（公尺）閘外	備註
6	51公尺6		
7	51公尺6		
8	51公尺6		
9	51公尺6		
10	51公尺6		
11	51公尺6		
12	51公尺6		
13	51公尺6		
14	51公尺6		
15	51公尺6		
16	51公尺6		
17	51公尺6		
18	51公尺6		

本日最高水位　高度 51.60　時間

填表人　孟憲棠

西水關　水位記載表　35年11月21日

時間	水位高度（公尺）閘内	水位高度（公尺）閘外	備註
6	51公尺4		
7	51公尺4		
8	51公尺4		
9	51公尺4		
10	51公尺4		
11	51公尺4		
12	51公尺4		
13	51公尺4		
14	51公尺4		
15	51公尺4		
16	51公尺4		
17	51公尺4		
18	51公尺4		

本日最高水位　高度 51.40　時間

填表人　孟憲棠

西水閘　水位記載表　35年11月22日

時間	水位高度（公尺）閘内	閘外	備註
6	51公尺25		
7	51公尺25		
8	51公尺25		
9	51公尺25		
10	51公尺25		
11	51公尺25		
12	51公尺25		
13	51公尺25		
14	51公尺25		
15	51公尺25		
16	51公尺25		
17	51公尺25		
18	51公尺25		
本日最高水位	高度 51.50	時間	

填表人　孟宪堂

西水閘　水位記載表　35年11月23日

時間	水位高度（公尺）閘内	閘外	備註
6	51公尺25		
7	51公尺25		
8	51公尺25		
9	51公尺25		
10	51公尺25		
11	51公尺25		
12	51公尺25		
13	51公尺25		
14	51公尺25		
15	51公尺25		
16	51公尺25		
17	51公尺25		
18	51公尺25		
本日最高水位	高度 51.50	時間	

填表人　孟宪堂

西水關 水位記載表 35年11月24日

時間	水位高度（公尺）閘內	水位高度（公尺）閘外	備 註
6	51公尺5		
7	51公尺5		
8	51公尺5		
9	51公尺5		
10	51公尺5		
11	51公尺5		
12	51公尺5		
13	51公尺5		
14	51公尺5		
15	51公尺5		
16	51公尺5		
17	51公尺5		
18	51公尺5		
本日最高水位	高度 51.50	時間	

填表人 孟憲堂

西水關 水位記載表 35年11月25日

時間	水位高度（公尺）閘內	水位高度（公尺）閘外	備 註
6	51公尺5		
7	51公尺5		
8	51公尺5		
9	51公尺5		
10	51公尺5		
11	51公尺5		
12	51公尺5		
13	51公尺5		
14	51公尺5		
15	51公尺5		
16	51公尺5		
17	51公尺5		
18	51公尺5		
本日最高水位	高度 51.50	時間	

填表人 孟憲堂

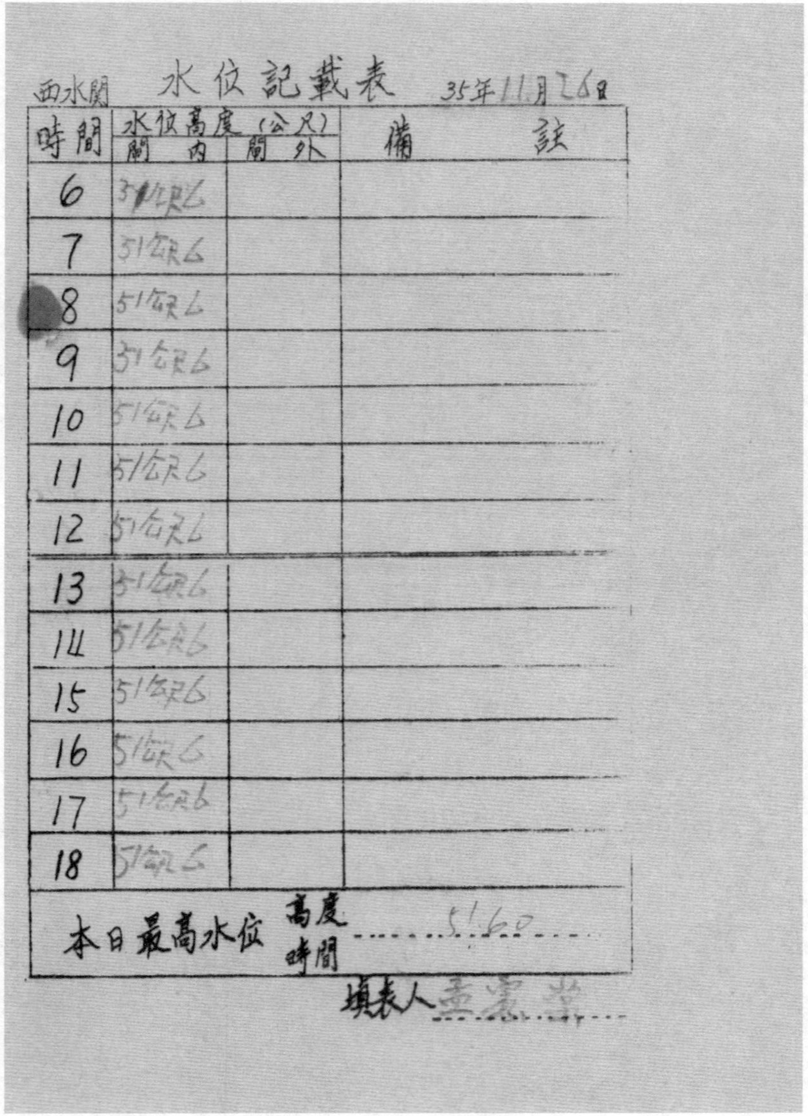

西水關　水位記載表　35年11月26日

時間	水位高度（公尺）閘内	閘外	備註
6	51公尺6		
7	51公尺6		
8	51公尺6		
9	51公尺6		
10	51公尺6		
11	51公尺6		
12	51公尺6		
13	51公尺6		
14	51公尺6		
15	51公尺6		
16	51公尺6		
17	51公尺6		
18	51公尺6		

本日最高水位　高度　51.60
時間

填表人 [illegible]

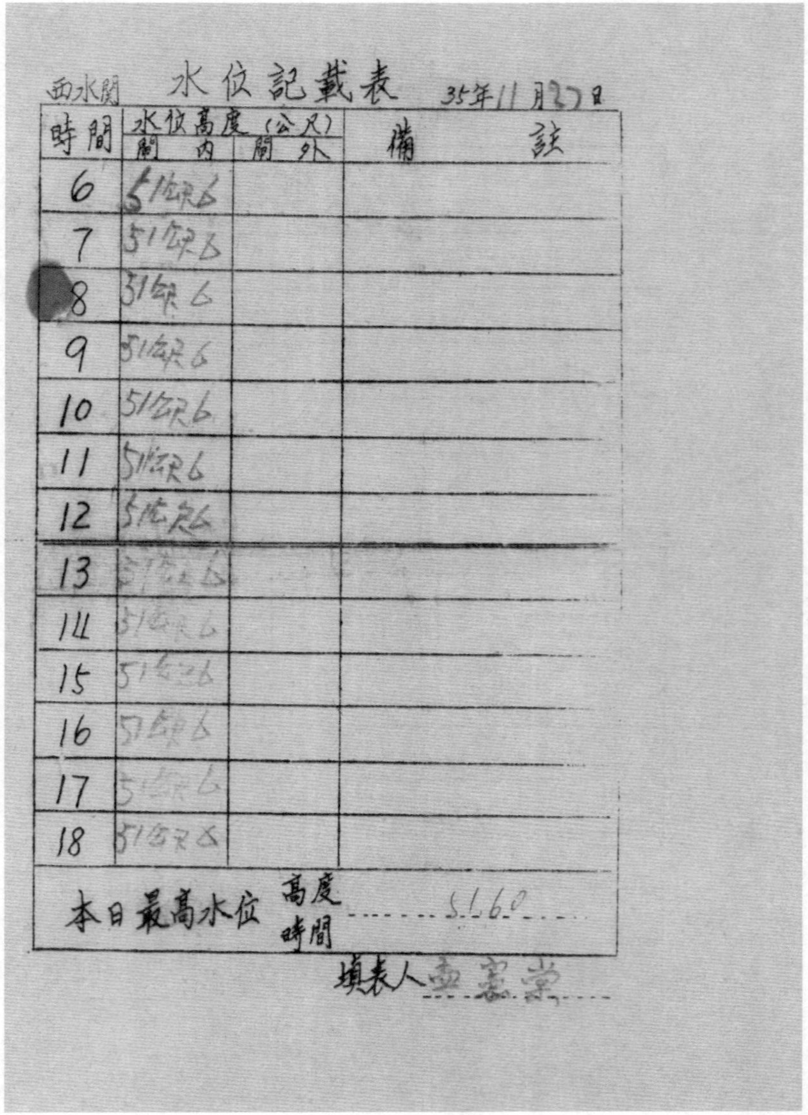

西水關　水位記載表　35年11月27日

時間	水位高度（公尺）閘内	閘外	備註
6	51公尺6		
7	51公尺6		
8	51公尺6		
9	51公尺6		
10	51公尺6		
11	51公尺6		
12	51公尺6		
13	51公尺6		
14	51公尺6		
15	51公尺6		
16	51公尺6		
17	51公尺6		
18	51公尺6		

本日最高水位　高度　51.60
時間

填表人 [illegible]

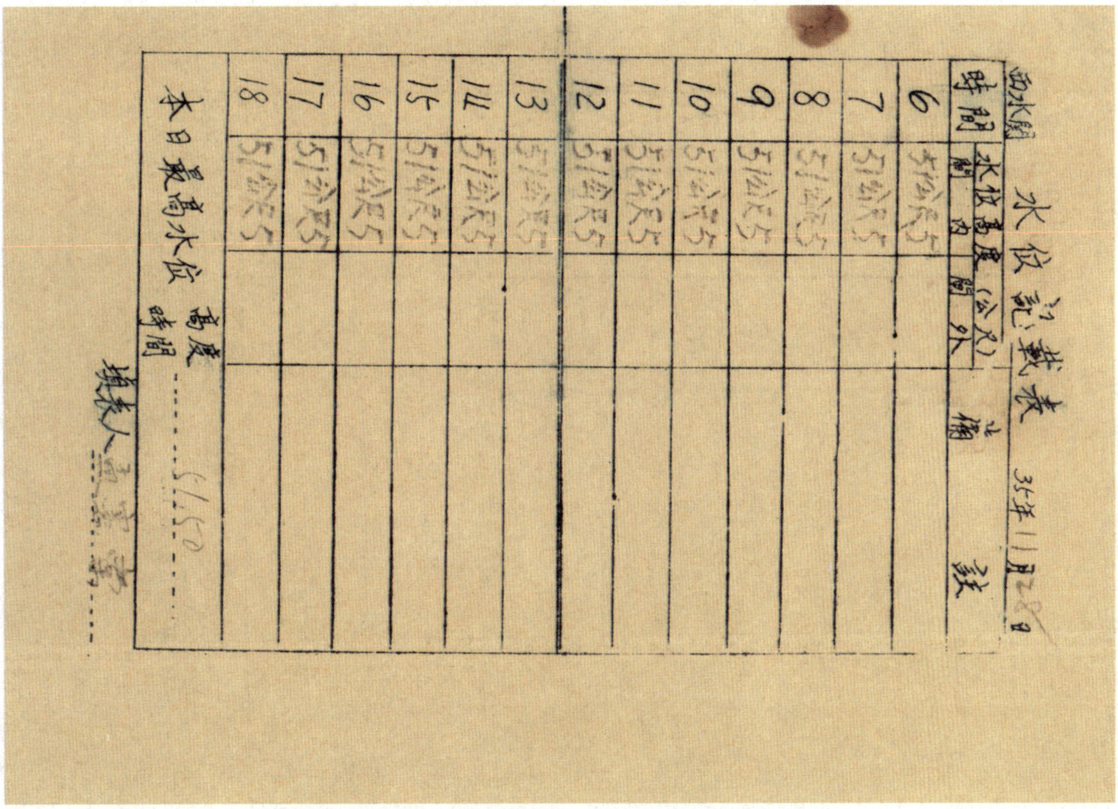

西水關 水位記載表 35年11月28日

時間	水位高度（公尺）閘内	閘外	備註
6	5 1公尺5		
7	5 1公尺5		
8	5 1公尺5		
9	5 1公尺5		
10	5 1公尺5		
11	5 1公尺5		
12	5 1公尺5		
13	5 1公尺5		
14	5 1公尺5		
15	5 1公尺5		
16	5 1公尺5		
17	5 1公尺5		
18	5 1公尺5		

本日最高水位 高度 ……5.15
時間 ……

填表人 ……

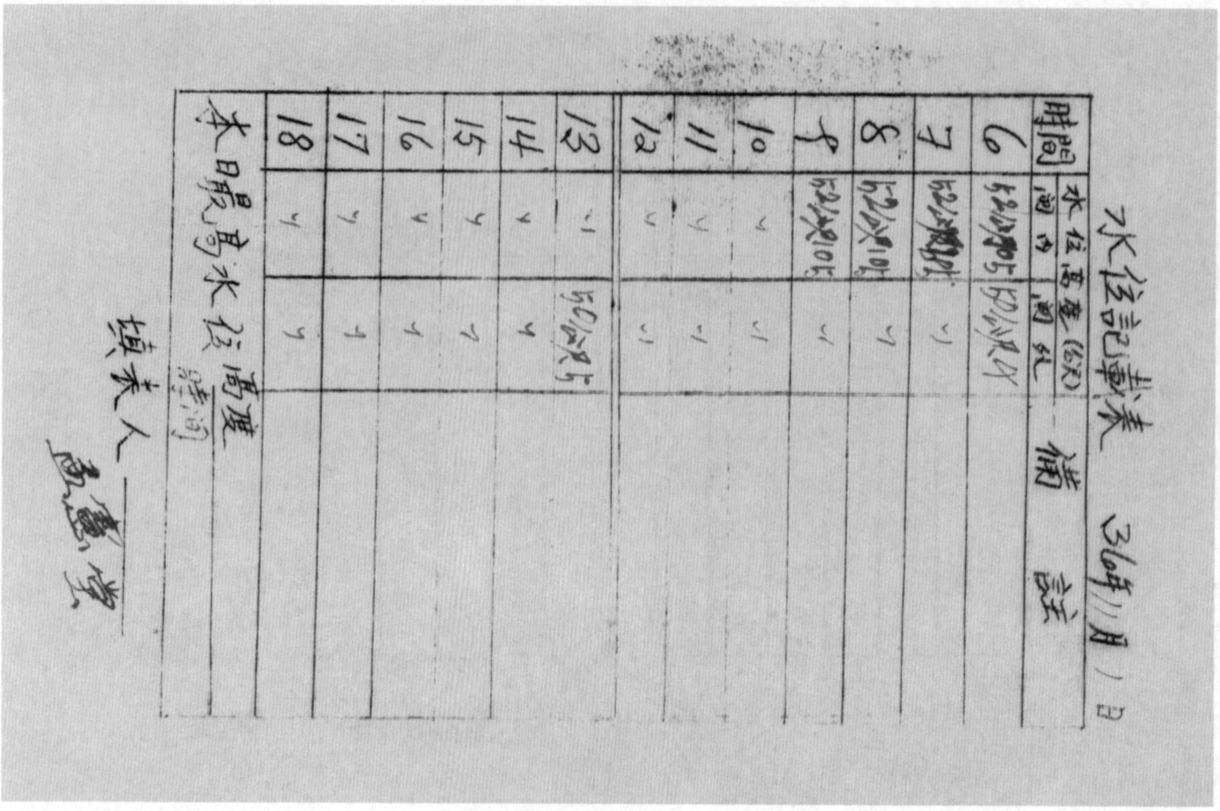

水位記載表　36年11月1日

時間	水位高度（公尺）閘内	水位高度（公尺）閘外	備註
6	52公尺[illegible]5	50公尺[illegible]	
7	52公尺[illegible]	〃	
8	52公尺[illegible]	〃	
9	52公尺105	〃	
10	〃	〃	
11	〃	〃	
12	〃	〃	
13	〃	50公尺85	
14	〃	〃	
15	〃	〃	
16	〃	〃	
17	〃	〃	
18	〃	〃	

本日最高水位　高度　時間

填表人　孟憲堂

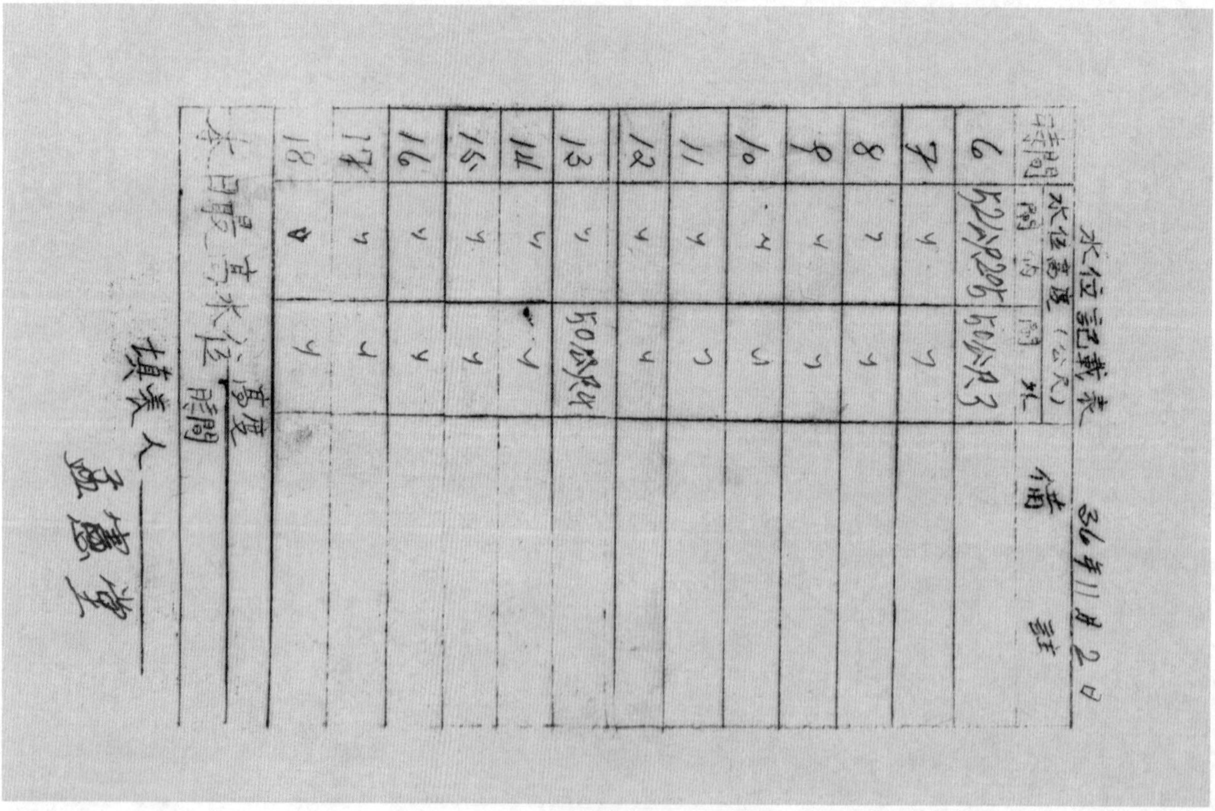

水位記載表　36年11月2日

時間	水位高度（公尺）閘内	水位高度（公尺）閘外	備註
6	52公尺206	50公尺83	
7	〃	〃	
8	〃	〃	
9	〃	〃	
10	〃	〃	
11	〃	〃	
12	〃	〃	
13	〃	50公尺84	
14	〃	〃	
15	〃	〃	
16	〃	〃	
17	〃	〃	
18	〃	〃	

本日最高水位　高度　時間

填表人　孟憲堂

水位記載表　36年11月3日

時間	水位高度（公尺）閘內	水位高度（公尺）閘外	備註
6	52公尺3	50公尺3	
7	仝	仝	
8	仝	仝	
9	仝	仝	
10	仝	仝	
11	仝	仝	
12	仝	仝	
13	仝	仝	
14	仝	仝	
15	仝	仝	
16	仝	仝	
17	仝	仝	
18	仝	仝	

本日最高水位　高度　　時間

填表人　孟憲棠

水位記載表　36年11月4日

時間	水位高度（公尺）閘內	水位高度（公尺）閘外	備註
6	52公尺30	50公尺32	
7	仝	仝	
8	仝	仝	
9	仝	仝	
10	仝	仝	
11	仝	仝	
12	仝	仝	
13	仝	仝	
14	仝	仝	
15	仝	仝	
16	仝	仝	
17	仝	仝	
18	仝	仝	

本日最高水位　高度　　時間

填表人　孟憲棠

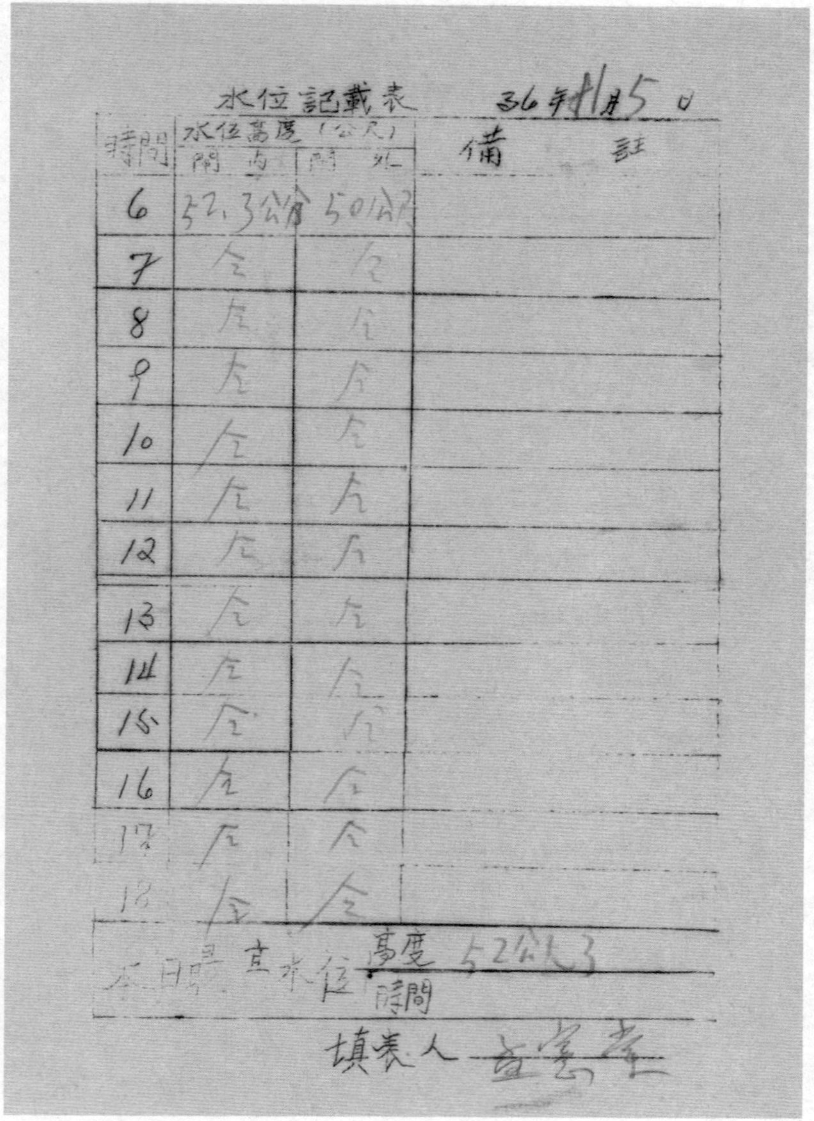

水位記載表　36年11月5日

時間	水位高度（公尺） 閘内	閘外	備註
6	52.3公分	50公尺	
7	仝	仝	
8	仝	仝	
9	仝	仝	
10	仝	仝	
11	仝	仝	
12	仝	仝	
13	仝	仝	
14	仝	仝	
15	仝	仝	
16	仝	仝	
17	仝	仝	
18	仝	仝	

本日最高水位　高度　52公尺3
時間

填表人　[illegible]

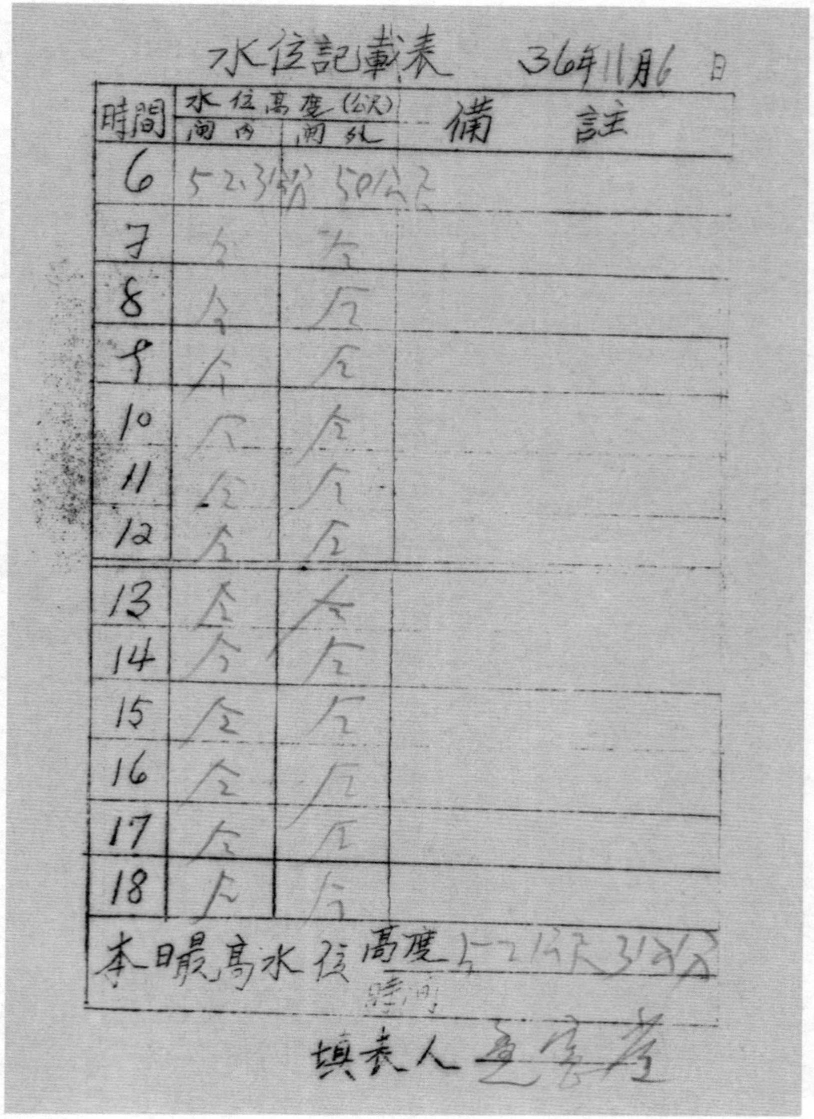

水位記載表　36年11月6日

時間	水位高度（公尺） 閘内	閘外	備註
6	52.3公分	50公尺	
7	仝	仝	
8	仝	仝	
9	仝	仝	
10	仝	仝	
11	仝	仝	
12	仝	仝	
13	仝	仝	
14	仝	仝	
15	仝	仝	
16	仝	仝	
17	仝	仝	
18	仝	仝	

本日最高水位　高度　52公尺3公分
時間

填表人　[illegible]

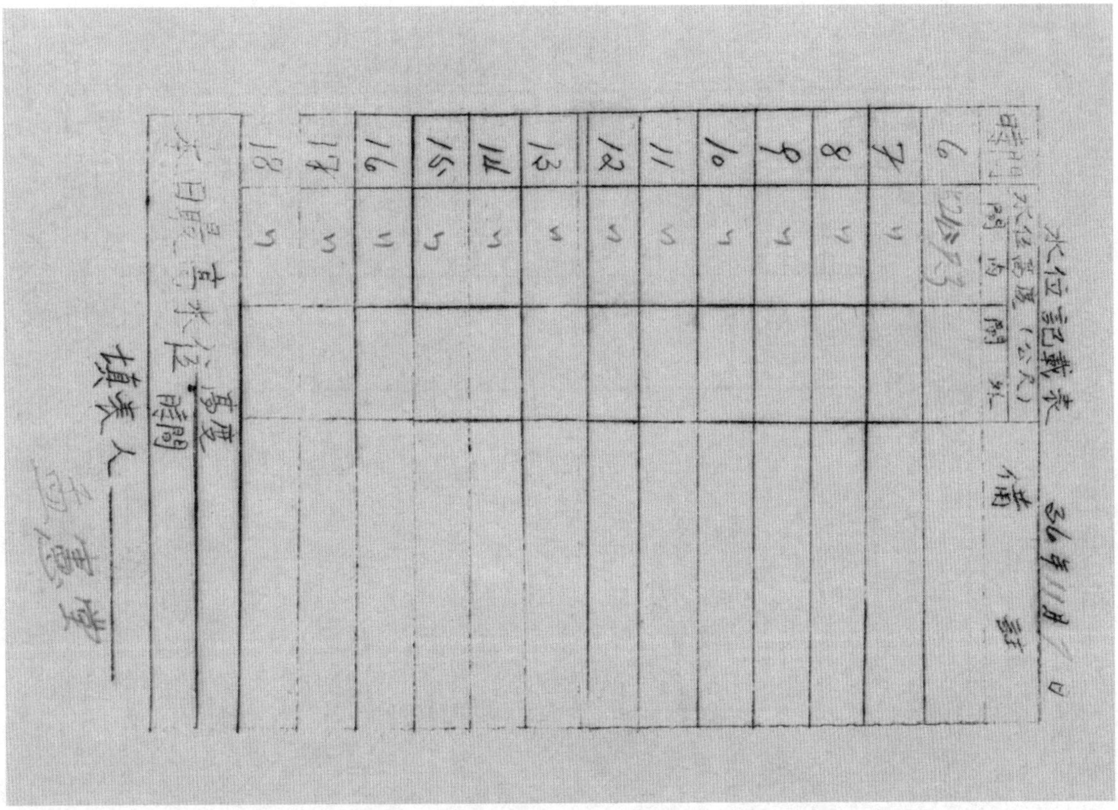

水位記載表　36年11月1日

時間	水位高度（公尺）閘內	閘外	備註
6	[illegible]		
7	〃		
8	〃		
9	〃		
10	〃		
11	〃		
12	〃		
13	〃		
14	〃		
15	〃		
16	〃		
17	〃		
18	〃		
本日最高水位	高度	時間	

填表人——

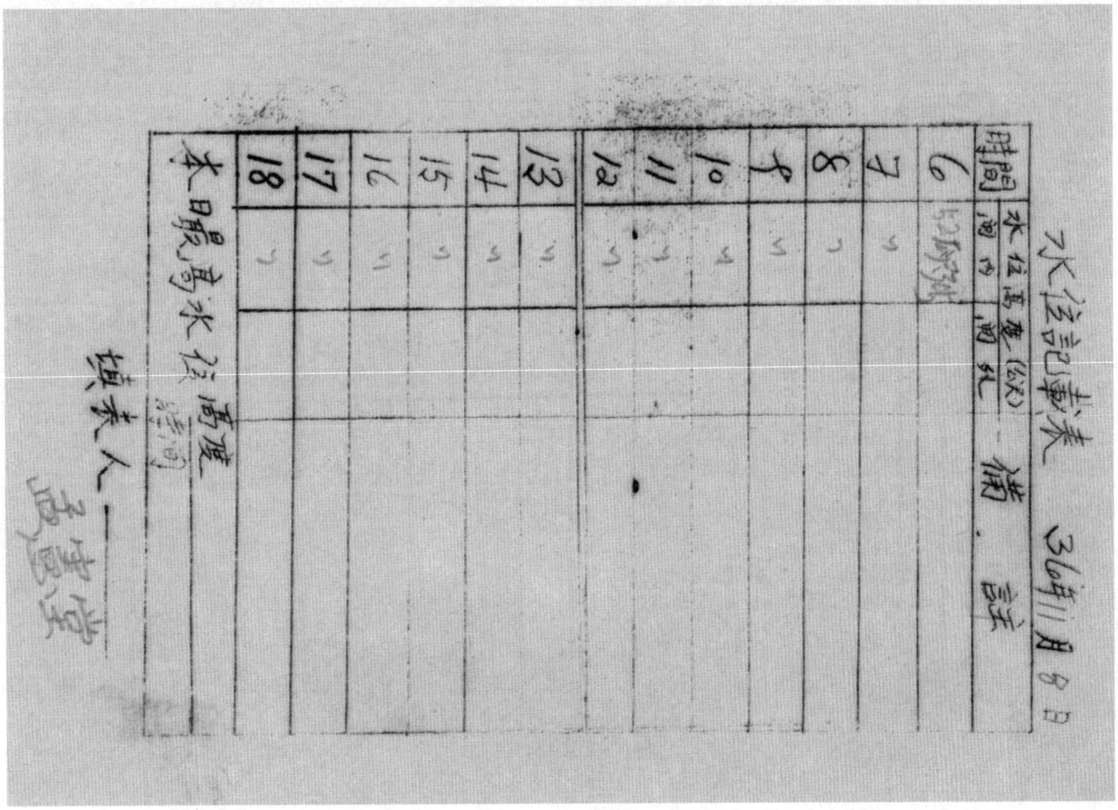

水位記載表　36年11月8日

時間	水位高度（公尺）閘內	閘外	備註
6	[illegible]		
7	〃		
8	〃		
9	〃		
10	〃		
11	〃		
12	〃		
13	〃		
14	〃		
15	〃		
16	〃		
17	〃		
18	〃		
本日最高水位	高度	時間	

填表人——

水位記載表　36年11月9日

時間	水位高度（公尺）		備　註
	閘內	閘外	
6	52公尺30公分		
7	〃		
8	〃		
9	〃		
10	〃		
11	〃		
12	〃		
13	〃		
14	〃		
15	〃		
16	〃		
17	〃		
18	〃		
本日最高水位	高度		
	時間		

填表人　孟憲堂

水位記載表　36年11月10日

時間	水位高度（公尺）		備　註
	閘內	閘外	
6	52.30公尺		
7	〃		
8	〃		
9	〃		
10	〃		
11	〃		
12	〃		
13	〃		
14	〃		
15	〃		
16	〃		
17	〃		
18	〃		
本日最高水位	高度		
	時間		

填表人　孟憲堂

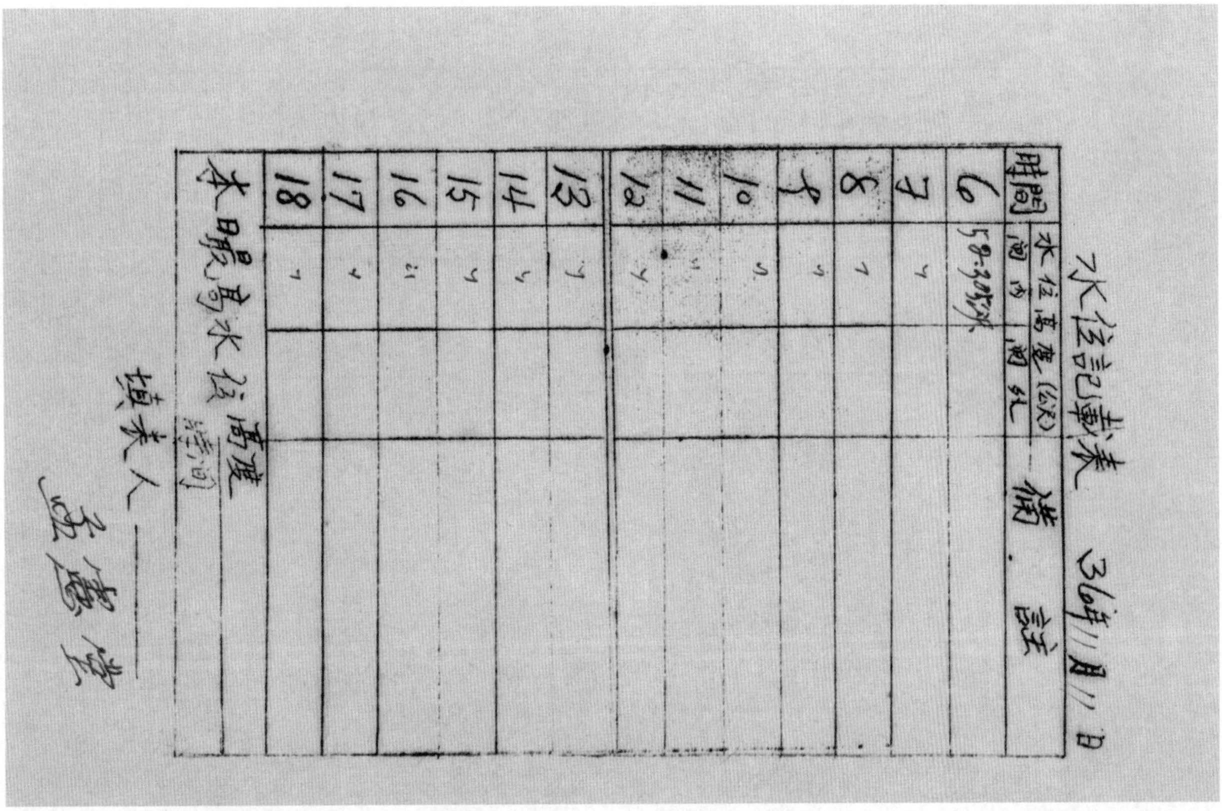

水位記載表　36年11月11日

時間	水位高度（公尺）閘內	閘外	備註
6	5.8.30公尺		
7	〃		
8	〃		
9	〃		
10	〃		
11	〃		
12	〃		
13	〃		
14	〃		
15	〃		
16	〃		
17	〃		
18	〃		
本日最高水位 高度 時間			

填表人　孟憲堂

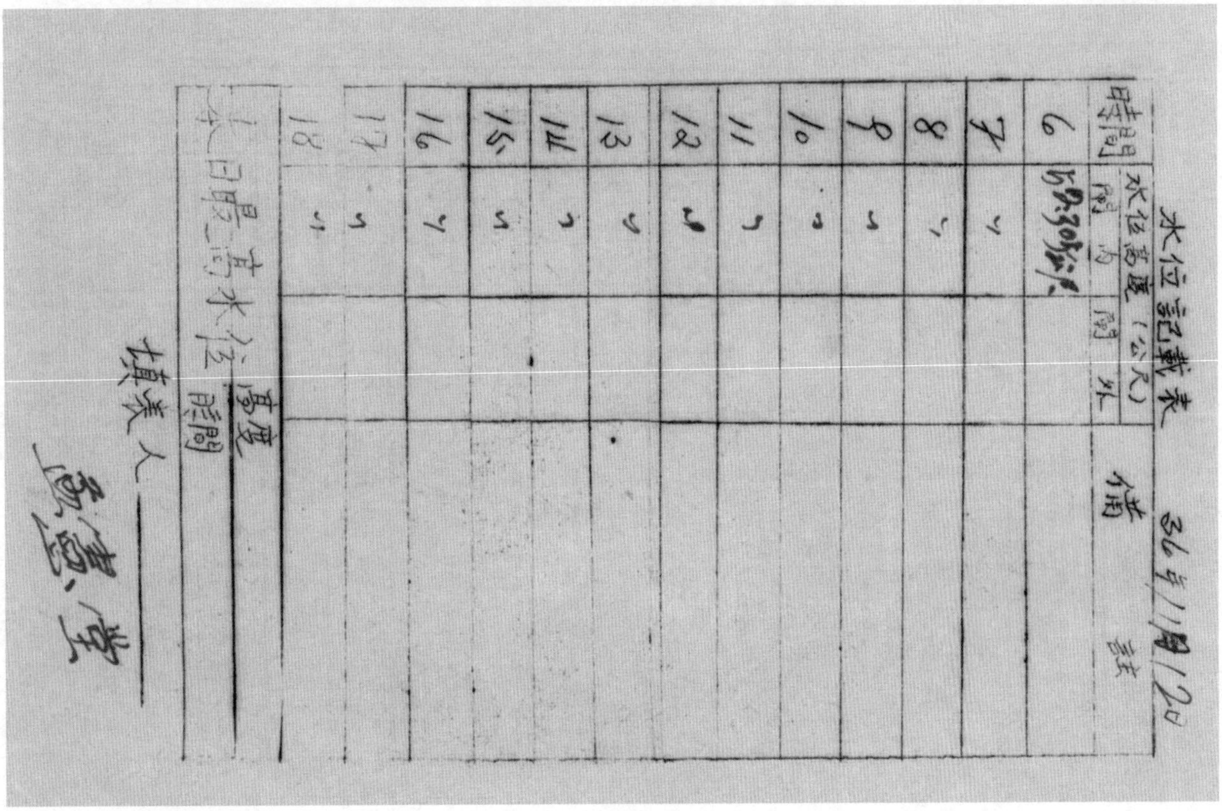

水位記載表　36年11月12日

時間	水位高度（公尺）閘內	閘外	備註
6	5.9.30公尺		
7	〃		
8	〃		
9	〃		
10	〃		
11	〃		
12	〃		
13	〃		
14	〃		
15	〃		
16	〃		
17	〃		
18	〃		
本日最高水位 高度 時間			

填表人　孟憲堂

水位記載表　36年11月13日

時間	水位高度(公尺) 閘内	閘外	備註
6	52.30公尺		
7	〃		
8	〃		
9	〃		
10	〃		
11	〃		
12	〃		
13	〃		
14	〃		
15	〃		
16	〃		
17	〃		
18	〃		

本日最高水位 高度＿＿＿＿
時间＿＿＿＿

填表人＿＿＿＿ 孟憲堂

水位記載表　36年11月14日

時間	水位高度(公尺) 閘内	閘外	備註
6	52.30公尺		
7	〃		
8	〃		
9	〃		
10	〃		
11	〃		
12	〃		
13	〃		
14	〃		
15	〃		
16	〃		
	〃		
	〃		

位 高度＿＿＿＿
時間＿＿＿＿

填表人＿＿＿＿ 孟憲堂

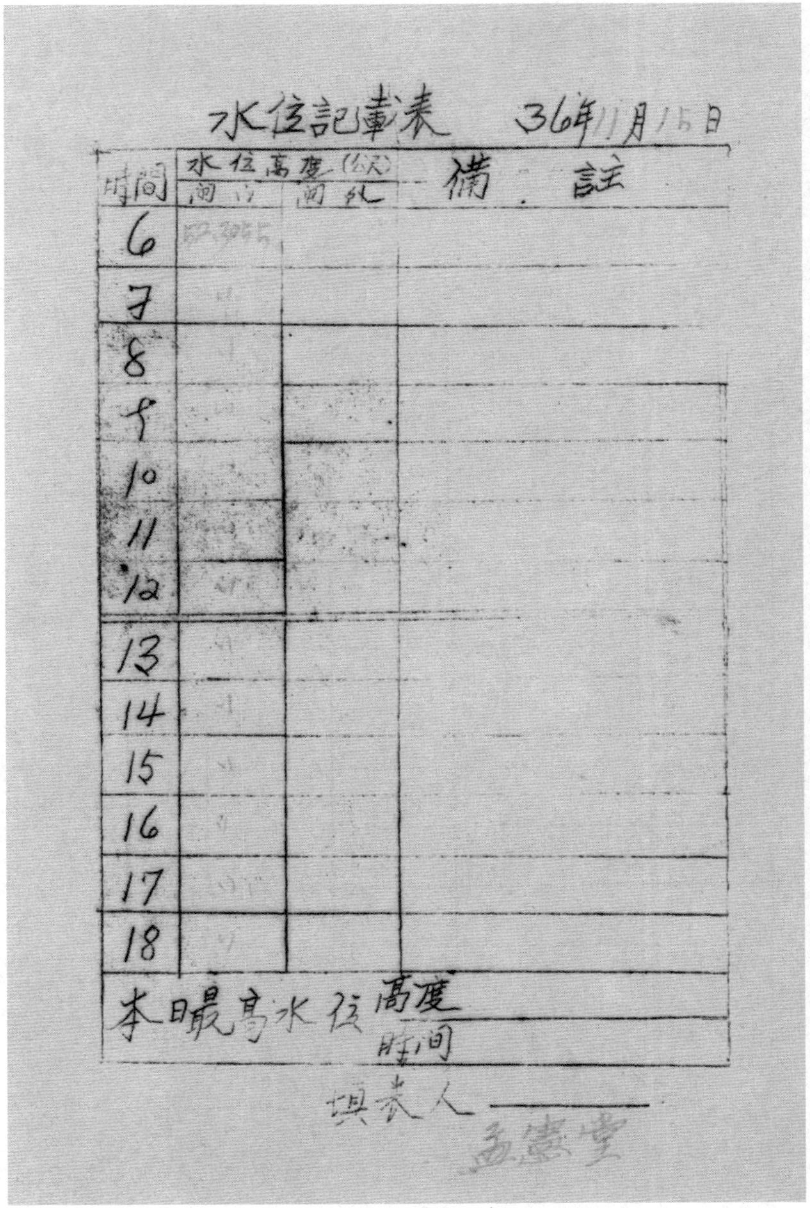

水位記載表　36年11月15日

時間	水位高度(公尺) 閘內	閘外	備註
6	[illegible]		
7	〃		
8	〃		
9	〃		
10	〃		
11	〃		
12	〃		
13	〃		
14	〃		
15	〃		
16	〃		
17	〃		
18	〃		

本日最高水位　高度
　　　　　　　時間

填表人　孟憲堂

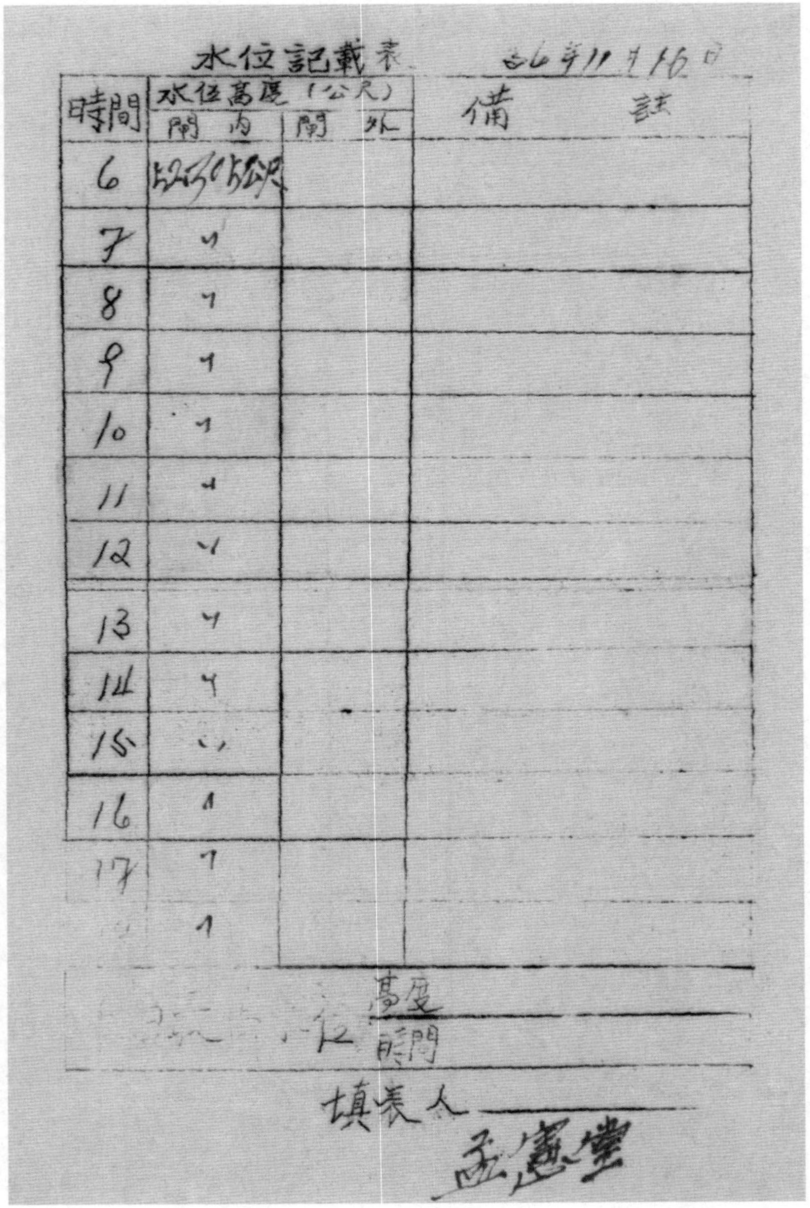

水位記載表　36年11月16日

時間	水位高度(公尺) 閘內	閘外	備註
6	10.305公尺		
7	〃		
8	〃		
9	〃		
10	〃		
11	〃		
12	〃		
13	〃		
14	〃		
15	〃		
16	〃		
17	〃		
18	〃		

本日最高水位　高度
　　　　　　　時間

填表人　孟憲堂

水位記載表 36年17日

時間	水位高度（公尺）		備註
	閘內	閘外	
6	5/2公司305		
7	仝		
8	仝		
9	仝		
10	仝		
11	仝		
12	仝		
13	仝		
14	仝		
15	仝		
16	仝		
17	仝		
18	仝		

位 高度 時間

填表人 孟憲堂

水位記載表 36年18月 日

時間	水位高度（公尺）		備註
	閘內	閘外	
6	5/2公司305		
7	仝		
8	仝		
9	仝		
10	仝		
11	仝		
12	仝		
13	仝		
14	仝		
15	仝		
16	仝		
17	仝		
18	仝		

位 高度 時間

填表人 孟憲堂

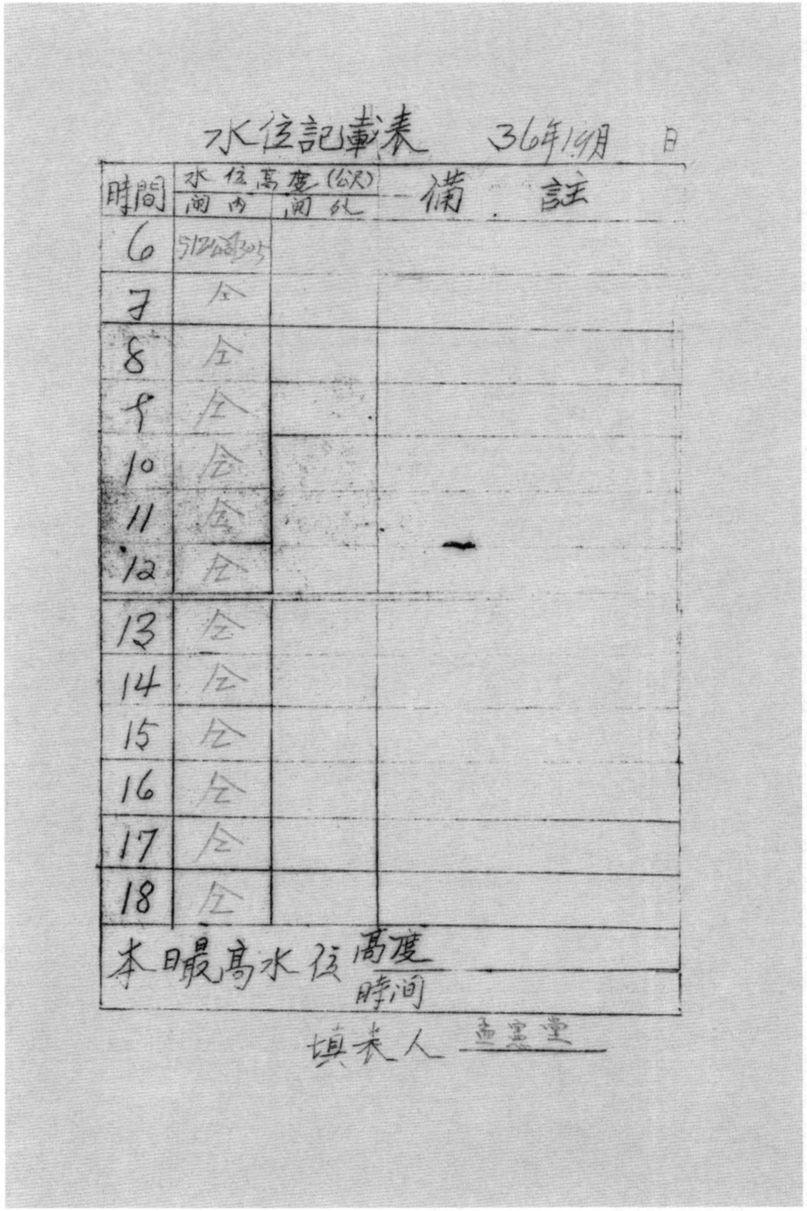

水位記載表　36年19月　日

時間	水位高度(公尺) 閘内	閘外	備　註
6	512公尺5		
7	仝		
8	仝		
9	仝		
10	仝		
11	仝		
12	仝		
13	仝		
14	仝		
15	仝		
16	仝		
17	仝		
18	仝		
本日最高水位 高度			
時间			

填表人　孟憲堂

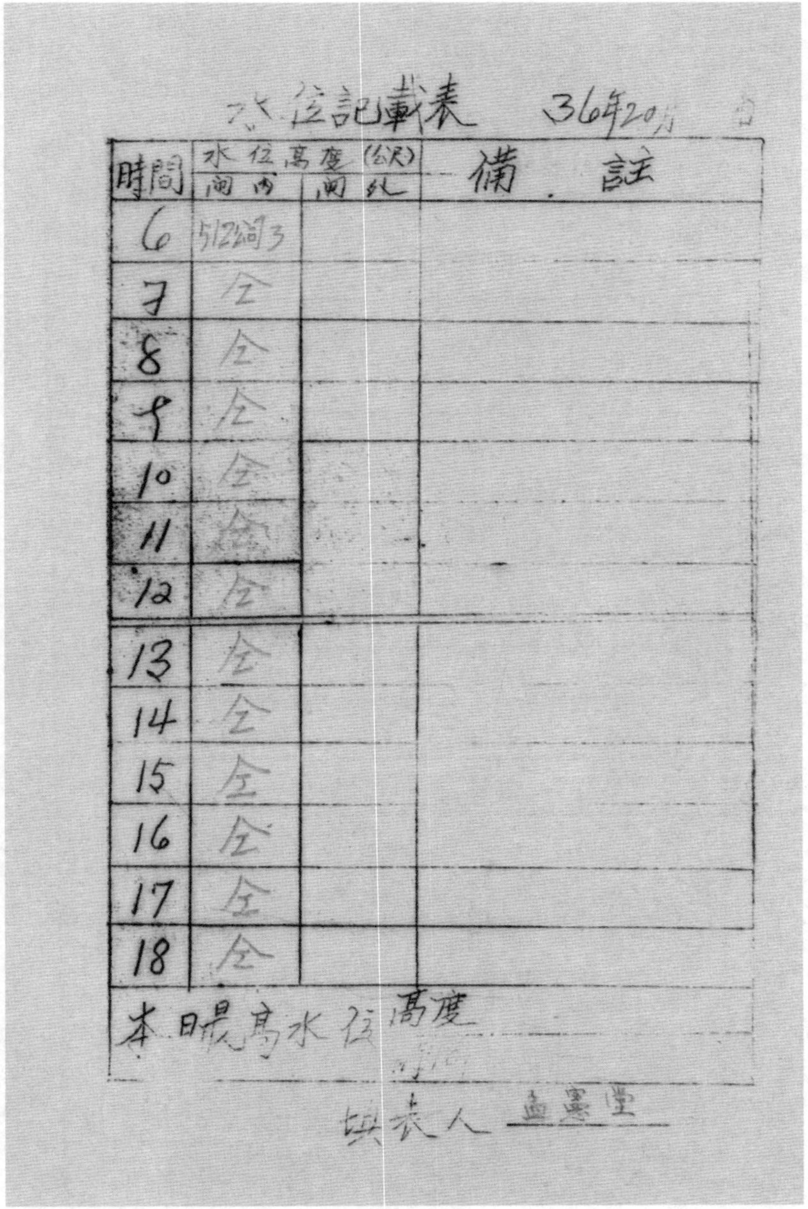

水位記載表　36年20日

時間	水位高度(公尺) 閘内	閘外	備　註
6	512公尺3		
7	仝		
8	仝		
9	仝		
10	仝		
11	仝		
12	仝		
13	仝		
14	仝		
15	仝		
16	仝		
17	仝		
18	仝		
本日最高水位 高度			
時间			

填表人　孟憲堂

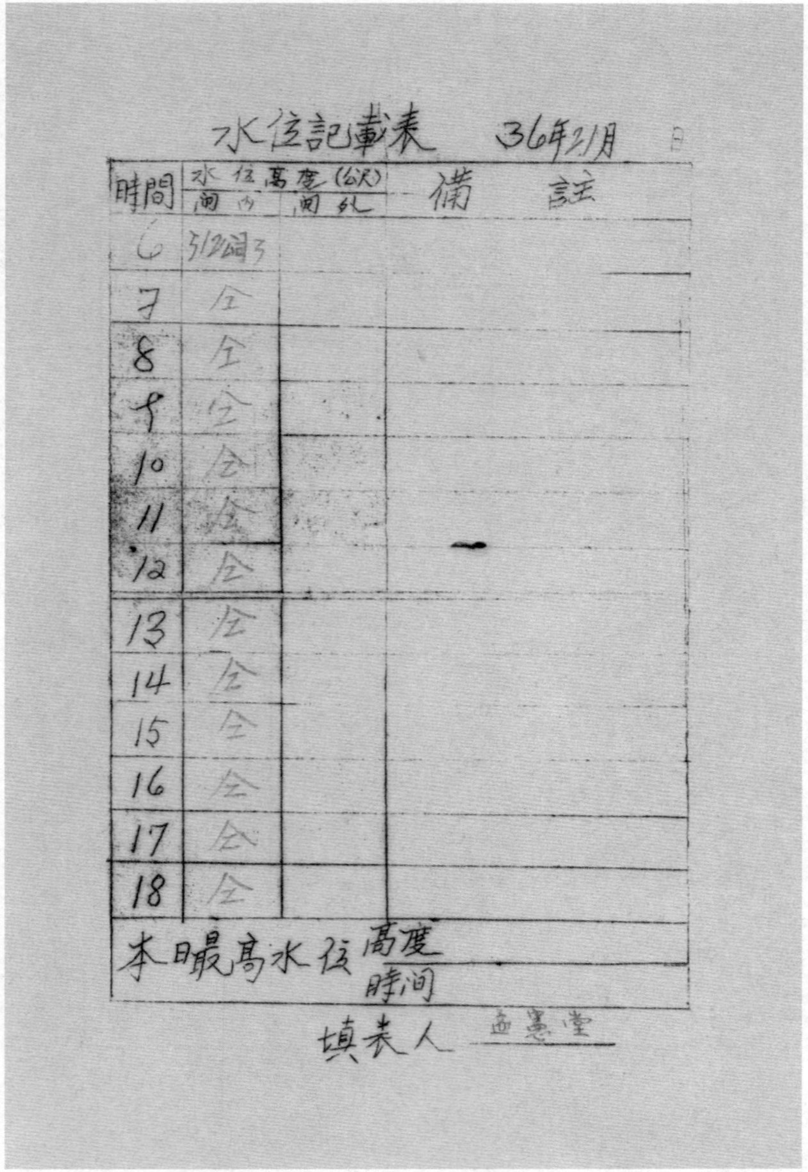

水位記載表　36年2月　日

時間	水位高度(公尺) 閘內	閘外	備註
6	512公尺3		
7	仝		
8	仝		
9	仝		
10	仝		
11	仝		
12	仝		
13	仝		
14	仝		
15	仝		
16	仝		
17	仝		
18	仝		
本日最高水位 高度			
時間			

填表人　孟憲堂

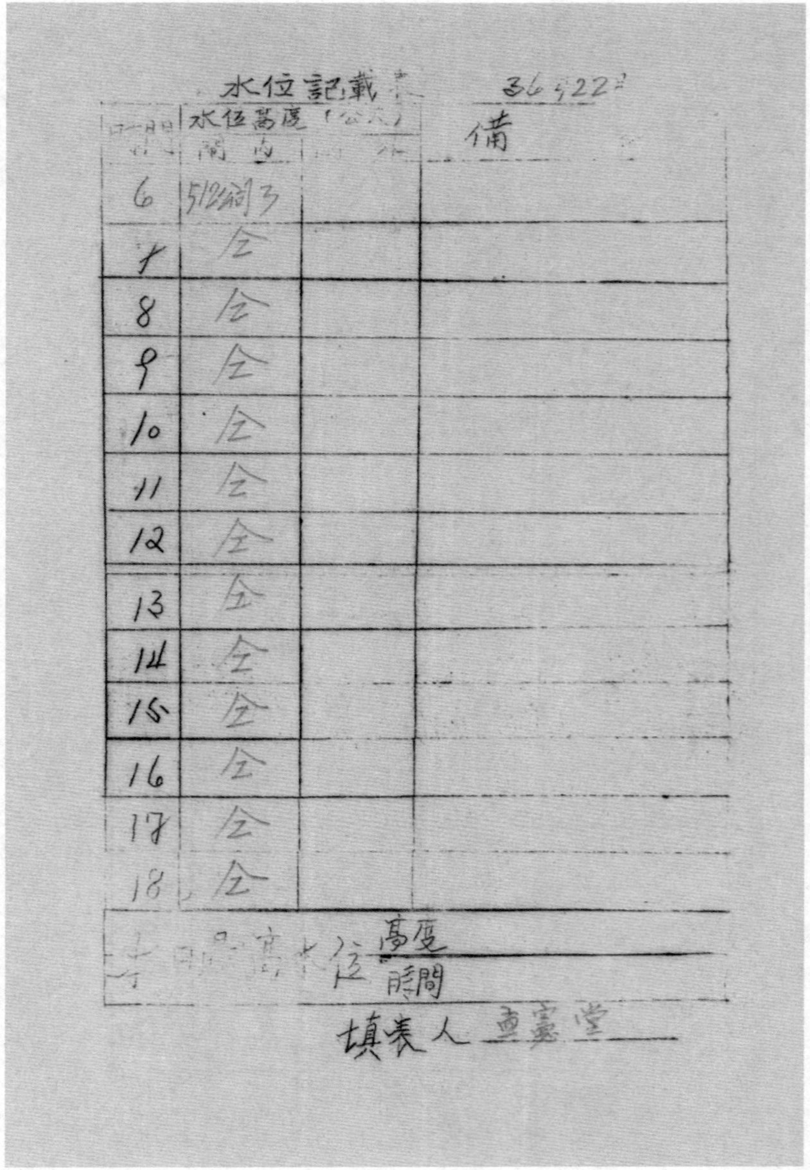

水位記載表　36年2月22日

時間	水位高度(公尺) 閘內	閘外	備註
6	512公尺3		
7	仝		
8	仝		
9	仝		
10	仝		
11	仝		
12	仝		
13	仝		
14	仝		
15	仝		
16	仝		
17	仝		
18	仝		
本日最高水位 高度			
時間			

填表人　孟憲堂

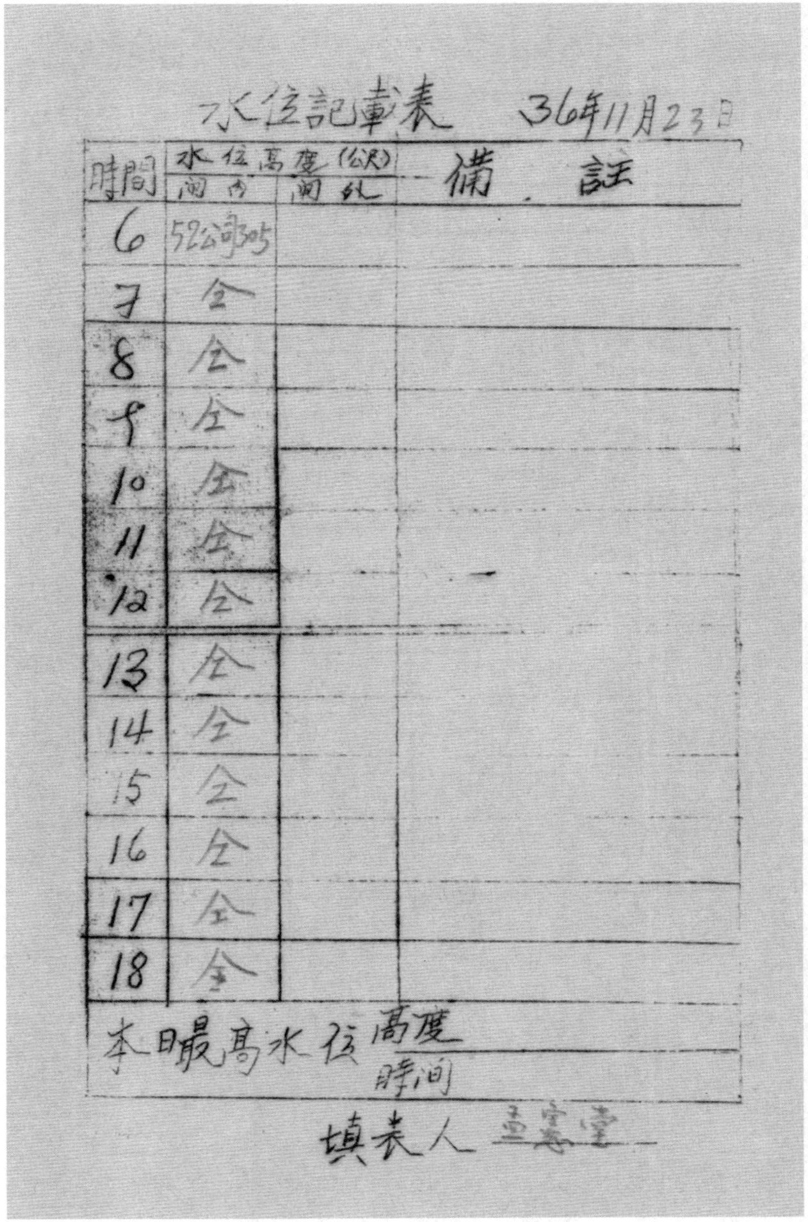

水位記載表　36年11月23日

時間	水位高度(公尺) 閘內	閘外	備註
6	52公尺305		
7	仝		
8	仝		
9	仝		
10	仝		
11	仝		
12	仝		
13	仝		
14	仝		
15	仝		
16	仝		
17	仝		
18	仝		

本日最高水位 高度　時間

填表人 孟憲堂

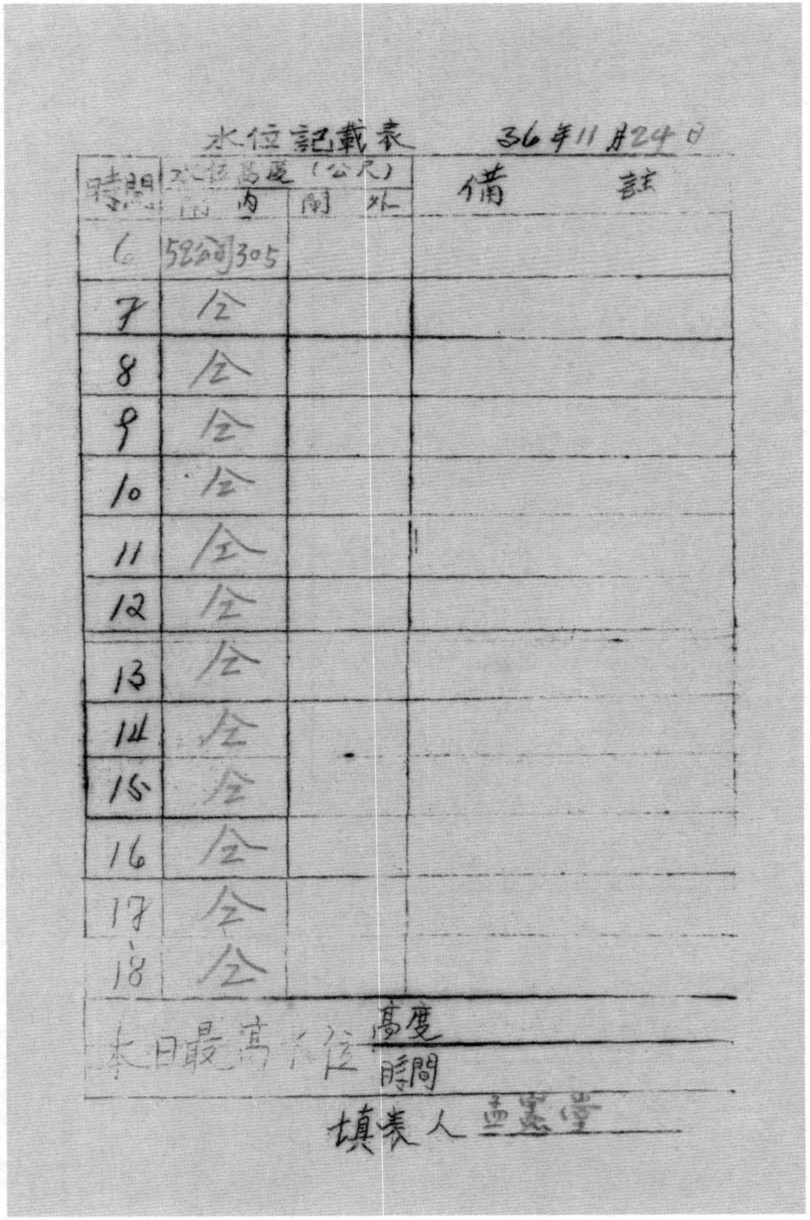

水位記載表　36年11月24日

時間	水位高度(公尺) 閘內	閘外	備註
6	52公尺305		
7	仝		
8	仝		
9	仝		
10	仝		
11	仝		
12	仝		
13	仝		
14	仝		
15	仝		
16	仝		
17	仝		
18	仝		

本日最高水位 高度　時間

填表人 孟憲堂

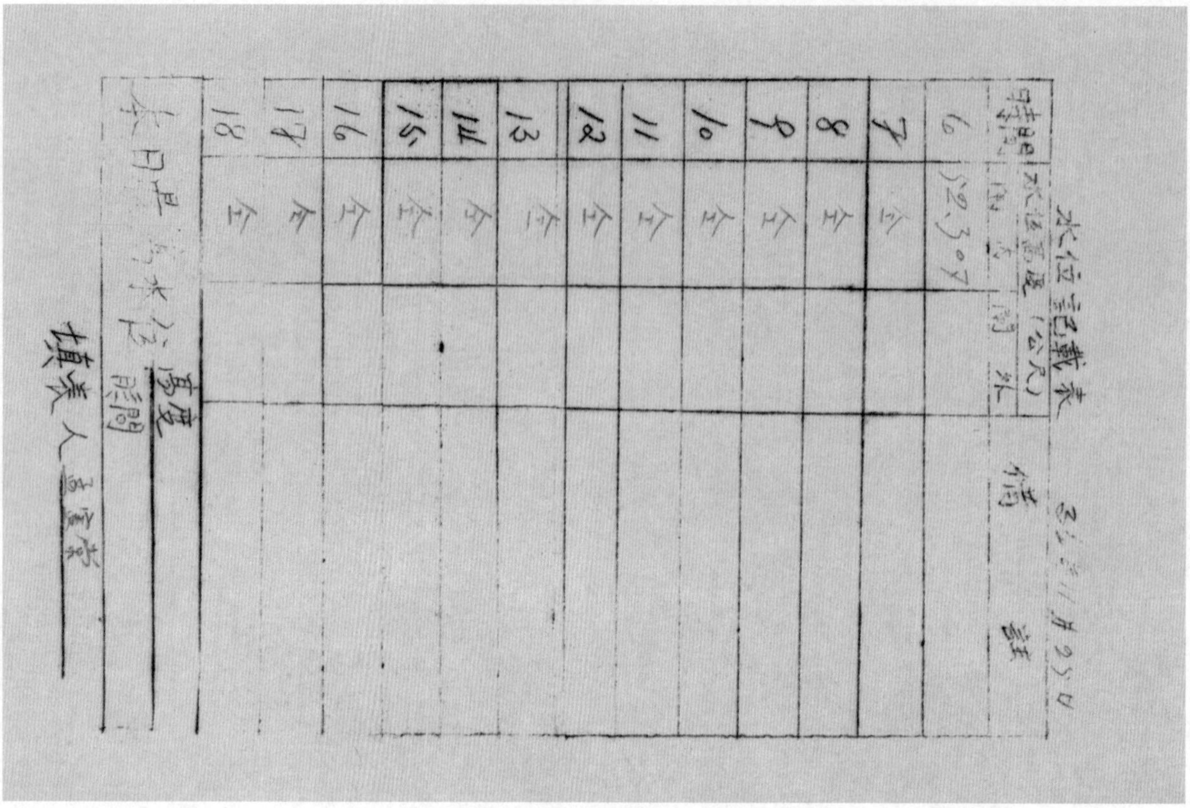

水位記載表　35年11月25日

時間	水位高度（公尺）閘內	閘外	備註
6	52.307		
7	仝		
8	仝		
9	仝		
10	仝		
11	仝		
12	仝		
13	仝		
14	仝		
15	仝		
16	仝		
17	仝		
18	仝		

本日最高水位　高度　時間

填表人　孟憲棠

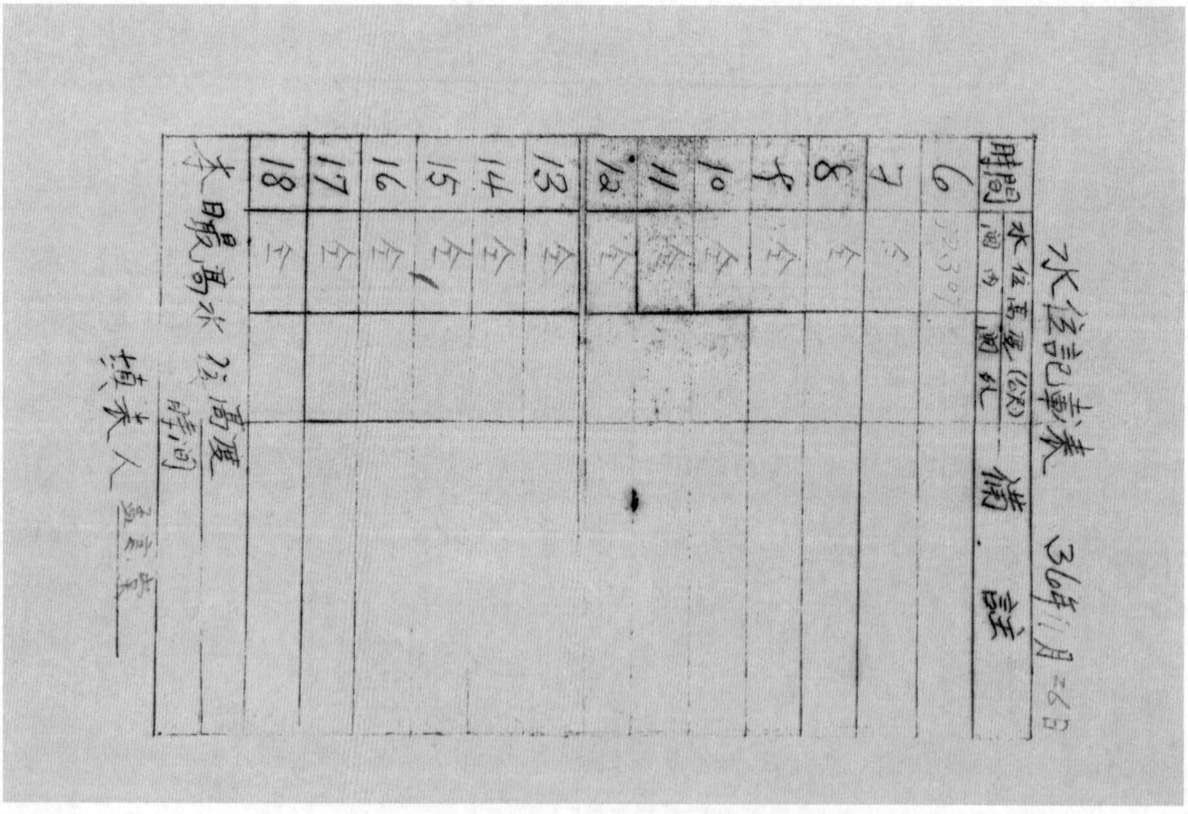

水位記載表　36年11月26日

時間	水位高度（公尺）閘內	閘外	備註
6	52.307		
7	仝		
8	仝		
9	仝		
10	仝		
11	仝		
12	仝		
13	仝		
14	仝		
15	仝		
16	仝		
17	仝		
18	仝		

本日最高水位　高度　時間

填表人　孟憲棠

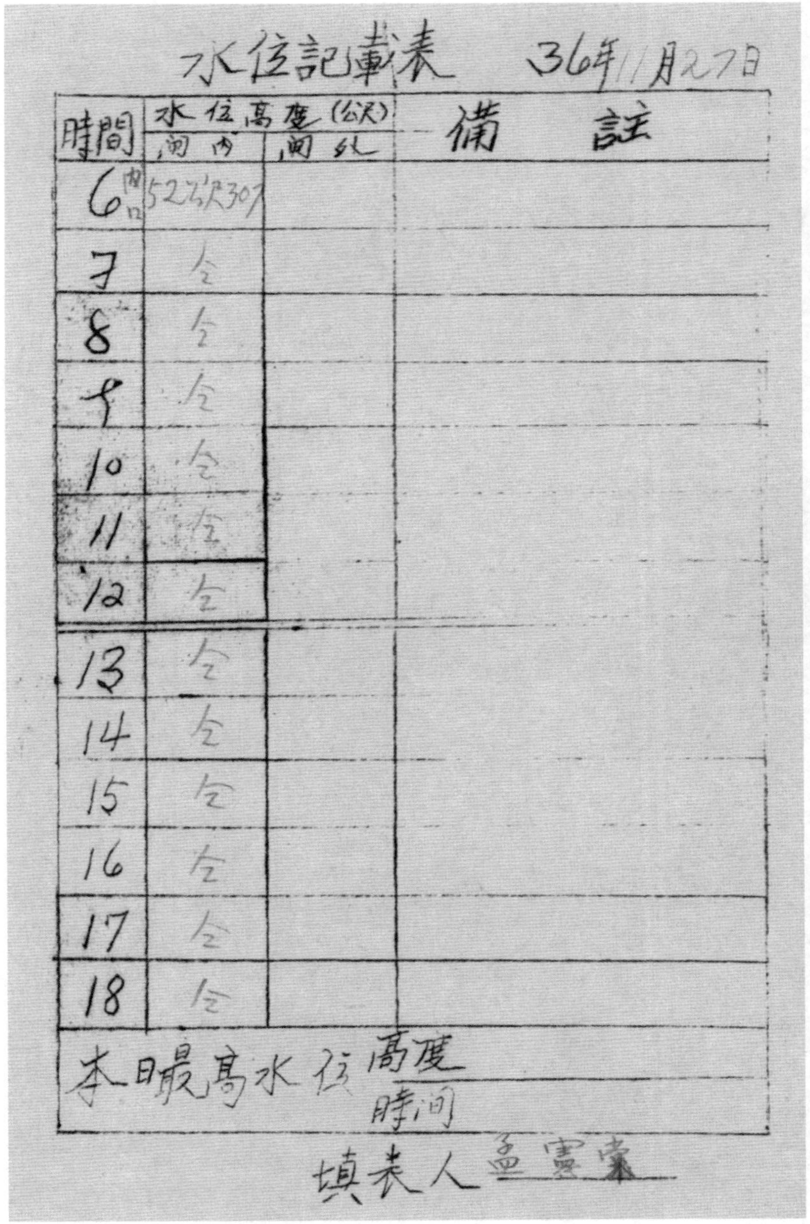

水位記載表　36年11月27日

時間	水位高度（公尺）閘內	閘外	備註
6內口	52公尺307		
7	仝		
8	仝		
9	仝		
10	仝		
11	仝		
12	仝		
13	仝		
14	仝		
15	仝		
16	仝		
17	仝		
18	仝		

本日最高水位　高度
　　　　　　　時間

填表人　孟憲棠

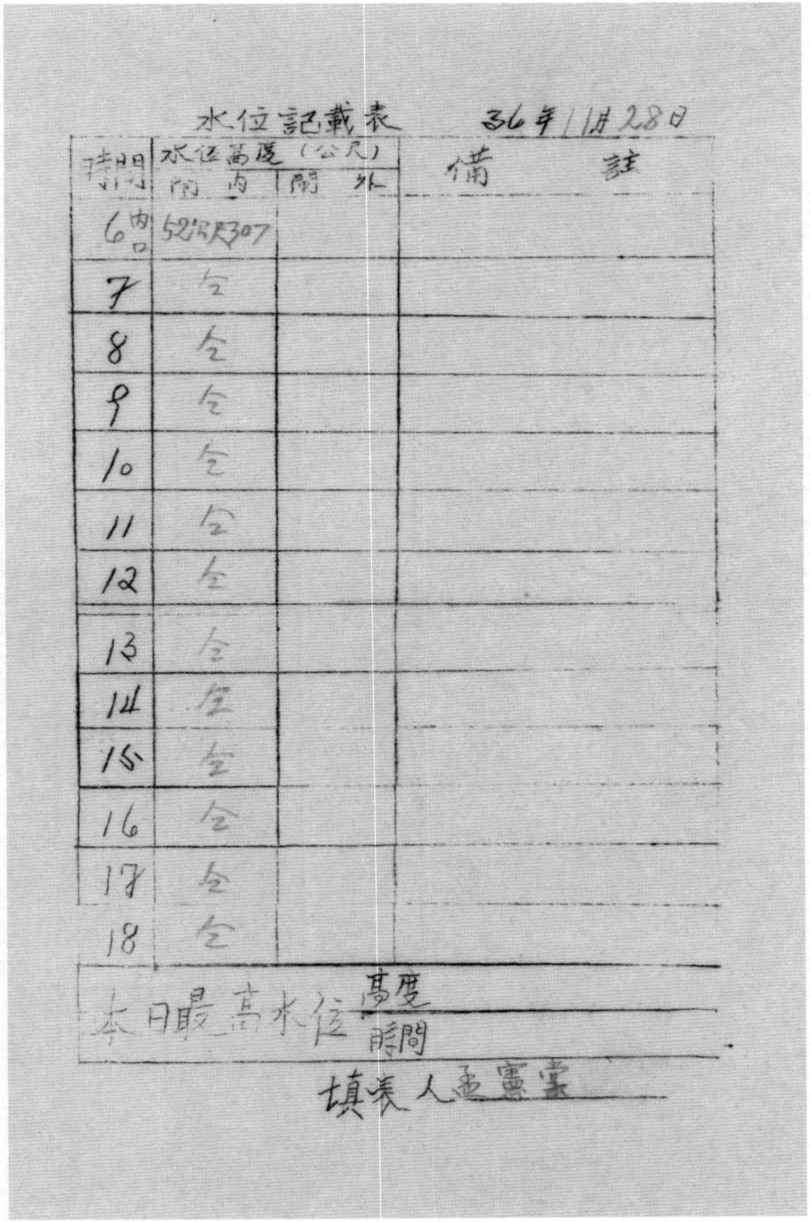

水位記載表　36年11月28日

時間	水位高度（公尺）閘內	閘外	備註
6內口	52公尺307		
7	仝		
8	仝		
9	仝		
10	仝		
11	仝		
12	仝		
13	仝		
14	仝		
15	仝		
16	仝		
17	仝		
18	仝		

本日最高水位　高度
　　　　　　　時間

填表人　孟憲棠

水位記載表　36年11月29日

時間	水位高度(公尺) 閘內	閘外	備註
6	50公尺		
7	〃		
8	〃		
9	〃		
10	〃		
11	〃		
12	〃		
13	〃		
14	〃		
15	〃		
16	〃		
17	〃		
18	〃		

本日最高水位　高度
　　　　　　　時間

填表人　孟憲實

水位記載表　36年11月30日

時間	水位高度(公尺) 閘內	閘外	備註
6	50公尺		
7	〃		
8	〃		
9	〃		
10	〃		
11	〃		
12	〃		
13	〃		
14	〃		
15	〃		
16	〃		
17	〃		
18	〃		

本日最高水位　高度
　　　　　　　時間

填表人　孟憲實

（三）一九四八年五月水位記載表（一九四八年五月）

西水閘

水位記載表　37年5月1日

時間	水位高度（公尺）閘內	水位高度（公尺）閘外	備註
6	50.3公尺		
7	50.302公尺		
8	50.3公尺		
9	50.401公尺		
10	50.405公尺		
11	50.406公尺		
12	50.407公尺		
13	50.502公尺		
14	50.504公尺		
15	50.506公尺		
16	50.508公尺		
17	50.600公尺		
18	50.600公尺		

本日最高水位　高度 50.600公尺　時間 16時

填表人孟憲棠

水位記載表　37年5月2日

時間	水位高度（公尺）閘內	水位高度（公尺）閘外	備註
6	50.4公尺		
7	50.402公尺		
8	50.405公尺		
9	50.6公尺		
10	50.602公尺		
11	50.607公尺		
12	50.609公尺		
13	50.604公尺		
14	50.703公尺		
15	50.706公尺		
16	50.604公尺		
17	50.607公尺		
18	50.9公尺		

本日最高水位　高度 50.9公尺　時間 16時

填表人孟憲棠

水位記載表　37年5月3日

時間	水位高度（公尺）閘內	水位高度（公尺）閘外	備註
6	50.502公尺		
7	50.6公尺		
8	50.605公尺		
9	50.9公尺		
10	50.904公尺		
11	[illegible]公尺		
12	50.102公尺		
13	50.103公尺		
14	51公尺		
15	51公尺		
16	50.910公尺		
17	50.906公尺		
16	50.903公尺		

本日最高水位　高度 50.103公尺　時間 13時

填表人孟憲棠

水位記載表　37年5月4日

時間	水位高度（公尺）閘內	水位高度（公尺）閘外	備註
6	50.102公尺		
7	50.101公尺		
8	50.1公尺		
9	50.103公尺		
10	50.106公尺		
11	50.106		
12	50.10公尺		
13	51.103公尺		
14	51.106公尺		
15	51.109公尺		
16	51.2公尺		
17	51.905公尺		
18	51公尺		

本日最高水位　高度 51.2公尺　時間 16時

填表人孟憲棠

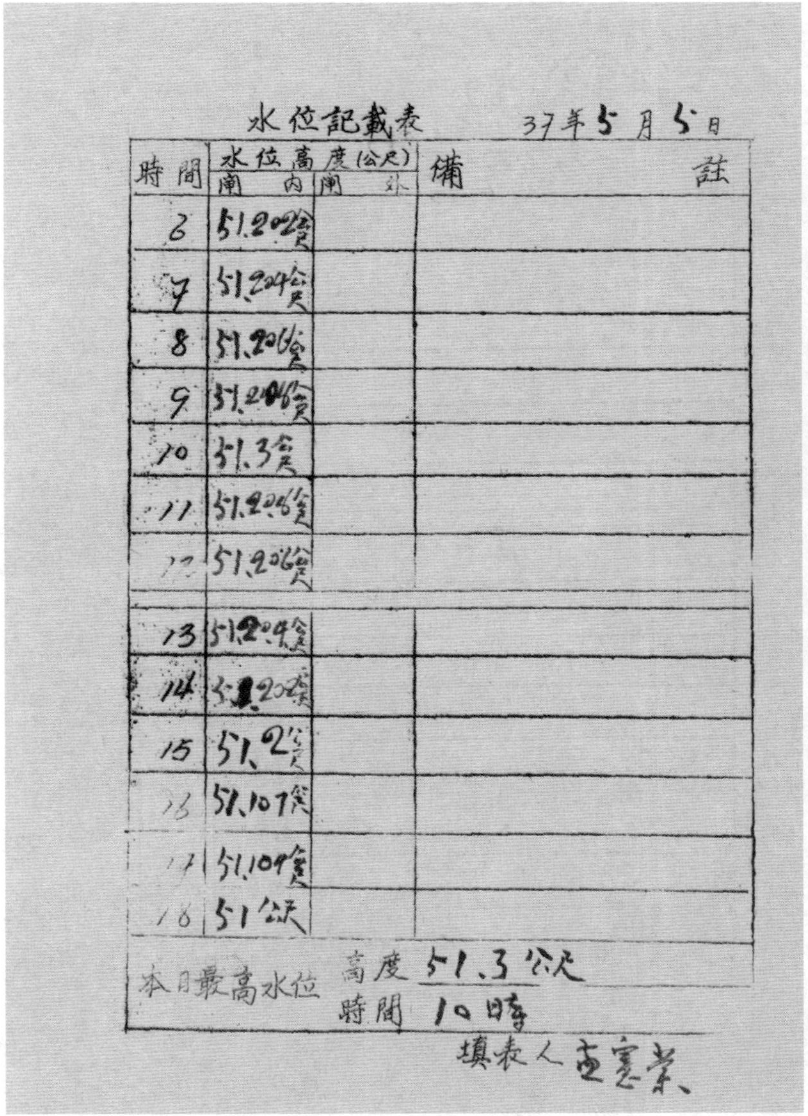

水位記載表　37年5月5日

時間	水位高度（公尺）閘內	閘外	備註
6	51.202公尺		
7	51.204公尺		
8	51.206公尺		
9	51.206公尺		
10	51.3公尺		
11	51.206公尺		
12	51.206公尺		
13	51.204公尺		
14	5[illegible]20公尺		
15	51.2公尺		
16	51.107公尺		
17	51.104公尺		
18	51公尺		

本日最高水位　高度 51.3公尺　時間 10時

填表人 孟憲棠

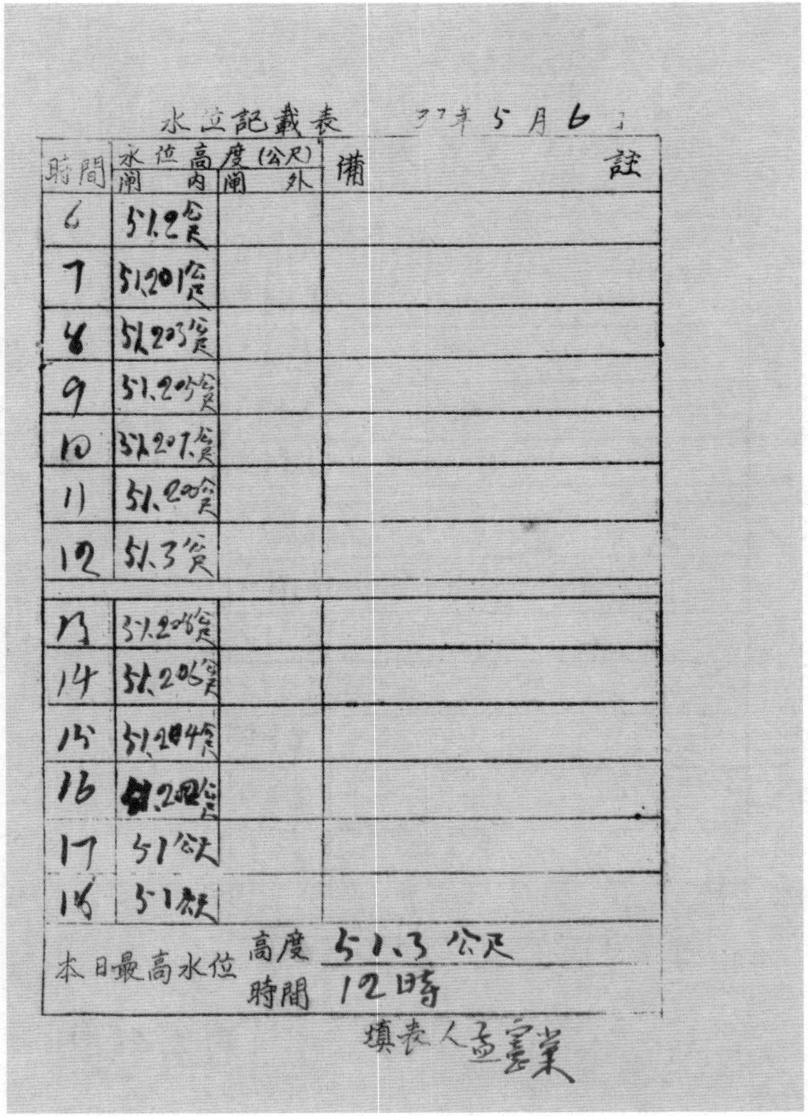

水位記載表　37年5月6日

時間	水位高度（公尺）閘內	閘外	備註
6	51.2公尺		
7	51.201公尺		
8	51.203公尺		
9	51.205公尺		
10	51.207公尺		
11	51.200公尺		
12	51.3公尺		
13	51.206公尺		
14	51.206公尺		
15	51.204公尺		
16	[illegible].202公尺		
17	51公尺		
18	51公尺		

本日最高水位　高度 51.3公尺　時間 12時

填表人 孟憲棠

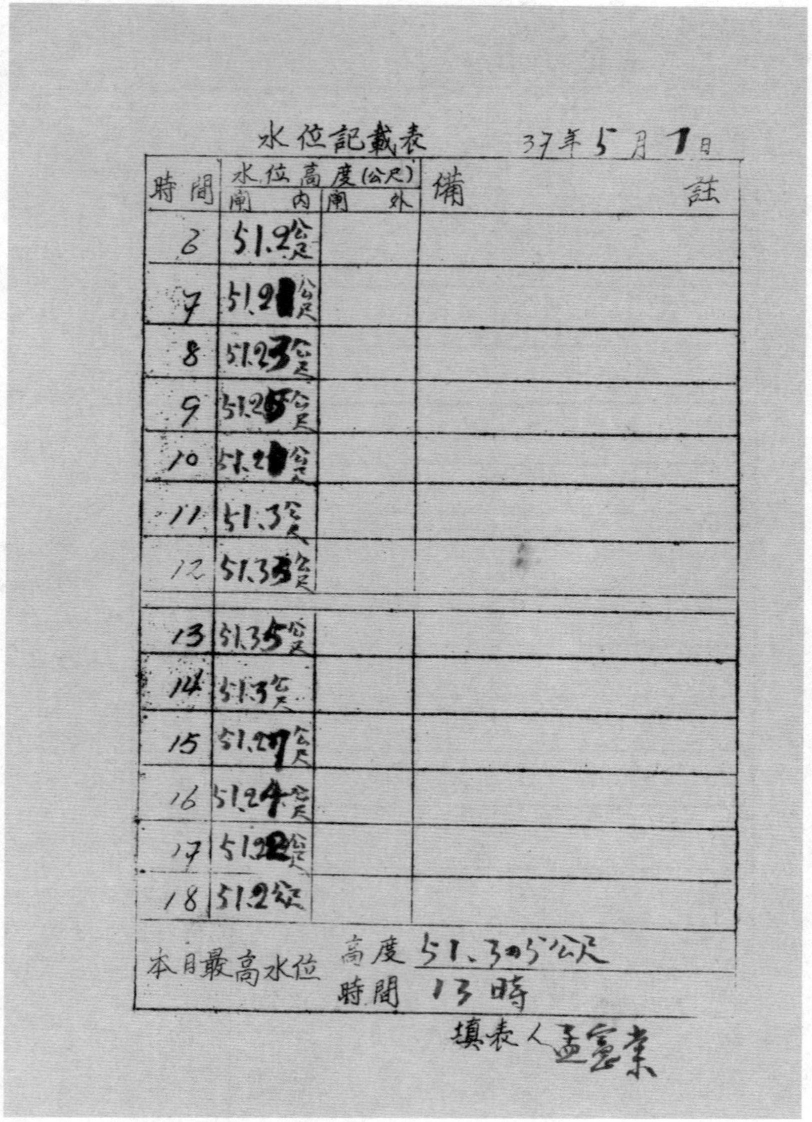

水位記載表　37年5月7日

時間	水位高度(公尺) 閘內	閘外	備註
6	51.2公尺		
7	51.21公尺		
8	51.23公尺		
9	51.25公尺		
10	51.2[illegible]公尺		
11	51.3公尺		
12	51.33公尺		
13	51.35公尺		
14	51.3公尺		
15	51.27公尺		
16	51.24公尺		
17	51.22公尺		
18	51.2公尺		

本日最高水位　高度 51.305公尺　時間 13時

填表人孟憲棠

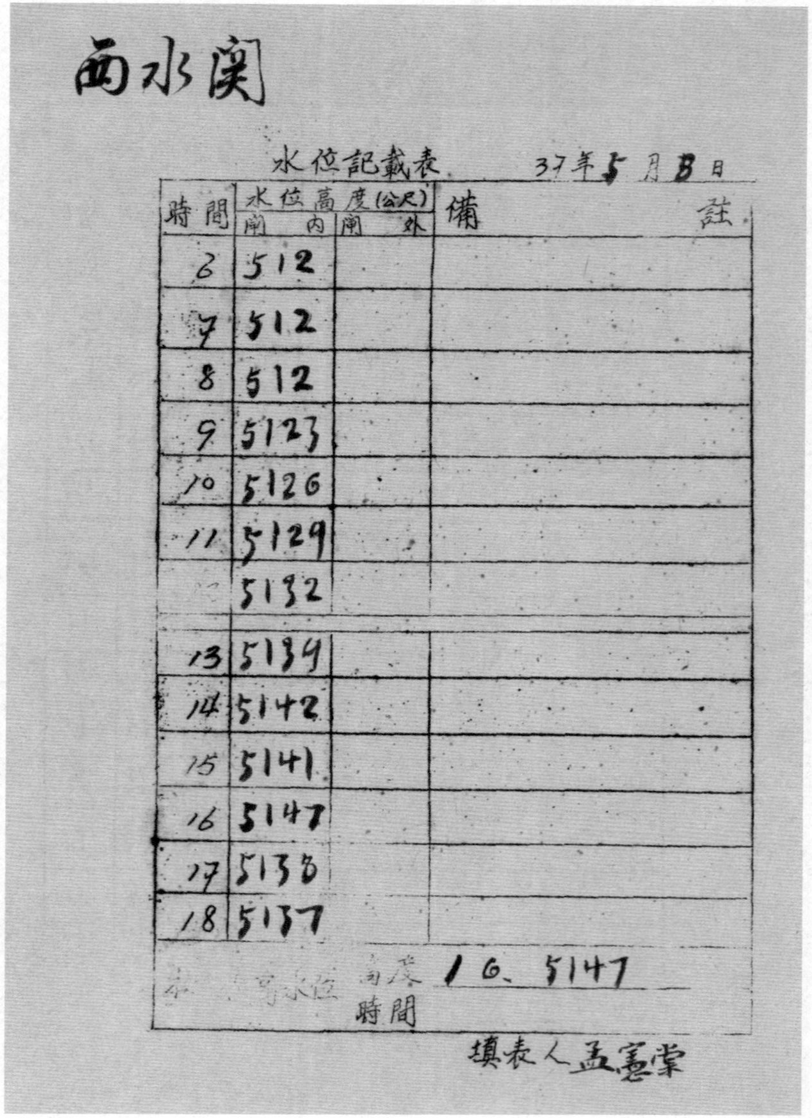

西水閘

水位記載表　37年5月8日

時間	水位高度(公尺) 閘內	閘外	備註
6	512		
7	512		
8	512		
9	5123		
10	5126		
11	5129		
12	5132		
13	5139		
14	5142		
15	5141		
16	5147		
17	5138		
18	5137		

本日最高水位　高度 16、5147　時間

填表人孟憲棠

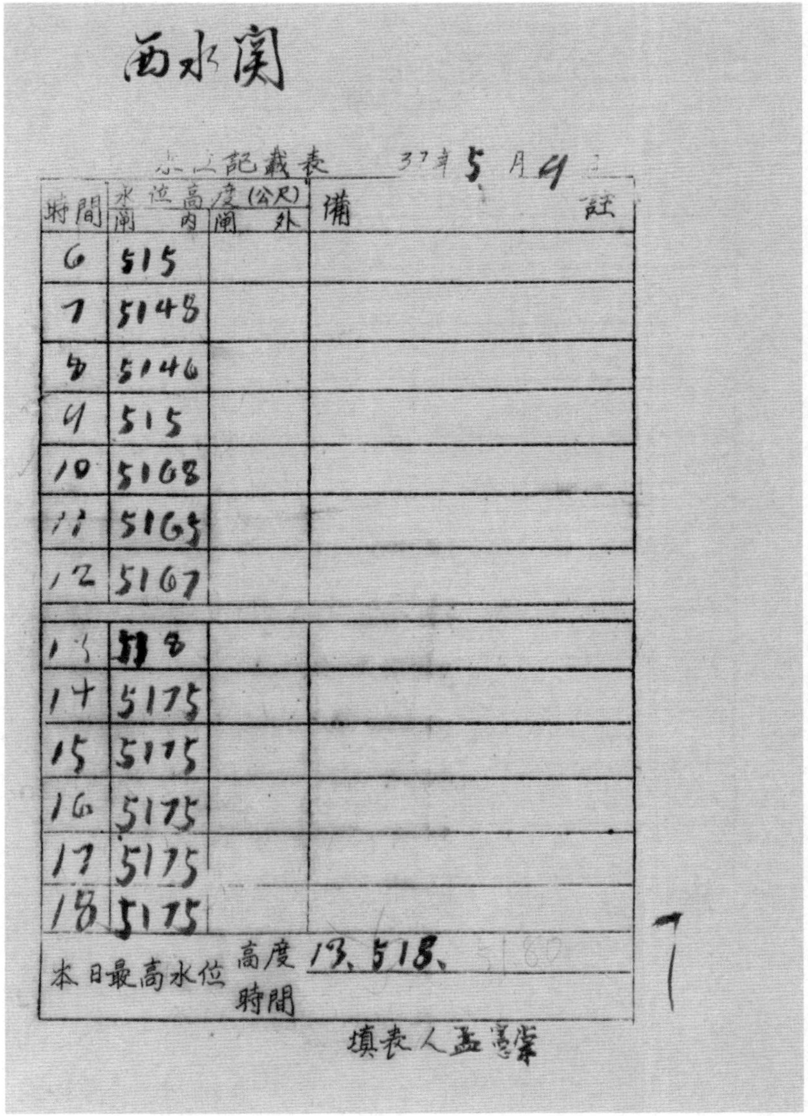

西水關

水位記載表　37年5月9日

時間	水位高度(公尺) 閘內	閘外	備註
6	515		
7	5148		
8	5146		
9	515		
10	5168		
11	5165		
12	5167		
13	518		
14	5175		
15	5175		
16	5175		
17	5175		
18	5175		

本日最高水位　高度 13, 518.　時間

填表人孟憲棠

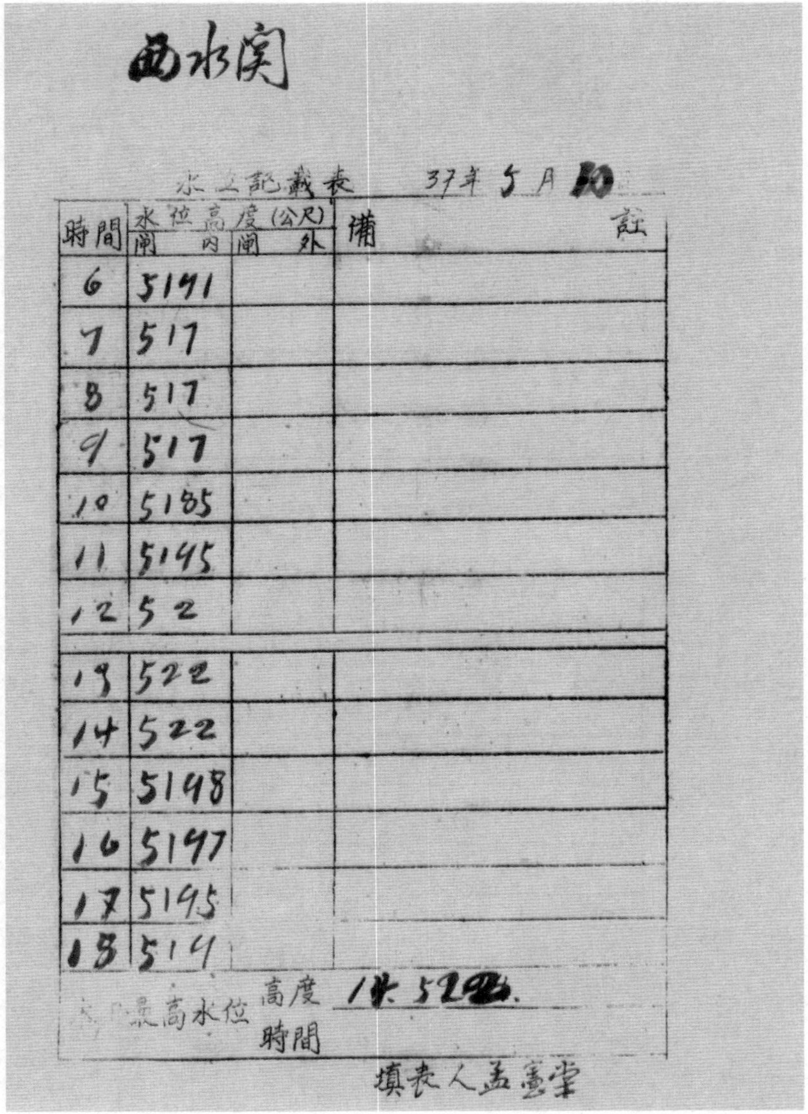

西水關

水位記載表　37年5月10日

時間	水位高度(公尺) 閘內	閘外	備註
6	5191		
7	517		
8	517		
9	517		
10	5185		
11	5195		
12	52		
13	522		
14	522		
15	5198		
16	5197		
17	5195		
18	514		

本日最高水位　高度 14, 52[illegible].　時間

填表人孟憲棠

西水閘

水位記載表　37年5月11日

時間	水位高度(公尺) 閘內	閘外	備註
6	51.83		
7	51.80		
8	51.80		
9	51.78		
10	51.77		
11	52.00		
12	52.10		
13	52.15		
14	52.16		
15	52.14		
[illegible]	52.12		
[illegible]	52.04		
[illegible]	52.00		

本日最高水位　高度 52.16公尺　時間 14.

填表人 孟憲棠

水位記載表　37年5月12日

時間	水位高度(公尺) 閘內	閘外	備註
6	5.213		
7	5.204		
8	5.23		
9	5.197		
10	5.195		
11	5.2		
12	5.21		
13	5.216		
14	5.22		
15	5.23		
16	5.207		
17	5.204		
18	5.2		

本日最高水位　高度 5.23 公尺　時間 15時

填表人 孟憲棠

水位記載表　　37年5月13日

時間	水位高度(公尺) 閘內	水位高度(公尺) 閘外	備註
6	5.22		
7	5.215		
8	5.21		
9	5.207		
10	5.203		
11	5.205		
[illegible]	5.21		
13	5.22		
14	5.225		
15	5.23		
[illegible]	5.22		
[illegible]	5.212		
[illegible]	5.21		

最高水位　高度 5.23公尺
時間 15時

填表人 孟憲棠

水位記載表　　37年5月14

時間	水位高度(公尺) 閘內	水位高度(公尺) 閘外	備註
6	5.22		
7	5.215		
8	5.21		
9	5.207		
10	5.204		
11	5.207		
12	5.21		
13	5.23		
14	5.232		
15	5.235		
16	5.235		
17	5.23		
18	5.21		

本日最高水位　高度 5.235公尺
時間 16時

填表人 孟憲棠

西水閘

水位記載表　37年5月15日

時間	水位高度(公尺) 閘内	閘外	備註
6	522.4		
7	522		
8	52.7		
9	52.5		
10	52.3		
11	52.1		
12	52		
13	521		
14	522.3		
15	523		
16	523.5		
17	524		
18	523		

本日最高水位　高度 52.4　時間 17

填表人 孟憲業

水位記載表　37年5月16日

時間	水位高度(公尺) 閘内	閘外	備註
6	522.5		
7	522.3		
8	522		
9	521.7		
10	521.4		
11	521.2		
12	521		
13	52.5		
14	521		
15	522		
16	524		
17	523		
18	522		

本日最高水位　高度 52.4　時間 16

填表人 孟憲業

水位記載表　37年5月17日

時間	水位高度(公尺) 閘內	閘外	備註
6	522.5		
7	522.3		
8	522.1		
9	522		
10	521.8		
11	521.6		
12	521.4		
13	521.2		
14	521		
15	522		
16	522.7		
17	523		
18	523.5		

本日最高水位　高度 523.5　時間 18

填表人 孟憲棠

水位記載表　37年5月18日

時間	水位高度(公尺) 閘內	閘外	備註
6	522		
7	522.5		
8	522.7		
9	522.5		
10	522.4		
11	522.2		
12	522		
13	521.8		
14	521.6		
15	521.4		
16	522		
17	522.5		
18	522.8		

本日最高水位　高度 522.8　時間 18

填表人 孟憲棠

水位記載表　37年5月19日

時間	水位高度（公尺）閘內	閘外	備註
6	522		
7	522.3		
8	522.7		
9	523		
10	523.3		
11	523.5		
12	523.2		
13	522.5		
14	522.3		
15	522		
16	521.9		
17	521.8		
18	522.5		
本日最高水位	高度 523.5		
	時間 11		

填表人孟憲章

水位記載表　37年5月20日

時間	水位高度（公尺）閘內	閘外	備註
6	523.5		
7	523.7		
8	523		
9	524		
10	524.5		
11	525		
12	525		
13	524.8		
14	524.6		
15	524.4		
16	524.2		
17	524		
18	523.5		
本日最高水位	高度 ~~525~~ 523.5		
	時間 12		

填表人孟憲章

西水閘

水位記載表　37年5月21日

時間	水位高度(公尺) 閘內	水位高度(公尺) 閘外	備註
6	524		
7	523,8		
8	523,6		
9	525		
10	525,7		
11	526		
12	526,4		
13	526		
14	525,8		
15	525,6		
16	525,3		
17	525		
18	524,8		

本日最高水位　高度 526,4　時間 12

西水關　填表人孟憲棠

水位記載表　37年5月22日

時間	水位高度(公尺) 閘內	水位高度(公尺) 閘外	備註
6	525		
7	524,8		
8	524,6		
9	525,05		
10	526		
11	527		
12	527,5		
13	527,8		
14	527,5		
15	527,03		
16	526,8		
17	526,6		
18	526,4		

本日最高水位　高度 527.8　時間 13

西水關　填表人孟憲棠

水位記載表　37年5月23日

時間	水位高度(公尺) 閘内	閘外	備註
6	526.5		
7	526.2		
8	525.8		
9	526.4		
10	527		
11	527.8		
12	528.5		
13	529		
14	528.8		
15	528.6		
16	528.6		
17	528.3		
18	528		

本日最高水位　高度 529　時間 13

西水閘　填表人 孟憲堂

水位記載表　37年5月24日

時間	水位高度(公尺) 閘内	閘外	備註
6	527.3	527.3	日晴　天
7	526.8	526.8	南门開放
8	526.5	526.5	
9	526.6	526.6	
10	527.8	527.8	
11	528.6	528.6	
12	529	529	
13	529.5	529.5	
14	529.6	529.6	
15	529.6	529.6	
16	529	529	
17	528.7	528.7	
18	528.3	528.3	

本日最高水位　高度 529.6　時間 15

填表人 孟憲堂

水位記載表 37年5月25日

時間	水位高度(公尺) 閘內	閘外	備註
6	52705	52.75	開放
7	52703	52.73	
8	527	52.70	
9	52608	52.68	
10	52607	52.67	
11	528	52.80	
12	529	52.90	
13	52905	52.95	
14	52908	52.98	
15	53.000	53.000	
16	52909	52.99	
17	52908	52.98	
18	52904	52.94	
本日最高水位	高度 53 53.000	時間 15	

填表人孟憲棠

水位記載表 37年5月26日

時間	水位高度(公尺) 閘內	閘外	備註
6	52803	52.83	開放
7	528	52.80	
8	52708	52.78	
9	52705	52.75	
10	52703	52.73	
11	52704	52.74	
12	52802	52.82	
13	529	52.90	
14	52903	52.93	
15	52907	52.97	
16	53	53.00	
17	52908	52.98	
18	52904	52.94	
本日最高水位	高度 53	時間 16	

填表人孟憲棠

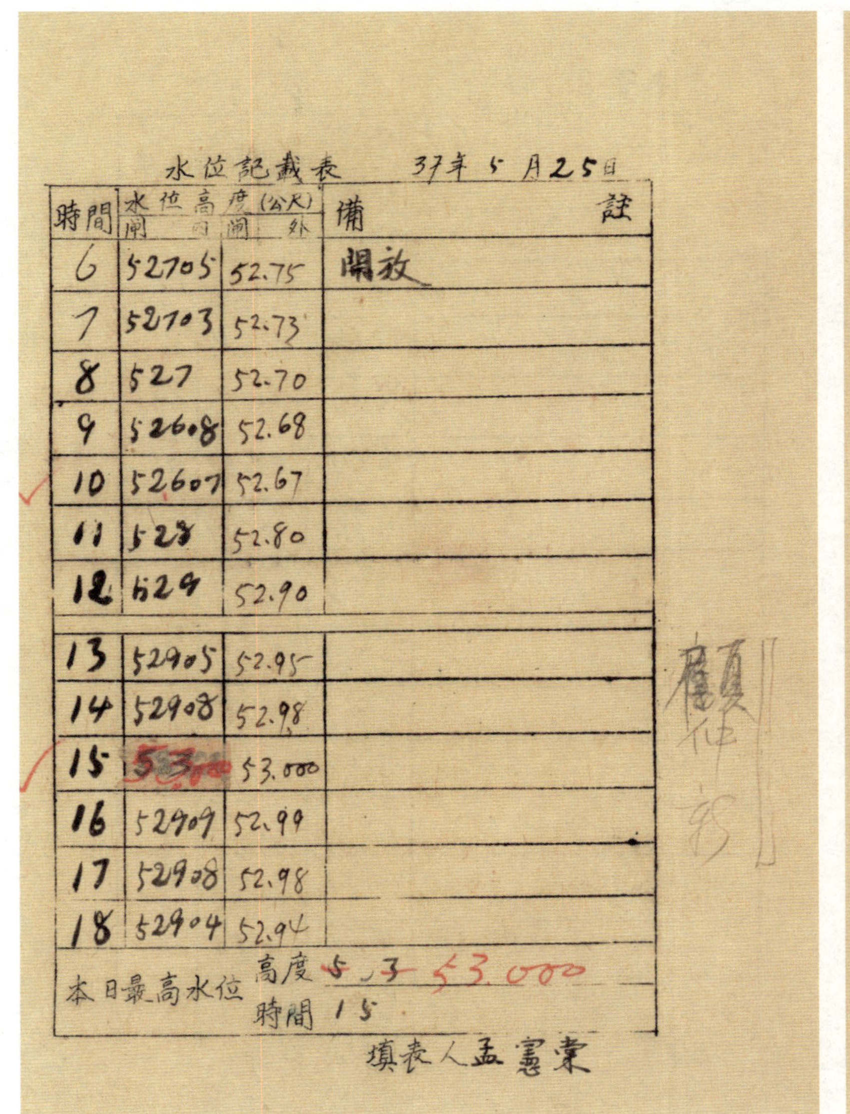

水位記載表　37年5月27日

時間	水位高度(公尺) 閘內	閘外	備註
6	528,3	52.83	開放
7	527,9	52.79	
8	527,5	52.75	
9	527.5	52.75	
10	52773	52.73	
11	52706	52.76	
12	528,5	52.85	
13	529	52.90	
14	52903	52.93	
15	52906	52.96	
16	53	53.00	
17	52908	52.98	
18	529,4	52.94	

本日最高水位　高度 53　時間 16.5

填表人 孟憲棠

水位記載表　37年5月28日

時間	水位高度(公尺) 閘內	閘外	備註
6	52805	52.85	開放
7	52805	52.85	
8	52803	52.83	
9	528	52.80	
10	52706	52.76	
11	52703	52.73	
12	52708	52.78	
13	52806	52.86	
14	52902	52.92	
15	52905	52.95	
16	52908	52.28	
17	52909	52.99	
18	52906	52.96	

本日最高水位　高度 52909　時間 17

填表人 孟憲棠

水位記載表　37年5月29日

時間	水位高度(公尺) 閘内	閘外	備註
6	524	52.90	閘放
7	5283	52.83	
8	5282	52.82	
9	5286	52.86	
10	5283	52.83	
11	5282	52.82	
12	528	52.80	
13	529	52.90	
14	5283	52.83	
15	5295	52.95	
16	532	53.20	
17	5305	53.05	
18	531	53.10	

本日最高水位　高度 5305　時間 17

填表人孟憲棠

水位記載表　37年5月30日

時間	水位高度(公尺) 閘内	閘外	備註
6	5295	52.95	閘放落雨
7	5294	52.94	
8	5294	52.94	
9	5293	52.93	
10	529	52.90	
11	5287	52.87	
12	5286	52.86	
13	5288	52.88	
14	5296	52.96	
15	53	53.03	
16	53.03	53.03	
17	53.06	53.06	
18	53.07	53.07	

本日最高水位　高度 537　時間 18

填表人孟憲棠

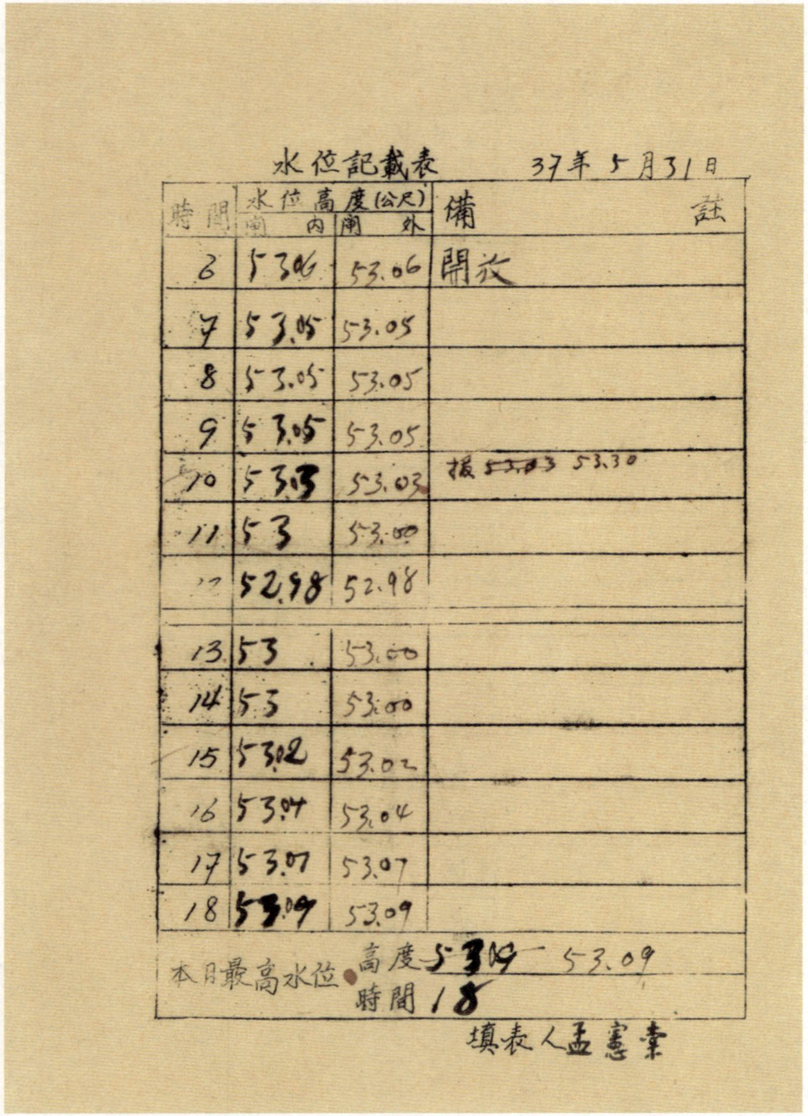

水位記載表　　37年5月31日

時間	水位高度(公尺) 閘内	閘外	備註
6	53.06	53.06	開放
7	53.05	53.05	
8	53.05	53.05	
9	53.05	53.05	
10	53.03	53.03	換 53.03 53.30
11	53	53.00	
12	52.98	52.98	
13	53	53.00	
14	53	53.00	
15	53.02	53.02	
16	53.04	53.04	
17	53.07	53.07	
18	53.09	53.09	

本日最高水位　高度 53.09　53.09
時間 18

填表人孟憲章

（四）一九四九年四月水位記載表（一九四九年四月）

水位記載表 38年4月1日

時間	水位高度（公尺）閘內	水位高度（公尺）閘外	備註
6	50.85	50.85	
7	50.85	50.85	
8	51.38	50.80	開閘
9	50.76	50.76	
10	51.30	50.76	開閘
11	50.95	50.95	
12	50.95	50.95	
13	51.30	50.95	開閘
14	50.95	50.95	
15	51.30	50.95	開閘
16	50.95	50.95	
17	50.95	50.95	
18	50.95	50.95	
本日最高水位	高度	51.30	
	時間	10, 13, 15	

西水關填表人

水位記載表 38年4月2日

時間	水位高度（公尺）閘內	水位高度（公尺）閘外	備註
6	50.90	50.90	
7	50.90	50.90	
8	50.85	50.85	
9	50.75	50.75	
10	50.75	50.75	
11	50.90	50.90	
12	51.03	51.03	
13	51.03	51.03	
14	51.03	51.03	
15	51.03	51.03	
16	51.03	51.03	
17	50.95	50.95	
18	50.95	50.95	
本日最高水位	高度	51.03	
	時間	12—16	

西水關填表人

水位記載表 38年4月3日

時間	水位高度(公尺) 閘内	閘外	備註
6	50.75	50.75	
7	50.75	50.75	
8	51.30	50.70	
9	50.75	50.75	
10	50.75	50.75	
11	50.75	50.75	
12	50.75	50.75	
13	50.75	50.75	
14	50.75	50.75	
15	50.75	50.75	
16	50.75	50.75	
17	50.75	50.75	
18	50.75	50.75	
本日最高水位	高度 51.30	時間 8	

西水閘填表人

水位記載表 38年4月4日

時間	水位高度(公尺) 閘内	閘外	備註
6	50.75	50.75	
7	50.75	50.75	
8	51.38	50.75	
9	50.70	50.70	
10	51.37	50.70	
11	50.75	50.75	
12	50.75	50.75	
13	51.37	50.75	
14	50.80	50.80	
15	51.38	50.80	
16	50.80	50.80	
17	50.80	50.80	
18	50.80	50.80	
本日最高水位	高度 51.38	時間 15	

西水閘填表人

水位記載表　38年4月5日

時間	水位高度(公尺) 閘内	閘外	備註
8	50.70	50.70	
7	50.70	50.70	
8	51.37	50.70	
9	50.60	50.60	
10	51.36	50.60	
11	51.36	50.60	
12	50.60	50.60	
13	51.37	50.70	
14	50.75	50.75	
15	51.37	50.75	
16	50.70	50.70	
17	51.37	50.70	
18	50.70	50.70	
本日最高水位	高度 51.37	時間 8, 10, 13, 17	

西水閥塡表人

水位記載表　38年4月6日

時間	水位高度(公尺) 閘内	閘外	備註
8	50.60	50.60	
7	50.60	50.60	
8	51.36	50.60	
9	50.60	50.60	
10	50.36	50.60	
11	50.60	50.60	
12	51.36	50.60	
13	50.55	50.55	
14	51.36	50.65	
15	50.70	50.70	
16	51.37	50.70	
17	50.70	〃	
18	〃	〃	
本日最高水位	高度 51.37	時間 16	

西水閥塡表人

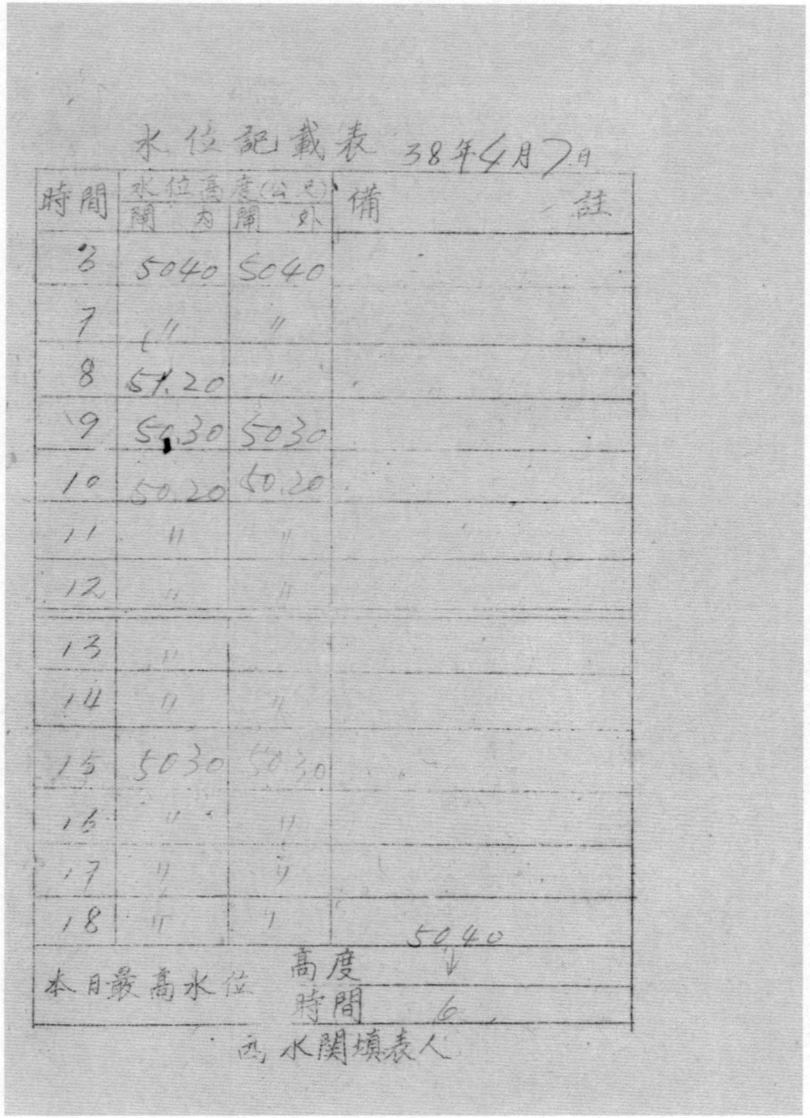

水位記載表 38年4月7日

時間	水位高度(公尺) 閘内	閘外	備註
6	5040	5040	
7	〃	〃	
8	51.20	〃	
9	50.30	5030	
10	50.20	50.20	
11	〃	〃	
12	〃	〃	
13	〃		
14	〃	〃	
15	5030	5030	
16	〃	〃	
17	〃	〃	
18	〃	〃	
本日最高水位	高度		5040
	時間		6

西水閘填表人

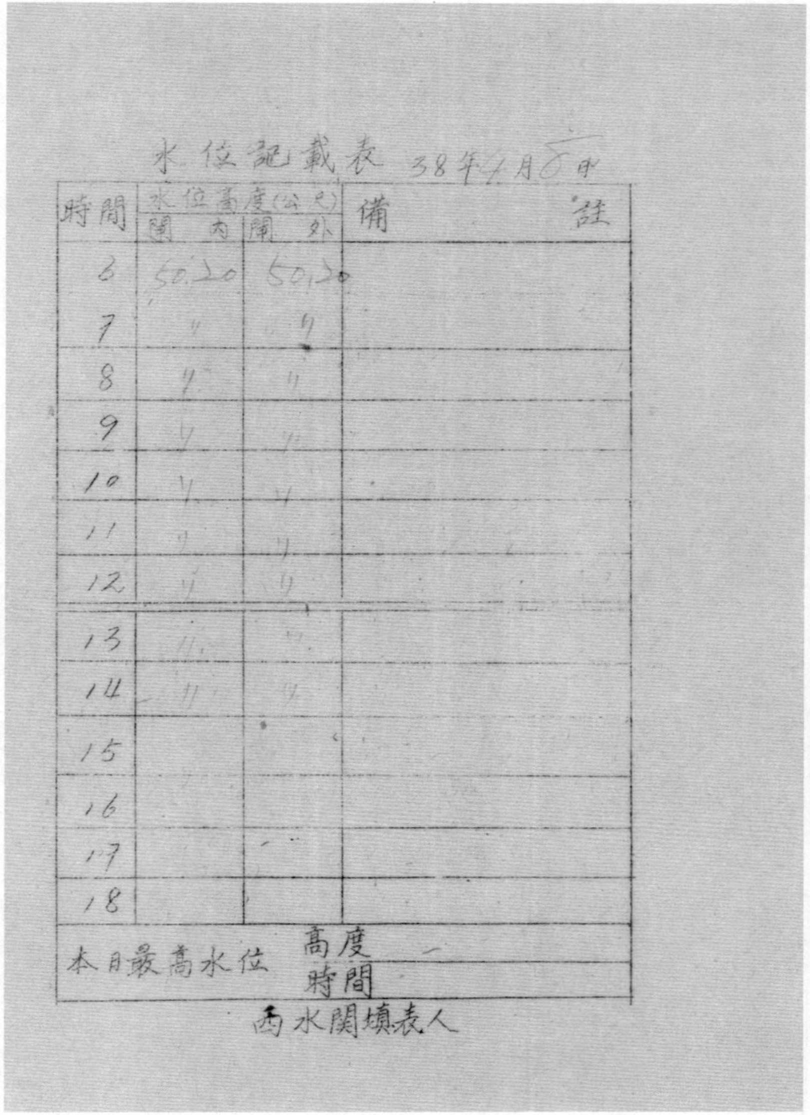

水位記載表 38年4月8日

時間	水位高度(公尺) 閘内	閘外	備註
6	50.20	50.20	
7	〃	〃	
8	〃	〃	
9	〃	〃	
10	〃	〃	
11	〃	〃	
12	〃	〃	
13	〃	〃	
14	〃	〃	
15			
16			
17			
18			
本日最高水位	高度		—
	時間		

西水閘填表人

水位記載表 38年 月9日

時間	水位高度(公尺) 閘内	閘外	備註
6			
7			
8			
9			
10			
11			
12			
13			
14			
15			
16			
17			
18			
本日最高水位	高度		
	時間		

西水關塡表人

水位記載表 38年 月10日

時間	水位高度(公尺) 閘内	閘外	備註
6			
7			
8			
9			
10			
11			
12			
13			
14			
15			
16			
17			
18			
本日最高水位	高度		
	時間		

西水關塡表人

水位記載表 38年 月11日

時間	水位高度(公尺)		備註
	閘內	閘外	
6			
7			
8			
9			
10			
11			
12			
13			
14			
15			
16			
17			
18			
本日最高水位	高度		
	時間		

西水閘填表人

水位記載表 38年 月12日

時間	水位高度(公尺)		備註
	閘內	閘外	
6			
7			
8			
9			
10			
11			
12			
13			
14			
15			
16			
17			
18			
本日最高水位	高度		
	時間		

西水閘填表人

水位記載表 38年4月3日

時間	水位高度（公尺）閘内	水位高度（公尺）閘外	備註
6	50.30	50.30	
7	〃	〃	
8	〃	〃	
9	5080	5080	
10	51.30	51	
11	5085	5085	
12	51.30	〃	
13	5070	5070	
14	51.30	〃	
15	5050	5050	
16	5045	5045	
17	〃	〃	
18	〃	〃	
本月最高水位 高度			
本月最高水位 時間			

西水關填表人

水位記載表 38年4月4日

時間	水位高度（公尺）閘内	水位高度（公尺）閘外	備註
6	5045	5045	
7	〃	〃	
8	51.30	〃	
9	51	51	
10	51.3	51	
11	51.07	51.07	
12	51.3	5105	
13	5105	〃	
14	5130	51.04	
15			
16			
17			
18			
本月最高水位 高度			
本月最高水位 時間			

西水關填表人

水位記載表　38年4月15日

時間	水位高度(公尺) 閘内	閘外	備註
6	50.60	50.60	
7	50.60	50.60	
8	51.30	50.60	
9	50.90	50.90	
10	51.30	51.00	
11	51.05	51.05	
12	51.30	51.00	
13	50.90	50.90	
14	50.85	50.85	
15	50.80	50.85	
16	50.80	50.80	
17	50.80	50.80	
18	50.80	50.80	
本日最高水位	高度 51.30		
	時間 10		

西水関填表人

水位記載表　38年4月16日

時間	水位高度(公尺) 閘内	閘外	備註
6	50.70	50.70	
7	50.70	50.70	
8	51.30	50.65	
9	50.65	50.65	
10	51.30	50.90	
11	51.07	51.07	
12	51.30	51.07	
13	51.05	51.05	
14	51.30	51.05	
15	51.05	51.05	
16	51.00	51.00	
17	51.00	51.00	
18	51.00	51.00	
本日最高水位	高度 51.30		
	時間 10, 12		

西水関填表人

水位記載表 38年4月17日

時間	水位高度(公尺) 閘内	閘外	備註
6	50.80	50.80	
7	50.80	50.80	
8	51.30	50.75	
9	50.75	50.75	
10	51.00	51.00	
11	51.05	51.05	
12	51.07	51.07	
13	51.10	51.10	
14	51.10	51.10	
15	51.08	51.08	
16	51.08	51.08	
17	51.08	51.08	
18	51.00	50.00	
本日最高水位	高度 51.80	時間 8	

西水關塡表人

水位記載表 38年4月18日

時間	水位高度(公尺) 閘内	閘外	備註
6	50.80	50.80	
7	50.80	50.80	
8	51.30	50.80	
9	50.70	50.70	
10	51.30	50.70	
11	50.85	50.85	
12	51.30	50.85	
13	51.02	51.02	
14	51.30	51.02	
15	50.90	50.90	
16	50.90	50.90	
17	50.90	50.90	
18	50.90	50.90	
本日最高水位	高度 51.30	時間 10	

西水關塡表人

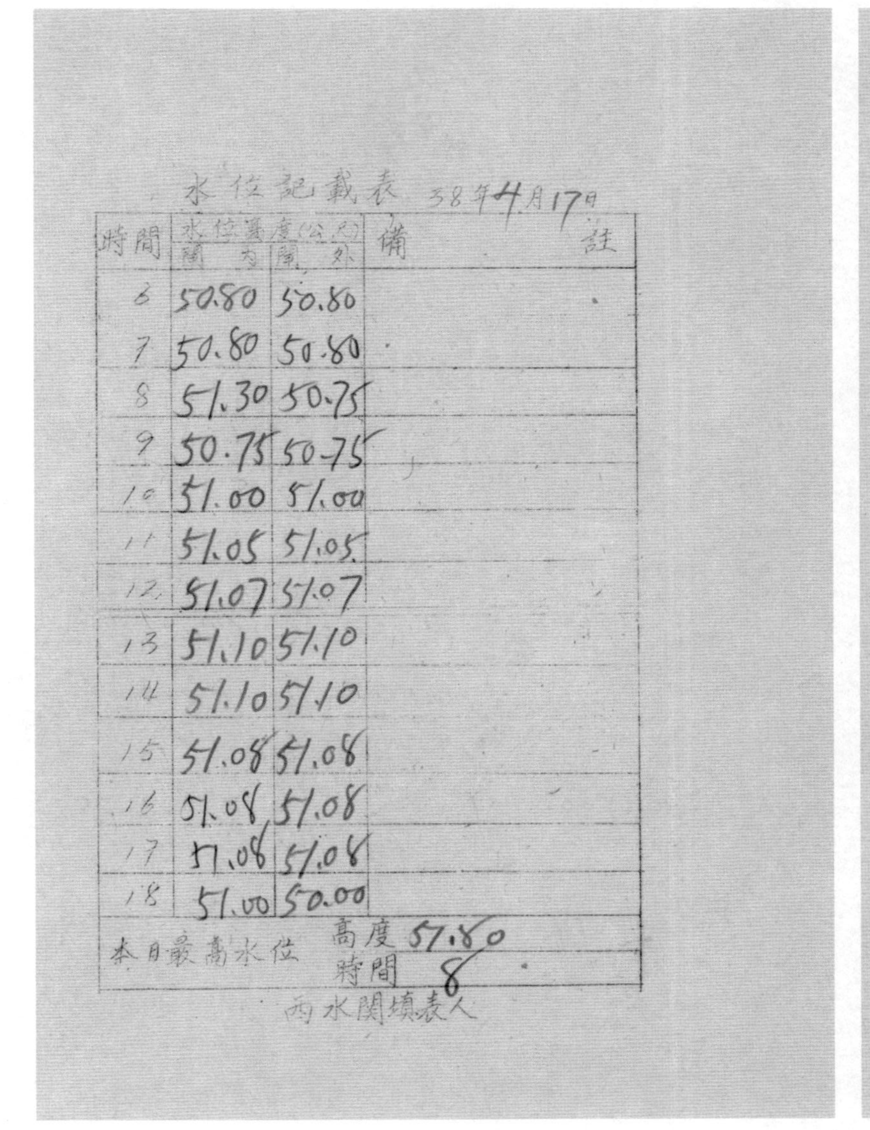

水位記載表　38年4月19日

時間	水位高度(公尺) 閘内	閘外	備註
6	50.70	50.70	
7	50.70	51.70	
8	51.30	50.70	
9	50.40	50.40	
10	51.30	50.40	
11	50.40	50.40	
12	51.30	50.40	
13	50.80	50.80	
14	50.80	50.80	
15	50.75	50.75	
16	50.75	50.75	
17	50.70	50.70	
18	50.70	50.70	
本日最高水位	高度	51.30	
	時間	10	

西水閘填表人

水位記載表　38年4月20日

時間	水位高度(公尺) 閘内	閘外	備註
6	50.40	50.40	
7	50.40	50.40	
8	51.30	50.40	
9	50.30	50.30	
10	50.30	50.30	
11	50.30	50.30	
12	50.30	50.30	
13	50.45	50.45	
14	50.45	50.45	
15	50.45	50.45	
16	50.40	50.40	
17	50.40	50.40	
18	50.40	50.40	
本日最高水位	高度	51.30	
	時間	8	

西水閘填表人

水位記載表　38年4月2日

時間	水位高度(公尺) 閘内	閘外	備註
6	50.35	50.35	
7	50.35	50.35	
8	51.30	50.35	
9	50.30	50.30	
10	50.30	50.30	
11	50.30	50.30	
12	50.30	50.30	
13	50.30	50.35	
14	50.30	50.35	
15	50.30	50.35	
16	50.30	50.35	
17	50.30	50.30	
18	50.30	50.30	
本日最高水位	高度 51.30		
	時間 8		

西水關填表人